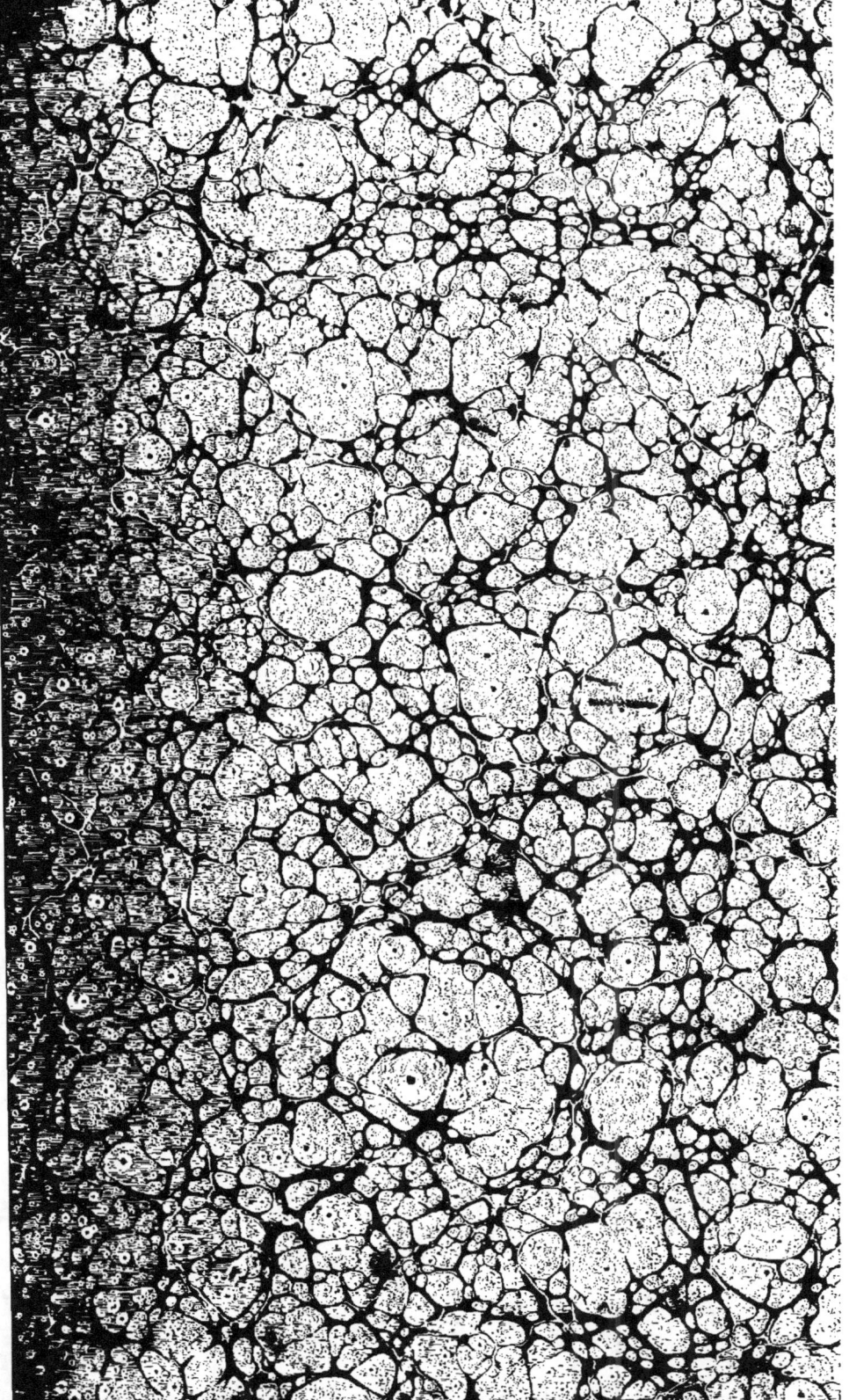

VIE
DE M. EMERY

PARIS. — IMP. SIMON RAÇON ET COMP., RUE D'ERFURTH, 1

VIE
DE
M. EMERY

NEUVIÈME SUPÉRIEUR

DU SÉMINAIRE ET DE LA COMPAGNIE

DE SAINT-SULPICE

PRÉCÉDÉE

D'UN PRÉCIS DE L'HISTOIRE DE CE SÉMINAIRE ET DE CETTE COMPAGNIE

DEPUIS LA MORT DE M. OLIER

TOME SECOND

PARIS

A. JOUBY, LIBRAIRE-ÉDITEUR

7, RUE DES GRANDS-AUGUSTINS, 7

1862

VIE
DE M. EMERY

NEUVIÈME SUPÉRIEUR

DU SÉMINAIRE ET DE LA COMPAGNIE

DE SAINT-SULPICE

TROISIÈME PARTIE

DEPUIS LE CONSULAT, EN 1799, JUSQU'A LA MORT DE M. EMERY, EN 1811.

Une ère nouvelle venait de s'ouvrir pour la France. La révolution du 18 brumaire, qui, en renversant le Directoire, portait le général Bonaparte à la tête des affaires, n'avait pas été, comme toutes celles qui l'avaient précédée depuis la chute de la monarchie, la substitution d'une forme de tyrannie à une autre. C'était la force intelligente qui détrônait la violence aveugle et brutale, l'ordre qui chassait devant lui le chaos. La société sentait renaître en elle la vie; et la Religion, sans avoir encore de promesses, pouvait déjà concevoir des espérances. M. Emery n'en demandait pas davantage pour tenter le rétablissement du séminaire de Paris. Seulement il crut que les incertitudes d'un essai si précoce, la liberté

I
Rétablissement du séminaire dans la rue Saint-Jacques en 1800.

dont il avait besoin pour les affaires générales du diocèse de Paris et de l'Église de France, et même la sûreté de sa personne, ne lui permettaient pas d'en prendre le soin immédiatement par lui-même. Tout en continuant donc de demeurer en son particulier, et de garder l'*incognito*, il communiqua son projet à quelques jeunes gens en qui il remarquait des dispositions pour l'état ecclésiastique, et surtout à ceux que les circonstances avaient obligés à quitter le séminaire à l'époque de la Révolution. Enfin, au mois de septembre 1800[1], il les réunit, sous la conduite de M. Duclaux, dans la maison que celui-ci occupait rue Saint-Jacques, à l'enseigne de la *Vache noire*, presque vis-à-vis du couvent actuel des *Dames de Saint-Michel*. Les élèves étaient d'abord peu nombreux, et presque tous d'un âge déjà avancé ; mais bientôt leur nombre s'augmenta, de telle sorte que la maison de M. Duclaux ne pouvait les contenir tous, et qu'il fallut en loger plusieurs dans quelques maisons du voisinage. A la rentrée de 1801, leur nombre était déjà d'une trentaine, et depuis cette époque il fut habituellement de trente à quarante. On se réunissait, pour les exercices communs, au second étage, où se trouvaient la chapelle, la salle des exercices et le réfectoire. Tous portaient habituellement l'habit laïque, soit au dedans, soit au dehors de la maison, et comme on n'avait point de jardin ni de salle assez vaste pour prendre les récréations, on permettait aux élèves d'aller par petites bandes se promener après le dîner sur les boulevards

[1] *Biogr. de l'Ain*, p. 266. — Garnier, *Notice*. — Récits de M. Le Tourneur, de l'abbé Froment, et du docteur Pignier.

voisins; ce qui n'avait alors aucun inconvénient, vu l'excellent esprit dont ils étaient animés. On observait du reste l'ancien règlement, autant que les circonstances le permettaient, et, quoiqu'il n'y eût point de cloche pour donner le signal des exercices, tous s'y rendaient exactement, même à l'oraison du matin, qu'on faisait à six heures, et qui ne durait alors qu'une demi-heure. M. Emery, qui continuait à demeurer dans la maison de la rue d'Enfer, faisait de fréquentes apparitions dans cette petite communauté, pour entretenir, par sa présence et par ses sages avis, le zèle des directeurs et des séminaristes. M. Duclaux était secondé par un certain nombre de directeurs qui s'étaient empressés de répondre à l'appel de M. Emery, et qui, sans demeurer dans la maison, s'y rendaient assidûment pour les principaux exercices. M. Montaigne était chargé de la classe de morale, qui fut faite aussi pendant quelque temps par M. Fournier, ancien directeur au séminaire d'Orléans, et depuis évêque de Montpellier. La classe d'Écriture sainte était faite par M. Labrunie, récemment revenu d'Irlande[1]. La classe de dogme était confiée à M. Frayssinous, et celle de philosophie à M. Boyer. Ces deux derniers, qui étaient parents et tous deux du diocèse de Rodez, avaient fait ensemble leurs études à la communauté de Laon, et venaient d'être promus au sacerdoce et reçus dans la Compagnie, lorsque éclata la Révolution. Ils s'étaient alors retirés dans leur pays natal, d'où M. Emery les rappela en 1800. Indépen-

---

[1] M. Labrunie, qui mourut bientôt après, a laissé une grande réputation de science théologique, et un certain nombre de manuscrits estimés.

damment de ces classes, M. Emery lui-même faisait quelques conférences sur l'histoire ecclésiastique et sur le droit canonique, comme il avait fait, aux approches de la Révolution, au Grand-Séminaire de Saint-Sulpice. M. Duclaux présidait à l'oraison et à tous les exercices de piété, particulièrement à la lecture spirituelle; il donnait presque seul les sujets d'oraison, avec cette onction et cette facilité qui lui étaient si naturelles et que les circonstances semblaient encore augmenter.

II
Rétablissement des rapports du séminaire avec la paroisse. M. de Pierre, nouveau curé de S.-Sulpice, rentre en possession de son église.

Les ordinations avaient lieu aux époques ordinaires; mais avant le concordat, elles se faisaient, sans aucune solennité, dans quelques oratoires particuliers. On s'adressait le plus souvent pour cela à l'évêque de Saint-Papoul, M. Maillé de la Tour-Landry, qui était alors une des principales ressources du diocèse de Paris et de plusieurs autres pour toutes les fonctions épiscopales. On se rendait, dans les commencements, à l'église Saint-Jacques du Haut-Pas, pour la célébration des offices publics, mais bientôt, la communauté étant devenue plus nombreuse, M. Emery voulut qu'on assistât aux offices de la paroisse de Saint-Sulpice dans l'église des Carmes, où M. de Pancemont rassemblait ses paroissiens, en attendant qu'il pût rentrer en possession de son église, encore occupée par les Constitutionnels. On prenait dans la sacristie la soutane et le surplis, qu'on y déposait après les offices. Quelques séminaristes furent aussi employés dès lors à faire les catéchismes, sous la direction des prêtres de la paroisse, dans une chapelle attenante à l'église des Carmes, et donnant sur la cour d'entrée. Ce fut là que commencèrent, en 1801, les conférences de M. Frayssinous [1], qui n'étaient dans le principe que des entretiens ou dialogues sur la vérité de la religion, entre lui et l'abbé Clausel de Coussergues, depuis grand vicaire d'Amiens, et qui prirent plus tard la forme de discours, sous laquelle elles ont été données au public. Ces conférences se continuèrent dans la chapelle dite *des Allemands*, lorsque le clergé de Saint-Sulpice fut rentré en possession de son église, au mois de mai 1802.

M. de Pancemont, ayant été nommé à l'évêché de Vannes, la cure de Saint-Sulpice fut donnée à M. de Pierre, qui avait été auparavant membre de la communauté de la paroisse, et qui même depuis se fit agréger à la Compagnie. Le 16 mai, quatrième dimanche après Pâques, le nouveau curé était en proie aux plus vives inquiétudes [2]. Il n'avait point pris possession, et l'église était toujours occupée par le curé schismatique appelé Mahieu, qui ne paraissait pas disposé à se retirer. Ses partisans s'agitaient ce jour-là dans la paroisse, et faisaient circuler une pétition adressée par eux au premier consul, pour demander que leur curé fût maintenu dans son titre et dans sa possession. Il était à craindre que cette requête n'eût son effet, Bonaparte ne voulant point alors mécontenter le peuple. Dans ces circonstances, pendant qu'on chantait les vêpres aux Carmes, M. de Pierre va trouver M. Emery, et lui apprend les mouvements des Constitutionnels pour faire nommer Mahieu à la cure. M. Emery, jugeant

[1] *Vie de M. Frayssinous*, par M. Henrion, t. I, p. 37, etc.
[2] Récit de l'abbé Potel, vicaire de Saint-Sulpice.

avec raison qu'il n'y avait point de temps à perdre pour déjouer la cabale, dit à M. de Pierre : « Vous êtes « nommé curé, le gouvernement a agréé votre nomina- « tion ; prenez avec vous un grand vicaire, et allez de ce « pas vous faire mettre en possession de l'église de « Saint-Sulpice. » M. de Pierre n'aurait pas osé tenter le coup ; mais l'assurance avec laquelle lui parlait M. Emery lui donna du courage : « Allez, allez, lui dit « M. Emery; si vous n'êtes pas installé aujourd'hui, « vous ne le serez jamais. » M. de Pierre se laisse persuader, prend avec lui M. Béchet, et se rend immédiatement à l'église, où il n'y avait que trois ou quatre personnes, dont aucune ne mit obstacle à son installation. Lorsqu'il retournait chez lui, le peuple sortait de l'église des Carmes où l'office venait de finir. Aussitôt le bruit se répand que M. de Pierre a pris possession, et que désormais on pourra faire les offices à Saint-Sulpice. Ce fut une joie universelle parmi les bons paroissiens ; et, en effet, le lendemain les ecclésiastiques, au lieu d'aller aux Carmes, se rendirent à Saint-Sulpice pour leurs messes, et Mahieu ne reparut plus.

III
Succès de l'établissement de la rue Saint-Jacques; ses premiers élèves.

Le succès si prompt de l'établissement de la rue Saint-Jacques était, pour M. Emery, un grand sujet de consolation, ainsi qu'il le témoigne dans plusieurs de ses lettres. « Il y a, écrivait-il à l'abbé de Romeuf à la fin de 1804, « trente ou quarante personnes rassemblées chez M. Du- « claux, qui font tous les exercices du séminaire et « mieux qu'on ne les faisait de votre temps, parce que ce « sont tous gens formés et pleins de bonne volonté. »

Parmi les premiers élèves de cette maison, on distingue surtout MM. de Quélen, depuis archevêque de Paris; de La Croix d'Azolette, archevêque d'Auch; Feutrier, évêque de Beauvais; Le Tourneur, évêque de Verdun, et Liautard, premier supérieur de l'établissement connu plus tard sous le nom de collége Stanislas. M. Emery avait en quelque sorte pressenti les services que M. de Quélen était destiné à rendre à l'Église. Un jour que M. Leclère, libraire, se trouvait chez M. Duclaux avec M. Emery, au moment de la récréation, il fut frappé de l'air et des manières distinguées de l'abbé de Quélen, qui vint à passer devant eux, et demanda quel était ce jeune homme. « Ce sera un jour, répondit M. Emery, un « grand prélat dans l'Église de Dieu[1]. » M. Emery semblerait également avoir deviné le mérite du successeur de M. de Quélen sur le siége de Paris. Lorsque M. Affre entra au séminaire au mois d'octobre 1808, n'ayant alors guère plus de quinze ans, frappé de sa jeunesse et de sa petite taille, il lui dit en le recevant : « Vous « êtes bien jeune, mon cher enfant; vous auriez dû « amener votre nourrice; mais, puisque vous avez une « grosse tête, nous vous garderons et nous ferons « quelque chose de vous[2]. »

La première affaire d'intérêt général qui occupa M. Emery dans ces commencements fut la *promesse de fidélité à la Constitution*, qu'un arrêté du 28 décembre 1799 substitua à tous les serments antérieurs[3]. Deux jours après, le gouvernement, qui déjà par plusieurs actes avait

IV
Promesse de fidélité à la Constitution substituée aux formules antérieures (28 décemb. 1799.)

---

[1] Garnier, *Notice*. — Notes de M. Caron.
[2] *Vie de M. Affre*, par M. Cruice, ch. III.
[3] Picot, *Mémoires*, t. VII, p. 257.

annoncé une sincère disposition à favoriser la liberté des cultes, voulant prévenir toutes les difficultés que pouvait susciter le nouvel arrêté, fit insérer dans le *Moniteur*, récemment déclaré journal officiel, une note explicative ainsi conçue : « On a dû remarquer, dans un
« arrêté des consuls du 7 nivôse, que les ministres des
« cultes, assujettis par les lois antérieures à un serment
« ou déclaration quelconque, y satisferont par la décla-
« ration suivante : « *Je promets fidélité à la Constitu-*
« *tion.* » Cette formule est à elle seule une garantie par-
« faite de la liberté des opinions religieuses ; car elle
« respecte toutes les délicatesses, et jusqu'aux scrupules
« de la piété la plus craintive. Ce n'est pas un serment,
« une promesse faite à Dieu, c'est un engagement pure-
« ment civil. Celle de toutes les religions qui défendrait
« avec le plus de sévérité la fréquence des serments, ne
« peut donc ici apporter aucun obstacle. On ne promet
« pas, comme par le passé, *de maintenir la Constitution;*
« il y avait dans le mot *maintenir*, ou du moins il parais-
« sait y avoir une promesse d'*action directe et positive*
« pour soutenir, pour défendre un code, qu'après tout
« on ne pouvait être tenu d'approuver. On conçoit qu'un
« tel engagement pouvait jeter une sorte d'inquiétude
« dans quelques âmes qu'il était bien cruel de tour-
« menter pour une formule. Aujourd'hui, on promet
« uniquement d'*être fidèle*, c'est-à-dire de se soumettre,
« de ne point s'opposer. Or, une pareille déclaration
« est d'abord très-suffisante, et de plus elle offre l'in-
« appréciable avantage de ne pouvoir rencontrer de
« résistance. Quelle est, en effet, la religion qui ne re-

« commande la soumission aux lois du pays où l'on
« est? Et quel est l'homme, fût-il prêtre, qui, par le seul
« fait de son habitation dans un pays, ne se croie pas
« tenu de respecter ses engagements? »

 D'après ces explications si nettes et si précises,
M. Emery n'hésita pas un seul moment sur la légitimité
de la promesse de fidélité à la Constitution. Il est vrai
qu'il ne fut pas dans le cas de faire lui-même cette promesse, parce qu'on ne l'exigeait que des ecclésiastiques
qui exerçaient le ministère dans les églises ou oratoires
publics ; mais il ne fit aucune difficulté de manifester
son sentiment à cet égard, et ne négligea rien pour prévenir, autant qu'il était en son pouvoir, les divisions
qu'il prévoyait bien devoir s'élever à ce sujet dans le
clergé. Plusieurs de ses lettres écrites pendant les premiers mois de l'année 1800, sont employées à établir
la légitimité de la nouvelle formule, et il fit, à cette
même intention, insérer un article dans les *Annales
philosophiques* de l'abbé de Boulogne [1].

 V. Le sentiment de M. Emery sur la légitimité de cette promesse est adopté par le conseil archiépiscopal.

 Le conseil archiépiscopal adopta unanimement l'avis
de M. Emery, et répondit en ce sens à toutes les consultations. Aussi ne vit-on là-dessus aucun partage dans
le clergé de Paris. M. Emery écrivait à l'abbé de Romeuf,
le 31 janvier 1800 : « La promesse de fidélité n'a point
« fait ici de difficulté. Ni le conseil de Paris, ni les
« évêques catholiques n'en ont point aperçu. Tous les
« ecclésiastiques qui avaient craint de faire le serment
« de haine à la royauté, et qui avaient cessé de faire
« leurs fonctions, viennent de les reprendre. On a ouvert

[1] T. I, p. 91.

« les oratoires et les églises qui avaient été fermés après
« le 19 fructidor... L'explication donnée par le gouver-
« nement (dans le *Moniteur*) est on ne peut pas plus
« satisfaisante..... On a pris encore des renseignements
« particuliers auprès des membres du gouvernement,
« qui confirment que c'est avec son approbation que
« cette explication a été faite. »

L'archevêque de Paris, qui était à Augsbourg et ne put être consulté que plus tard, ne jugea pas à propos d'appuyer absolument de son autorité la décision de ses grands vicaires; il se contenta de dire qu'il n'approuverait pas la promesse considérée en elle-même, mais que si, par une explication expresse ou avouée par le gouvernement, cette promesse était réduite à une soumission passive, il ne verrait pas d'obstacle à la permettre. M. Emery, et tous les membres du conseil archiépiscopal, virent dans ce langage du prélat une approbation au moins implicite de leur conduite. Cependant M. de Juigné ne se montra pas aussi favorable à leur sentiment qu'ils l'eussent désiré, et, sans les blâmer ouvertement, il manifesta pendant longtemps des doutes sur la légalité de l'explication du *Moniteur*, qui était le principal fondement de leur opinion. C'est ce qui donna lieu à de faux bruits d'opposition entre ce prélat et son conseil. M. Emery écrivait encore à l'abbé de Romeuf, le 20 septembre 1800: «Tout ce qu'on raconte de l'improbation de
« l'archevêque de Paris, de lettre de mécontentement,
« est une fable et une imposture. Toutes les lettres de
« Monseigneur l'archevêque sont, au contraire, pleines
« de témoignages d'estime et d'amitié pour son conseil.

« J'en ai reçu trois en peu de temps, toutes plus ami-
« cales les unes que les autres : Il dit aux prêtres qui
« passent par Augsbourg et qui lui demandent ses
« ordres, de s'adresser à ses vicaires généraux, et de
« faire ce qu'ils leur diront. » Nous voyons même par
une lettre de M. Emery, écrite quelques mois plus
tard, que l'archevêque chargeait son conseil de faire connaître au premier consul la disposition où étaient les
évêques de faire la promesse.

La conduite du clergé de Paris fut bientôt imitée dans un grand nombre de diocèses. On put espérer pendant quelque temps que la nouvelle formule ferait bientôt cesser les divisions qui avaient si longtemps affligé l'É-glise de France. Toutefois ces espérances ne tardèrent pas à s'évanouir. « A peine la formule dont nous parlons

VI
Contestations à ce sujet en France et hors de France.

« fut-elle connue dans l'étranger, dit un auteur du temps,
« qu'elle y réveilla les préventions et les défiances que les
« gouvernements précédents avaient inspirées. Quelques
« esprits faciles à s'alarmer ne virent dans la simplicité
« même de la formule qu'un nouveau piège tendu à la
« bonne foi de ceux de qui la promesse était exigée. On
« analysa, on disséqua les deux seuls mots dont elle est
« composée, et on finit par y trouver le même sens, les
« mêmes intentions et les mêmes dangers qu'on avait
« cru pouvoir reprocher à toutes les formules précéden-
« tes[1]. » On prétendait que cette promesse, dans son sens
naturel, exprimait une coopération positive au gouvernement usurpateur, et que les explications données par le

[1] *Rapport général des contestations relatives à la promesse de fidélité*, par l'abbé Godard, grand vicaire de Bourges (Paris, 1800), p. 9.

gouvernement, n'étant pas émanées du Corps législatif, n'avaient pas de valeur légale. On ajoutait qu'en admettant même ces explications, et en réduisant le sens de la promesse à une soumission purement passive, cet engagement était contraire aux droits du souverain légitime, à la restauration duquel elle mettait obstacle, et qu'enfin c'était un piége tendu au clergé, dans le but de consolider la vente des biens nationaux et d'empêcher la réclamation contre l'usurpation des biens ecclésiastiques. Tels étaient les motifs qui déterminèrent la plupart des évêques du dehors à se déclarer plus ou moins fortement contre la promesse de fidélité à la Constitution, jusque-là que quelques-uns défendirent positivement de la faire. En France également, dans les diocèses mêmes où l'autorité laissait la liberté à chacun, les ecclésiastiques étaient partagés de sentiments. Il s'en trouva même qui poussèrent l'opposition jusqu'à refuser de faire la promesse, même avec la réserve admise par le gouvernement, *salva religione catholica.* « Il n'y a rien de plus
« misérable, disait M. Emery à l'abbé de Romeuf, dans
« la lettre déjà citée, que ce qu'on oppose à la promesse
« de fidélité. Mais il est inutile de raisonner, parce qu'il
« y a, dans certaines personnes qui donnent le ton, un
« parti pris de n'accéder à aucune espèce d'acte de sou-
« mission au gouvernement. On imagine par là ramener
« l'ancien gouvernement; on se trompe; et on sacrifie à
« des illusions la Religion. Ne parlons plus de cela. »

VII
Vives oppositions contre M. Emery.

Par suite de cette opposition à la promesse de fidélité, plusieurs évêques de l'émigration, déjà indisposés contre M. Emery à l'occasion de ses sentiments sur d'autres

questions du temps, blâmaient hautement sa conduite. Un passage d'une de ses lettres nous montre jusqu'à quelle violence de langage des hommes, d'ailleurs respectables, se portaient contre lui : « Pour que vous ne
« soyez pas tenté, écrivait-il à l'évêque d'Alais le
« 9 mai 1800, de croire que vous avez sur moi l'avan-
« tage d'être plus décrié au dehors, j'aurai l'honneur
« de vous dire qu'au milieu d'une invective de l'é-
« vêque de Dax contre la promesse, je me trouve qua-
« lifié ainsi : *Un prétendu conseil de Paris, présidé par le*
« *sieur Emery, ce personnage si fameux par l'apologie du*
« *serment de liberté, de la soumission absolue aux lois*
« *et de la haine de la royauté.* » Je crois que ceci me
« rétablit dans mon avantage.

Toutefois une autre lettre de M. Emery au même prélat nous apprend ce que des personnes sages et impartiales pensaient à l'étranger de la conduite de ce conseil si indignement traité.

« Il a paru en Angleterre trois lettres de M. de Lally
« (Tollendal) sur nos démêlés ecclésiastiques, qu'on se
« propose, dit-on, de réimprimer à Paris [1]. On m'a fait
« passer un extrait de la seconde, dont je crois devoir vous
« envoyer une copie. M. de Lally parle au rédacteur
« d'un journal fort opposé aux arrangements projetés
« pour la paix de l'Église de France.

« *Vous ignorez peut-être qu'il existe dans la capitale*
« *de la France un conseil de M. l'archevêque de Paris,*
« *du légitime archevêque, de M. de Juigné, dont la piété*

---

[1] Les *Lettres au rédacteur du courrier de Londres* ont été effectivement réimprimées à Paris en 1802.

« *et la bienfaisance ont rivalisé avec celles de son prédé-*
« *cesseur, qui cependant était M. de Beaumont. On peut*
« *dire, sans la moindre exagération, que ce conseil, au*
« *milieu des ruines du temple, a conservé les tables de la*
« *loi; au milieu de la nuit répandue sur toute la France, a*
« *nourri le feu sacré qui devait lui rendre la lumière. Ceux*
« *qui le composent sont revêtus des pleins pouvoirs de leur*
« *archevêque : ils réunissent le zèle et la sagesse, la science*
« *et la modestie, la pureté et l'indulgence. Ils sont tout*
« *entiers à leur ministère et ne sont qu'à lui. Les justes*
« *larmes qu'ils répandent, comme hommes, sur d'augustes*
« *victimes des révolutions humaines, n'ont rien de com-*
« *mun pour eux avec les soins sacrés qu'ils doivent, comme*
« *prêtres, au rétablissement de la Religion et du culte de*
« *Dieu. Ils ne se croient permis ni de maudire, ni de repous-*
« *ser la main qui n'a pas renversé le Trône, et qui relève*
« *l'Autel. En un mot, ils voient dans Dieu le distributeur*
« *des empires, et non le serviteur des puissances; dans la*
« *Religion, la fin de l'homme, la règle, et non l'instru-*
« *ment de ses affections.* »

Dans l'impossibilité de faire cesser une division si déplorable, M. Emery s'employait de tout son pouvoir à la diminuer, en éclairant les personnes de bonne foi que l'ignorance des faits ou des vrais principes sur cette matière exposait à se laisser entraîner dans le parti de l'opposition. Il recueillait avec soin tous les faits et toutes les autorités favorables à la promesse, et les faisait connaître, de vive voix ou par lettres, aux ecclésiastiques de sa connaissance ; surtout il continuait à communiquer, tantôt de simples matériaux, tantôt des articles entiers,

à l'abbé de Boulogne, dont les *Annales* durent principalement à sa coopération leur intérêt et l'estime dont elles jouissaient dans le clergé. Entre autres articles, fournis à cette époque par M. Emery, on peut signaler celui qui est intitulé : *Observations sur une maxime attribuée à Saint-Augustin et conséquences de cette maxime*[1]. Il s'agit de la maxime si connue, et qui, si elle ne se trouve pas mot pour mot dans les écrits de saint Augustin, est au moins très-conforme à l'esprit de ce saint docteur : IN NECESSARIIS UNITAS, IN DUBIIS LIBERTAS, IN OMNIBUS CHARITAS; M. Emery, après en avoir fait ressortir la justesse, en fait l'application aux contestations sur la légitimité de la promesse. « Oh! combien serait-il à désirer, dit-il, que
« cette règle fût sous tous les yeux et dans tous les cœurs!
« Oh! combien sont coupables ceux qui la violent sans
« pudeur, et qui osent, dans les circonstances, se séparer
« *in divinis* de ceux qui ne pensent pas comme eux! On
« donne à cette conduite le nom de zèle; mais l'amour
« propre et l'esprit de parti jouent ici un grand rôle.
« On peut, avec l'auteur de l'*Imitation*, dire sans crainte
« de se tromper, à l'égard d'un grand nombre de ces
« prétendus zélés : *Sæpe videtur esse charitas, et est magis*
« *carnalitas. — Passione interdum movemur, et zelum*
« *putamus.* »

VIII. Faux bruits répandus par le cardinal Maury.

Un bruit qui se répandit vers la fin de 1800, et qui était de nature à faire plus d'impression, c'était que le Pape nouvellement élu et les cardinaux condamnaient la promesse. Ce bruit était fondé sur plusieurs lettres

---

[1] *Annales philos.*, t. II, p. 13.

du cardinal Maury, dans lesquelles ce prélat assurait que la congrégation des cardinaux chargée des affaires de France *s'était unanimement prononcée contre la promesse*, et que le Pape lui-même s'était personnellement expliqué dans le même sens [1]. Ce témoignage parut dès le principe très-suspect à M. Emery, qui connaissait depuis longtemps le peu de confiance que méritait son auteur. « Je vous envoie, écrivait-il à l'évêque d'Alais, vers
« la fin de décembre 1800, l'extrait d'une lettre du cardi-
« nal Maury dont vous serez étonné. L'archevêque d'Auch
« m'avait bien dit qu'on faisait circuler une lettre très-
« singulière de ce personnage; mais je n'aurais pas cru
« qu'elle le fût à ce point-là. C'est le chef-d'œuvre
« de l'imprudence et de l'indécence... On enverra au
« Pape la lettre de ce cardinal, et on ne doute pas qu'il
« ne reçoive une verte mercuriale. Ce personnage manque
« de bon sens. » Le sentiment de M. Emery à cet égard était également celui de l'abbé Bernier, alors très au courant de ce qui se passait à Rome sur les affaires de France. Il écrivait à M. Emery, vers le même temps :
« Le cardinal Maury est connu depuis longtemps comme
« donnant ses pensées pour celles des autres, et ses
« décisions pour celles de Rome. Un fait certain, c'est
« qu'il ne sait et ne saura rien. »

La suite montra bientôt que M. Emery et l'abbé Bernier, en s'exprimant ainsi, étaient bien informés. On ne tarda pas à savoir que la congrégation des cardinaux [2]

---

[1] *Annales philos.*, t. III, p. 47.

[2] Lettre de M. Emery à M. Vernet, du 20 fév. 1801. — *Annal. philos.*, t. III, p. 262. — Picot, *Mém.*, t. VII, p. 266.

s'était séparée sans rien décider sur la promesse, et ce qui fut bientôt réglé sur ce point par le sixième article du Concordat, montra quels étaient les vrais sentiments du Pape.

M. Emery n'était pas moins sensiblement affligé de la conduite peu charitable et même peu discrète d'une certaine partie du clergé catholique à l'égard des prêtres constitutionnels qui se montraient disposés à rentrer dans le sein de l'Église. Bien loin de leur tendre les bras, et de seconder leurs efforts, on les rebutait souvent par une froideur affectée ou par une rigueur extrême ; on les assujettissait à des épreuves indiscrètes, dont le résultat naturel était d'en décourager plusieurs et d'ôter à d'autres toute idée de retour à l'unité. M. Emery avait eu plus d'une fois l'occasion de combattre ces excès dans ses lettres particulières, depuis la chute de Robespierre. On a vu plus haut qu'un heureux concours de circonstances avait donné lieu, depuis cette époque, à un grand nombre de rétractations parmi les prêtres constitutionnels; mais le mouvement qui s'était alors manifesté en faveur de l'unité devint encore plus sensible depuis la révolution du 18 brumaire, qui, en donnant au clergé catholique une plus grande liberté, accéléra de plus en plus la décadence de l'Église constitutionnelle. On conçoit aisément combien il était important de faciliter le retour des membres de cette Église, et de ne pas entretenir et perpétuer le schisme par une rigueur excessive à l'égard de ses derniers soutiens. Telle fut l'occasion et le sujet de l'ouvrage publié en 1800 par M. Emery, sous ce titre : *La conduite de l'Église dans la réception des mi-*

IX
Ouvrage de M. Emery sur la conduite à tenir pour la réconciliation des prêtres constitutionnels.

nistres de la Religion, qui reviennent du schisme ou de l'hérésie[1]. Dans le préambule, M. Emery, après avoir déploré l'excès de sévérité dont nous venons de parler et les funestes effets qui en résultaient pour le maintien du schisme, expose ainsi son but : « Nous nous proposons, « dit-il, dans notre travail, de rechercher quelle a été, « dans la réconciliation des ministres de la Religion qui « reviennent de l'hérésie ou du schisme, la conduite ordi-« naire de l'Église, du moins depuis les deux premiers siè-« cles, et de faire voir qu'elle les a le plus souvent reçus « dans son sein, et leur a même accordé l'exercice des « fonctions de leur Ordre, sur leur seule profession de « foi, et sans les assujettir à une pénitence canonique. »

Après ce préambule, M. Emery expose en détail les principaux faits que l'histoire de l'Église fournit à l'appui du sentiment modéré qu'il se propose d'établir; l'autorité de saint Cyprien, de saint Athanase, de saint Augustin, de saint Cyrille et de plusieurs autres saints Docteurs; la conduite des conciles de Nicée, d'Éphèse, de Chalcédoine et de quelques autres plus récents; enfin l'exemple d'un grand nombre de Souverains Pontifes, renouvelé dans ces derniers temps par Benoît XIV et surtout par Pie VI.

Cet ouvrage, malgré toute sa solidité, ne pouvait manquer d'éprouver une grande opposition de la part de ceux dont il combattait les excès. Aussi fut-il assez mal accueilli dans quelques diocèses où les esprits étaient plus exaltés. Dans le diocèse de Lyon en particulier,

---

Reproduit dans le recueil des *OEuvres de M. Emery*, publié par l'abbé Migne en 1857.

quelques ecclésiastiques allèrent jusqu'à brûler le livre en public [1]. Il fut aussi attaqué avec violence par l'abbé Aimé Guillon, dans un écrit périodique qui paraissait alors sous le nom de *Politique chrétienne*, et qui fut bientôt après interdit par la police, à cause de l'ardente opposition qu'on y faisait au nouvel ordre de choses. Mais toutes ces attaques n'empêchèrent pas l'ouvrage de M. Emery d'être généralement goûté par les esprits sages et modérés ; en sorte que la première édition fut bientôt suivie d'une seconde, qui est précédée d'un avertissement dans lequel M. Emery déclare que, après avoir examiné avec la plus grande attention les difficultés de son adversaire, « il a reconnu, non sans
« quelque satisfaction, qu'il n'avait pas une phrase à
« changer dans son ouvrage ; que toutes les maximes
« par lui avancées étaient de la plus grande vérité, et les
« faits allégués, de la plus parfaite exactitude; enfin, que
« le rédacteur de la *Politique chrétienne* n'a pu incidenter
« que sur l'interprétation ou l'application des principes...
« Mais, quoi qu'il en soit des exceptions et de l'ap-
« plication, ajoute M. Emery, il demeure constant et
« évident, par la suite de notre travail, que très-commu-
« nément et avec l'approbation, souvent même par l'au-
« torité des Papes et des conciles même œcuméniques, on
« a absous, réconcilié, réintégré dans leurs fonctions des
« ministres hérétiques et schismatiques, aussitôt après
« leur profession de foi, sans leur enjoindre de péni-
« tence canonique, et avant qu'ils eussent eu le temps

---

[1] Garnier, *Notice*. — Notes de M. Caron.

« d'en accomplir aucune particulière; d'où nous avons
« pu conclure qu'on a donc été très-autorisé dans ces
« derniers temps, et qu'on l'est encore, à en user de la
« sorte, toutes les fois qu'on jugera avec prudence qu'il
« résulterait de là, pour le bien inestimable de l'unité et
« pour le salut de la multitude, un avantage notable. On
« pourrait même aller plus loin, et dire qu'alors il y a
« non-seulement permission, mais encore obligation de
« tenir une telle conduite. »

Nous pouvons ajouter, en finissant cet article, que les principes de modération établis dans cet ouvrage par M. Emery, furent de plus en plus goûtés, à mesure que les esprits devinrent plus calmes. Depuis le concordat surtout, la plupart des évêques y conformèrent entièrement leur conduite, et le pape Pie VII lui-même les prit pour base de ses décisions en cette matière.

X
Son opinion sur le nombre de chanoines requis pour l'élection des vicaires capitulaires.

Sur un autre point du droit canonique bien moins important sans doute, mais qui inquiétait néanmoins les consciences, et occasionnait des divisions, M. Emery se contenta de publier une dissertation dans les *Annales philosophiques* [1]. Il s'agissait de la validité de l'élection des grands vicaires capitulaires faite, après la mort des évêques, par le petit nombre des chanoines survivants qui se trouvaient sur les lieux. Le cas s'était présenté souvent depuis 1791, mais il excitait surtout des troubles à cette époque dans les diocèses de Rouen et de Lyon. M. Emery montre dans cet article que, « d'après

---

[1] *Observations sur le droit qu'ont les chapitres des églises cathédrales, de pourvoir au gouvernement des diocèses pendant la vacance des siéges.* (*Annales philos.*, t. II, p. 506.)

« le sentiment unanime de tous les canonistes et les
« décisions expresses de la congrégation des cardinaux,
« non-seulement trois chanoines, mais un seul qui serait
« résident dans la ville, peut exercer les droits du cha-
« pitre, et nommer des vicaires généraux. Nous croyons
« même, ajoute M. Emery, que dans ce cas il peut gou-
« verner lui-même ; car les raisons qui ont déterminé le
« concile de Trente à statuer que les chapitres ne gou-
« verneraient point en corps et collectivement le diocèse,
« mais seraient obligés de nommer un vicaire, ne sub-
« sisteraient plus. » Ce sont ces principes, et non pas
seulement, comme on a paru l'insinuer [1], des considérations de personnes, qui ont dirigé la conduite de
M. Emery dans l'affaire de l'administration du diocèse
de Lyon, après la mort de l'archevêque, M. de Marbeuf,
en 1799. On sait qu'il s'éleva à cette époque un fâcheux
conflit de juridiction entre les vicaires généraux élus
par le chapitre de Lyon, et l'abbé Verdolin, nommé,
quelques mois plus tard, administrateur apostolique,
par les cardinaux Albani et Antonelli, membres de la
congrégation établie par Pie VI pour les affaires de
France [2]. Sans élever aucun doute sur le droit incontestable du Saint-Siége de pourvoir, en cas de nécessité,
au gouvernement d'un diocèse vacant par un administrateur apostolique, le chapitre de Lyon, et avec lui plusieurs théologiens éclairés, trouvaient de graves difficultés contre la valeur du décret qui avait nommé l'abbé

---

[1] Cattet, *Défense de la* Vérité sur le cardinal Fesch, p. 133, à la note.
[2] Picot, *Mémoires*, t. VII, p. 297, à la note.

Verdolin. On objectait, entre autres, que ce décret ne portait la signature que de deux cardinaux, et ne faisait aucune mention du concours des autres membres de la congrégation, sans lequel cependant une affaire si importante ne paraissait pas pouvoir être réglée. M. Emery, en particulier, jusqu'à la décision du Saint-Siége qui mit fin aux contestations, se montra constamment favorable à l'administration capitulaire. Le parti qu'il embrassait était sans doute très-conforme à son inclination, les vicaires du chapitre entrant beaucoup mieux que l'administrateur apostolique dans ses idées de modération et d'indulgence, comme on le voit par plusieurs de ses lettres à M. de Rully, premier vicaire capitulaire[1]. Mais nous voyons aussi, par les mêmes lettres, que son principal motif était la conformité qu'il croyait voir entre la cause du chapitre de Lyon et les vrais principes, et surtout la liaison de cette cause avec celle des chapitres de plusieurs autres diocèses. « Vous voyez, « écrivait-il à M. de Rully, le 19 mars 1800, de quelle « conséquence est votre affaire pour tous les chanoines « de France. Il y a peut-être quinze ou vingt diocèses « en France qui ne sont gouvernés que par les vicaires « nommés par les chapitres; et sûrement les chapitres, « au moment de la nomination, étaient fort peu nom-« breux. Voyez l'inconvénient qu'il y aurait à dire que « les nominations sont nulles, et par conséquent que les « vicaires n'ont jamais eu de pouvoir. »

Le bref du 2 septembre 1800, qui confirma la nomi-

---

[1] Ces lettres se conservent à l'archevêché de Lyon.

nation de l'administrateur apostolique, fut accueilli par M. Emery, comme par les parties intéressées elles-mêmes, avec tout le respect et la soumission qui étaient dus à l'autorité du Saint-Siége. Mais nous ne pensons pas que cette décision, uniquement relative aux affaires du diocèse de Lyon, et motivée sans doute par des circonstances particulières, ait porté aucune atteinte à la doctrine soutenue par M. Emery dans l'article des *Annales* que nous avons cité, et qui a continué d'être l'enseignement commun des canonistes [1].

L'élection providentielle de Pie VII, qui avait eu lieu, à Venise, le 14 mars 1800, donna lieu à M. Emery de montrer encore d'une manière plus frappante le vif désir qu'il avait de contribuer à la paix de l'Église de France. Il lui semblait très-important que les évêques qui se trouvaient alors en France, présentassent au nouveau Pontife un mémoire sur la situation présente de cette Église et sur les moyens de remédier à ses maux, afin de prévenir les impressions fâcheuses qui pourraient lui être données par quelques-uns des évêques du dehors, qui, faute de bien connaître le véritable état des choses, blâmaient hautement la conduite de leurs collègues, particulièrement en ce qui concernait la promesse de fidélité au gouvernement. Dès la fin du mois d'avril, il s'empressa de communiquer cette idée à l'évêque d'Alais, qui la fit goûter à quelques autres évêques, et désira que M. Emery se chargeât lui-même de rédiger le mémoire en question. Il le fit en effet, et il y expose, avec autant

XI
Mémoire au Pape rédigé par M. Emery au nom des évêques restés en France.

---

[1] *Prælectiones juris canonici habitæ in seminario S. Sulpitii* (Paris, 1859), part. II, sect. II, art. 6, num. 595, (t. II, p. 181).

de netteté que d'énergie[1], la situation de l'Église de France, si désolée par le ravage de l'impiété, par le schisme constitutionnel et par les divisions intestines du clergé fidèle, et, après avoir proposé sous les formes les plus respectueuses les moyens de remédier à ses maux, il témoigne au Souverain Pontife la disposition où sont les signataires du mémoire d'accepter avec soumission toutes les mesures que Sa Sainteté jugera à propos de prendre.

Cette pièce, datée du 15 mai, fut signée par tous les évêques qui se trouvaient alors en France; mais, par un concours imprévu de circonstances, la remise au Pape en fut longtemps différée, et il est même douteux qu'elle ait jamais eu lieu. Au reste, les difficultés qui étaient l'objet du mémoire, allaient naturellement trouver une solution dans le concordat qui se négociait alors entre le Saint-Siége et le gouvernement français.

XII
M. Emery donne des soins aux Sœurs de la Charité, et en particulier à la sœur Rosalie.

En attendant cette restauration de l'Église de France, M. Emery s'occupait non-seulement du séminaire, mais encore de quelques œuvres extérieures, et entre autres de la direction des Sœurs de la Charité. Déjà il avait donné des soins à celles qui s'étaient retirées dans la maison qu'habitait M. Montaigne, rue des Maçons-Sorbonne. Elles venaient de se réunir, avec l'autorisation du gouvernement, dans l'ancienne maison des Orphelines de la rue du Vieux-Colombier, qui sert actuellement de caserne aux pompiers. La sœur Rosalie, depuis si connue, que M. Emery fit venir à Paris en 1801, pour

---

[1] On conserve au séminaire de Saint-Sulpice, le projet de ce mémoire, écrit de la main de M. Emery.

la placer dans cette maison en qualité de novice, nous apprend qu'il visitait souvent la communauté, qu'il y donnait quelquefois des instructions et des sujets d'oraison, qu'il confessait même quelques-unes des Sœurs, et qu'il était surtout le conseil et le directeur de la mère Deleau, alors supérieure générale de la Congrégation.

« C'est à M. Emery, disait en 1842 cette pieuse fille [1],
« que je suis redevable de ma sainte vocation. Il avait
« été mon parrain par procureur, à cause de l'amitié
« qu'il portait à ma famille. Ce fut lui qui me demanda
« à mon grand-père, dont il était l'ami intime; qui prit
« l'engagement d'avoir soin de moi, et lui promit que
« si la communauté des Sœurs ne se rétablissait pas, il
« me renverrait dans mon pays. Il me reçut avec une
« bonté paternelle, et me présenta à la supérieure
« générale. Il venait me visiter souvent au noviciat, et
« je ne puis dire toutes les attentions et les bontés qu'il
« a eues pour moi, les sages avis par lesquels il s'est
« efforcé de me rendre digne de ma vocation. Tout ce
« qu'il me disait était clair, laconique, et faisait sur moi
« une grande impression. Un avis de sa part était tou-
« jours d'une grande portée. Sa piété avait quelque
« chose d'aimable; il mêlait dans sa conversation des
« traits vifs, des reparties agréables; chaque avis avait
« toujours sa petite pointe; quelquefois même il y avait,
« dans ses corrections, quelque chose de malin ou de
« piquant; mais tout cela était assaisonné de charité,
« d'esprit de foi; et toujours il portait avec lui le carac-
« tère d'un véritable prêtre, animé de l'esprit de son

[1] Récits de la sœur Rosalie à M. Faillon.

« état. L'à-propos était une de ses grandes qualités; il
« savait toujours tirer parti de tout, et cela sans dégui-
« sement, sans aucune duplicité. C'était l'effet de son
« discernement, de sa pénétration et de sa grande sagesse.

« Il me serait impossible de me rappeler tous les avis
« qu'il m'a donnés, les saintes maximes qu'il m'incul-
« quait ; je le regardais comme un oracle, et il était en
« effet l'oracle et la lumière de notre maison. Une de
« ses maximes, qui me fit une grande impression, était
« celle-ci : *Mon enfant, il faut qu'un prêtre et une Sœur de
« la Charité soient comme une borne qui est au coin d'une
« rue, et sur laquelle tous ceux qui passent puissent se
« reposer et déposer les fardeaux dont ils sont chargés.*
« Son grand principe était qu'on ne doit point anticiper
« sur les desseins de la Providence, mais aller toujours
« à sa suite. *Il faut,* me disait-il, *aller du jour au jour.*

« Lorsqu'il me vit placée au faubourg Saint-Marceau,
« où il y a tant de pauvres, il en fut très-satisfait, et il
« me dit : *C'est bien là ce qu'il vous faut; vous serez la
« servante de tous ces pauvres.* »

XIII
Il publie les *Lettres à un évêque,* par M. de Pompignan, et contribue à l'édition abrégée du *Génie du christianisme.*

Ce fut aussi pendant ce temps d'arrêt que M. Emery put s'occuper plus librement de compositions et de publications qu'il croyait utiles au bien de la Religion. Outre ceux de ses ouvrages qu'on peut appeler ses *œuvres de fonds*, sur lesquels nous reviendrons plus tard, et son opuscule sur le *Retour des constitutionnels*, dont nous venons de parler, il préparait alors l'édition des *Lettres à un évêque*, par M. Lefranc de Pompignan, archevêque de Vienne, à la tête desquelles il mit un discours préliminaire. Cet ouvrage, que l'auteur avait laissé en manuscrit, parut en 1802, et nous trouvons dans la réponse de l'évêque d'Alais à l'hommage que M. Emery lui faisait d'un des premiers exemplaires, le jugement que ce prélat portait, tant de l'ouvrage lui-même que du discours qui le précède : « M. Clausel, « dit l'évêque d'Alais, a eu la bonté de m'envoyer un « exemplaire de l'ouvrage de M. de Pompignan, avec le « discours préliminaire, qui était véritablement néces- « saire pour faire encore plus valoir l'ouvrage lui- « même, en faisant connaître la vie, le caractère et les « autres écrits de l'auteur. Ses amis et ses parents doi- « vent être bien satisfaits de la manière simple, franche, « claire et précise dont vous avez justifié sa mémoire « contre l'opinion trop légèrement et trop généralement « répandue sur la dernière époque de sa vie. Je persiste « à penser que cet ouvrage ne peut qu'être infiniment « utile dans les circonstances actuelles. » Il voulait dire dans un temps où l'épiscopat se réorganisant, avait besoin d'un livre où il pût trouver, sur ses devoirs les plus importants, des règles sûres de conduite.

Le bien que faisait aussi à cette époque le *Génie du christianisme*, de M. de Chateaubriand, engagea M. Emery à accueillir avec empressement l'idée qu'avaient conçue M. Frayssinous et M. Clausel de Coussergues, le magistrat, de demander à l'auteur la permission d'en donner une édition abrégée. Il se chargea même, à la grande satisfaction de M. de Chateaubriand, de surveiller le choix des morceaux et de revoir les épreuves[1].

En même temps, M. Emery continuait toujours à

XIV
Articles communi-

[1] Lettre de M. Clausel de Coussergues à M. Faillon, du 20 mars 1843.

qués par M. Emery à l'abbé de Boulogne.

Essai de défense du cardinal Dubois, et Défense de l'Essai sur la tolérance de M. Duvoisin.

fournir des articles intéressants au recueil périodique de l'abbé de Boulogne, soit sur les questions du temps, soit sur d'autres points d'histoire et de théologie [1]; mais

---

[1] Voici les articles que nous sommes fondés à attribuer à M. Emery, d'après les témoignages de M. Picot, de M. Caron, et de M. Emery lui-même dans ses lettres à l'évêque d'Alais du 10 mars et du milieu de septembre 1806 :

ANNÉE 1800.

Sur la promesse de fidélité à la constitution de l'an VIII (Annales philosophiques, t. I, p. 91.)
Sur le bref de Pie VI du 16 *janvier* 1799. (*Ibid.*, p. 155.)
Sur la réunion de l'Église russe à l'Église romaine. (*Ibid.*, p. 161.)
Lettre à l'auteur des Annales sur l'exercice de plusieurs cultes dans une même église. (*Ibid.*, p. 285.)
Sur les mariages décadaires. (*Ibid.*, p. 464.)
Anecdotes sur l'Assemblée de 1682. (*Ibid.*, p. 503.)
Sur la maxime attribuée à saint Augustin, IN NECESSARIIS UNITAS, *etc.* (T. II, p. 13.)
Lettres sur l'histoire physique de la terre, par Deluc. (*Ibid.*, p. 337, 385, 474.)
Sur le droit des chapitres pendant la vacance des siéges épiscopaux. (*Ibid.*, p. 506.)

ANNÉE 1801.

Lettre inédite de l'abbé Fleury. (T. III, p. 227.)
Du sentiment de Bossuet sur l'autorité et la réception du concile de Trente en France. (T. IV, p. 239.)

ANNÉE 1804.

Des nouveaux chapitres cathédraux. (*Annales littéraires*, t. II, p. 231.)

ANNÉE 1805.

Sur l'édition des Lettres d'Euler, publiée par Condorcet. (T. III, p. 465.)
Défense de l'Essai sur la tolérance. (T. IV, p. 193.) Un second article sur le même sujet, contenu dans le même volume, n'est pas de M. Emery.

ANNÉE 1805.

Remarques sur le caractère d'Arnauld par Leibnitz. (*Ibid.*, p. 505.)
Défense des premières vérités, par l'abbé Sigorgne. (*Mélanges*, T. I*er*, p. 1.)
Anecdotes sur le procès de Fouquet. (*Ibid.*, p. 30.) Nous n'oserions assurer absolument que cet article soit de M. Emery.

ANNÉE 1810

Sur le cardinal Dubois. (*Ibid.*, t. VIII, p. 176.)

il serait difficile d'en donner la liste, parce qu'il ne les signait pas. Il ne cessa même pas sa coopération, quand ce recueil passa, sous le titre de *Mélanges de philosophie*, entre les mains de M. Picot, et on doit, entre autres, à M. Emery, un article remarquable sur le cardinal Dubois.

Une lettre de Fénelon à madame Roujault[1], le confirma dans la persuasion où il était depuis longtemps, qu'il devait y avoir beaucoup d'exagération dans les traits odieux sous lesquels la plupart des historiens ont représenté ce célèbre personnage, et, par respect pour la pourpre romaine dont il avait été revêtu, M. Emery entreprit, non de le justifier entièrement, mais du moins de décharger sa mémoire d'une multitude d'excès qu'on lui avait injustement imputés. M. Picot, complétant depuis ces recherches, a montré avec évidence, par les faits les plus avérés de l'histoire, la justesse de ces appréciations [2]. M. Emery fit tirer séparément un certain nombre d'exemplaires de cet article, sous le titre d'*Essai de défense du cardinal Dubois* (Paris, 1810).

Il en avait fait autant pour un article intitulé : *Défense de l'Essai sur la tolérance de M. Duvoisin, évêque de Nantes* (Paris, 1805). C'était une réponse aussi solide que complète à l'attaque violente du P. Lambert, Dominicain, contre le sentiment énoncé par ce prélat, qu'on

---

[1] *Correspondance de Fénelon*, t. III, p. 444.
[2] *Ami de la Rel.*, t. XXXII, p. 289. — Picot, *Mémoires*, troisième édit., t. II, p. 100, etc.

peut, sans aller contre la foi, accorder aux enfants morts sans baptême, et aux infidèles adultes qui mourraient sans avoir commis de péché mortel, une certaine béatitude purement naturelle.

<small>XV
Il coopère à la publication de plusieurs ouvrages du naturaliste André Deluc.</small>

M. Emery fit pareillement imprimer, en 1801, le *Précis de la philosophie de Bacon*, par le célèbre naturaliste André Deluc. Il lui avait déjà rendu le même service, en 1798, pour ses *Lettres sur l'histoire physique de la terre*, auxquelles il avait joint une préface. Dans cette préface, après un éloge de la science éminente de l'auteur, de la pureté de ses intentions et de l'utilité de ses recherches pour la défense de la Religion, M. Emery examine ce qu'il faut penser de deux suppositions que renferme l'ouvrage de M. Deluc, et dont quelques orthodoxes auraient pu s'alarmer. « La première, que les jours de « la création dont parle Moïse, n'ont point été des jours « de vingt-quatre heures, des jours semblables aux « nôtres, mais des périodes de temps indéterminé ; la « seconde, que quelques sommets de montagnes, sur « une partie du globe, ne furent point atteints, ou du « moins ne le furent que très-momentanément, par les « eaux du déluge. » M. Emery déclare que ces deux suppositions, « bien que contraires au sentiment com- « mun des interprètes, ne blessent point la foi catho- « lique. » Il surveilla encore en 1809 l'impression d'un *Traité élémentaire de géologie* du même auteur, avec lequel il était étroitement lié ; et il entretint longtemps avec lui une correspondance habituelle, qui avait tout à la fois pour objet les intérêts de la Religion et les sciences naturelles envisagées par rapport aux services qu'elles peuvent lui rendre [1]. M. Emery était singulièrement frappé et consolé de voir un écrivain protestant et un savant de premier ordre, prendre constamment la défense de la Révélation contre le Déisme et le Rationalisme, qui faisaient alors tant de progrès parmi les protestants comme parmi les catholiques ; il ne désespérait pas de voir ce savant si estimable, se réunir enfin à l'Église catholique pour laquelle il témoignait déjà une très-haute estime, malgré les préjugés de la Réforme au sein de laquelle il avait été élevé. Il lui rendait ce témoignage dans une lettre qu'il écrivait au cardinal Gerdil le 30 novembre 1801, en lui envoyant un exemplaire des *Lettres géologiques*, et dans une autre au cardinal Fesch, alors ambassadeur à Rome. Il ajoutait dans cette dernière ces paroles remarquables : « N'est-ce pas « une chose étonnante, Monseigneur, de voir un pro- « testant si zélé pour la défense de la Révélation? Il « disait à M. Barruel, qu'il serait bien fâché qu'il y eût « un quart d'heure dans sa vie qui ne fût pas employé « à la défense de la révélation chrétienne. Il a quitté sa « famille à Londres, et a demeuré six ans en Allemagne, « pour faire une espèce de mission auprès des acadé- « mies de ce pays toutes perverties [2]. »

Quoique nous n'ayons aucune preuve du retour de M. Deluc à la vraie Église, il est certain toutefois que le

---

[1] *Annales philos.*, t, II, p. 337, 385, 474. — *Annales littér.*, t. I, p. 98; t. II, p. 486; t. III, p. 499; t. IV, p. 551.
On conserve au séminaire de Saint-Sulpice un assez grand nombre de lettres d'André Deluc et de son frère Guillaume Deluc à M. Emery.
[2] Lettre de M. Emery au card. Fesch, du 28 octobre 1803.

temps et la réflexion confirmaient de plus en plus ce savant homme dans ses dispositions favorables à l'Église catholique, au point de la regarder comme celle de toutes les sociétés chrétiennes qui avait plus fidèlement conservé la véritable doctrine de Jésus-Christ. M. Emery dit un jour lui-même à M. Garnier « qu'il venait de « recevoir une lettre de M. Deluc, qui contenait un té- « moignage bien important dans la bouche d'un pro- « testant en faveur de l'Église catholique. M. Deluc lui « écrivait qu'il était persuadé qu'on ne pouvait conser- « ver la Révélation que dans l'Église catholique ; que « toutes les églises protestantes tendaient au Déisme, et « qu'en conséquence, s'il convertissait quelque incré- « dule, il lui conseillerait d'embrasser la religion ca- « tholique. »

XVI
Ses relations avec quelques autres personnages célèbres.

Le talent, quand il était joint à un désir sincère du bien, gagnait toujours sûrement le cœur de M. Emery, comme il excitait toujours son intérêt tant qu'il y avait espoir d'en corriger les écarts. Nous en avons déjà vu plusieurs exemples. Mais nous devons encore mentionner ici, d'une part ses liaisons intimes avec le baron de Sainte-Croix et avec M. de Villoison, et de l'autre ses relations avec l'astronome Lalande et le constitutionnel Grégoire.

Le baron de Sainte-Croix.

Le baron de Sainte-Croix était un académicien sincèrement religieux, connu par plusieurs ouvrages estimés. M. Emery le visitait souvent [1], l'invitait à venir manger à la maison de campagne, et l'engagea à insé-

---

[1] Garnier, *Notice*.

rer plusieurs articles intéressants dans les *Annales* de l'abbé de Boulogne. Il l'assista assidûment dans sa dernière maladie et eut la consolation de le voir mourir dans toute la simplicité de la foi. *Je meurs,* lui dit ce savant, *avec la confiance de n'avoir jamais varié sur aucun article de mon catéchisme.* Son testament portait une fondation de messes à établir dans les États-Unis, où il croyait que la Religion pourrait se perpétuer; et effectivement c'est le séminaire de Baltimore qui, conformément à ses intentions, en a été chargé.

M. Emery avait souvent vu chez le baron de Sainte-Croix, le célèbre helléniste d'Ansse de Villoison[1]; il allait, dans l'occasion, le consulter pour ses travaux littéraires. Il s'y présenta en particulier dans l'intention de lui demander quelques renseignements sur des auteurs de l'Église grecque, pendant la dernière maladie de ce savant, dont il n'avait point été averti. On lui dit à la porte que M. de Villoison avait reçu les derniers sacrements, qu'il était à toute extrémité, et ne recevait plus personne. M. Emery, désirant beaucoup lui porter quelques consolations, dit : « Annoncez-moi toujours; « comme il me connaît beaucoup, peut-être qu'il ne « sera pas fâché de me voir. » En effet, on n'eut pas plus tôt nommé M. Emery, que le malade témoigna le désir qu'il fût introduit. Après quelques paroles d'amitié et d'édification, M. Emery lui dit que, ne connaissant pas sa maladie, il était venu le consulter sur quelques auteurs grecs du moyen âge dont il avait une

M. de Villoison.

---

[1] Garnier, *Notice.*

si parfaite connaissance, mais que l'état fâcheux où il le voyait, l'empêchait de lui proposer aucune question. « Dites toujours, répliqua M. de Villoison, peut-être « aurai-je encore assez de mémoire et de force pour « vous rendre ce service. » Alors, M. Emery lui proposa ses questions, auxquelles le malade répondit pertinemment, lui indiquant les auteurs dont il avait besoin, ce dont ils avaient traité, et les lieux où il pourrait les trouver. M. de Villoison mourut deux ou trois jours après cette entrevue.

L'astronome Lalande. M. Emery avait été lié dès son enfance avec le célèbre astronome Lalande, qui était tout à la fois son compatriote et son parent ; et les sentiments religieux que celui-ci conserva et professa même ouvertement pendant la plus grande partie de sa vie [1], entretinrent naturellement cette liaison. Lorsque, dans ses dernières années, il se laissa entraîner dans le parti de l'incrédulité jusqu'à professer ouvertement l'athéisme, M. Emery ne crut pas pour cela devoir rompre entièrement avec lui. Il continua de le voir de temps en temps pour cultiver son amitié et se ménager le moyen de le ramener peu à peu aux principes religieux qu'il avait goûtés autrefois. Le savant, peu sensible à la délicatesse des procédés de son respectable ami, ne se gênait pas pour manifester en sa présence les sentiments d'impiété qu'il affichait partout. Il eut même l'inconvenance de lui envoyer, en 1805, son *Second supplément au Dictionnaire des Athées* qu'il venait de publier, et, sur les reproches que lui en fit

---

[1] *Dictionnaire historique* de Feller, et *Biographie de l'Ain*, art. LALANDE.

M. Emery, il lui adressa cette lettre d'excuses : « Très-
« cher et très-respectable compatriote, je n'ai pris la
« liberté de vous envoyer ma brochure que parce que
« vous aviez demandé la première. Je savais qu'elle
« vous déplairait, comme à tant d'autres gens du plus
« grand mérite ; mais il m'a paru que ce qui était la
« vérité selon moi, devenait un devoir. Prêtez-moi la
« réponse de Descartes à Voëtius et venez dîner mer-
« credi, pour joindre vos réprimandes à celles de ma
« fille, qui est désolée de ma persévérance. »

M. Emery répondit, et il nous fait connaître lui-même
le fond de sa réponse dans la lettre suivante qu'il écrivit à une nièce de Lalande, celle-là même que ce savant
appelait *sa fille*, et qui demeurait avec lui au collège de
France : « Madame, M. de Lalande a eu la complaisance
« de m'envoyer son *Deuxième supplément*. J'ai cru de-
« voir le remercier et lui témoigner en même temps la
« profonde affliction que m'avait causée sa lecture. Il
« m'a répondu, et m'a dit que vous partagiez mon
« mécontentement. Je vous avoue que cela m'a fait
« grand plaisir. Dans le vrai, M. de Lalande se fait
« le plus grand tort possible. Votre bon esprit vous
« le fait sentir, et votre bon cœur s'en afflige. On voit
« avec douleur que sa manie de vouloir passer pour
« athée est incurable. Il vise sans cesse à la célébrité,
« et il y arrive, mais par une voie qui le couvre de con-
« fusion et de ridicule auprès de la généralité des
« hommes. Il va plus loin dans ce dernier écrit que dans
« tous les autres. Il soulèvera contre lui tous les savants,
« parce qu'il veut abaisser Newton, et affaiblir par là

« le poids de son autorité. Il déclare et proclame athées
« beaucoup de personnes vivantes. Je crains qu'il ne
« s'en trouve quelqu'une qui l'attaque au criminel, et
« il est certain qu'après la déclaration qu'il a faite, il
« n'est presque point de pays dans le monde dont il ne
« fût chassé. Comment, quand on connaît M. de La-
« lande, n'être pas affligé de voir un homme si esti-
« mable, si honnête, si bon, si bienfaisant, attaqué
« d'une manie (car on ne peut pas s'exprimer autre-
« ment), si dangereuse pour la société, si préjudiciable
« à son honneur et à son repos? »

On voit par cette lettre que M. Emery n'était pas bien convaincu de la sincérité de l'athéisme de Lalande. « M. de Lalande, disait-il un jour à M. Garnier, n'est « pas plus athée que vous et moi. Il se dit athée par « une vanité ridicule et pour faire parler de lui. » Dans cette persuasion, il continuait à le voir fréquemment, et saisissait toutes les occasions qui se présentaient pour tâcher de le faire rentrer en lui-même.

Lalande étant un jour venu visiter M. Emery au séminaire, témoigna le désir de voir aussi l'abbé de Chabrol, un de ses anciens et de ses meilleurs élèves en astronomie, et qui était alors un des modèles du séminaire par une régularité parfaite, jointe à un grand esprit d'humilité et de mortification [1]. L'abbé de Chabrol, mandé aussitôt, s'entretint pendant quelque temps avec son ancien professeur en présence de M. Emery. Mais ayant entendu sonner la cloche qui donnait le signal du

---

[1] Garnier, *Notice*.

chapelet, il se leva sur-le-champ et prit congé de Lalande. Celui-ci, étonné de ce brusque départ, en demanda l'explication : « C'est, lui répondit M. Emery, « que l'abbé de Chabrol s'empresse d'aller faire une « chose que vous ne faites jamais; il va prier Dieu, ce « que vous ne faites plus depuis que vous êtes athée. » Lalande ne se fâcha point de cette leçon, et la reçut même de bonne grâce.

Une autre fois il répondit d'une manière encore plus satisfaisante à une ouverture que lui fit M. Emery pour se ménager un accès auprès de lui dans ses derniers moments. « Mon cher cousin, lui avait dit M. Emery, « nous sommes tous mortels, et je ne pense pas que « vous voulussiez sortir de ce monde, sans remplir des « devoirs dont vous ne pouvez ignorer l'importance. — « C'est bien mon intention, répondit Lalande; mais si « je vous faisais appeler, consentiriez-vous à me procu- « rer le secours de votre ministère? — Vous pouvez y « compter, reprit M. Emery; comme prêtre, je dois « être disposé à me rendre auprès de tout homme qui « réclame les secours de la Religion; à plus forte rai- « son s'il s'agissait d'un homme qui serait comme « vous, mon compatriote, mon ami et mon parent. « Mais, ajouta-t-il, si je venais à apprendre que vous « êtes malade, et que vous ne pensassiez pas à me « faire demander, me permettriez-vous d'aller vous « rappeler les sentiments que vous me témoignez « aujourd'hui? — Oh! si le cas arrivait, répondit La- « lande, vous me feriez plaisir d'en user de la sorte. » Et il demeura convenu que M. Emery pourrait se présenter avec confiance pour confesser Lalande, en cas de maladie grave.

Ce cas ne tarda pas en effet à arriver. M. Emery, ayant appris le danger de son état, s'empressa de se rendre chez lui pour lui rappeler sa promesse; mais les amis du malade faisaient bonne garde autour de lui, dans la crainte qu'il ne rétractât ses impiétés, et ils étaient bien résolus d'user de tous les moyens pour l'en empêcher. Ils protestèrent donc que l'état de M. de Lalande n'avait rien d'alarmant; qu'il était en ce moment très-accablé, et que le médecin avait recommandé qu'il ne parlât à personne. M. Emery insista inutilement, en se faisant connaître comme ami et parent de Lalande. Il ne put obtenir de le voir ce jour-là, et consentit, quoique avec beaucoup de répugnance, à différer sa visite au lendemain comme on l'en priait. Mais le lendemain, il apprit que Lalande était mort pendant la nuit. Profondément affligé de cette nouvelle, il se rendit au collège de France pour témoigner sa peine à la nièce du défunt. Le regret qu'il ressentit de ce fâcheux accident fut encore augmenté quelques jours après par les détails qu'il apprit de la bouche de la servante qui avait soigné Lalande pendant sa dernière maladie. Cette femme, qu'il rencontra par hasard, lui dit avec une vive émotion : « Oh! Monsieur, que mon « cher maître vous a donc demandé pendant la nuit de « sa mort [1]! Il a prié et conjuré ces messieurs qui étaient « là, de permettre qu'on vous envoyât chercher; et il « s'est mis en colère contre eux parce qu'ils lui refu-

---

[1] Ces détails sur les derniers moments de Lalande, qui paraissent

« saient cette consolation. Oh! que de fois ce pauvre
« défunt vous a réclamé! »

M. Emery voyait aussi de temps en temps le conventionnel Grégoire, tantôt pour lui emprunter des livres, tantôt pour obtenir de lui des renseignements sur des sujets littéraires [1]. Grégoire, de son côté, répondait à ses avances, en se montrant disposé à lui rendre service et en lui procurant des livres, non-seulement de sa propre bibliothèque, mais de celle de l'Institut, ce qui faisait dire quelquefois plaisamment à M. Emery lorsqu'il avait besoin de quelque ouvrage difficile à trouver : « J'aurai recours à *mon saint Gré-*
« *goire*, qui ne manquera pas de me le procurer. » En entretenant ces relations avec un homme qui s'est montré l'un des plus opiniâtres défenseurs du schisme constitutionnel, M. Emery avait principalement en vue de le ramener à de meilleurs sentiments, et dans l'occasion il ne lui dissimulait pas la vérité. Grégoire s'étant un jour vanté d'être un bon catholique, soumis à tous les jugements de l'Église, M. Emery lui dit : « Puisque
« vous prétendez être un bon catholique, pourquoi ne
« condamnez-vous pas la constitution civile du clergé? »

Le conventionnel Grégoire.

---

avoir été inconnus aux rédacteurs des principaux dictionnaires biographiques, ont été positivement attestés par l'abbé Augé, vicaire général de Paris; par l'abbé Froment, directeur du collége Stanislas, et par plusieurs autres ecclésiastiques qui les avaient appris de M. Emery lui-même. Ils sont d'ailleurs confirmés par le témoignage de la nièce même de ce savant : « Des amis intimes de Lalande, dit un biographe,
« m'ont assuré tenir de sa nièce qu'il avait demandé un prêtre dans les
« derniers moments de sa vie. » (*Biogr. de l'Ain*, t. II, p. 58 à la note.)

[1] Garnier, *Notice*.

Grégoire répondit que cette constitution n'avait pas été condamnée par l'Église, mais par le Pape, qui n'est pas infaillible. « Mais, répliqua M. Emery, ce n'est pas
« seulement le Pape qui a condamné la constitution
« civile, ce sont tous les évêques catholiques qui ont
« adhéré formellement à la décision du Saint-Siège. »
Grégoire nia qu'il en fût ainsi, mais M. Emery lui dit avec assurance « que la plupart des évêques catholiques
« avaient envoyé à Rome leur adhésion aux brefs de
« Pie VI; que toutes ces adhésions se conservaient aux
« archives du Vatican; que lui, qui aimait tant les
« voyages, pouvait faire celui de Rome pour s'en assu-
« rer; qu'au reste, ayant des amis partout, il pouvait
« prier quelqu'un de ceux qu'il avait à Rome de vérifier
« le fait. »

Dans un article de son *Histoire des Sectes religieuses* publiée en 1810, Grégoire fait une secte particulière des *Cordicoles* : « Comment osez-vous, lui dit à ce
« sujet M. Emery avec une vive émotion, mettre au
« nombre des sectaires les partisans de la dévotion au
« Sacré Cœur de Jésus? Regardez-vous donc comme des
« sectaires tous les évêques de France, une multitude
« d'évêques des pays étrangers, tout le sacré Collége et
« le Pape lui-même? Le Souverain Pontife, le chef de
« toute l'Église et le centre de la communion catholique
« peut-il être un sectaire ? »

Tous les raisonnements de M. Emery ne purent triompher de l'obstination et du travers d'esprit de l'ancien évêque du Loir-et-Cher; mais il eut au moins le mérite d'avoir entrepris de dissiper ses illusions, et d'avoir donné aux ministres du Sanctuaire un grand exemple du zèle persévérant avec lequel ils doivent s'employer, selon les ouvertures que leur en donne la Providence, au salut des pécheurs même les plus opiniâtres, sans désespérer jamais de leur conversion. Il est à présumer, en effet, que ces rapports de M. Emery avec Grégoire datent du concordat, et eurent pour occasion l'espèce de rétractation que fit alors cet évêque pour obtenir de l'archevêché la permission de dire la messe.

Les premières ouvertures pour le concordat avaient été faites par le premier Consul dès le mois de juin 1800, et le Pape avait aussitôt envoyé à Paris le prélat Spina avec de pleins pouvoirs pour traiter cette affaire. Le plus profond secret fut imposé par Bonaparte aux plénipotentiaires, et, dans le fait, pendant plus d'une année que durèrent les négociations, tout se passa dans le plus grand mystère. Bien loin que les bruits répandus soit par les amis, soit par les ennemis du concordat, sur la part que M. Emery aurait été appelé à y prendre, eussent quelque fondement [1], il est certain au contraire qu'il fut, aussi bien que les autres membres du conseil archiépiscopal, entièrement mis à l'écart par le gouvernement, et qu'il témoigna souvent sa peine de la réserve extrême et de l'espèce de défiance que le prélat Spina témoignait généralement à l'égard du clergé français et même des ecclésiastiques dont les lumières et l'expérience eussent pu lui procurer des renseignements

XVII
M. Emery est tenu à l'écart dans les négociations relatives au concordat.

[1] Picot, *Mémoires*, édit. de 1816, t. IV, p. 659.— Lettres de M. Emery à l'abbé de Romeuf (29 juin 1801), à M. Vernet (19 mars 1802), à l'évêque d'Alais (23 décembre 1800, 25 février et 25 juillet 1801, etc.).

utiles sur la situation et les besoins de l'Église de France. *Je redoute,* disait-il, *les arrangements faits sans consulter personne* [1]. Frappé des inconvénients qui pouvaient résulter d'une conduite si mystérieuse, il crut pouvoir hasarder quelques observations sur ce sujet dans un entretien avec le prélat, qui répondit de manière à lui faire comprendre qu'il n'y avait point à insister [2].

XVIII
Il fait imprimer le discours de Bonaparte aux curés de Milan.

M. Emery partageait néanmoins l'espérance que faisaient naître dans le cœur des fidèles les mesures prises par le gouvernement pour procurer la paix de l'Église. Il fut en particulier très-satisfait du discours que Bonaparte avait adressé aux curés de Milan, quelques jours avant la bataille de Marengo [3], et, ayant appris qu'il en avait parlé lui-même aux conseillers d'État assemblés chez lui, il eut la pensée de faire imprimer ce discours, afin d'en répandre des exemplaires à Paris et ailleurs, et il engagea en même temps M. Vernet à le faire imprimer de son côté pour le répandre dans les provinces du Midi [4].

XIX
Il visite le premier Consul avec les grands-vicaires de Paris.

Mais il eut bientôt l'occasion de connaître par lui-même les dispositions du premier Consul dans une visite qu'il ne put se dispenser de lui faire avec les autres vicaires généraux du diocèse de Paris, à l'occasion de l'attentat du 3 nivôse, connu sous le nom de complot de la machine infernale (24 décembre 1800). Peu de jours

---

[1] Lettre de M. Emery à l'évêque d'Alais, du 25 février 1801.
[2] Récit de M Jalabert.
[3] Picot, *Mém*, t. VII, p. 288.
[4] Lettre de M. Emery à M. Vernet, du 31 oct. 1800.

après cet événement, le ministre de la police, Fouché, fit savoir aux grands vicaires de Paris, par l'entremise de l'abbé Bernier, qu'il serait convenable qu'ils fissent une visite au premier Consul, pour le féliciter sur la conservation de sa vie [1]. M. Emery, aussi bien que ses collègues, éprouvait quelque répugnance à faire cette démarche qui pouvait les mettre en évidence et donner lieu à des propos malveillants. Il essaya donc de s'en dispenser, en priant l'abbé Bernier de témoigner au premier Consul combien les vicaires généraux étaient touchés du danger auquel il avait si heureusement échappé. Bonaparte se montra satisfait de cette réponse, mais il insista pour voir les vicaires généraux, qui ne purent dès lors se dispenser de se présenter devant lui. Ils furent introduits par l'abbé Bernier, alors en grande faveur auprès du premier Consul [2]. Celui ci les reçut sans appareil, pendant son déjeuner, et les entretint pendant près d'une demi-heure. La conversation roula successivement sur le dernier attentat, sur la promesse de fidélité, et sur les négociations relatives au concordat. Le premier Consul s'étendit particulièrement sur ce dernier point. Il assura d'abord les vicaires généraux, qu'il voulait s'arranger avec le Pape ; que, si l'arrangement avait lieu, *la bulle arriverait tout à coup, comme une bombe;* que, si au contraire on ne pouvait parvenir à s'entendre, *il laisserait alors le clergé mourir de sa belle mort.* Il ajouta que le clergé ayant une grande in-

---

[1] Lettres de M. Emery à l'évêque d'Alais, des derniers jours de décembre 1800, du 3 janvier 1801, etc.
[2] Récit de M. Jalabert. — Notes de M. Caron. — Garnier, *Notice.*

fluence sur l'esprit des peuples, le gouvernement voulait avoir un clergé tout dévoué ; que les anciens évêques n'étaient point blâmables d'avoir témoigné un si grand attachement à la cause du Roi, leur bienfaiteur; mais qu'il voulait s'attacher aussi le clergé par ses bienfaits.

A l'occasion du désir que manifestait le premier Consul de s'arranger avec le Pape, M. Emery témoigna n'en être pas surpris, d'après les espérances qu'il avait données au clergé dans son discours aux curés de Milan. Là-dessus, il tira de sa poche un exemplaire de ce discours, et le présenta au premier Consul, en lui demandant s'il trouverait mauvais qu'on l'imprimât de nouveau, pour lui donner une plus grande publicité. Le premier Consul, sans autoriser ni défendre la réimpression, se contenta de répondre : *Prenez garde au Ministre de la Police.* M. Emery répliqua qu'il ne craignait pas que le Ministre se permît de blâmer la publication des sentiments que le premier Consul avait si hautement proclamés. Il sortit de cette audience avec une nouvelle confiance dans les dispositions du premier Consul, et celui-ci réciproquement conçut dès lors pour M. Emery des sentiments d'estime que rien ne put effacer depuis, et qui se manifestèrent quelquefois avec éclat.

XX.
Malveillance des constitutionnels à l'égard des membres du conseil ar-

M. Emery n'était cependant pas sans inquiétude sur le résultat des négociations, et les incidents qui de temps en temps en entravaient la marche, lui faisaient redouter de les voir tout à fait interrompues. Les constitutionnels ne négligeaient rien pour les traverser, et le gouvernement lui-même semblait ménager ce parti, dans l'espérance de s'en servir comme d'un épouvantail, pour amener le Pape à ce qu'on voulait obtenir de lui. Enhardis par ces égards, ils mettaient tout en œuvre pour indisposer le gouvernement contre le clergé catholique, et en particulier contre le conseil archiépiscopal et M. Emery lui-même : « Pourquoi, disaient-ils dans « les *Annales* qu'ils publiaient [1], ne condamnerait-on pas « les Boulogne, les Malaret, les Dampierre, les Maillé, les « Emery et autres sacrés embaucheurs pour le Pape, à « être déportés dans les États du Saint-Père? Ce serait, « ce semble, une punition, non proportionnée à la gra- « vité de leur conduite, car elle serait trop douce, mais « du moins assortie à sa nature. »

chiépiscopal.

Peu s'en fallut que ces souhaits charitables n'eussent leur accomplissement à l'égard de M. Emery. Ce fut à l'occasion de l'emprisonnement de l'abbé Fournier [2].

Quoique membre de la Compagnie, l'abbé Fournier avait obtenu de M. Emery, à raison des circonstances, la permission de prêcher dans diverses églises de Paris, et il s'en acquittait avec un talent et un succès remarquables. Il donna cette année le carême à Saint-Roch, et, comme son genre de prédication était très-populaire, son geste animé et pittoresque, sa voix forte et sonore, on accourait en foule à ses sermons. Mais il se fit en

XXI
L'emprisonnement de l'abbé Fournier donne lieu à celui de M. Emery.

---

[1] *Annales de la Religion*, t. XIII, p. 216. Ce passage est cité par M. Picot dans son *Précis sur l'église constitutionnelle.*— Voyez aussi les *Mémoires* du même auteur, t. VII, p. 310.

[2] *Biogr. de l'Ain* et *Biogr. univ.*, art. FOURNIER. — Garnier, *Notice sur M. Emery.* — Récits des abbés Courtade, de Sambucy-Saint-Estève, etc. — Notes de mademoiselle Jouen.

même temps beaucoup d'ennemis par la liberté et la véhémence avec laquelle il s'élevait contre les erreurs et les crimes de la Révolution. Prêchant un jour sur le jugement dernier, après avoir fait passer à la gauche les païens, les juifs, les hérétiques et les incrédules, il ne manqua pas d'y placer aussi les révolutionnaires. Le Vendredi saint, il s'attacha à prouver que tous les outrages commis contre Jésus-Christ dans sa passion, avaient été renouvelés pendant la Révolution. Les prêtres juifs étaient, selon son explication, les ecclésiastiques assermentés et apostats ; les pharisiens étaient les journalistes ; les scribes étaient les avocats et les procureurs, qui avaient joué un si grand rôle dans la Révolution. Dans un autre sermon, il immola tellement les révolutionnaires au ridicule par ses sanglantes ironies, qu'en descendant de chaire, il fut porté comme en triomphe jusqu'à la sacristie par plusieurs émigrés qui lui disaient avec enthousiasme : « Monsieur l'abbé, la « Révolution nous a tous ruinés, mais aujourd'hui vous « nous avez consolés de tous nos malheurs. » Ses ennemis en prirent occasion de le dénoncer à Bonaparte qui ne pouvait que redouter un homme capable d'exercer une telle influence, et qui donna des ordres pour l'arrêter, comme un cerveau dérangé qui égarait la multitude. C'est ce qui eut lieu en effet à la suite d'un sermon du même genre qu'il prêcha le jour de la Pentecôte à Saint Germain-l'Auxerrois. Conduit à Bicêtre, il y fut enfermé dans une loge de fou, après qu'on lui eut rasé la tête et qu'on l'eût revêtu d'un sarreau de toile avec des sabots aux pieds. Ses amis ignorèrent d'abord ce qu'il était devenu ; mais, à force de recherches, ils parvinrent à découvrir le lieu de sa détention, et le traitement indigne dont il était l'objet. M. Emery, ne pouvant pénétrer lui-même dans sa prison, s'empressa de lui envoyer mademoiselle Jouen, pour le consoler et lui procurer tous les secours dont il avait besoin ; en même temps, il faisait agir en sa faveur toutes les personnes de sa connaissance qui pouvaient avoir quelque crédit ; et lorsque, fatigué de tant de réclamations, Bonaparte eut fait transférer le prisonnier dans la citadelle de Turin, M. Emery ne le perdit pas de vue, lui procura de l'argent, et obtint enfin son élargissement par l'entremise du cardinal Fesch.

A peine le bruit de la réclusion de M. Fournier à Bicêtre s'était-il répandu dans Paris, qu'un mouvement général d'étonnement et d'indignation se manifesta de toutes parts. Bientôt on vit paraître deux pamphlets qui faisaient ressortir tout ce qu'il y avait de ridicule à vouloir faire passer pour fou, un homme dont tout Paris admirait l'éloquence. Le premier de ces pamphlets était intitulé : *Un petit mot sur la détention de Marie-Nicolas Fournier, prédicateur catholique*. En s'appliquant à faire ressortir de son mieux tout l'odieux de cette mesure, l'auteur affectait, par une sorte d'ironie, d'en attribuer la cause à une erreur involontaire. L'autre pamphlet, ayant pour titre : *Arrêté du Ministre de la police générale*, était dirigé spécialement contre Fouché, et propre à le piquer au vif. On soupçonnait M. Emery d'être l'auteur et le distributeur de ces écrits, à cause des liens de parenté et de confraternité qui l'unissaient avec le prisonnier.

Il n'en fallut pas davantage pour que le Ministre de la Police donnât l'ordre de l'arrêter et de faire chez lui les perquisitions les plus minutieuses. Conformément à ces instructions, les gens de la police, étant entrés dans son appartement, y saisirent une quantité considérable de papiers, toute sa correspondance, un certain nombre d'exemplaires de différentes brochures sur les questions du temps, et enfin une somme de 8,497 francs, divisée par petites portions, et cachée dans différents endroits de son logement. Parmi les brochures se trouvaient neuf exemplaires du *Petit mot*.

La visite terminée, il fut conduit à la préfecture de police, où on lui fit subir trois interrogatoires les 5, 6 et 7 juillet 1801. Nous en trouvons le résumé dans un rapport adressé immédiatement après à Fouché par le préfet de police Dubois [1].

« Jacques André Emery, ex-supérieur général du séminaire de Saint-Sulpice, a été signalé comme auteur et distributeur d'un imprimé ayant pour titre : *Un petit mot*, etc. Interrogé sur ce pamphlet, il a répondu qu'il n'en était pas l'auteur, qu'on lui en avait adressé un certain nombre qu'il avait distribués aux amis de Fournier dans le département du Léman à Gex... et au prêtre Verdier, dit Bonneuil, qui gouverne le diocèse d'Autun pendant l'absence de l'évêque.

« Interpellé sur le nom de l'auteur de cet écrit, il a

---

[1] Ce rapport, avec l'interrogatoire et les autres pièces relatives à cette affaire, y compris un des exemplaires du *Petit mot* saisis chez M. Emery, se conserve aux Archives de l'Empire, *Section Administrative*, sous la rubrique F 7, n° 7,887.

répondu qu'il le connaissait parfaitement, mais qu'il ne pouvait le nommer, que c'était un censeur royal dans l'ancien régime, et qu'il redoutait même si peu qu'on recherchât ou non son écrit, qu'il avait été tenté de signer de son véritable nom [1]. Ledit Emery a encore déclaré que ce pamphlet avait été imprimé au nombre de douze ou quinze cents exemplaires, mais n'a pu ou n'a voulu nommer l'imprimeur.

« On lui a représenté le pamphlet intitulé : *Arrêté du Ministre de la police générale*. Il a déclaré en avoir connaissance, parce qu'une personne, dont il a dit ne pas se rappeler le nom, lui en a remis un exemplaire, mais qu'il lui a fait horreur ; et qu'il n'a dans ses amis et parmi ses connaissances personne capable de faire un pamphlet aussi infâme.

« Mais Emery a eu parfaite et entière connaissance de celui intitulé : *Un petit mot*; il sait quel en est l'auteur, à quel nombre il a été imprimé, et il paraît évidemment prouvé que lui seul en a été le distributeur.

« *Les papiers du prêtre Emery*[2] *sont en très-grand nombre. Ils sont en partie composés d'une correspondance très-étendue avec les prêtres, non-seulement de tous les coins de la France, mais avec tous ceux qui sont émigrés ou déportés.*

« *Il paraît qu'Emery est l'Oracle du clergé et l'homme*

---

[1] Quelques personnes croyaient que l'auteur du *Petit mot* était le marquis d'Hauteroche, intime ami de l'abbé Fournier. Mais M. Emery, dans son interrogatoire, déclara positivement le contraire.

[2] Les passages mis en *italique* sont, dans l'original, signalés par une accolade, sans doute comme plus compromettants.

dans lequel tous les évêques émigrés ou insoumis ont placé leur entière confiance.

« De toutes parts on le consulte, soit sur la promesse de fidélité à la Constitution, soit sur la rentrée en France et la possibilité de l'obtenir.

« Emery se dit l'apôtre de la promesse, et affirme avoir dans tous ses écrits invité à la faire; mais ce qu'il y a de remarquable, c'est qu'il ne l'a pas faite lui-même. Interpellé de déclarer quels étaient ses motifs, il a dit d'abord qu'il ne s'y croyait pas obligé, quoiqu'il fût vicaire général du diocèse de Paris; parce qu'un décret de la Convention nationale, à ce qu'il prétend, a déclaré les vicaires généraux non fonctionnaires publics, et que ceux-ci pouvaient seuls être astreints au serment.

« Sur l'observation faite qu'il était, à cet égard, dans l'erreur, il a répondu qu'il lui avait paru, ainsi qu'à ses collègues, prudent et politique de ne pas prêter la promesse, parce que, s'ils l'eussent fait, et qu'ensuite ils eussent engagé les autres prêtres à suivre leur exemple, ceux-ci auraient pu croire qu'il y avait de leur part un motif direct et personnel pour le leur conseiller; au lieu qu'en ne la faisant pas, et la prêchant à ceux qui y sont rigoureusement astreints, ils espéraient les amener plus sûrement au but.

« On remarque dans les papiers d'Emery l'extrait d'une lettre du cardinal Maury à l'archevêque d'Embrun; il est conçu en ces termes : « Le pape vient de
« former une grande congrégation pour examiner la
« nouvelle formule, laquelle ne sera probablement pas
« approuvée. Bonaparte lui a fait proposer par le cardi-

« nal Mortuisana, de recatholiciser la France ; de chas-
« ser tous les intrus du premier et du second ordre,
« comme une bande de scélérats ; de tracer conséquem-
« ment une nouvelle circonscription des diocèses de
« France ; de faire un traitement convenable aux évê-
« ques qui ont émigré, dit-il, pour cabaler, s'ils ne
« veulent donner leur démission ; d'assurer au moins
« quinze mille livres de pension aux évêques, en atten-
« dant qu'il leur procure leurs revenus en fonds de
« terre ; de faire instituer les évêques par le Saint-Siége,
« et d'en déférer la présentation à celui qui exerce en
« France l'autorité souveraine. Si Bonaparte donne suite
« à ces propositions, le Pape enverra Mgr. Spina, ar-
« chevêque de Corinthe, à Verceil, pour les discuter.
« Nous ne devons pas craindre que le Saint-Père sacri-
« fie les principes et la justice dans cette conférence
« qu'il n'a pas pu refuser. »

« Dans une lettre timbrée de Perpignan et non signée, on trouve cette phrase : *Quant aux seconds* (les
émigrés), *la plus grande partie des acquéreurs ne viendront pas nous consulter ; ils ne nous donneront aucun
embarras ; ceux qui viendront sont à moitié vaincus ; tâ-
chons de gagner leur confiance et nous les porterons à
des arrangements à l'amiable.* Emery a déclaré que cette
lettre était de l'archevêque d'Auch.

« On trouve encore dans ses papiers une liste d'un
grand nombre de prêtres de départements de l'Ouest
qui demandent à rentrer en France ; et une autre liste
des déportés de la Vendée, admis à résider comme citoyens français, et à exercer le culte catholique.

« Dans la 34ᵉ pièce, on annonce bien l'avis favorable à la prestation de la promesse, mais sous la condition qu'elle ne lie pas les ministres des cultes sous le rapport de l'empire qu'ils peuvent exercer sur les consciences; en sorte qu'ils peuvent exhorter à ne point acheter des biens enlevés à leurs anciens propriétaires, et à restituer ce qu'ils auraient acquis. On peut refuser d'acheter, on peut restituer sans violer la Constitution; donc on peut conseiller ce qu'on peut faire. On peut encore exhorter ceux qui, par leurs places, sont les organes et les exécuteurs des lois, à renoncer à des emplois qu'ils ne peuvent exercer en conscience. A la suite de cet écrit, l'auteur repousse, article par article, tous les prétextes sous lesquels les prêtres ont prétendu rejeter comme scandaleuse au christianisme la promesse de fidélité. . . . .

« Quant aux sommes trouvées chez Emery, distribuées dans son appartement par différentes parties, voici comment il s'en est expliqué. Il a dit que la majeure partie venait des départements et lui était adressée pour payer des messes et faire des aumônes à de pauvres prêtres; que le surplus formait son pécule particulier; qu'il n'avait, à la vérité, que douze ou quinze cents livres de rente, mais qu'il avait joui autrefois d'un bénéfice de quatre mille livres, et qu'il avait fait des économies.

« On trouve dans ses papiers nombre de lettres de gens qui lui demandent des secours.

« Emery est ici le véritable représentant de Juigné; c'est lui qui est à la tête de toutes les affaires ecclésiastiques, et il n'est pas le moindre ennemi des prêtres assermentés et surtout du concile qui a lieu dans ce moment.

« Quoiqu'il ait répété dans son interrogatoire qu'il ne se mêlait que fort peu des affaires du diocèse, il n'est pas moins vrai qu'il en est l'âme, que lui seul le dirige par ses conseils, et qu'enfin les autres soi-disant grands vicaires de Juigné, tels que Malaret, Dampierre et autres, lui sont entièrement soumis.

« Il distribue, et probablement fait imprimer tous les ouvrages relatifs à l'espèce de guerre qui, dans ce moment, déchire le sein de l'Église. »

Il est bon de remarquer que dans ce rapport il n'est fait aucune mention d'un manuscrit saisi chez M. Emery, et intitulé : *Mémoire pour le citoyen Fournier, prédicateur, condamné à être renfermé à l'hospice des fous à Bicêtre.* C'était, d'après les explications données par M. Emery dans son interrogatoire, un mémoire rédigé par lui, de l'avis d'un des trois consuls, et qu'il avait présenté à tous les trois, ainsi qu'à deux conseillers d'État, sans en laisser prendre connaissance à aucune autre personne.

Le rapport de Dubois était accompagné d'une lettre d'envoi, à la marge de laquelle on lit ces mots : *Pressé. Le citoyen* CORDERANT. (C'était un des chefs de bureau du ministère de la police.) *Faire un rapport et proposer de faire juger cet individu d'après les lois des* 28 *germinal et* 7 *vendémiaire an IV, titre V.* Les initiales D. F., qu'on voit au bas de cette apostille, ne sont pas de l'écriture de Fouché, mais indiquent sans doute un des principaux employés de son ministère, et voici les rigueurs que celui-ci appelait sur la tête de M. Emery. La loi du 7 vendémiaire an IV, *sur l'exercice et la police des cultes*[1], prononce, article 22, la peine de six mois de prison « contre tout ministre d'un culte qui distribuera « ou fera distribuer un écrit émané d'un ministre du « culte qui ne sera pas résidant dans la République « française; » et, article 24, la peine de mille livres d'amende et deux ans de prison contre celui qui « cher- « che à égarer les citoyens, en leur présentant comme « injustes ou criminelles les ventes ou acquisitions de « biens nationaux possédés ci-devant par le clergé ou « les émigrés. » D'après l'autre loi, celle du 28 germinal, *contre les délits commis par la voie de la presse*[2], M. Emery pouvait n'être condamné qu'à six mois de prison, s'il eût été déclaré simplement auteur ou distributeur des imprimés anonymes trouvés chez lui; mais, si quelqu'un de ces imprimés eût été regardé comme contenant une provocation au renversement de la constitution, la peine était deux années de fers pour le distributeur qui refusait de nommer l'auteur, et, pour l'auteur lui-même, la mort, commuable toutefois en la déportation à raison des circonstances atténuantes.

Sur l'ordre de son supérieur, le chef de bureau Corderant fit un rapport sommaire des faits imputés à M. Emery, et concluait ainsi : « D'après cet exposé, « on doit envisager Emery sous deux rapports : sous ce- « lui de distributeur de l'écrit *Un petit mot*, et sous celui

---

[1] *Bulletin des lois*, an IV, 1re série, B. 186, n° 1,134.
[2] *Ibid.*, 2e série, B. 40, n° 328.

« de prêtre insermenté, agent des prêtres étrangers, et
« chargé d'entretenir le feu du fanatisme.

« Sous le premier rapport, quelque répréhensible que
« soit cet ouvrage, il serait à craindre qu'il sortît triom-
« phant d'un débat judiciaire; car les provocations pré-
« vues par l'article 5 de la loi du 28 germinal an IV, ne
« sont pas assez ouvertement faites dans cet ouvrage
« pour appeler une condamnation inévitable.

« Sous le second rapport, Emery est dans la main du
« gouvernement. Vainement prétend-il échapper en se
« couvrant du titre de vicaire général, qui, n'étant pas
« considéré comme celui d'un fonctionnaire public, ne
« l'astreignait point au serment; il y était incontesta-
« blement assujetti par son titre et son emploi de *supé-
« rieur de séminaire*. Il est donc sujet à la déportation
« aux termes des anciennes lois, et la conduite qu'il
« tient ici doit lui attirer toute la sévérité du gouverne-
« ment. Le faire sortir du territoire français ne serait
« qu'affaiblir le mal, que déplacer pour quelque temps
« le siége de sa correspondance. Il faut le détenir soi-
« gneusement et au secret, dans telle maison que le
« ministre indiquera. »

XXII. Vertus qu'il pratique dans sa prison. Sa charité pour les pauvres.

Pendant le cours de cette procédure, M. Emery était laissé au petit dépôt de la préfecture de police, renfermé dans une même chambre avec des criminels de toute espèce, parmi lesquels se trouvaient même des filous et des femmes de mauvaise vie. Mademoiselle Jouen, qui le visita presque tous les jours dans sa prison, nous a conservé de précieux détails sur les vertus qu'il y pratiqua, et particulièrement sur la tendre charité qu'il y exerça envers

ses compagnons de captivité. « Jamais, dit-elle, il ne
« voulut accepter pour lui-même aucun adoucissement.
« Il refusa constamment la nourriture que je lui ap-
« portais, et il la donnait aux pauvres. Je lui fis porter
« un matelas sur lequel il n'a jamais couché; il le prê-
« tait aux femmes qui étaient dans la même chambre.
« Cette prison, qui pouvait contenir au plus douze per-
« sonnes, en eut alors jusqu'à soixante; c'était par une
« chaleur excessive, et il y avait tout à craindre pour
« la santé des détenus. Tout y était confondu, filles pu-
« bliques, femmes honnêtes, hommes de toute espèce.
« M. Emery fut respecté de tous et se rendit utile à tous.
« Un de ses premiers soins fut de faire venir un auber-
« giste pour assurer une nourriture convenable à ceux
« qui ne pouvaient se la procurer par eux-mêmes et
« qui étaient réduits au traitement de la prison, con-
« sistant dans une cruche d'eau et une livre et demie
« de pain de munition. Il commanda pour le dîner des
« jours gras, la soupe et le bouilli; et pour le souper
« un plat de légumes; pour les jours maigres, à dîner
« et à souper, la soupe et des légumes. Il n'a jamais
« vécu autrement que les pauvres qu'il nourrissait; ja-
« mais d'autre pain que celui de la prison, jamais
« d'autre boisson que de l'eau. Jamais je n'ai pu
« lui faire accepter une tasse de chocolat, ni quoi que
« ce soit. Il me pria de lui apporter un *Catéchisme de*
« *Paris,* dont il se servit pour apprendre les prières et
« le catéchisme à un pauvre enfant qui se trouvait dans
« la prison. Plusieurs détenus qui assistaient à ses le-
« çons, en profitaient aussi; et il fit beaucoup de bien à

« ces pauvres gens. Parmi ces prisonniers, il y en avait
« de riches, qui n'ont jamais rien pu lui faire accepter.
« Plusieurs m'ont dit, les larmes aux yeux, que c'était
« un saint, et qu'il leur apprenait à souffrir avec pa-
« tience et même avec joie, en voyant sa charité et
« son amabilité. La préfecture était remplie d'espions,
« dont plusieurs étaient des prêtres apostats et mariés :
« tous avaient pour lui le plus profond respect; ils ne
« pouvaient supporter son regard sans être couverts de
« confusion, et j'en ai vu pleurer de honte en vantant
« ses vertus.

« Vers le 14 juillet, la prison où il était renfermé était
« si encombrée de monde, qu'il n'était pas possible d'y
« rester sans périr. Je fis beaucoup de démarches pour
« obtenir qu'on transférât ailleurs un certain nombre
« de détenus, sans toutefois le transférer lui-même; car
« je craignais que, s'il était placé ailleurs, cela ne fît
« prolonger sa détention. A force de prières, j'obtins ce
« que je demandais; et le soir, à neuf heures, on fit sor-
« tir la plupart des prisonniers, en sorte qu'il n'en resta
« que sept, y compris M. Emery. Il sut que cela s'était
« fait à ma sollicitation, au grand regret des malheu-
« reux prisonniers, dont le sort était si adouci par les
« soins qu'il prenait d'eux. Lorsque j'arrivai le matin,
« comme à l'ordinaire, je le trouvai très-fâché contre
« moi. C'est la seule fois qu'il m'ait parlé avec tant de
« sévérité. Il essaya de me prouver que mon attachement
« pour lui était mal réglé, puisqu'il m'ôtait la charité
« que je devais avoir pour tant de malheureux. Il ajouta
« que s'il fût tombé malade, c'eût été un bien petit mal,

« en comparaison de celui de soixante personnes et plus,
« que j'avais mises au désespoir en les faisant transférer
« ailleurs. Il ne pouvait se consoler du départ de ces
« pauvres gens. »

XXIII. Son élargissement après dix-huit jours de prison. — Le général de Prez-Crassier.

Cependant l'affaire de M. Emery traînait toujours en longueur. Quoique, dès les premiers jours de sa détention, ses amis, et en particulier mademoiselle Jouen, eussent fait des démarches actives pour obtenir son élargissement, et qu'on en eût donné quelque espérance, les constitutionnels ne perdaient pas leur temps. L'occasion était trop belle pour la laisser échapper. Ils mettaient tout en œuvre auprès du ministre, dont ils avaient toutes les sympathies, pour faire reléguer leur grand ennemi dans les États du pape, en qualité d'*Ultramontain*. Enfin mademoiselle Jouen s'avisa d'aller trouver le général de Prez-Crassier, parent de M. Emery et ami de Fouché. Elle lui représenta qu'il y allait de son honneur de ne pas souffrir que son proche parent demeurât aussi longtemps et sans aucun sujet, au milieu des filous et des femmes perdues. Le général ne se fit pas prier; il partit à l'instant pour se rendre chez le ministre, et, après une courte discussion, entremêlée de quelques jurons, dont l'habitude lui était familière, il obtint ce qu'il demandait, grâce à l'appui que lui prêta Lalande, ancien évêque constitutionnel de Nancy, ami de Fouché, qui lui avait donné un emploi dans ses bureaux. En conséquence, le 22 juillet, Fouché envoya au préfet de police l'ordre de mettre M. Emery en liberté, « à charge
« par lui de souscrire la promesse de fidélité à la con-
« stitution, et de se faire cautionner par deux citoyens

« dont les principes et la moralité fussent connus du
« préfet. » Celui-ci devait en outre « l'assujettir à une
« surveillance spéciale, dont il ferait connaître de temps
« en temps les résultats au ministre. » M. Emery ne fit
pas difficulté de faire la promesse demandée, et le préfet de police en donna l'assurance à Fouché par une lettre du 23 juillet. Ce jour-là même, mademoiselle Jouen s'était rendue à la prison, accompagnée de l'abbé de Pancemont, curé de Saint-Sulpice, et de l'abbé de Crouzeilles, grand-vicaire d'Aix, qui devaient servir de cautions. « Nous le trouvâmes, dit cette demoiselle, ré-
« citant son bréviaire, et il ne voulut nous voir qu'après
« avoir tout fini. Il reçut la nouvelle de sa liberté avec
« beaucoup de sang-froid, et quand on lui dit qu'il avait
« failli être déporté en Italie, il assura qu'il n'en aurait
« pas été fâché; que ce voyage, qu'il ne pourrait jamais
« faire, lui aurait été aussi agréable qu'utile. » Comme il sortait de prison, on l'assura qu'il ne tarderait pas à recevoir l'argent qu'on avait trouvé chez lui en visitant ses livres et ses papiers; mais, se défiant de la probité des gens de la police, il déclara qu'il ne sortirait point, qu'on ne lui eût rendu ses papiers, son argent et ses médailles, et le tout lui fût aussitôt remis.

Quelques jours après sa sortie de prison, M. Emery voulut reconnaître le service que lui avait rendu le général de Prez-Crassier, et l'invita à dîner [1]. Pendant tout le repas, ce militaire, selon son habitude, ne disait presque pas une phrase sans l'accompagner de quelques

---

[1] Garnier, *Notice*.

jurons. M. Emery ne crut pas devoir l'en reprendre sur-le-champ, mais il attendait pour cela une occasion favorable; elle se présenta à la fin du repas. Croyant offrir de la liqueur au général, il lui versa par mégarde de l'eau bénite qu'il conservait dans une bouteille à côté de la bouteille de liqueur. A peine le général y eût-il trempé ses lèvres, qu'il s'écria : « Cousin, cela ne vaut pas le « diable! ce n'est que de l'eau pourrie! » M. Emery, s'apercevant de sa méprise, en fit d'abord ses excuses au général, en lui expliquant comment cela était arrivé. Au « reste, ajouta-t-il en riant, cette méprise sera bonne à « quelque chose. Pendant tout le repas, vous n'avez cessé « de prononcer vos jurons ordinaires, votre bouche avait « grand besoin d'être purifiée, et l'eau bénite est préci- « sément instituée pour produire cet effet. » Là-dessus il alla prendre dans son armoire la bouteille de liqueur, et en servit deux ou trois verres au général qui la trouva excellente.

XXIV
Sentiments de M. Emery sur le Concordat. Il s'emploie à obtenir la démission de plusieurs anciens évê-

Le lendemain de l'élargissement de M. Emery, le cardinal Consalvi, que le Pape avait envoyé pour lever les difficultés qui entravaient la conclusion des arrangements, quittait Paris pour retourner à Rome, après avoir signé le concordat le 15 juillet. Cette convention fut ratifiée à Rome, le 15 août suivant, par Pie VII, qui donna, pour ce sujet, la bulle *Ecclesia Christi*, et adressa le même jour, à tous les évêques de France, le bref *Tam multa*, par lequel il leur demandait leur démission, en leur déclarant que si, dans l'espace de dix jours, ils ne se décidaient pas à faire ce sacrifice, il se verrait contraint de passer outre, et de pourvoir à

la nouvelle organisation de l'Église de France. M. Emery n'hésita pas un seul moment à reconnaître la légitimité de ce grand acte d'autorité, dont il n'y avait pas eu jusque-là d'exemple, et qui, dans ces commencements, étonna tant de personnes. « Ce bref, écrivait-il à l'é-
« vêque d'Alais, m'a paru très-bien. Les motifs qu'il
« donne sont l'unité de l'Église et le rétablissement de
« la religion catholique..... Dans le vrai, la mesure est
« bien violente ; il n'y en a pas d'exemple..... Je crois
« néanmoins qu'on ne peut rien faire de mieux que de
« se rendre à la demande du Saint-Siége [1]. » Il avait coutume de citer à ce sujet l'autorité de Bossuet et de Fleury, qui, tout zélés partisans qu'ils étaient des principes de l'Église gallicane, ne laissaient pas d'enseigner comme une maxime certaine que, dans les cas extraordinaires, l'autorité éminente du Saint-Siége s'élève au-dessus de tout, et peut changer les coutumes et les canons eux-mêmes [2].

Ses sentiments à cet égard étaient si bien connus, que monseigneur Spina eut l'idée de se servir de lui pour faire passer le bref à plusieurs évêques, persuadé que, en le leur adressant, il ne manquerait pas d'user de son ascendant sur leur esprit pour les faire entrer dans les vues du Souverain Pontife. C'est qu'en effet,

---

[1] Lettre du 20 septembre 1801.
[2] Garnier, *Notice*. — Le passage de Bossuet dont il est ici question, se trouve dans la *Défense de la Déclaration de* 1682, l. XI, chap. 20, et est conçu en ces termes : *Concedimus enim, in jure quidem ecclesiastico, Papam nihil non posse, cùm necessitas id postulârit.* — Fleury dit pareillement dans son *Discours sur les libertés de l'Église gallicane*, que l'autorité du Pape *est souveraine et s'élève au-dessus de tout, pour le maintien des règles.* (*Nouv. opusc. de Fleury.* p. 138 et 139.)

une partie des évêques refusaient, ou du moins différaient de se rendre. M. Emery regrettait qu'on n'eût pas prévenu cette division de l'épiscopat, en adressant d'abord le bref à ceux dont le consentement était plus facile à prévoir et à obtenir. « Vous voyez, écrivait-il le
« 19 novembre à M. de Fontanges, archevêque de Tou-
« louse, que l'on a pris de très-fausses mesures dans l'en-
« voi du bref. C'est en Angleterre qu'on l'a fait parvenir
« plus tôt qu'ailleurs, et c'est là qu'il devait être envoyé
« plus tard. Il y avait là un rassemblement qui devait
« être fortement influencé. Les deux tiers de ceux qui
« ont refusé, placés ailleurs, auraient acquiescé sans
« difficulté. »

L'influence à laquelle M. Emery attribue ici le refus de démission de la part de plusieurs évêques, venait de l'opposition bien connue des princes français aux mesures extraordinaires que le Souverain Pontife croyait devoir adopter pour le rétablissement de la Religion en France. « Je tremble, écrivait-il à l'évêque
« d'Alais, le 31 octobre, pour les évêques qui sont en
« Allemagne. Les princes, à Londres et à Mittau, ont fait
« témoigner aux évêques démissionnaires, au moins à
« celui d'Aix, leur mécontentement. On voit facilement
« qu'ils auront prévenu ceux d'Allemagne ; et je tremble
« que la plupart, circonvenus encore par de fausses
« nouvelles, ne refusent leur démission. » Quelques jours plus tard, il écrivait encore au même prélat au sujet de la lettre que les évêques non démissionnaires réunis à Londres, avaient écrite au Pape, le 27 septembre : « La lettre des évêques qui sont en Angleterre les

« déshonorera comme théologiens ; car ils ont été assez
« précipités dans leur démarche pour y mettre des
« erreurs grossières, comme quand ils disent *qu'ils
« tiennent immédiatement leur mission de la Providence*[1].
« Nous disons bien que la juridiction des évêques est
« *de droit divin;* mais leur mission vient immédiate-
« ment du Pape. »

M. Emery craignait en particulier cette influence pour M. de Juigné, qui, en effet, hésita longtemps. Pour mettre fin à ses incertitudes, de concert avec les autres membres du conseil archiépiscopal [2], il proposa à M. de Pancemont, qu'on savait être particulièrement estimé du prélat, et qui avait demeuré quelque temps avec lui à Augsbourg, d'aller le trouver dans cette ville, pour solliciter sa démission et celle des autres évêques de France réfugiés en Allemagne. M. de Pancemont accepta cette proposition, et revint au bout de quelques jours avec la démission de l'archevêque et celle d'une douzaine d'autres évêques.

La mission de monseigneur Spina auprès du gouvernement français étant terminée, il fut remplacé au mois d'octobre 1801, par le cardinal Caprara, que le Pape, à la demande du premier Consul, envoyait en France avec le titre de légat *a latere* pour l'exécution du concordat.

XXV
Il procure à l'abbé Le Sure une place de secrétaire auprès du cardinal Caprara, à qui par ce moyen il fait parvenir plusieurs renseignements importants.

---
[1] Voici le passage de la lettre des évêques auquel M. Emery fait allusion : « Le devoir de nos fonctions nous ordonne impérieusement de ne « pas souffrir que le lien sacré qui nous unit aux églises *immédiatement* « *confiées à nos soins par la Providence divine*, soit brisé sans aucune « résistance de notre part. »

[2] Jauffret, *Mémoires sur les affaires ecclésiastiques de France*, t. I, p. 22. — Lettre de M. Emery à l'évêque d'Alais, du 3 déc. 1801.

M. Emery ne tarda pas à s'apercevoir que ce prélat et les ecclésiastiques de sa maison étaient arrivés à Paris avec des préjugés peu favorables au clergé français, et que, par suite, ils étaient peu disposés à recevoir les avis et les renseignements dont ils auraient souvent besoin pour se conduire dans un pays et sous un gouvernement qu'ils ne pouvaient bien connaître. Il pensa dès lors qu'il était très-important de placer auprès du légat, en qualité de secrétaire français, un ecclésiastique digne de sa confiance, par le moyen duquel on pût, au besoin, lui faire des communications utiles [1]. L'abbé le Sure, ancien élève de Saint-Sulpice, lui paraissant très-propre à remplir cet office, il lui en fit la proposition. Mais celui-ci en fut d'abord si effrayé que M. Emery ne crut pas devoir insister ; quelques jours après, il revint cependant à la charge, et réussit enfin à vaincre ses répugnances, en lui faisant envisager la fonction qui lui était offerte comme un service très-important qu'il était appelé à rendre à l'Eglise de France. Il le mit aussitôt en rapport avec deux ecclé-

---

[1] Notes et récits de l'abbé le Sure. — L'abbé le Sure, avant la Révolution, avait fait partie de la communauté des prêtres de la paroisse, et il aimait à raconter les usages qui s'y observaient encore de son temps. « Ainsi, disait-il, je payais cinq cents livres de pension comme sur-
« numéraire ; et encore, j'étais obligé de dire toutes mes messes au
« profit de la sacristie. S'il nous arrivait d'en dire quelqu'une pour
« d'autres intentions, nous étions tenus d'en donner les honoraires au
« sacristain. — Si une dame venait nous parler à la Communauté,
« nous étions obligés de la recevoir dans le parloir, en surplis et
« en bonnet carré. » L'abbé le Sure, après avoir été successivement grand vicaire de Rennes, de Gand, de Rouen et de Paris, est mort dans cette dernière ville, en 1844, âgé de quatre-vingt-un ans. (*Ami de la Rel.* t. CXXII, p. 55.)

siastiques d'un grand mérite, et dont le concours devait lui être très-utile dans sa nouvelle position. C'était le P. de la Brûlerie, ancien supérieur des Théatins, et l'abbé de Crouzeilles, vicaire général d'Aix. Le premier, que le légat avait choisi pour directeur de sa conscience, se chargea de lui recommander l'abbé le Sure, comme un ecclésiastique digne de toute sa confiance, et le lui présenta en effet au bout de quelques jours. Grâce à sa recommandation, le prélat accueillit l'abbé le Sure avec les plus grands témoignages d'estime, et l'engagea dès ce moment à venir travailler directement avec lui toutes les fois qu'il le jugerait nécessaire pour l'exercice de son emploi. L'abbé de Crouzeilles était compatriote de Portalis, ministre des cultes, qui avait pour lui une estime particulière, et il possédait, d'ailleurs, toute la confiance de M. de Boisgelin, archevêque d'Aix, que sa réputation de prudence et de modération avait mis en crédit auprès du gouvernement. Ces relations le mettaient à portée de se procurer, sur les affaires du temps, les renseignements les plus sûrs, dont il faisait part à M. Emery, et que celui-ci transmettait à l'abbé le Sure, pour qu'il en fît prudemment usage dans ses rapports avec le légat.

Ces précautions de M. Emery furent plus d'une fois utiles au prélat, pour l'éclairer sur les affaires de sa légation. Ce fut en effet l'abbé le Sure qui lui donna la première nouvelle des *articles organiques* publiés par le gouvernement avec le concordat, sans le concours du Saint-Siège, et contre lesquels le légat crut de son devoir de réclamer officiellement au nom du Souverain

Pontife. Ce fut aussi par le moyen de cet ecclésiastique que M. Emery fit parvenir au légat la nouvelle, encore très-secrète, de la nomination d'évêques constitutionnels à douze des nouveaux siéges, et comme le cardinal se refusait à croire que le premier Consul manquât ainsi à ses engagements les plus formels, M. Emery lui fit remettre la liste de ces évêques, qui lui fut en effet, bientôt après, officiellement présentée par le gouvernement. Il lui donna encore, sur le même sujet, quelques autres renseignements qui eussent empêché le prélat de confirmer ces nominations, s'il n'eût été malheureusement trompé, comme on sait, par la politique astucieuse de l'abbé Bernier[1].

XXVI
Il use de son ascendant sur plusieurs évêques ou autres ecclésiastiques pour les engager à accepter les nouveaux siéges.

Le grand désir de M. Emery aurait été qu'on nommât aux siéges nouveaux les anciens évêques. Il écrivait le 26 décembre à M. de Fontanges : « Je ne cesse de dire

[1] Le cardinal légat, n'ayant pu obtenir que le gouvernement révoquât la nomination des évêques constitutionnels, voulait du moins que ces évêques, avant de recevoir l'institution canonique, fissent réparation au Saint-Siége par une rétractation explicite. Ceux-ci, au contraire, ne consentaient qu'à souscrire des formules tout à fait insuffisantes, et le gouvernement les encourageait dans leur résistance. « Le bruit s'en
« répandit bientôt dans la capitale, dit l'abbé le Sure, et M. Emery
« m'adressa à ce sujet quelques avis secrets dont je fis usage, mais
« dont j'ai oublié la teneur, excepté de celui-ci : *Le gouvernement a*
« *déclaré aux constitutionnels qu'il ne voulait plus de rétractation, et*
« *qu'on ne devait exiger d'eux autre chose que l'adhésion au concordat,*
« sous prétexte sans doute que cette adhésion équivalait à l'abandon de
« la constitution civile du clergé...... Le cardinal persistait à exiger que
« les évêques constitutionnels se soumissent aux jugements que le
« Saint-Siége avait portés sur les affaires ecclésiastiques de France, et
« reçussent l'absolution des censures qu'ils avaient encourues. M. Ber-
« nier se chargea d'arranger cette affaire. Après avoir réuni ces évê-
« ques, et à la suite de la conférence qu'il eut avec eux, il envoya
« au cardinal un document qui supposait qu'il avait parfaitement réussi;
« Il y certifiait, ainsi que M. de Pancemont, ancien curé de Saint-Sul-

« ou de faire dire à ceux qui approchent les grands *fai-*
« *seurs*, qu'on doit nommer aux nouveaux évêchés les
« anciens évêques, et les nommer de manière qu'ils con-
« tinuent d'être chargés de leurs anciens évêchés. Mais je
« crois qu'on a changé de système sur ce dernier point. »
Peut-être eût-il pu exercer quelque influence sur les
choix, au moyen de ses relations avec le ministre des
cultes, qui était très-favorablement disposé pour lui; mais
il évitait avec le plus grand soin toutes les démarches qui
eussent pu fournir des prétextes à la malveillance de
ses ennemis, en leur donnant lieu de prétendre qu'il
voulait se mêler du gouvernement de l'Église de France.
Il se contenta donc de travailler de tout son pouvoir à
obtenir, au moins des anciens évêques, qu'ils acceptas-
sent les nouveaux siéges qu'on leur offrait. « La déter-

« pice, que chacun des huit évêques (car les quatre autres s'étaient
« déjà mis en règle) avait reçu avec respect la formule de rétractation
« qu'il leur avait présentée, ainsi que le décret d'absolution des cen-
« sures; que chacun d'eux avait promis obéissance et soumission au Saint-
« Siége et en particulier aux jugements émanés de l'autorité aposto-
« lique sur les affaires de France. D'après cette attestation, ils obtinrent
« leurs bulles d'institution canonique. Cependant, peu de temps après
« avoir été installés dans leurs diocèses respectifs, ils soutinrent publi-
« quement, entre autres le Coz, Raymond et Lacombe, qu'ils n'avaient
« signé aucune rétractation quelconque. — Bernier, disait encore de-
« puis l'abbé le Sure, trompait tout à la fois, dans cette occasion, et le
« légat et le curé de Saint-Sulpice; car ce n'était que sur sa parole que
« celui-ci, absent de la conférence, avait confirmé par sa signature le
« rapport présenté au légat. »
Ce témoignage de l'abbé le Sure, plus à portée que personne de
savoir ce qui s'était passé dans cette circonstance, peut servir à compléter ou à corriger ce qu'on lit à ce sujet dans les auteurs du temps,
et en particulier dans les *Mémoires* de M. Jauffret (t. I, p. 18, 24,
55, 75), dans ceux de M. Picot (édit. de 1816, t. III, p. 421), dans
l'*Ami de la Religion* (t. X, p. 57, 292; t. XXI. p. 167), dans la *Biographie univ.*, article PANCEMONT, etc.

« mination de n'accepter aucune place, écrivait-il encore
« à M. de Fontanges, serait très-fâcheuse, parce qu'il
« est très-intéressant que vous en acceptiez une, non
« pour vous, Monseigneur, mais pour l'avantage de
« l'Église. Il est absolument nécessaire d'accréditer les
« changements qui vont avoir lieu, puisqu'ils sont
« inévitables. Il est pour cela très-important que l'on
« nomme le plus qu'on pourra d'anciens évêques aux
« nouvelles places, et le public honnête et religieux
« compte entièrement sur vous. Vous êtes généralement
« regardé comme un des principaux ornements de
« l'église gallicane, et votre refus d'accepter aucune
« place accréditerait les plaintes et les mécontentements
« qui ne manqueront pas d'avoir lieu dans ces circon-
« stances. J'ai écrit à M. Bernier qu'on pouvait compter
« que vous accepteriez le siége de Toulouse s'il vous
« était rendu. Il faut croire que vous serez nommé à ce
« même siége ; je n'en ai point pourtant de certitude
« entière. Je ferai insinuer, par les alentours des
« *faiseurs*, qu'il est absolument nécessaire que cela
« soit ainsi. Cependant, si l'on vous donnait un autre
« évêché, je crois que le bien de l'Église demanderait
« que vous l'acceptassiez. » L'espérance que M. de
Fontanges serait nommé à un archevêché ne se réalisa
point ; mais l'acceptation de l'évêché d'Autun par ce
prélat n'en montre que mieux l'impression qu'avaient
faite sur lui les observations de M. Emery.

Quelques autres évêques lui donnèrent la même preuve
de la déférence qu'ils avaient pour ses conseils. « M. de
« Maillé, écrivait-il à l'évêque d'Alais le 25 avril 1802,

« n'était rien moins que content de son envoi à Rennes ;
« il a hésité s'il accepterait. Je l'ai fort exhorté à le
« faire. Il lui était difficile de reculer ; il a accepté. »
M. de la Tour du Pin, ancien archevêque d'Auch, nommé
à l'évêché de Troyes, écrivait lui-même à M. de Fontanges le 10 juin suivant : « M. Emery m'a tant pressé,
« et j'ai été tellement frappé du désespoir où la nomi-
« nation des constitutionnels jette les fidèles, que je me
« suis décidé à accepter. »

Quant aux évêques nouveaux, lorsqu'il les jugeait capables de faire le bien dans l'Église, il les engageait fortement à donner leur consentement. C'est ce qu'il fit en particulier pour M. Jacoupy, nommé à l'évêché d'Agen, pour M. de Crouzeilles, nommé à l'évêché de Quimper, et pour M. Duvoisin, nommé à l'évêché de Nantes.

L'abbé Jacoupy, revenant d'Angleterre à l'époque du concordat, s'était adressé au général Jacoupy, son parent, pour obtenir une place dans la chapelle des consuls [1]. Bonaparte répondit au général qu'il donnerait un évêché à son protégé. L'abbé, qui connaissait la médiocrité de son talent, ne pouvait se décider à accepter, malgré les instances de sa famille, et voulut au moins consulter M. Emery. Celui-ci le fit beaucoup parler, remit la décision à huitaine, et, dans la crainte qu'on ne nommât à sa place quelque constitutionnel, reconnaissant d'ailleurs en lui de la droiture et de la piété, il finit par lui déclarer qu'il était de son devoir d'accepter. Pour

---

[1] Lettre de M. de Cambis, directeur du séminaire de Bordeaux, à M. Faillon (6 juin 1842).

répondre à l'objection d'incapacité que faisait ce bon prêtre, alléguant qu'il n'avait été que vicaire de campagne, il lui promit un ecclésiastique capable pour l'aider, et lui donna en effet un grand-vicaire qui rendit pendant plusieurs années les plus grands services au diocèse.

« J'étais chez M. Emery, dit M. Bernet, archevêque
« d'Aix[1], lorsque je vis arriver M. l'abbé de Crouzeilles,
« qui venait d'être nommé par l'Empereur évêque de
« Quimper. Cet ecclésiastique se lamenta beaucoup au-
« près de M. Emery sur une pareille nomination, et il
« alla jusqu'à dire qu'il n'irait pas dans un pays aussi
« triste que misérable. Je fus témoin de la réponse que
« fit le saint prêtre, et je déclare que je n'ai jamais rien
« entendu d'aussi juste, d'aussi ferme et d'aussi aposto-
« lique. L'abbé de Crouzeilles partit pour Quimper, et,
« six mois après, M. Emery me donna lecture d'une
« lettre qu'il avait reçue du nouvel évêque, qui se féli-
« citait d'avoir suivi son conseil, à cause des abondantes
« bénédictions que le Seigneur répandait sur son minis-
« tère. »

« J'ai engagé, écrivait M. Emery lui-même à l'évêque
« d'Alais, le 13 juillet 1802, deux ou trois des nouveaux
« nommés à accepter. Peut-être, sans mes conseils, au-
« raient-ils refusé. Vous voyez donc, Monseigneur, qu'en
« demeurant à Paris, je n'ai point été inutile à la cause
« de l'Église. Je leur ai dit d'accepter, en prenant la
« précaution de déclarer qu'ils porteront l'indulgence
« (envers les constitutionnels) aussi loin qu'elle peut

---

[1] Lettre à M. Faillon, du 1ᵉʳ fév. 1842.

« aller, mais que, sur tout ce qui intéresse la foi et la
« discipline universelle de l'Église, ils seraient inébran-
« lables, et qu'ils agiraient en évêques. »

Les derniers mots de cette lettre étaient relatifs à la déclaration que les évêques devaient exiger de tous les prêtres constitutionnels, avant de les réconcilier avec l'Église. Le gouvernement voulait qu'ils se contentassent d'une simple *adhésion au concordat*, tandis qu'à Rome on n'avait pas cessé d'imposer comme condition *l'adhésion formelle aux jugements du Saint-Siége sur les affaires ecclésiastiques de France*. Aussi, plusieurs évêques continuèrent à exiger cette déclaration, même après que le cardinal-légat eût cru devoir se relâcher sur ce point, dans sa circulaire du 10 juin 1802 [1]. M. Emery applaudissait à la conduite de ces prélats et usait de tout son ascendant pour inspirer la même fermeté à tous ceux qui le consultaient.

Un des évêques constitutionnels auxquels le gouvernement donnait place dans la nouvelle organisation était M. Montault. M. Emery, qui connaissait la sincérité de son retour, n'hésita pas à lui conseiller l'acceptation du siége d'Angers [2], et le jugement qu'il en avait porté fut

---

[1] Jauffret, *Mémoires*, t. I, p. 82, et t. II, p. 36. — Picot, *Précis sur l'Église constitutionnelle*, p. cxxx — *Vie de M. Montault, évêque d'Angers*, p. 239. — Voici, d'après nos manuscrits, le texte de la circulaire du cardinal-légat : « Monseigneur, les prêtres constitutionnels
« voulant se réconcilier à l'Église feront la déclaration suivante : *J'ad-*
« *hère au concordat et je suis dans la communion de mon évêque,*
« *nommé par le premier Consul, et institué par le Pape*. Cette déclara-
« tion étant souscrite par les prêtres constitutionnels, les évêques leur
« ajouteront *de pourvoir à leur conscience*. »

[2] *Vie de M. Montault*, p. 62, 249. — *Lettre de M. Pellissier, directeur au séminaire d'Angers*, du 20 mai 1842.

pleinement justifié dans la suite par les vertus éminentes qui distinguèrent le long épiscopat de M. Montault. Quinze jours avant sa mort, ce prélat, parlant de M. Emery à un directeur de son séminaire : « C'est lui, « disait-il avec une édifiante humilité, qui m'a décidé à « accepter l'évêché d'Angers, dont mes antécédents me « rendaient indigne. »

XXVII. Premières relations de M. Emery avec l'abbé Fesch, oncle de Bonaparte.

Mais parmi les ecclésiastiques appelés à remplir les nouveaux sièges et que M. Emery engagea à accepter, nous devons surtout remarquer l'oncle maternel du premier Consul, l'abbé Joseph Fesch, dont la liaison avec M. Emery depuis l'époque du concordat a été si intime, que nous ne pouvons nous dispenser d'en faire connaître en peu de mots l'origine et les progrès.

Joseph Fesch, né le 3 janvier 1763 à Ajaccio en Corse, annonça de bonne heure des dispositions pour l'état ecclésiastique. Elles se développèrent de plus en plus pendant le cours de ses études, d'abord au petit séminaire d'Aix, puis au grand séminaire de la même ville. Ordonné prêtre vers l'an 1787, par l'évêque d'Ajaccio, il obtint, dans la cathédrale de cette ville, un bénéfice secondaire, par le crédit de son oncle Lucien Bonaparte, archidiacre et prévôt du chapitre, et, celui-ci étant mort peu de temps après, le même titre fut conféré à son neveu par le choix de l'évêque. Il remplissait avec édification les devoirs de sa place, lorsque la Révolution éclata; mais les innovations politiques et religieuses de cette époque furent pour lui, comme pour beaucoup d'autres, une fâcheuse épreuve. Il embrassa avec ardeur le parti de la Révolution, prêta le serment de la constitution civile du clergé, et s'attacha à l'évêque constitutionnel de la Corse, Ignace-François Guasco, qui le choisit pour un de ses vicaires épiscopaux. Obligé, par les agitations de son pays, à se réfugier en France avec plusieurs de ses parents vers le milieu de l'année 1793, et ne trouvant pas dans sa famille des moyens suffisants de subsistance, il sollicita et obtint d'abord un emploi de fournisseur dans l'armée des Alpes. Après le siége de Toulon, en décembre 1793, son neveu l'appela auprès de lui et le fit nommer commissaire des guerres, emploi qui lui donnait une existence beaucoup plus honorable et un rang dans l'état-major de l'armée. Depuis ce temps, l'abbé Fesch suivit habituellement son neveu dans les campagnes d'Italie; il songea même quelque temps à l'accompagner dans l'expédition d'Égypte, mais des raisons d'intérêt domestique le retinrent à Paris auprès de sa sœur et de sa nièce. C'était là qu'il se trouvait à l'époque du 18 brumaire, qui fut pour lui et pour toute sa famille l'annonce d'un si brillant avenir. Déjà, pressé par la voix de sa conscience, il avait formé le dessein de reprendre au plus tôt les habitudes et les fonctions ecclésiastiques; mais des considérations de famille lui firent différer l'exécution de ce projet jusqu'à l'époque du concordat. Nommé alors par le premier Consul à l'archevêché de Lyon, il refusa d'abord ce poste éminent, et ne se détermina enfin à l'accepter que sur les pressantes sollicitations de son neveu, soutenues par celles de M. Emery, que l'abbé Fesch choisit alors pour son directeur. Ce choix lui avait été suggéré par l'abbé Jauffret, son ancien condisciple au séminaire d'Aix, qui fut depuis évêque de Metz. L'abbé Fesch s'était ouvert à lui de son serment, et désirait ardemment en recevoir l'absolution aussi secrètement que possible [1]. M. Jauffret en conféra avec M. Emery, qui, au moyen des pouvoirs extraordinaires dont il était revêtu, donna lui-même l'absolution demandée. Un des premiers résultats des rapports qui s'établirent alors entre M. Emery et l'abbé Fesch fut une longue retraite que fit celui-ci sous la direction de son nouveau guide, dans une maison du faubourg Saint-Jacques, voisine de celle qu'habitait M. Emery. Il demeura près d'un mois dans cette pieuse solitude, uniquement occupé des affaires de sa conscience, et de sa préparation à l'exercice des fonctions épiscopales. Pour être plus sûrement à l'abri des distractions pendant ce temps, il garda le plus profond secret sur le lieu de sa retraite, même à l'égard de sa famille. Le premier Consul lui-même ignorait ce qu'il était devenu, et n'en fut instruit que vers la fin de cette retraite, par le ministre de la police, qui avait eu beaucoup de peine à le découvrir. Peu de jours après, l'abbé Fesch fut sacré dans l'église métropolitaine de Paris, le jour de l'Assomption de l'année 1802. Il parlait dans la suite, avec un vif sentiment de joie et de consolation, du bonheur qu'il avait goûté dans cette retraite, et ce sentiment se manifestait surtout par l'entière confiance qu'il conserva

---

[1] Lettre (sans date) de M. Emery à M. Jauffret. — Cette lettre, dont nous avons sous les yeux une copie, envoyée, en 1842, par M. Masson, supérieur du grand séminaire de Metz, qui possédait l'original, suppose clairement le fait du serment prêté par l'abbé Fesch, qui a été l'objet d'une controverse entre M. Lyonnet (*Vie du card. Fesch*, t. I, p. 52) et l'abbé Cattet (*Défense de la Vérité sur le card. Fesch*, p. 78).

toute sa vie pour M. Emery, dont la sage direction lui avait été alors si utile. Il continua à s'adresser à lui pour la confession, lorsqu'il se trouvait à Paris; et, lorsqu'il en était éloigné, il entretenait avec lui une correspondance habituelle, tant sur les affaires de sa conscience que sur celles de l'Église. Dans cette correspondance, également honorable pour le prélat et pour son pieux directeur, on voit se manifester à chaque page l'estime et la confiance qu'ils avaient l'un pour l'autre. Il suffira pour le moment d'en donner pour preuve la lettre suivante, que M. Emery écrivait, en 1803, au cardinal Fesch, récemment arrivé à Rome en qualité d'ambassadeur : « Monseigneur, j'ai été on ne peut
« plus vivement touché de la bonté qu'a eue Votre Émi-
« nence, de prendre elle-même la peine de me donner
« des nouvelles de son voyage et de son arrivée. Il est
« vrai que je me flatte qu'elle est bien convaincue du
« tendre et vif intérêt que je prends à sa personne. Je
« ne doute pas, Monseigneur, que vous n'ayez été très-
« bien accueilli à Rome, et on sent bien que cela devait
« être ainsi ; mais ceux qui ont, comme moi, l'honneur
« de vous connaître, savent de plus que la considération,
« et, ce qui vaut mieux encore, l'attachement pour vous,
« iront toujours en augmentant, à mesure qu'on vous
« connaîtra davantage et qu'on donnera à votre per-
« sonne plus encore qu'à votre caractère.

« Je voudrais bien, Monseigneur, que Dieu fît un mi-
« racle de reproduction, et que vous pussiez être en
« même temps à Rome, à Lyon et à Paris : à Rome, pour
« les intérêts de l'Église universelle; à Lyon, pour les

« intérêts de votre diocèse; à Paris, pour ceux de l'é-
« glise gallicane. Je ne doute pas que le petit séjour que
« vous avez fait à Lyon en allant à Rome ne vous ait
« gagné tous les cœurs. Votre procession de la Fête-Dieu,
« et les suites qu'elle a eues pour la publicité du culte,
« ont fait un effet merveilleux. La sagesse et la fermeté
« que vous avez montrées dans cette circonstance ont
« éclaté bien loin de Lyon, et vous ont fait beaucoup
« d'honneur. Je prie Dieu de tout mon cœur qu'il bé-
« nisse toutes vos démarches, et qu'il fasse descendre
« sur vous le Saint-Esprit, avec les dons de piété, de
« conseil et de force. Vous êtes, pour ainsi dire, à la
« source de toutes les grâces spirituelles, puisque vous
« pouvez si souvent visiter le tombeau des saints Apô-
« tres, et ceux de tant d'autres saints Pontifes. Sûre-
« ment vous ne vous occuperez pas tellement des objets
« de votre légation, que vous ne donniez un temps no-
« table à vos propres affaires. Ce serait pour vous le mo-
« ment de lire le *Traité de la considération*, et de vous
« appliquer une bonne partie de ce que saint Bernard
« dit au pape Eugène et, dans sa personne, à tous les
« prélats qui sont chargés de beaucoup d'affaires, vos
« affaires fussent-elles les plus importantes de toutes
« pour le bien de la Religion; parce que, après tout, il
« n'y en a point de plus importante pour nous que celle
« que Dieu nous a confiée avant toutes les autres. »

Ce n'est pas seulement par ses lettres au cardinal Fesch que nous pouvons juger de l'estime que M. Emery faisait de ce prélat. Il parlait dans le même sens à l'é-vêque d'Alais, avec qui il avait coutume de s'exprimer en toute liberté sur les affaires du temps et sur les personnages qui y prenaient part. « Je suis charmé, « lui écrivait-il le 27 septembre 1806, et je ne suis « point étonné que vous ayez été très-content de mon- « seigneur le cardinal Fesch. Il gagne beaucoup à être « connu ; il a vraiment l'esprit ecclésiastique; et je re- « garde comme un grand bonheur pour l'Église de « France, que, l'Empereur ayant un oncle dans le clergé, « cet oncle se trouve rempli de zèle pour la Religion et « pour l'Église. »

On voit ici que l'évêque d'Alais n'était pas moins satisfait que M. Emery des sentiments et de la conduite du cardinal Fesch. Leur opinion à cet égard était également celle de toutes les personnes que leur position mettait à portée de mieux connaître ce prélat. « Depuis la re- « traite que fit le cardinal pour se préparer à son « sacre, dit M. Garnier, M. Emery jouit de toute sa con- « fiance et de toute son estime. Le prélat ne manquait « jamais de le consulter dans les affaires importantes. « Il voulut que Saint-Sulpice reprît la direction du « séminaire de Lyon.... Ce fut par les avis de M. Emery « qu'il fit tant de beaux établissements dans son dio- « cèse, et qu'il s'entoura toujours d'ecclésiastiques « instruits et pieux, en sorte que sa maison ne con- « tenait que des prêtres très-exemplaires. Ce fut aussi « à l'instigation de M. Emery qu'il vint, en 1806, faire « une retraite au séminaire d'Issy, avec MM. Jauffret « et Fournier, nommés aux siéges de Metz et de Mont- « pellier, et qu'il devait sacrer lui-même. M. Emery, « qui dirigeait cette retraite épiscopale, m'a dit que

« le cardinal était le plus assidu des trois à tous les
« exercices. Ce fut dans cette retraite qu'il prit la ré-
« solution vraiment épiscopale de faire lire chez lui l'É-
« criture sainte au commencement du repas, et le
« Martyrologe à la fin, résolution qu'il exécuta dès le
« premier dîner qu'il fit chez lui, quoiqu'il y eût ce
« jour-là plusieurs laïques à sa table, et il a toujours
« continué depuis à observer cette pratique. »

XXVIII. Il est nommé à l'évêché d'Arras, et refuse cet évêché.

Pendant que M. Emery travaillait de tout son pouvoir à faire accepter l'épiscopat aux sujets élus qu'il en jugeait capables, il était à la veille d'avoir une lutte pénible à soutenir pour se défendre lui-même de cette dignité. La juste réputation dont il jouissait universellement, et l'estime personnelle qu'avait pour lui le premier Consul, auraient été des motifs bien suffisants pour faire penser à lui; mais il paraît incontestable, par le témoignage des contemporains, que cette nomination fut principalement l'effet d'une intrigue de l'abbé Bernier[1]. Cet abbé, que la notoriété des faits permet de soupçonner d'une grande ambition, étant parvenu à se rendre comme nécessaire dans toutes les négociations relatives au concordat, n'aspirait à rien de moins qu'à obtenir l'archevêché de Paris; mais, ne pouvant du premier coup s'élever à une position si éminente, il se contenta pour le moment du siége d'Orléans, et fit nommer à celui de Paris Mgr de Belloy, ancien évêque de Marseille, vieillard de quatre-vingt-treize ans, dont il comptait devenir le coadjuteur *cum futura successione*. La

---

[1] Garnier, *Notice*.

présence de M. Emery, qui avait été son supérieur au séminaire d'Angers, et dont il était trop bien connu, eût été un embarras pour lui, et le moyen honnête qu'il imagina pour l'écarter fut de le faire nommer à l'évêché d'Arras. Cette nomination fut notifiée à M. Emery le 10 avril 1802 par la lettre suivante du ministre des cultes : « Le premier Consul me charge, Citoyen, de vous « annoncer que vous êtes nommé à l'évêché d'Arras, et « que votre nomination est définitivement arrêtée. Il « m'autorise à vous dire qu'il vous sera délivré une « somme de dix mille francs pour les frais de votre éta- « blissement. Cette mesure ne doit être connue que de « vous seul. »

Dès le lendemain, M. Emery écrivait à l'évêque d'Alais : « Je reçus hier au soir ma nomination. Dans le moment, « plusieurs personnes, entre autres l'abbé Rousseau, « arrivèrent pour me faire compliment. Je témoignai « sans déguisement mon opposition. Je fus accablé de « remontrances, et même on me fit craindre le courroux « du premier Consul. J'accusai réception de la lettre, et « remis la réponse au lendemain. Je m'en occupe. Je ne « balance pas pour le refus, quoi qu'il en arrive ; cepen- « dant je vais assembler nos messieurs. Saint-Sulpice « est perdu, si j'accepte. On me dit que si je n'accepte « pas, j'attirerai sur ma Compagnie l'indignation du « premier Consul. »

L'abbé Rousseau dont il est question dans cette lettre venait d'être nommé à l'évêché de Coutances, et devint dans la suite évêque d'Orléans. Parmi les autres per- sonnes que ne nomme pas M. Emery, était M. Brault, ancien grand-vicaire de Poitiers, et nommé pour lors à l'évêché de Bayeux [1]. Ce prélat lui témoigna son étonnement de la résolution qu'il manifestait de refuser l'épiscopat. « Il me semble, lui dit-il, que votre grand amour pour « l'Église devrait vous inspirer une résolution toute « contraire. Et comment pourrions-nous, ajouta-t-il, « accepter l'épiscopat, si vous refusez absolument cette « charge, vous qui êtes bien plus capable que nous de « la porter? — Monseigneur, lui répondit M. Emery, c'est « par amour pour l'Église que je crois devoir refuser « l'épiscopat. J'ai tout lieu d'espérer de servir bien plus « utilement l'Église dans la place que j'occupe, en for- « mant des directeurs de séminaire et même des évê- « ques ; ce que je ne pourrais faire en administrant un « diocèse. »

Talleyrand, ministre des relations extérieures, qu n'avait pas été étranger à la nomination de M. Emery, et qui l'avait même fortement appuyée auprès du premier Consul, n'en eut pas plutôt appris la nouvelle, qu'il l'invita par lettre, en qualité d'évêque nommé, à venir dîner à l'hôtel des Affaires étrangères [2]. M. Emery déclina cet honneur par la lettre suivante : « Je n'ai point « accepté l'évêché d'Arras ; je ne puis donc me rendre à « l'invitation de Son Excellence. Elle se rappelle peut- « être que les supérieurs généraux de Saint-Sulpice « avaient le privilége de ne point accepter d'évêché. Je « tiens à conserver l'usage que m'ont transmis mes pré-

---

[1] Notes de M. Caron. — Récit de M. de Sausin.
[2] Garnier, *Notice*. — Lettre de M. Clausel de Coussergues, du 20 mars 1843. — *Ami de la Rel.*, t. XCVII, p. 559.

« décesseurs. » Le ministre, qui désirait profiter de cette occasion pour renouer ses anciennes relations avec lui, insista, en répondant que ce n'était pas l'évêque d'Arras, mais M. Emery qu'il avait invité. Il était difficile de résister à de pareilles instances, et M. Emery crut, en effet, devoir y céder.

Deux jours après, il reçut une semblable invitation de Lebrun, qui était alors troisième consul. Nous ignorons s'il s'y rendit ; mais il lui avait fait une réponse tout à fait semblable à la précédente, comme nous le voyons par cette seconde lettre que lui écrivit Lebrun : « Évêque « ou non, j'ai invité M. Emery à une réunion presque « tout ecclésiastique. Je n'ai eu d'autre vue que de ras- « sembler des hommes que j'estime. Si j'étais simple fi- « dèle, je louerais son refus; mais, consul, je me per- « mets de ne pas l'approuver, les circonstances deman- « dant qu'on sacrifie sa répugnance et jusqu'à son hu- « milité. Le prodige qui s'opère n'est pas l'œuvre des « hommes ; et la Providence qui le dirige marque aux « instruments dont elle se sert les choix qu'elle juge « nécessaires. »

Dès le lendemain de sa nomination, M. Emery avait écrit au ministre Portalis une lettre dont nous n'avons que le projet, qui est conçu en ces termes : « J'ai reçu « la lettre que vous m'avez fait l'honneur de m'écrire. « Je suis on ne peut plus touché de la marque d'estime « et de confiance que daigne me donner le premier « Consul en me nommant à l'évêché d'Arras. C'est à vous, « sans doute, que je suis redevable de l'opinion qui l'en- « gage à me croire propre à l'épiscopat. Je vous prie de

« lui présenter mes très-humbles actions de grâces ;
« mais je vous supplie en même temps de lui faire trou-
« ver bon que je n'accepte pas. Je me détermine à cette
« démarche après y avoir bien réfléchi et avoir invoqué
« les lumières de l'Esprit-Saint. Une multitude de rai-
« sons m'en font un devoir : je ne vous en exprime-
« rai qu'une. J'étais supérieur du séminaire de Saint-
« Sulpice et de la congrégation qui porte ce nom ;
« chargé par conséquent de former les jeunes gens
« qu'on y élevait, aux vertus de leur état, et particuliè-
« rement à l'éloignement pour les dignités ecclésiasti-
« ques ; car vous savez que l'ambition était un vice
« trop commun dans le clergé des derniers temps,
« et contre lequel il était bien nécessaire de prémunir
« l'esprit et le cœur de ces jeunes gens. Dans cette vue, il
« fallait que les supérieurs qui donnaient les leçons sur
« la crainte et la fuite des dignités en fournissent eux-
« mêmes l'exemple. En conséquence, mes prédécesseurs
« ont toujours refusé les évêchés qui leur ont été offerts.
« Héritier de leur office, j'ai dû l'être aussi de leurs senti-
« ments ; et mon éloignement pour l'épiscopat est parvenu
« au plus haut point. Très-certainement, si on m'avait,
« sous l'ancien régime, nommé à un évêché, je ne l'aurais
« pas accepté. Comment pourrais-je, à l'âge de soixante-
« dix ans, ne pouvant donc prudemment compter que
« sur trois ou quatre ans de vie, et devant à peine avoir
« le temps de connaître seulement de vue le troupeau
« immense qui me serait confié, comment, dis-je, pour-
« rais-je travailler et réussir à arracher de mon cœur
« un sentiment si ancien et si profondément enraciné ?

« Les violences qu'il faudrait me faire ne pourraient
« qu'intéresser ma santé et ma vie.

« Mais, de plus, que penseraient de moi tant d'ecclé-
« siastiques, devant qui j'ai fait, pendant si longtemps,
« une haute profession à cet égard? Ne soupçonneraient-
« ils pas que cette profession n'était de ma part qu'un
« acte d'hypocrisie; qu'au fond, j'avais autant d'am-
« bition qu'un autre; que, dans les disputes agitées
« entre les catholiques en France, au sujet des for-
« mules exigées pour le libre exercice des cultes, je
« n'ai embrassé les sentiments favorables à ces for-
« mules que dans le dessein de plaire au gouvernement
« et de servir mon ambition? Et, de là, les leçons que je
« leur ai données sur les devoirs de leur état ne seraient-
« elles pas discréditées, et ne perdraient-elles pas, dans
« leur esprit, tout le poids qu'elles avaient reçu de
« mon autorité? Quel avantage surtout ne tireraient
« pas de mon acceptation tant d'ecclésiastiques, soit au
« dedans, soit au dehors de la France, opposés à la sou-
« mission, et qui, parce que je lui étais favorable, m'ont
« traduit partout comme un homme infidèle à ses anciens
« principes, et qui était dévoré d'ambition? Loin d'être
« étonné qu'un supérieur de Saint-Sulpice, nommé à un
« évêché, le refuse, on devrait plutôt être étonné qu'il
« l'acceptât.

« Ce serait bien injustement qu'on regarderait mon
« refus comme une marque d'opposition au nouvel
« ordre de choses, et comme pouvant servir de motif
« à d'autres refus. Aucun autre ne se trouve dans le
« même cas que moi; et je ne crains pas de dire que

« je servirai mieux cet ordre de choses en n'acceptant
« pas. Il y aura sûrement, dans les diocèses où l'on place
« des constitutionnels, et dans ceux dont les évêques
« n'ont pas donné leur démission, de nombreux oppo-
« sants. Si j'accepte, et si ensuite on me consulte,
« mes conseils ne seront comptés pour rien, comme
« n'étant point ceux d'une personne désintéressée ;
« au lieu que, dans la supposition contraire, j'aurai
« quelque poids pour les déterminer à l'obéissance et
« lever leurs scrupules, et sûrement je serai consulté
« de différents endroits.

« Je dis plus : je servirai bien mieux la Religion et
« l'Église, en persévérant dans ma première vocation.
« Le plus grand et le plus pressant besoin de la Reli-
« gion, aujourd'hui, est de former des prêtres et de
« bons prêtres. Il y a au moins une lacune de douze
« années à remplir. Les ouvriers propres à cette œuvre
« et qui voudraient s'y consacrer, seront pour les évê-
« ques assez difficiles à trouver. J'étais chef d'une Com-
« pagnie exclusivement dévouée à l'éducation ecclésias-
« tique ; plusieurs membres de cette Compagnie vivent
« encore, ou en France, ou dans les pays étrangers ; je
« connais les lieux de leur demeure, et je conserve as-
« sez d'ascendant sur eux, pour les engager à reprendre
« leurs premières fonctions, quoique si ingrates et si
« pénibles. Je peux les indiquer aux évêques et concou-
« rir à l'établissement de leurs séminaires......»

Le même jour, M. Emery écrivait au nouvel évêque
d'Orléans, M. Bernier, qu'il regardait comme le principal auteur de sa nomination, pour lui reprocher de

l'avoir mis dans une situation si pénible, et lui exposer les motifs de son refus. Le prélat lui répondit, à la date du 13 avril :

« Je ne mérite point, Monsieur, les reproches que
« vous m'adressez. J'ai cru, en vous rendant justice au-
« près du gouvernement, honorer l'épiscopat par vous,
« et vous être utile. Je serais aussi étonné qu'affligé
« que vous refusassiez ; je le crois d'autant moins que
« je ne vois dans ce refus aucun motif fondé. Cessez, je
« vous en conjure, de vous opposer au bien d'un dio-
« cèse qui a besoin d'un homme ferme et instruit. Pesez
« les suites d'un refus. Je ne suis ni trop crédule, ni
« susceptible de l'impression de la peur ; et cependant
« je vous déclare que je redoute ces suites pour le bien
« de la chose, le vôtre et celui de votre Congrégation.
« Prévenez-les par une acceptation dont aucun des motifs
« que vous alléguez n'excusera le refus. J'attends votre
« réponse avant dix heures demain ; je dois la rendre à
« cette époque. Daignez me la faire tenir à temps et
« aussi bonne que je la désire. » Cette lettre fut suivie d'une réplique, dans laquelle M. Emery disait au prélat :
« Je persiste dans la non-acceptation de l'évêché auquel
« j'ai été nommé. Je crois mes raisons légitimes et ca-
« noniques. Elles n'ont absolument rien qui puisse of-
« fenser le gouvernement, puisqu'il est très-notoire
« qu'elles ne sont fondées sur aucune espèce d'opposi-
« tion à l'ordre de choses actuel qui s'établit, ordre que
« je favoriserai de tout mon pouvoir. Ma répugnance
« pour l'épiscopat est telle, que les violences que je me
« ferais pour l'accepter et en exercer les fonctions au-

« raient bientôt terminé ma vie. La seule perspective de
« cet état pour moi a déjà notablement altéré ma
« santé.

« Depuis quand donc le refus d'un évêché serait-il un
« scandale et un crime? Il ne peut l'être certainement
« aux yeux d'un ecclésiastique aussi instruit que vous ;
« il ne peut même l'être aux yeux du premier Consul,
« que ce refus honore, puisqu'il prouve qu'il a jeté les
« yeux, pour remplir les places, sur des sujets qui ne
« les avaient pas briguées.

« Vous dites que je vous ai fait des reproches ; mais
« vous avez dû sentir que c'étaient les reproches de l'a-
« mitié. Il est très-vrai que, si je me trouve dans une si-
« tuation aussi pénible, c'est votre amitié pour moi qui
« en a été la cause, puisque c'est elle qui vous a engagé
« à me proposer pour un évêché. Mais je n'en sens pas
« moins le prix de votre procédé, et je ne m'en crois
« pas moins obligé à la reconnaissance.

« Vous me faites redouter les suites de mon refus,
« pour moi et pour les membres de ma Compagnie. Il
« n'est aucune suite que je redoute pour ma personne,
« parce qu'elle est exercée et préparée à tout. Mais je ne
« vois pas comment des prêtres qui n'ont absolument au-
« cune part à la détermination que j'ai prise pourraient
« être l'objet de quelque animadversion. Cette animadver-
« sion porterait au fond sur l'Église et sur les évêques,
« à qui on rendrait inutiles les services que ces prêtres
« seraient disposés à leur rendre gratuitement. Mais il
« me serait fort aisé de prévenir toutes les suites que
« vous appréhendez pour eux. Puisque je serais, en ce

« cas, le Jonas qui exciterait cette tempête, il ne s'agi-
« rait pour moi que de me jeter à la mer, ou, pour parler
« sans figure, que de quitter Paris, de remettre mon
« autorité entre les mains d'un autre, et de vivre dans
« une retraite éloignée, ce qui, depuis longtemps, est
« l'objet de mes vœux. »

Pour appuyer les instances qu'il faisait lui-même à M. Emery, l'évêque d'Orléans eut recours aux bons offices de M. de Mercy, ancien évêque de Luçon, nommé à l'archevêché de Bourges, et de M. de Pancemont, évêque nommé de Vannes. Dans l'entrevue qu'ils eurent avec M. Emery, celui-ci, après avoir écouté les représentations qu'ils firent pour obtenir son consentement, leur exposa les motifs de sa détermination d'une manière si persuasive, que M. de Mercy, après l'avoir entendu, lui dit sans hésiter : « Je suis tout à fait de votre avis ; et, si « j'étais à votre place, je prendrais le même parti que « vous [1]. »

Piqué enfin de l'inutilité de ses efforts, M. Bernier en parla au premier Consul, et parvint à lui communiquer son mécontentement, au point que celui-ci, dans un mouvement de vivacité, déclara que, puisque M. Emery refusait absolument d'entrer dans ses vues, il n'avait qu'à sortir de France.

En attendant la conclusion de cette affaire, M. Emery était en proie aux plus vives inquiétudes, et, pour échapper plus sûrement à toutes les poursuites, il eut d'abord la pensée d'aller secrètement passer quelque temps dans

---

[1] Notes de M. Caron. — Lettre de M. Emery à l'évêque d'Alais, du 15 avril 1802.

son pays; mais, sur les conseils qu'on lui donna, il se contenta, en attendant, de se retirer à Passy chez un de ses amis. De là, il écrivit à l'évêque d'Alais : « Je ne suis « pas dans ma maison. Ma perplexité est extrême ; je ne « peux vous l'exprimer par lettre, et vous ne pouvez pas « l'imaginer. Oh! que vous m'auriez été nécessaire! Je « voudrais connaître ce que Dieu demande de moi dans la « circonstance. Dois-je rester, dois-je m'en aller? Le bien « même de ma Compagnie demande-t-il que je l'aban- « donne, même dans le cas où je ne vais point à Arras, « cas qui est décidé pour moi? Dieu seul peut faire con- « naître ce qui me convient. » Il fut bientôt tiré de cette incertitude par la nouvelle qu'il apprit de l'impression favorable qu'avait produite sur le premier Consul sa lettre au ministre des cultes. Voici en quels termes il fit savoir cette heureuse nouvelle à l'évêque d'Alais, vers le 20 avril : « Le premier Consul a dit samedi à « M. l'archevêque de Paris que j'avais refusé, qu'il en « était fâché, mais qu'il se réconcilierait avec moi si « j'aidais l'archevêque dans le gouvernement de son « diocèse. Voilà de quoi me rassurer; mais je ne peux « l'être entièrement que lorsque l'évêque d'Arras sera « nommé. Il y a des gens qui, par différentes considé- « rations, veulent, à quelque prix que ce soit, que j'ac- « cepte. Ce sont des gens qui avaient pris sous leur « bonnet les menaces dont ils frappaient mes oreilles « comme si elles venaient d'ailleurs. »

M. Emery voulait manifestement parler de M. Bernier, dont il n'ignorait pas les intentions. Malgré tous les sujets de plainte qu'il en avait reçus, ou plutôt précisément à cause de cela, lorsqu'il apprit sa mort au mois d'octobre 1806, il le recommanda à la prière du soir, et il disait à cette occasion à ses confrères : « Voici un homme à qui j'ai fait beaucoup de bien, « et qui a voulu me faire beaucoup de mal ; je n'en ai « aucun ressentiment. Dieu veuille avoir pitié de son « âme ! »

Une nouvelle nomination à l'évêché d'Arras suivit de près la lettre que nous venons de citer. Le 4 mai, l'abbé de la Tour-d'Auvergne fut nommé à ce siége, qu'il n'accepta que par déférence pour M. Emery[1]. Celui-ci semblait dès lors pouvoir se rassurer entièrement. Il eut encore néanmoins, peu de mois après, quelques autres assauts du même genre à soutenir, à l'occasion de la proposition qui lui fut faite des évêchés d'Autun et de Troyes, entre lesquels on lui laissait le choix[2]. Il paraît que cette proposition avait pour principe l'extrême bienveillance de l'archevêque de Lyon, qui, à la suite de la retraite qu'il venait de faire sous la direction de M. Emery, avait parlé de lui au premier Consul avec de grands éloges, et avait ainsi renouvelé l'idée de l'élever à l'épiscopat. Mais il fut d'autant plus facile à M. Emery de faire agréer son refus, que l'on y était déjà préparé, et que l'archevêque de Lyon lui-même, sur les représentations de M. Emery, ne crut pas devoir insister davantage.

Délivré de toute inquiétude sur ce point, M. Emery

XXIX
Il refus les évêchés d'Autun et de Troyes.

XXX
Ses ports av M. de Belloy, archevêque Paris.

___
[1] Lettre de M. de la Tour-d'Auvergne à M. Faillon, du 26 janvier 1842.
[2] Garnier, *Notice*.

continua de servir utilement le diocèse de Paris, sous l'administration du nouvel archevêque, qui lui témoigna constamment la plus entière confiance [1]. Non content de lui donner des lettres de grand-vicaire, il le fit, ainsi que M. Duclaux, membre de son Conseil. M. Emery, de son côté, répondit à la confiance du prélat par son assiduité à se rendre chaque semaine au Conseil, où ses avis avaient toujours une grande influence, mais où il se faisait surtout remarquer par la réserve avec laquelle il usait de son ascendant sur le prélat et sur ses propres collègues.

XXXI
Il songe à reprendre ses fonctions de supérieur du séminaire.

Du reste, les affaires du diocèse n'étaient plus pour lui que secondaires depuis que le gouvernement, en agréant son refus de l'épiscopat, lui avait donné l'autorisation implicite de reprendre l'œuvre du séminaire, et que l'archevêque de Paris lui-même l'avait nommé supérieur du séminaire diocésain. Il se regardait, ainsi qu'il l'a dit souvent à M. Garnier, *comme ayant mission pour rétablir la Compagnie*. Il voulait, disait-il, faire tous ses efforts pour cela, de manière à pouvoir un jour se présenter avec confiance devant ses saints prédécesseurs et leur dire : *Je n'ai rien négligé pour rétablir votre œuvre.*

XXXII
Il convoque une Assemblée générale en 1802, et offre sa démission, qui n'est pas acceptée.

Dans cette vue, un de ses premiers soins fut de convoquer une Assemblée générale pour concerter, avec les anciens de la Compagnie, les mesures à prendre. Cette Assemblée se tint au mois d'octobre 1802, dans la maison de la rue d'Enfer, qu'il habitait encore. On y remplit les places des Assistants, vacantes par la mort de

---

[1] *Biogr. de l'Ain*, p. 266. — Garnier, *Notice*.

plusieurs d'entre eux ; on nomma, selon l'usage, les Consulteurs, et l'on régla, d'après les Constitutions, quelques points relatifs au gouvernement de la Compagnie. Un des principaux, et que M. Emery avait singulièrement à cœur, eu égard aux circonstances, avait pour objet sa démission, qu'il crut devoir offrir à l'Assemblée. Il rappela d'abord la situation difficile où il s'était trouvé pendant les temps orageux de la Révolution, spécialement à l'occasion du serment de liberté et d'égalité qu'il avait toujours regardé comme légitime, et qu'il avait même cru, en conscience, devoir prêter pour le plus grand bien de la Religion. Cette démarche n'ayant pas eu, dans le temps, l'approbation générale, et ayant été même hautement blâmée par un certain nombre de personnes, en France et hors de France, avait donné de fâcheuses impressions contre lui à plusieurs membres de la Compagnie. Il craignait, en conséquence, de n'avoir pas désormais l'autorité nécessaire pour la conduire, et il priait l'Assemblée d'examiner devant Dieu s'il ne conviendrait pas qu'il donnât sa démission, ajoutant qu'il la donnait de bon cœur, dès ce moment, si on la jugeait utile ou nécessaire au plus grand bien de la Compagnie. Après avoir ainsi parlé, il se retira, afin de laisser à l'Assemblée la plus entière liberté de délibérer sur sa proposition. Mais la délibération ne fut pas longue ; toute l'Assemblée fut aussitôt d'avis qu'il n'y avait aucune raison d'accepter la démission offerte par M. Emery ; que, sans entrer dans la discussion des questions délicates dont il s'agissait, on ne pouvait douter qu'il n'eût agi, à cet égard, de très-bonne foi, et qu'il ne se fût déterminé par le motif du plus grand bien de l'Église et de la Religion; qu'il ne devait aucunement songer à se démettre, et que sa démission ne serait jamais acceptée. En lui manifestant cette décision, l'Assemblée ajouta que, bien loin de perdre l'estime et la confiance de la Compagnie, il y avait acquis de nouveaux droits, en refusant, par attachement pour elle, les évêchés qu'on lui avait successivement offerts; qu'il avait augmenté, par cette conduite, les sentiments de vénération, d'attachement et de reconnaissance dont la Compagnie était déjà pénétrée pour lui; qu'elle bénissait la Providence de le lui avoir donné pour chef, et qu'elle reconnaissait lui devoir, après Dieu, l'espérance d'être bientôt rendue à ses anciennes fonctions.

Ainsi assuré de la volonté de Dieu, M. Emery s'appliqua dès lors à son œuvre avec un zèle qu'aucun obstacle ne put ralentir, et surtout avec cette vive confiance que l'esprit de foi a coutume d'inspirer aux hommes suscités de Dieu pour l'exécution de ses desseins. « Si Dieu veut
« bien me conserver encore pendant cinq ou six ans,
« écrivait-il en 1803 à l'évêque d'Alais, je pourrai
« donner quelque stabilité à la reprise du séminaire et
« de la Compagnie, et mourir avec quelque espoir
« qu'elle ne périra pas. Mais, dans ce moment, j'ai bien
« des craintes, je continue cependant de marcher, et je
« me fortifie par la pensée que nous avons un maître
« qui tient compte de la bonne volonté. »

XXXIII
Difficultés pour le rétablisse-

Un des principaux obstacles que M. Emery avait à surmonter pour l'exécution de son dessein venait du petit nombre des sujets dont il pouvait disposer, et des situations diverses dans lesquelles ils se trouvaient, par suite des orages de la Révolution. Mais son ascendant sur les membres de la Compagnie, et sa grande habileté pour le maniement des esprits, lui firent surmonter peu à peu toutes les difficultés. C'étaient, en effet, les seuls moyens que la nature du gouvernement de la Compagnie et l'usage constant de ses prédécesseurs lui permissent d'employer. *ment de la Compagnie. Comment M. Emery les surmonte.*

« Les sujets de ma Compagnie, écrivait-il au cardinal
« Fesch, en 1805, qui continuent de me reconnaître
« pour leur supérieur, ne tiennent à cette Compagnie
« et à moi par aucun vœu et aucune promesse. Tout est
« affaire d'estime et de confiance, et Votre Éminence sait
« parfaitement qu'aucun motif pris dans la conscience
« ne les obligeait de m'obéir. J'ai été souverainement
« étonné et édifié, qu'après la Révolution, ils aient con-
« tinué à le faire ; et rien ne m'a confirmé davantage
« dans l'opinion que j'avais du bon esprit qui régnait
« dans ma Compagnie. Mais il résulte toujours de là
« que je ne dois exercer ma supériorité qu'avec des mé-
« nagements infinis, et en prenant le ton de l'amitié et
« de la persuasion. Jamais je n'ai donné d'ordre ; je té-
« moigne seulement qu'une telle chose me fait plaisir,
« et ils la font, parce qu'ils croient, sur mon autorité
« ou sur mes raisons, qu'elle est juste ou convenable. »

Sa correspondance à cette époque avec les membres dispersés de sa Compagnie nous offre une multitude d'exemples de l'art avec lequel il savait profiter de toutes les occasions pour entretenir en eux l'estime de leur première vocation et leur inspirer le désir d'y rentrer.

Il nous suffira de citer ici quelques traits de ses lettres à M. Vernet, qui, depuis le concordat, remplissait les fonctions de vicaire général dans la partie de l'ancien diocèse de Viviers, dépendant alors de celui de Mende. Craignant que ces fonctions extérieures ne l'empêchassent de reprendre celles qu'il pouvait remplir si utilement dans un séminaire, M. Emery lui écrivit le 8 novembre 1802 : « Apprenez-moi si je puis compter
« sur vous. Le bien que vous faites dans votre départe-
« ment est un bien momentané en quelque sorte. Le
« bien qu'il s'agit de faire dans un séminaire qui serait
« acquis à Saint-Sulpice, et où l'esprit de la Compagnie
« pourrait se perpétuer, est d'une plus grande impor-
« tance. Recommandez cette affaire à Dieu, et écri-
« vez-moi en conséquence. »

« Si vos ennemis, lui disait-il dans une autre lettre,
« parviennent à vous faire destituer, vous avez raison
« de vous regarder comme heureux ; vous serez rendu
« alors à vos premières fonctions, bien plus importantes
« que les autres. M. Meilloc, qui avait gouverné seul le
« diocèse d'Angers pendant les temps les plus orageux,
« avec la plus grande sagesse, n'est plus rien mainte-
« nant que supérieur du séminaire. »

XXXIV
Il rappelle en France M. Garnier et les autres directeurs du séminaire de Baltimore.

Un exemple des plus remarquables de la docilité que M. Emery savait inspirer à ses confrères est celui de M. Garnier et des autres directeurs du séminaire de Baltimore. Lorsqu'en 1803 il s'était décidé à rappeler en France les membres de sa Compagnie qui travaillaient aux États-Unis, ils se montrèrent tous disposés à se rendre à ses désirs. C'était, pour M. Garnier en par-

ticulier, comme il le disait souvent depuis, le plus grand sacrifice qu'on pût lui demander. Il était fort attaché au pays, dont il possédait parfaitement la langue et avait pris toutes les habitudes. Il s'était laissé gagner par le goût des œuvres extérieures qui lui servaient d'un utile délassement dans les études variées auxquelles il se livrait. L'evêque de Baltimore, de son côté, l'estimait et l'affectionnait singulièrement, au point de se résigner à se voir privé des autres Sulpiciens, pourvu qu'on lui laissât M. Garnier avec M. Maréchal[1]. Comme il lui faisait sans cesse de nouvelles instances pour le retenir, M. Garnier lui communiqua la lettre par laquelle M. Emery le rappelait. Cette lettre était ainsi conçue : « Je viens de relire toutes vos let-
« tres, mon cher Garnier ; je vois par ces lettres que
« vous quitteriez avec peine Baltimore, et que vous
« vous êtes attaché à l'exercice du ministère ; vous
« voyez par là combien sage est la règle du séminaire
« qui interdit aux directeurs la conduite des personnes
« du monde, et même des religieuses. On a prévu qu'il
« en résulterait le dégoût et la négligence des devoirs
« propres à notre état. Vous vous rappelez avec quelle
« constance vous avez résisté à Mgr l'évêque, qui voulait
« vous envoyer dans les missions avec M. Tessier ; vous
« vous êtes toujours défendu, en disant avec vérité
« que cela était contraire à mes intentions. J'avais pensé
« qu'étant destiné à l'enseignement, et appelé à hono-
« rer l'enseignement catholique, vous vous rendriez

---

[1] Lettre de M. Carroll à M. Emery, du mois de septembre 1801.

« plus utile à l'Église en continuant vos études qu'en
« remplissant les fonctions extérieures du ministère,
« d'autant plus qu'ainsi que je viens de l'observer,
« l'exercice de ces fonctions affaiblirait l'esprit propre
« de votre vocation. Voyant que vous n'aviez aucun de-
« voir de directeur de séminaire à remplir, vous avez
« sans doute fait sagement de ne point laisser votre sa-
« cerdoce inutile ; mais vous éprouvez que cela a mis
« en péril votre première vocation. J'ai écrit à M. Nagot
« que je vous rappelais. Je vous rappelle effectivement,
« mais je ne voudrais pas cependant que vous vous fissiez
« trop de violence, et, si réellement vous aviez une si
« grande répugnance à revenir parmi nous, je ne veux
« point la forcer ; je ferai le sacrifice de votre personne ;
« je vous regarderai, ainsi que quelques autres, comme
« perdu pour notre œuvre ; et cela contribuera encore à
« me faire regretter comme bien malheureuse la tentative
« que nous avons faite d'établir un séminaire à Baltimore.
« Si vous étiez tous restés en France, quelques-uns au-
« raient pu périr, il est vrai ; mais les autres, cachés en
« France ou déportés, se retrouveraient pour la reprise
« de notre œuvre. »

Après avoir pris lecture de cette lettre, l'évêque de Baltimore dit à M. Garnier : « Mais vous n'êtes pas
« obligé de partir ; M. Emery ne vous l'ordonne pas en
« vertu de la sainte obéissance. — Monseigneur, re-
« prit M. Garnier, nous ne faisons point de vœux à
« Saint-Sulpice, et nos supérieurs n'ont pas coutume
« de se servir de termes de commandement. Il me suf-
« fit de connaître la volonté de mon supérieur. La con-

« naissant parfaitement, je n'aurais plus aucune assu-
« rance de faire la volonté de Dieu; je ne serais plus
« tranquille, et ainsi, malgré la répugnance que je sens
« à retourner en France, et le désir que j'aurais de ne
« pas me séparer de vous, je suis déterminé à partir
« sans délai. » Ce bon évêque, dit M. Garnier [1], « versa
des larmes, et le jour de mon départ il ne voulut
voir personne, et ne sortit pas de sa chambre, même
pour prendre son repas. »

« Je me rappelle, dit-il encore, que quand je revins d'Amérique, sur son simple désir, M. Emery me dit ces paroles : *Je n'oublierai jamais le service que vous m'avez rendu en revenant si promptement, et je ne manquerai pas d'alléguer votre exemple à ceux d'entre nous, qui, très-voisins des séminaires où je veux les envoyer, opposent toujours des difficultés à mes plus vives instances.* Effectivement, il m'a toujours témoigné le plus tendre attachement, et, quelque temps après mon arrivée, il me déclara qu'il avait jeté les yeux sur moi pour me faire son héritier. »

On sera peut-être surpris de la détermination que prit alors M. Emery de rappeler d'Amérique tous les membres de la Compagnie. Le besoin qu'il avait de sujets en France pour le rétablissement des séminaires était-il une raison suffisante d'abandonner une œuvre qu'il avait entreprise avec tant d'empressement et soutenue avec tant de sollicitude; qu'il regarda un moment comme la dernière ressource de la Compagnie, et

XXXV
Motifs de ce rappel.

[1] *Notice sur M. Emery.*

à la tête de laquelle il ne renonça à s'aller placer lui-même, que sur le conseil du pape Pie VI? Un coup d'œil rapide sur ce qui s'était passé dans les États-Unis donnera l'explication de cette conduite [1].

Aux cinq élèves qui avaient suivi M. Nagot pour commencer le séminaire de Baltimore, il s'en était joint successivement quelques autres, presque tous venus d'Europe. Mais des défections fâcheuses, que laissait assez prévoir le défaut d'une première éducation, et d'autres circonstances encore, avaient déjà, dès l'année 1794, réduit le nombre des séminaristes à deux, dont l'un était le prince russe Démétrius de Galitzin, moins distingué encore par sa naissance que par sa piété et ses vertus [2]. Venu en Amérique sans autre intention que celle de voyager, il était entré au séminaire de Baltimore et s'agrégea même à la Compagnie. M. Carroll y consentit, en lui faisant faire néanmoins, avant son ordination de la prêtrise, une promesse particulière d'obéissance, en vertu de laquelle il le tint constamment appliqué au saint ministère. Depuis cette époque, le séminaire était resté complétement désert pendant deux années entières, et n'avait reçu ensuite de loin en loin qu'un ou deux sujets, en sorte qu'en 1803, il n'avait encore fourni au diocèse que quatre prêtres.

[1] *Histoire manuscrite du séminaire de Saint-Sulpice de Baltimore.* C'est de la même source qu'est tiré presque tout ce que nous disons de ce séminaire dans le cours de l'ouvrage. Voir aussi l'ouvrage intitulé : *Les Prêtres français émigrés aux États-Unis*, par M. Moreau (Paris, 1856).

[2] *Ami de la Religion*, t. CLX, p. 308.

M. Emery s'attendait bien à ce résultat si on ne fondait pas des écoles cléricales pour préparer des vocations; et c'est pourquoi il n'avait cessé, depuis le commencement, d'insister sur ce point. Il y excitait non-seulement les membres de sa Compagnie qui travaillaient à Baltimore, mais encore ceux qu'il avait permis d'envoyer dans les contrées lointaines de l'Ouest. Quoique M. Carroll ne lui eût demandé, pour cette partie de son diocèse, que deux missionnaires, il n'avait fait aucune difficulté de lui en envoyer un plus grand nombre, d'abord parce que ce pays étant en grande partie peuplé d'émigrants canadiens, il y voyait une continuation de l'œuvre que M. Olier avait fondée à Montréal [1]; et surtout parce qu'il espérait qu'on y trouverait plus de facilité à former des aspirants à l'état ecclésiastique. Aussi voulait-il que ces missionnaires fissent leur principale affaire d'établir des écoles, et il leur avait même envoyé, dans cette intention, une quantité considérable de livres élémentaires [2].
« Si l'on ne forme pas sur les lieux, écrivait-il à
« M. Nagot en 1792, un clergé suffisant pour desservir
« l'Église catholique américaine (et que l'on se contente
« d'y appeler des prêtres étrangers), on ne fait rien ou
« l'on ne fait que le bien du moment. Les étrangers
« n'y seront jamais en assez grand nombre, ni aussi
« propres que les naturels du pays : mais on ne peut

---

[1] Lettres de M. Emery à l'évêque de Québec, du 24 décembre 1800, et à M. Garnier du commencement de 1803.

[2] Lettres de M. Emery à M. Nagot, *passim*. — Lettre de M. Flaget à M. Faillon, du 14 mai 1842, *ci-après*, n° LXXV.

« espérer que l'Amérique en fournisse jamais le nom-
« bre suffisant, si l'on ne multiplie les colléges ou les
« écoles. Il faudrait donc que les prêtres chargés du
« service de l'église dans un canton ouvrissent des
« écoles, et s'attachassent à élever et à instruire dans
« les lettres des sujets d'espérance qu'on enverrait en-
« suite à Baltimore pour faire leur philosophie et leur
« théologie. »

Mais ces vues si sages n'étaient comprises qu'imparfaitement par M. Carroll. Il ne secondait que médiocrement le succès des écoles qu'on essayait de fonder, et ne songeait qu'à tirer parti des prêtres de Saint-Sulpice pour les besoins présents de son immense troupeau. Un collége qu'il avait fondé lui-même à Georgetown pour l'éducation des laïques, et où l'on recevait même indifféremment les catholiques et les protestants, absorbait toute sa sollicitude. Il prenait au séminaire tout ce qu'il y trouvait d'élèves propres à donner des leçons dans son collége, et y envoya même plusieurs des prêtres de Saint-Sulpice. C'est ainsi qu'en 1795 M. Dubourg, que M. Nagot venait d'admettre dans la Compagnie du consentement exprès de M. Emery, fut nommé par M. Carroll président du collége, et que M. Flaget fut, à la même époque, rappelé de la mission des Illinois, et placé à Georgetown comme vice-président et professeur. Non-seulement il ne sortait de cet établissement aucun sujet pour le séminaire, mais ceux-là même qui, après avoir terminé leurs études, auraient pu y venir, on les retenait pour les besoins de la maison.

Fatigués de ces contrariétés, MM. Dubourg et Flaget accueillirent avec empressement la proposition que leur fit M. Nagot, en 1798, d'aller aider M. Babad dans l'établissement d'un collége à la Havane. Celui-ci, en effet, voyant qu'il n'y avait plus d'espérance d'établir un séminaire à Orense, avait quitté l'Espagne, et s'était rendu dans l'île de Cuba, où il avait été très-bien accueilli par les habitants, dont un grand nombre offraient de lui confier leurs enfants. Malheureusement ce projet fut encore entravé par le gouvernement espagnol, qui voyait avec défiance l'éducation de la jeunesse entre les mains de prêtres français. De retour à Baltimore, M. Dubourg fit agréer à ses confrères l'idée d'y fonder une école ou académie, dont une douzaine de jeunes Espagnols, qu'il avait ramenés avec lui de Cuba, devaient former le noyau. Mais M. Carroll, entrant trop facilement dans les jalousies des directeurs du collége de Georgetown, imposa les restrictions les plus gênantes à cet établissement, en limitant considérablement le nombre des élèves qu'on y pourrait recevoir et en excluant tous les sujets américains. Ces concessions faites aux craintes des directeurs de son collége ne les satisfirent pas encore, et les administrateurs des biens du clergé, partageant leur mécontentement, réclamèrent la restitution de la plantation de Bohémia, dont la jouissance précaire avait été accordée aux prêtres de Saint-Sulpice. Sur les observations de M. Nagot, M. Carroll reconnut les droits illimités que lui donnait en matière d'éducation la constitution du pays [1]. Mais,

[1] Lettre de M. Carroll à M. Nagot, du 16 octobre 1800.

sur ces entrefaites, il reçut de M. Emery la lettre suivante[1] :

« J'avais donné conseil à nos messieurs d'élever dans
« leur maison des jeunes gens qui montreraient des
« dispositions pour l'état ecclésiastique, suivant le vœu
« du concile de Trente; mais M. Nagot m'a fait connaître
« que vous ne consentiez point à ce qu'on prît ce parti,
« dans la crainte que vous aviez de nuire par là au col-
« lége de Georgetown. Je respecte vos intentions, Mon-
« seigneur, j'honore votre sagesse, et il ne m'appartient
« pas, à la distance où je suis de Baltimore, de juger
« vos raisons d'opposition; mais il me semble que la
« considération de la formation d'un clergé pour l'Amé-
« rique est prépondérante sur toute autre; car qu'est-ce
« qu'un diocèse qui ne serait desservi que par des étran-
« gers souvent inconnus, et qu'on ne doit qu'à des cir-
« constances qui sont prêtes à cesser?

« M. Nagot m'apprend qu'on a cru parer à cet incon-
« vénient en élevant un certain nombre de jeunes gens
« indistinctement, parce qu'on espère faire servir les
« profits à payer la pension de jeunes gens qu'on for-
« merait dans le séminaire; mais j'ai vu par ses lettres
« que tout cela ne s'était point fait sans quelque mé-
« contentement de votre part. Sur quoi j'ai l'honneur
« de vous déclarer, Monseigneur, que je n'approuverai
« jamais aucune entreprise de nos messieurs qui serait
« faite malgré votre opposition sincère et constante. Cette
« approbation de ma part serait entièrement contraire

---

[1] Lettre du 9 août 1800.

« à l'esprit de ma Compagnie, qui ne peut rien faire
« que dans la dépendance des évêques. Je n'ai donc
« pas approuvé l'établissement de l'académie, puis-
« qu'elle n'avait pas votre approbation. » M. Carroll, se
prévalant de cette lettre, se décida à supprimer l'académie, en laissant toutefois la liberté de la continuer
encore pendant deux ou trois ans, afin de couvrir les
dépenses qu'on avait faites pour l'établir.

Ce fut alors que M. Emery, voyant que ce prélat
ne se mettait pas en mesure de remplir le but de la
fondation du séminaire, résolut de rappeler tous les
prêtres de Saint-Sulpice. Sur la nouvelle qu'en eut
l'évêque, il lui écrivit plusieurs lettres très-pres-
santes pour l'engager à ne pas dépouiller ainsi son
diocèse. « Je ne m'étonne nullement, lui disait-il au
« mois de janvier 1801, que vous ayez été affligé de ce
« que le séminaire établi sur tant de sacrifices de votre
« part, et avec de si belles espérances, ait été dépourvu
« d'élèves si longtemps. Je suis, comme vous, intime-
« ment persuadé du peu de fonds qu'il y a à faire sur
« les recrues qui arrivent comme par hasard d'Europe,
« et des grands avantages qu'on pourrait tirer de prê-
« tres élevés dans la discipline et l'esprit du séminaire.
« Je vous déclare, comme je l'ai fait constamment par-
« tout, que je n'ai vu ni connu nulle part des hommes
« plus capables par leur caractère, leurs talents et
« leurs vertus que ne le sont vos messieurs de former
« des ecclésiastiques tels que l'état de la religion le de-
« mande dans ce moment. En conséquence, je crois
« que ce serait un des plus grands malheurs qui pour-

« raient arriver à ce diocèse s'il venait jamais à les
« perdre. J'ai ce sentiment tellement imprimé dans
« mon esprit, que j'ai été consterné en voyant que
« vous aviez eu, pour un moment, la pensée de les rap-
« peler. Je vous supplie instamment de bannir cette
« idée de votre esprit et de ne douter nullement qu'en-
« fin ils remplissent les vues de votre Compagnie et le
« but que vous vous étiez proposé en leur donnant cette
« destination. »

« Je vous conjure, ajoutait-il au mois de septem-
« bre de la même année, par les entrailles de Jé-
« sus-Christ, de ne pas nous les enlever entièrement,
« et, s'il est nécessaire que je me soumette à la ter-
« rible épreuve de voir partir le plus grand nombre,
« je vous supplie d'y laisser au moins un germe qui
« puisse fructifier dans la saison décrétée par le Sei-
« gneur. »

Comme M. Emery persistait toujours à demander le retour de tous, l'évêque de Baltimore en éprouva un si vif déplaisir, qu'il ne put s'empêcher de le lui témoigner, et peut-être d'une manière trop amère, se plaignant de la suppression totale d'un établissement sur la durée duquel il avait toujours compté, et disant même, en exhalant sa douleur, que la Compagnie de Saint-Sulpice n'aurait laissé dans les États-Unis d'autre monument qu'un collège. M. Emery, malgré le respect profond qu'il professait pour l'Épiscopat, se crut obligé de justifier sa conduite, et de montrer à M. Carroll que ses plaintes, quelque justes qu'elles pussent lui paraître, n'étaient cependant pas fondées. « Je viens au fond de

« l'affaire, lui écrivait-il[1]; très-certainement, dans tout
« le cours de la Révolution française, il n'y a rien eu de
« semblable à ce que nous avons fait pour vous et pour
« votre diocèse. Une petite compagnie comme la nôtre,
« la plus petite de toutes les sociétés, vous offre d'éta-
« blir un séminaire dans votre nouvelle Église ; elle en-
« voie un nombre considérable de sujets ; elle y joint
« même des séminaristes pour qu'on puisse commencer
« les exercices aussitôt ; elle les envoie à ses dépens ;
« elle se charge d'entretenir ses sujets, et, dans le fait,
« elle les a toujours entretenus depuis ; elle sacrifie pour
« cet établissement la majeure partie de ses épargnes et
« donne près de cent mille francs. Que résulte-t-il de là ?
« Au bout de dix ans, on n'est pas plus avancé que les
« premiers jours. Il ne s'agit pas dans ce moment de
« quitter le séminaire de Baltimore, puisque, dans le
« fait, il n'a jamais existé ; il s'agit seulement d'aban-
« donner le projet du séminaire. On a de temps en temps
« promis d'y envoyer des sujets ; on faisait envisager
« cela comme une faveur et une grâce : mais il n'en est
« point arrivé, et les obstacles sont venus d'où on devait
« le moins les attendre. Vous me dites, Monseigneur,
« que la Compagnie n'aura laissé d'autre monument
« qu'un collége. J'espère que vous voudrez bien tenir
« quelque compte de tous les services que ses membres
« vous ont rendus pendant l'espace de dix ans. S'il y
« avait des plaintes à former, il me semble que ce
« serait moi qui serais en droit de les faire, puisqu'au

---

[1] Lettre du 2 février 1803.

« bout de dix ans de séjour, et après bien des pro-
« messes, nous n'avons rien fait ou rien pu faire de ce
« qui était l'objet de notre entrée dans votre diocèse. Au
« reste, Monseigneur, je suis bien éloigné de vous rien
« imputer : nous savons que vous n'avez pas été le maî-
« tre, et nous demeurons toujours très-reconnaissants
« de toutes les bontés que vous nous avez témoignées. »

Cependant les vœux que formait l'évêque de Baltimore pour conserver au moins quelques-uns des prêtres de Saint-Sulpice se trouvèrent remplis par l'effet d'une circonstance toute particulière, dont nous parlerons bientôt.

XXXVI
L'ancienne maison du séminaire promise d'abord à M. Emery, ne tarde pas à être démolie.

Dans l'œuvre du rétablissement des séminaires de France dont s'occupait alors M. Emery, la première maison qui réclamait les efforts de son zèle était naturellement celle de Paris. Il ne pouvait regarder que comme provisoire l'essai fait à la *Vache noire*, et, quelque consolation qu'il en reçut, il le nommait plaisamment un *séminaire bourgeois* [1]. Il lui tardait de remédier à cette situation incommode, qui ne permettait pas de le mettre sur le pied d'une parfaite régularité. Son plus ardent désir était de rentrer en possession de l'ancienne maison du séminaire de Saint-Sulpice. Cette maison n'avait point été aliénée, mais elle était alors affectée au logement des femmes de militaires de tout grade, dont le gouvernement voulait par là reconnaître les services. Pour la rendre à son ancienne destination, il fallait se procurer un autre local pour loger les femmes qui l'occupaient, et le ministre de l'Intérieur, duquel dépen-

---

[1] Garnier, *Notice*.

dait cet établissement, y trouvait beaucoup de difficultés. M. Emery, pour surmonter cet obstacle, employa l'entremise du cardinal de Belloy, qui demanda au premier Consul la permission de placer son séminaire diocésain dans l'ancienne maison du séminaire. Le premier Consul n'y voyant d'abord aucun inconvénient, l'accorda sans peine, et cette nouvelle causa tant de joie à M. Emery qu'il fit réciter le *Te Deum* à la communauté de la rue Saint-Jacques, en reconnaissance de cette grâce. Il comptait si bien sur l'exécution de la parole donnée à l'archevêque de Paris, que, dans la lettre qu'il écrivit à M. Garnier pour le rappeler en France, il lui annonçait qu'à son arrivée il pourrait se rendre directement au séminaire de Saint-Sulpice. Mais sa joie fut de courte durée ; car, peu de jours après la permission donnée à l'archevêque de Paris, quelques membres du Conseil d'État, ayant appris cette concession, représentèrent au premier Consul que le séminaire était depuis longtemps condamné à la démolition, et qu'il était absolument nécessaire de l'abattre pour dégager le magnifique portail de l'église de Saint-Sulpice. Bonaparte, qui avait alors fort à cœur les embellissements de la capitale, se rendit à ces observations et donna des ordres pour la démolition du séminaire. Toutefois, sur les instances de M. Emery et du cardinal de Belloy, le ministre chargé de l'exécution parut d'abord disposé à ne faire abattre que la partie des bâtiments qui masquait l'église, en conservant la façade de la maison qui faisait le prolongement de la rue du Vieux-Colombier ; mais de nouvelles réflexions déterminèrent enfin à démolir la maison entière, pour donner à la place Saint-Sulpice l'étendue convenable. Cette mesure fut exécutée au mois de février 1803, et avec tant de promptitude, qu'en moins de trois semaines, le séminaire fut abattu.

On conçoit les vifs regrets que dut causer à M. Emery la destruction d'une maison à laquelle se rattachaient des souvenirs si précieux pour la Compagnie. Il avait eu déjà la douleur, au retour du voyage qu'il avait fait dans son pays en 1795, de n'y plus retrouver les corps de M. Olier et de M. de Bretonvilliers, malgré les précautions qu'il avait prises pour leur conservation [1]. Quoique la chapelle eût été jusque-là respectée, néanmoins, dans les craintes trop bien fondées qu'inspiraient les circonstances, il avait, avant son départ, recommandé au maçon du séminaire d'acheter à quelque prix que ce fût le pavé de la chapelle, s'il était question de le vendre, afin de se réserver le droit d'y faire des fouilles qui sauveraient ces restes vénérés. Malheureusement les choses ne se passèrent pas comme il l'avait prévu. La chapelle ne fut pas mise en vente, mais, là comme ailleurs, on s'empara, pour faire des balles, des deux cercueils de plomb où étaient renfermés les corps, et on jeta les ossements dans un cimetière commun, sans qu'il ait été possible à M. Emery, malgré toutes ses recherches, de découvrir le lieu où on les avait mis. Les autres corps inhumés dans les caveaux, et qui n'avaient pas été placés dans des cercueils de plomb,

---

[1] Ces deux corps étaient sous le pavé de la chapelle et non dans les caveaux. *Vie de M. Olier*, troisième partie, liv. VI, n° 37.

s'y trouvaient encore au moment de la démolition. On visita tous les tiroirs pour s'assurer qu'ils ne cachaient ni or, ni argent. M. Emery profita de l'occasion pour rendre un dernier devoir à ces chers défunts. Dans le tiroir où avait été déposé le corps de M. Tronson, il le trouva revêtu de sa soutane, qui était assez bien conservée et dont il coupa un morceau. Il prit aussi deux dents et quelques cheveux, et les fit renfermer dans une boîte que l'on possède encore aujourd'hui, avec une inscription de sa propre main, qui en constate l'authenticité. Les caveaux furent comblés sans qu'on en retirât les corps, et ils y sont toujours restés depuis, sauf quelques ossements qui furent mis à découvert en 1837, à l'occasion de travaux exécutés sur la place Saint-Sulpice, et que l'on transféra dans le cimetière de Lorette à Issy. Aussi M. Emery disait-il souvent aux séminaristes que « quand ils tra-
« versaient la place pour aller à la paroisse, ils pas-
« saient sur un grand *reliquaire*, qui renfermait les
« restes d'une multitude de saints directeurs et de fer-
« vents séminaristes. » C'est pour cette raison qu'il établit l'usage de réciter le *De profundis* après le *Miserere* en allant aux offices de la paroisse.

Obligé de renoncer à l'ancienne maison du séminaire, M. Emery s'occupa de chercher un local approprié aux besoins d'une communauté, et situé sur la paroisse de Saint-Sulpice, avec laquelle il ne voulait à aucun prix que le séminaire cessât d'avoir ses anciennes relations. A la demande de l'archevêque de Paris, le gouvernement accorda pour cet objet, vers le milieu de l'année

XXXVII
Le séminaire est transféré à la rue N.-D. des Champs: M. Emery en prend la conduite immédiate.

1803, la *maison des Orphelines*, située dans la rue du Vieux-Colombier, alors occupée par les Sœurs de la Charité. Mais avant de s'y installer, il fallait pourvoir au logement des Sœurs. En attendant, M. Emery, qui ne voulait pas différer plus longtemps la translation du séminaire, loua pour une année seulement une maison située dans la rue Notre-Dame-des-Champs, et attenante à l'hôtel Fleury, alors occupée par les dames Ursulines, qui y tenaient un pensionnat [1]. Ce fut là que le séminaire, composé d'une quarantaine d'élèves, tant philosophes que théologiens, fut transféré au mois d'octobre 1803, et M. Emery lui-même s'y établit alors pour en prendre la conduite immédiate. Cette maison était sans doute suffisante, eu égard au nombre des séminaristes; mais elle avait le double inconvénient d'être trop éloignée de la paroisse et de n'avoir pas de chapelle. On fut obligé d'en établir une provisoire dans laquelle on conservait le saint Sacrement, et où l'on faisait l'adoration perpétuelle selon l'ancien usage. Ce fut là aussi qu'on célébra cette année les offices propres du séminaire : toutefois, pour donner plus de solennité à la fête de la Présentation de la sainte Vierge, on obtint des dames Ursulines la permission de se servir ce jour-là de leur chapelle, qui était beaucoup plus vaste. L'office fut présidé par le cardinal de Belloy, au milieu d'une nombreuse réunion de curés et d'autres ecclésiastiques du diocèse.

[1] C'est la maison dans laquelle fut établi, l'année suivante, le collége Stanislas, après que le séminaire eut été transféré à la rue du Pot-de-Fer. L'abbé Liautard, fondateur de ce collége, l'agrandit plus tard en y joignant l'hôtel Fleury.

Cependant tout annonçait que la maison des Orphelines ne serait pas sitôt disponible, et le gouvernement lui-même offrait en échange d'autres bâtiments beaucoup moins convenables et trop éloignés de la paroisse de Saint-Sulpice. Déjà il avait été question de placer le séminaire au collége des Grassins [1], situé dans le quartier de Saint-Benoit, sur la montagne Sainte-Geneviève. Plus tard, lorsque le gouvernement conçut le projet d'établir un séminaire dans chaque métropole, on offrit successivement à la Compagnie, pour cet objet, l'ancienne maison professe des Jésuites, située dans la rue Saint-Antoine, et l'ancienne abbaye de Sainte-Geneviève, occupée aujourd'hui par le lycée Napoléon. Pour éviter les inconvénients que présentaient ces divers projets, M. Emery eut d'abord la pensée d'acheter l'*hôtel Palatin*, bâti par M. de Bretonvilliers, près de l'église de Saint-Sulpice [2]; mais il en fut détourné par la petitesse du local, et ses vues s'arrêtèrent sur la maison de l'*Instruction chrétienne*, située dans la rue du Pot-de-Fer [3]. Ce bâtiment était spacieux, et susceptible d'agrandissement et de distributions intérieures convenables; il était pourvu d'une chapelle et d'un jardin suffisant. Outre ces avantages, il avait d'ailleurs pour Saint-Sulpice un prix tout particulier par les souvenirs qui s'y rattachaient, ayant été occupé, depuis 1730 jusqu'à l'époque de la Révolution, par les Sœurs de l'Instruction chrétienne, établies

XXXVIII
Acquisition de la maison de l'*Instruction chrétienne*, rue du Pot-de-Fer. Le séminaire s'y établit en 1804.

---

[1] Lettre de M. Emery à l'évêque d'Alais (mars 1803.)
[2] *Vie de M. Olier*, IIe partie, note 7 du livre VIII.
[3] La porte principale de ce bâtiment était située vis-à-vis de la rue Honoré-Chevalier.

sur la paroisse de Saint-Sulpice par les soins de M. Olier, et qui avaient conservé, assez longtemps après sa mort, des rapports avec les prêtres de sa Compagnie [1]. M. Emery se décida donc à acheter cette maison vers la fin de l'année 1803; mais, craignant sans doute de manifester son opposition aux offres du gouvernement, il ne voulut pas paraître lui-même dans l'acte, et fit mettre l'acquisition sous le nom de M. de Carvoisin. C'était un paroissien de Saint-Sulpice, qui lui était très-attaché, et qui, non content de rendre ce service au séminaire, voulut faire, pour l'acquisition, l'avance d'une somme de vingt-sept mille francs, remboursable en quatre ans sans intérêts. En reconnaissance de ce bienfait, l'Assemblée générale de 1805 décida qu'après sa mort on célébrerait pour lui un annuel dans le séminaire, et de plus une messe à perpétuité, le jour anniversaire de son décès. La dépense totale, qui s'éleva à cent vingt mille francs, en y comprenant les réparations, fut couverte au moyen de quelques épargnes de la Compagnie, auxquelles M. Emery joignit une partie de son patrimoine et les secours qui lui furent procurés pour cet objet par quelques-uns de ses confrères.

Aussitôt que l'affaire eut été conclue, M. Emery s'occupa de mettre la maison en état de recevoir au plus tôt le séminaire. Il donna d'abord congé à tous les anciens locataires, qui étaient assez nombreux. Les seuls qu'il voulut bien conserver furent quelques anciennes Sœurs de l'Instruction chrétienne, qu'il plaça dans une

---

[1] *Vie de M. Olier*, IIe partie, livre V, n° 28, et note 7 du même livre.

aile entièrement séparée, dont il leur céda gratuitement l'usage, en se réservant la liberté d'y rentrer aussitôt qu'il en aurait besoin pour loger des séminaristes, ce qui eut lieu quatre ou cinq ans après. A mesure que les autres locataires évacuaient la maison, M. Emery y faisait faire les réparations, distributions et autres arrangements nécessaires. Il s'occupait aussi du mobilier dans le plus grand détail, soit pour les chambres des séminaristes, soit pour la chapelle, la bibliothèque, les salles d'exercices, le réfectoire et la cuisine. Il était aidé pour ces détails par mademoiselle Jouen, la sœur Rosalie, et une autre Sœur de la Charité, qui joignaient à une grande intelligence de ce genre d'objets une vénération particulière pour la personne de M. Emery, et s'estimaient heureuses de le seconder dans une œuvre si utile à l'Église. Il leur donnait une note des objets nécessaires, leur en faisait connaître les prix, dont il s'était bien informé, et ne leur permettait de faire les acquisitions qu'en proportion de ses ressources, leur déclarant nettement qu'il ne voulait point faire de dettes. Elles étaient étonnées de la facilité avec laquelle il raisonnait sur des objets si étrangers aux occupations de toute sa vie. Les directeurs du séminaire n'étaient pas moins frappés de l'activité avec laquelle M. Emery, alors âgé de soixante et onze ans, s'occupait de ces soins, sans préjudice de ceux qu'il donnait au séminaire, dont il venait de reprendre la conduite, et sans détourner aucun des directeurs des fonctions qu'ils avaient à remplir dans l'intérieur de la maison. « Il allait tous les jours, dit M. Garnier, visiter la nouvelle maison pour presser les travaux et donner les ordres nécessaires. Il y passait des matinées entières, et toujours à jeun, car il ne déjeunait jamais. Je l'ai vu rentrer à la fin des repas, couvert de sueur et épuisé de fatigue. Ce fut par cette assiduité et ces soins persévérants qu'il mit la maison de l'Instruction en état de recevoir le séminaire, le 10 octobre 1804. » La veille de cette installation, il permit à mademoiselle Jouen et à ses deux compagnes de faire les lits des séminaristes, comme elles le lui avaient elles-mêmes demandé, en récompense de leurs services.

XXXIX
Zèle de M. Emery pour remettre le séminaire sur l'ancien pied.

Dès lors M. Emery, qui attachait la plus grande importance à rétablir le séminaire sur le même pied où il était avant la Révolution, et qui déjà avait commencé à le faire, dans la rue Notre-Dame-des-Champs, autant que le permettaient les circonstances, s'appliqua plus que jamais à remettre en vigueur tous les anciens usages.

Dès son entrée à Notre-Dame-des-Champs, ayant réuni tous les directeurs dans sa chambre, où il avait exposé le cœur de M. Olier, il les exhorta vivement à se renouveler dans l'esprit de leur vocation [1]. « Messieurs, leur
« dit-il entre autres choses, tenons ferme à nos règles.
« Elles nous viennent des premiers prêtres de la Com-
« pagnie, dont nous respectons tous la piété et la sa-
« gesse; elles ont été confirmées par une expérience de
« plus de cent cinquante ans; n'en changeons pas la
« plus petite partie; l'innovation sur un point entraîne-

---

[1] Garnier, Notice.

« rait bientôt le changement de plusieurs autres, et dé-
« truirait l'œuvre de notre saint fondateur. » Puis, prenant le cœur de M. Olier, il le baisa lui-même le premier,
et le leur fit baiser à tous comme le modèle de cet esprit
primitif de la Compagnie qu'ils étaient appelés à ranimer.

Son exemple était du reste un puissant encourage-
ment à la régularité qu'il leur recommandait. Malgré
son grand âge et la multitude de ses occupations, il as-
sistait régulièrement aux mêmes exercices que les directeurs, à l'exception de la lecture spirituelle, qui,
selon l'ancien usage, était ordinairement présidée par
le directeur du séminaire. Jamais il ne manquait de se
trouver à l'oraison du matin, quoique cette assiduité fût
très-pénible pour lui en hiver, pendant son séjour à la
rue Notre-Dame-des-Champs, sa chambre étant assez
éloignée de la salle des exercices, en sorte qu'il lui fallait traverser, pour s'y rendre, une grande cour, malgré
la pluie, la neige et les autres incommodités de la saison. Une fois, qu'il était assez gravement incommodé,
le médecin l'engageait à rester au lit un peu plus tard
qu'à l'ordinaire [1]. Il refusa de prendre ce petit soulage-
ment, pour ne pas s'absenter de l'oraison commune.
« Je crois vraiment, dit-il au médecin, que si j'étais sé-
« minariste, il y aurait des raisons suffisantes pour m'en
« dispenser; mais, étant supérieur, je ne crois pas mes

XL.
Il donne
lui-même
l'exemple
de la régu-
larité, et
exige des
autres di-
recteurs la
même exac-
titude.

---

[1] Lettre de M. Mansuy, chanoine de Verdun, du 6 mars 1842. —
M. Mansuy avait exercé la médecine avant d'entrer au séminaire en
1804, et continuait encore, étant séminariste, à donner des soins à ses
directeurs et à ses confrères dans leurs maladies.

« raisons assez fortes. » Jamais il ne manquait de donner à son tour les sujets d'oraison. Pendant un mal de jambes qui le retint quelque temps à sa chambre et sur son fauteuil, ne pouvant monter l'escalier pour aller répéter son sujet d'oraison à la salle des exercices qui était au second étage, il s'y fit porter par deux séminaristes, aussi heureux de lui rendre ce petit service que touchés de son courage. Dans les retraites, il donnait aussi soit le Pontifical, soit des Entretiens. « J'ai entendu, dit M. Garnier, M. Emery prononcer de mémoire, à l'âge de plus de soixante-quinze ans, ses beaux discours sur le Jugement et sur l'Enfer. Ayant été accablé les jours précédents d'une multitude d'affaires très-désagréables qui l'avaient empêché de repasser ces sermons, il en avertit son auditoire avant de commencer, afin qu'on ne fût pas surpris s'il était obligé de recourir à son cahier. Il débita néanmoins le premier discours sans broncher; mais au second la mémoire lui manqua, et il prit son cahier. »

Il ne se dispensait pas davantage des récréations et des promenades quand il y pouvait prendre part; et, pour encourager les séminaristes à surmonter la répugnance qu'ils ont souvent pour les promenades d'hiver, il se mettait quelquefois lui-même à la tête de la communauté pour la conduire par les plus mauvais temps. Nous avons vu nous-même plusieurs fois ce vieillard vénérable et déjà septuagénaire, s'exposer à la pluie, à la neige et aux boues affreuses de Vaugirard, pour adoucir par son exemple ce que la promenade avait de pénible pour les séminaristes, les égayer dans le chemin par l'agrément de ses entretiens, et leur faire oublier la peine inséparable d'une pareille excursion.

Ces grands exemples de régularité lui donnaient le droit d'en exiger autant de la part des directeurs. « Nous devions, dit M. Garnier, lui demander permission pour sortir en ville, pour manquer aux promenades et aux offices. Un directeur s'étant trouvé dans sa chambre pendant que la communauté était à la paroisse, il l'obligea d'y aller, quoiqu'on demeurât alors dans la rue Notre-Dame-des-Champs. Il ne pouvait souffrir que les directeurs, qui disaient la messe avant l'oraison, y arrivassent tard, et il nous a fait là-dessus plus d'une fois de vives réprimandes. Tout pliait devant lui, les plus anciens et M. Duclaux lui-même n'osaient lui résister. Il voulait surtout que les directeurs assistassent à toutes les récréations, se mêlassent aux jeunes gens, afin de les connaître et de les former, et je me rappelle que M. Montaigne et moi nous étant arrêtés hors du lieu où l'on prenait la récréation, il vint à nous et nous remontra que ce n'était pas là le lieu où nous devions être..... Il voulait que tout le monde sans exception partît à six heures du matin les jours de grandes promenades. Les directeurs eux-mêmes n'en étaient pas exceptés; nous allions tous avec les séminaristes et nous disions la messe à la campagne... M. Duclaux voulant dire la messe avant de partir, il ne le permit pas, et le faisait monter en voiture avec lui. Outre que c'était l'ancien usage du séminaire, il craignait que les directeurs et surtout les jeunes gens qui seraient restés pour leur servir la messe n'arrivassent tard à la maison de campagne. »

XLI
Excellent esprit du séminaire à cette époque.

L'impression que faisaient ces touchants exemples, jointe au talent du gouvernement que les années, au lieu d'affaiblir, ne faisaient que perfectionner en M. Emery, auraient suffi pour imprimer une bonne direction à la communauté, quand elle n'eût pas été animée d'un aussi excellent esprit. Jamais peut-être on n'avait vu dans le séminaire une aussi heureuse réunion de vocations remarquables que pendant les années qui suivirent le concordat. Parmi ces vocations, les unes étaient déjà anciennes, et d'autant plus solides qu'elles avaient été éprouvées par les orages de la Révolution. Les autres étaient marquées, pour ainsi dire, du sceau d'une providence particulière sur des sujets de choix, déjà exercés dans le monde aux pratiques de la piété et d'une haute perfection. Plusieurs de ces derniers appartenaient à la pieuse *Congrégation* formée en 1801, par le père Delpuits, ancien jésuite, sur le modèle de celles que les religieux de cette compagnie avaient autrefois dans leurs colléges [1]. Le bon esprit de cette congrégation, alors composée d'un nombre de jeunes gens assez restreint, avait engagé M. Emery à établir en leur faveur une exception à la règle du séminaire qui défend d'introduire les étrangers dans les lieux où se trouve la communauté. Il permettait généralement d'admettre les congréganistes aux récréations et aux promenades, quelquefois même à certains exer-

---

[1] *Notices historiques sur quelques membres de la Compagnie de Jésus*, par le P. Guidée, t. II, p. 22. — *Ami de la Rél.*, t. V, p. 191.

cices de piété, persuadé que cette réunion serait également utile aux séminaristes et aux congréganistes : aux premiers, en leur mettant sous les yeux les exemples édifiants de ces jeunes gens qui, au milieu des dangers du monde, menaient une vie si fervente; et aux seconds, en développant en eux, par le contact du séminaire, les germes de vocation ecclésiastique que plusieurs annonçaient déjà dans le monde. M. Emery ne fut pas trompé dans son attente. Les rapports d'amitié, établis entre les séminaristes et les congréganistes furent tout à la fois pour le séminaire un sujet d'édification et un moyen de recrutement; et pendant plusieurs années la congrégation du père Delpuits fournit au séminaire un assez grand nombre de sujets également distingués par leurs talents et par leur ferveur [1].

M. Emery profita de cette heureuse composition du séminaire pour rétablir l'heure entière d'oraison. Dans l'explication du règlement en 1803, « parlant de l'oraison, dit M. Garnier, il fit remarquer aux jeunes gens que l'ancien usage du séminaire de Saint-Sulpice, continué jusqu'à l'année 1759, avait été de faire tous les jours une heure d'oraison; que la venue de plusieurs enfants au séminaire avait obligé de la diminuer par ménagement pour leur faiblesse, mais qu'on n'avait pas tardé à se repentir de cette condescendance. Il ajouta que puisqu'il n'y avait plus d'enfants au séminaire, et que tous étaient maintenant d'un âge mur et pleins de

XLII
Rétablissement de l'heure entière d'oraison.

---

[1] On peut citer entre autres MM. Bruté, Teysseyre, Mansuy, Berthault, Ségaud, Delvaux, Caron (de Rennes), d'Argenteuil, Phélipon, Dufouleur, de Janson, etc.

bonne volonté, il semblait bien convenable de rétablir l'ancien usage ; qu'il ne voulait cependant pas le faire par autorité, mais que, si la communauté paraissait le désirer et le lui demandait, il le ferait très-volontiers. Après quelques jours de délai, les jeunes gens vinrent dans sa chambre lui demander le rétablissement de l'heure entière d'oraison, ce qui fut immédiatement exécuté, et a toujours continué depuis dans le séminaire. » Seulement, comme les philosophes, qui n'avaient jamais été obligés qu'à une demi-heure d'oraison, se trouvaient alors réunis avec les théologiens, ils se retiraient dans leur chambre après la première demi-heure.

XLIII. L'usage de la soutane peu à peu rétabli.

Un autre usage que M. Emery avait singulièrement à cœur de rétablir était celui de porter habituellement la soutane, soit au dedans, soit au dehors de la maison ; mais les circonstances l'obligèrent à procéder, sur ce point, avec une sage lenteur. D'après les articles organiques, les ecclésiastiques ne pouvaient paraître publiquement hors des églises qu'en habit à la française et de couleur noire, et les modifications qui furent bientôt apportées à ce règlement ne leur permettaient l'usage de l'habit long que dans le territoire assigné à leurs fonctions. Mais le premier Consul avait plusieurs fois témoigné qu'il était bien aise de voir chacun porter l'habit de son état[1] ; il s'expliqua même publiquement en ce sens, au commencement de l'année 1804, à l'occasion de la démarche du clergé de Paris, qui, à la

---

[1] Lettres de M. Emery à l'évêque d'Alais, du 27 fév. 1801, et à M. Jauffret, vic. gén. de Lyon, du 1ᵉʳ mars 1804.

suite du cardinal de Belloy, s'était présenté aux Tuileries en habit long, pour la réception du 1ᵉʳ janvier. Quelque temps auparavant, un évêque de Belgique, ayant au contraire, dans une circonstance semblable, paru avec son clergé en habit à la française, et ayant allégué pour raison les lois organiques, le premier Consul avait répondu : *Je ne connais que le concordat*[1]. M. Emery profita de ces dispositions favorables du gouvernement pour rétablir peu à peu au séminaire l'usage de porter la soutane. Depuis que le séminaire eût été installé dans la rue du Pot-de-Fer, on se rendait à la paroisse en habit de chœur; on commença même à porter la soutane pour aller en ville, quoique M. Emery n'en fît pas d'abord une obligation. Plusieurs séminaristes étant sortis dans ce costume sans inconvénient, d'autres les imitèrent, et peu à peu l'usage devint assez commun, ce qui fut d'un très-bon exemple pour le clergé de Paris. Toutefois, malgré le succès de ces tentatives, qui eurent lieu de 1804 à 1806, M. Emery différait encore à remettre en vigueur l'article du règlement qui oblige tous les élèves à porter habituellement la soutane. Il se contentait de les y exhorter, et pour donner plus d'efficacité à ses avis, il leur raconta une fois une conversation qu'il avait eue avec une dame d'un rang distingué qui demeurait dans une maison voisine du séminaire, d'où elle voyait la communauté se rendre à la paroisse[2]. « Je vous fais

---

[1] Lettre de M. Emery à M. de Fontanges, évêque d'Autun, du 1ᵉʳ mars 1804.
[2] Récit du P. du Mesnildot.

« mon compliment sur votre séminaire, avait-elle dit
« à M. Emery; car il reprend son ancienne splendeur.
« Je puis en juger, l'ayant vu avant la Révolution. —
« Je ne m'avançai pas, dit M. Emery, voulant laisser à
« cette dame le temps de s'expliquer. — Je ne parle
« pas de la piété, continua-t-elle; j'ai vu souvent vos
« séminaristes à la paroisse, et bien sûrement ils ne
« sont pas, sous ce rapport, inférieurs aux anciens. Je
« parle de la fortune; il paraît que vous avez un certain
« nombre de grands seigneurs; car il y en a une ving-
« taine qui sont accompagnés de leur domestique, en se
« rendant à l'église. — J'ai tâché, reprit M. Emery, de
« prendre le parti de nos laïques, en disant ce qu'ils
« étaient; mais vous voyez que les personnes du dehors
« peuvent s'y méprendre, et regarder ces messieurs
« comme les laquais des autres. » L'anecdote parut plai-
sante, et on conçoit que l'avis ainsi donné dut porter
ses fruits. Presque tous les habits laïques ayant disparu
à la rentrée de 1806, M. Emery annonça définitivement
à la communauté que le moment était venu de remettre
en vigueur l'article du règlement. Quelques élèves dont
la vocation était encore douteuse, et qui, pour cette
raison, répugnaient à prendre l'habit ecclésiastique, le
prièrent de vouloir bien les en dispenser pour un
temps. M. Emery y consentit; mais, comme ils différaient trop à prendre leur parti, il aima mieux laisser
sortir de la maison deux ou trois séminaristes d'une
vocation douteuse, que de céder sur un point qu'il jugeait d'une grande importance pour la régularité du
séminaire. Depuis cette époque, non-seulement il ne

permettait plus d'aller en ville autrement qu'en soutane, mais il voulait que, suivant l'ancien usage, on y joignît un manteau long, et, comme plusieurs ne pouvaient en faire la dépense, il fit déposer plusieurs manteaux longs chez le réglementaire, pour le service de la communauté.

M. Emery usa de la même prudence par rapport aux catéchismes de la paroisse et à l'assistance aux offices. Quelques directeurs étaient d'avis de supprimer entièrement ces usages, vu le petit nombre des séminaristes et le peu de durée des cours qui ne devaient plus être que de quatre ans, y compris la philosophie. M. Emery n'était pas moins frappé que ses confrères de ces difficultés; mais, plein de respect pour les institutions de M. Olier, et persuadé que, dans les vues du pieux fondateur, l'esprit du séminaire tenait en grande partie à ses relations avec la paroisse[1], il crut que, sans les rompre entièrement, on pouvait en diminuer la charge, et il établit les choses à peu près sur le pied où elles sont aujourd'hui. Seulement, on ne chantait l'office au séminaire que dans les fêtes propres, auxquelles M. Emery, entrant dans les intentions de M. Olier, ajouta, en 1805, une grand'messe dans les fêtes d'Apôtres.

XLIV Les anciens rapports du séminaire avec la paroisse maintenus avec quelques modifications.

L'ancien usage du séminaire par rapport aux études de philosophie et de théologie était celui qui avait le plus besoin de modifications, à raison du changement des circonstances. Dans l'impossibilité de fréquenter les

XLV Restauration des études. Formation de la bibliothèque du séminaire.

---

[1] *Vie de M. Olier*, Ire part., note 11 du livre IX et IIe part. du liv. II, n° 21.

cours publics comme avant la Révolution, il avait fallu établir des cours élémentaires dans l'intérieur du séminaire, avec des conférences, des argumentations, des examens qui suppléassent, autant que possible, aux moyens d'émulation qu'offraient autrefois les exercices publics.

La restauration des études appelait naturellement celle de la bibliothèque. M. Emery avait commencé à s'en occuper dès le temps où il avait pensé à l'établissement de la rue Saint-Jacques [1]. On vendait alors à vil prix, dans les dépôts du gouvernement, les livres ecclésiastiques provenant des anciennes bibliothèques des couvents et autres communautés. Une partie considérable de ces livres fut bientôt acquise par des épiciers et des brocanteurs, qui les revendaient encore à très-bas prix et quelquefois au poids ; en sorte que les ouvrages des saints Pères, les commentaires les plus estimés de l'Écriture sainte, les théologiens et les canonistes les plus célèbres étaient souvent détruits par des acquéreurs qui n'en connaissaient pas le prix, et qui ne les avaient achetés que pour des usages matériels. M. Emery ne craignait pas de passer un temps considérable dans les magasins, accompagné ordinairement de quelque directeur qui l'aidait à faire son choix. Il ne manquait pas de visiter aussi en passant les livres exposés sur les ponts et sur les quais. Il achetait de préférence les livres qui portaient le cachet de Saint-Sulpice, et, en fait d'ouvrages importants, il ne se contentait pas d'un seul exemplaire, mais il en achetait quelquefois deux, trois

---

[1] Garnier, *Notice*. — Récits de M. Bruté, évêque de Vincennes, de la sœur Rosalie, etc.

et au delà, dans l'intention de les donner plus tard à d'autres séminaires, ou même à des séminaristes. C'est ce qui le mit en état d'envoyer par la suite à Baltimore une collection très-considérable de Pères et de Conciles, qui forme le principal fonds de la bibliothèque de cette maison. Il acheta aussi, par esprit de religion, une prodigieuse quantité de Bibles et de Nouveaux Testaments, qu'il distribuait ensuite aux séminaristes ; et il disait même que, s'il eût été assez riche, il eût acheté tout ce qu'il en eût rencontré, pour les soustraire à la profanation. En attendant qu'il pût placer tous ces livres d'une manière définitive, il les avait déposés dans plusieurs chambres qu'il avait louées à cet effet, dans l'ancien collége *des Cholets*, situé dans la rue du même nom, au faubourg Saint-Jacques. De là il les fit transporter, en 1804, dans la maison de la rue du Pot-de-Fer qu'il venait d'acquérir, et dont le cinquième étage fut destiné en grande partie à la bibliothèque. Il en fit dresser le catalogue par M. Parage, économe du séminaire, qui s'acquitta de ce travail avec un soin et une persévérance remarquables. Il plaça dans le même lieu les manuscrits qu'il avait sauvés de l'ancien séminaire et un certain nombre d'autres qu'il avait recueillis de différents endroits.

Une des plus précieuses acquisitions qu'il eût faites en ce genre était celle d'une partie considérable des manuscrits de Fénelon. Ayant appris qu'un des héritiers de l'illustre archevêque de Cambrai avait chargé quelqu'un de vendre ces manuscrits, il eut la pensée d'en tirer parti pour compléter l'édition

XLVI
Acquisition des manuscrits de Fénelon. Projet d'une édition complète de ses œuvres.

des œuvres de Fénelon, et, après s'être entendu pour cela avec l'évêque d'Alais, qu'il jugeait propre à ce travail, il fit, vers la fin de l'année 1800, l'acquisition de ces manuscrits, au nom de ce prélat, pour la somme de deux mille quatre cents francs. L'évêque d'Alais se mit immédiatement à l'œuvre, et une de ses lettres nous montre tout à la fois et l'estime qu'il faisait du jugement de M. Emery, et la modestie avec laquelle il se soumettait à sa direction pour ce travail : « Je vous « prie, lui écrivait-il [1], de décider l'objet dont je dois « d'abord m'occuper. Lorsque je vous fais cette prière, « je vous supplie de bien vous persuader que ce n'est « point une formule de politesse, ni un simple témoi- « gnage de confiance, mais une détermination positive « et certaine, sans laquelle je ne puis entreprendre le « travail que vous me proposez. Je vous déclare très- « affirmativement que, s'agissant d'une entreprise très- « importante sous tous les rapports, et qui peut donner « lieu dans la suite à beaucoup de discussions, je ne me « sens pas assez fort pour oser prendre sur moi-même « d'admettre ou de rejeter telle ou telle pièce, d'y « joindre telle ou telle note, de commencer par telle ou « telle partie, sans avoir l'appui de votre autorité. Mais « aussi, je vous déclare avec la même franchise, que « votre opinion réglera absolument ma marche. Ainsi « vous pourrez toujours me parler très-simplement et « très-clairement ; nous n'avons absolument affaire à « aucune autre personne pour ce travail. Nous som-

---

[1] Lettre du 28 janvier 1801.

« mes absolument indépendants de toute considéra-
« tion étrangère, et nous n'avons à consulter que le
« témoignage de notre conscience, les lumières de notre
« raison, et le sentiment des convenances sur ce qui
« pourrait blesser trop vivement certaines opinions. »

L'examen attentif des manuscrits fit bientôt naître à M. Emery et à M. de Bausset l'idée de composer une nouvelle *Vie de Fénelon*, pour être mise en tête des *OEuvres* et suppléer à l'insuffisance des anciennes *Vies*. Dès le mois de décembre 1800, M. Emery suggérait cette idée à l'évêque d'Alais, mais il fut obligé de revenir plusieurs fois à la charge pour surmonter l'opposition que le prélat y témoigna d'abord, alléguant ses infirmités et son inexpérience dans ce genre de composition. Mais M. Emery, qui connaissait tout son talent, insista, et lui dit que, n'ayant plus lieu d'exercer ses fonctions épiscopales, il ne pouvait mieux employer ses loisirs qu'à écrire la vie d'un si grand évêque ; qu'au reste, il ne risquait rien de commencer, et que, s'il ne réussissait pas dans ses premiers essais, il le lui dirait avec franchise [1].

XLVII Coopération de M. Emery à la composition de l'*Histoire de Fénelon*, par M. de Bausset.

Cédant à ces vives instances, M. de Bausset consentit à entreprendre l'*Histoire de Fénelon*, et, pendant quelque temps, il la conduisit de pair avec les travaux pour l'édition des œuvres. Mais il ne tarda pas à reconnaître que le premier ouvrage devait d'abord l'occuper tout entier, et, sans renoncer à l'autre, il l'ajourna indéfiniment. Il songea même plus tard à s'en décharger sur

---

[1] Garnier, *Notice*.

l'abbé d'Auberive, qui en fut lui-même détourné par le projet qu'il avait déjà formé de l'édition des œuvres de Bossuet[1].

L'évêque d'Alais fut constamment secondé dans son travail par le concours actif et zélé de M. Emery, qui ne prenait pas moins d'intérêt à l'ouvrage du prélat qu'à ses propres ouvrages. Il n'épargnait pour cela ni le temps ni les recherches, et, non content de fournir à l'auteur tous les matériaux de son histoire, avec les éclaircissements et les indications nécessaires sur plusieurs points obscurs et difficiles, il contribuait de tout son pouvoir à la perfection du travail par ses conseils, ses encouragements et surtout par une critique aussi franche que mesurée sur toutes les parties de la rédaction. Tel est l'objet principal de la correspondance presque journalière de M. Emery avec l'évêque d'Alais de 1803 à 1808. C'est ainsi qu'il lui écrivait le 20 mai 1804 : « Votre style ressemble beaucoup à celui de M. de « Fénelon ; il coule avec autant de facilité et de grâce. « Mais je vous trouve un peu trop abondant ; ce qui fait « que vos phrases sont quelquefois un peu trop longues. « Au reste, il faut être très-exact et très-sévère pour « trouver ici un défaut ; peut-être même faut-il de l'in-« justice. » — Le 2 décembre 1805 : « Il n'y a nulle « apparence, Monseigneur, que je vous passe votre « grand morceau sur le jansénisme, à moins qu'il « n'aille prendre place parmi les notes[2]. Pensez-vous,

---

[1] L'édition des œuvres de Fénelon a été reprise depuis et conduite à son terme par l'auteur même de la *Vie de M. Emery*.

[2] Il s'agit ici du *Précis historique de la controverse du jansénisme*,

« Monseigneur, du train dont vous allez, que vous feriez
« la plus longue *Vie* qui ait jamais existé dans aucune
« langue? » — Le 30 octobre 1806 : « Travaillez tou-
« jours à la perfection de votre ouvrage ; et cette per-
« fection consistera principalement en retranchements,
« non qu'il n'y ait rien que de très-bon ; mais la lon-
« gueur dans une *Vie* est un défaut ; et l'histoire de
« M. de Fénelon n'est point l'histoire de vos sentiments
« particuliers. » — Le 18 janvier 1807, au sujet d'une
nouvelle rédaction du Ier livre, que l'évêque d'Alais
avait notablement modifié : « Je viens de recevoir le
« manuscrit que vous m'avez fait l'honneur de m'adres-
« ser. J'ai vu vos retranchements. Le premier sur le
« marquis de Fénelon [1] était nécessaire, car le lecteur
« devait s'ennuyer de n'entendre parler que de l'oncle...
« Vous avez aussi retranché quelque chose sur les Jé-
« suites [2], et vous avez bien fait ; mais vous n'avez rien
« retranché sur Port-Royal, et vous le faites marcher de
« pair avec les Jésuites ; une société de quelques hommes
« réunis dans les dehors d'une abbaye, avec une com-
« pagnie d'hommes qui remplissaient toutes les chaires,
« tous les colléges, tous les confessionnaux en France,
« qui agissaient et travaillaient dans toute l'Europe, et
« qui annonçaient l'Évangile à la Chine, au Japon et
« dans toute l'Amérique. Les Jansénistes rivalisaient en
« France, du moins dans les commencements, avec les
« Jésuites, dans la partie littéraire seulement. Je crains

qui se trouve aujourd'hui dans les Pièces justificatives du livre V de
l'*Histoire de Fénelon*.
[1] *Histoire de Fénelon*, livre I, n. 6.
[2] *Ibid*., n. 9 et 10.

« que ce qui reste de Jansénistes ne se prévalent de ce
« que vous dites. Vous n'avez rien retranché de ce que
« vous dites de Saint-Sulpice [1], et vous ne renvoyez pas
« à la fin, par suite de votre amitié pour nous. Je vous
« avais prié de supprimer ce qui me regarde, quand ce
« ne serait que sur le fondement que votre ouvrage
« n'est pas l'ouvrage du jour, qu'il ira à la postérité la
« plus reculée, et qu'on ne saura pas ce que c'est que
« ce supérieur [2]. » — Le 30 mai 1808, en parlant du
Quiétisme : « Je ne vous conseille point d'entrer dans
« aucune discussion dogmatique. La matière est très-
« délicate. Tout y est plein d'équivoques et de malen-
« tendus. M. de Fénelon n'a été répréhensible que
« parce qu'il s'est mal expliqué. M. Bossuet lui-même
« s'est expliqué dans les commencements de manière à
« faire croire qu'il ne croyait pas à l'amour pur... Vous
« avez fait imprimer au long le décret de condamna-
« tion. Tout ce que vous pourriez faire, ce serait de
« remarquer à la suite les points auxquels se réduit
« cette condamnation. » Sur la demande de l'évêque

---

[1] *Hist. de Fénelon*, livre I, n. 11.
[2] Le passage dont M. Emery avait demandé la suppression était à la fin d'une note sur la démolition du séminaire de Saint-Sulpice. (*Histoire de Fénelon*, livre I, n. 11.) Cette note était ainsi conçue : « Le bâ-
« timent construit par M. de Bretonvilliers a été démoli, en 1803, pour
« ouvrir la place Saint-Sulpice et dégager le magnifique péristyle de
« l'église. Mais l'esprit du séminaire de Saint-Sulpice et des vertus qui
« y régnaient n'était point attaché à des murs et à des pierres ; il sub-
« siste encore tout entier dans l'âme et le caractère de son vénérable
« supérieur, et dans le zèle édifiant de ses vertueux coopérateurs. »
L'évêque d'Alais eut égard au désir de M. Emery, et la note, telle qu'on
la lit dans le texte imprimé, ne fait aucune mention du supérieur de
Saint-Sulpice.

d'Alais, M. Emery lui envoya un projet de ce résumé, et le prélat ne crut pas pouvoir mieux faire que de l'insérer textuellement avec de légères modifications, à la suite du Bref d'Innocent XI contre le *Livre des Maximes*[1]. Quant au jugement que M. de Bausset avait porté sur les deux prélats, et qu'il pensait modifier dans une seconde édition qui parut quelques mois seulement après la première, M. Emery lui écrivait, le 20 mai 1808 : « Je persévère dans mon sentiment. Il ne faut pas que « vous tombiez en contradiction avec vous-même, et « que vous ayiez l'air de chanter la palinodie, en pre- « nant la défense de Bossuet contre Fénelon. Je persiste « à croire que, sur l'article des procédés, Bossuet est « plus répréhensible que Fénelon; qu'il a mis de la rôi- « deur, qu'il a manqué de condescendance. C'était lui « qui poursuivait, et il y avait mille moyens de terminer « l'affaire sans la pousser jusqu'au bout. »

M. de Bausset lui-même disait depuis à M. Garnier : « J'ai assez de facilité pour composer, mais je n'ai pas « toujours le discernement nécessaire pour bien juger « mon travail. Voilà pourquoi j'en ai envoyé toutes les « parties à M. Emery, en lui donnant toute liberté de « changer et de supprimer tout ce qui ne lui paraîtrait « pas convenable, et j'ai toujours déféré aveuglément à « son jugement[2]. »

---

[1] *Hist. de Fénelon*, pièces justificatives du livre III, n. 10. (2ᵉ édition et éditions subséquentes, jusqu'à celle de 1850 exclusivement.)

[2] Cette déférence de l'évêque d'Alais pour le jugement de M. Emery était réellement habituelle, mais leur correspondance nous oblige pourtant d'y reconnaître quelques exceptions. Ainsi, dans la lettre du 18 janvier 1807, on vient de voir que M. Emery se plaint de ce que l'auteur

Si M. Emery n'épargnait pas les critiques à l'auteur de la *Vie de Fénelon*, il était encore plus prodigue d'encouragements et d'éloges. Il avait pressenti dès le commencement tout ce qu'on pouvait attendre d'un si beau ta-

n'a rien retranché de son parallèle entre Port-Royal et les Jésuites. Il revient même sur ce point dans ses lettres des 17 février et 20 mars 1808, postérieures à la publication de l'ouvrage : « Quelques personnes, dit-il, « ont été mécontentes de votre article sur Port-Royal et madame de « Longueville. J'avais moi-même cru dans le temps que vous donniez « bien de l'importance à ces gens-là. Vous dites qu'on leur doit la per- « fection de la langue française. Je sais ce que Voltaire a dit des *Lettres* « *provinciales;* mais quel autre ouvrage singulièrement bien écrit cite- « riez-vous de ces messieurs ?... Il faut rendre à Port-Royal la justice « qui lui est due. Mais je crois qu'on exagère et qu'on se trompe quand « on leur fait l'honneur d'avoir *fixé la langue française.* » L'éloge de Port-Royal que blâme ici M. Emery n'en a pas moins été maintenu dans l'*Histoire de Fénelon*. Aussi, dans les louanges qu'il donne au prélat au sujet de la seconde édition de son livre, s'exprime-t-il de manière à faire comprendre qu'il y faisait des réserves. « Cet ouvrage, dit-il, m'a « fait beaucoup de plaisir dans son tout et dans ses parties ; et *je ne* « *me suis pas avisé d'examiner s'il y avait à changer, ôter ou ajouter.* « Je ne me suis livré qu'au plaisir qu'il m'a fait ; et parce que ce plaisir « a été continu, rien ne m'a choqué, et *j'en préjuge* qu'il est très-bien « comme il est. » (Lettre du 5 juin 1808.)

La même observation s'applique à la partie de l'*Histoire de Bossuet* à laquelle M. Emery a coopéré. Il n'approuvait point ce que M. de Bausset disait dans le n. 26 du livre deuxième, de l'opinion de Bossuet sur le mérite du *Nouveau Testament de Mons*. « M. d'Alais, disait-il, ne devrait « pas représenter M. Bossuet comme si prévenu pour la *version de* « *Mons,* bien condamnée, ni faire remarquer, d'après M. Ledieu, tout « ce qui est favorable à cette version. Puisque M. Bossuet travaillait à « corriger cette version, il la croyait donc fautive. » (Observation sur le livre II de l'*Histoire de Bossuet*.) L'évêque d'Alais insista, disant qu'il lui paraissait bien difficile de dissimuler que Bossuet était favorable à la version de Mons, sa lettre au maréchal de Bellefond se trouvant imprimée dans la collection de ses œuvres ; que les Jansénistes n'ignoraient point ce fait, et ne manqueraient pas d'accuser d'infidélité l'historien de Bossuet. (Lettre de l'évêque d'Alais à M. Emery du 9 août 1810.) Ces raisons n'empêchèrent pas M. Emery de persister dans son sentiment : « Je persévère pleinement à croire, écrivait-il au prélat le 11 août 1810, « que votre article sur la version de Mons doit être abrégé au moins et « modifié.... L'affaire de cette version est assez peu intéressante en elle-

lent. « J'ai lu, disait-il à quelques-uns de ses confrères [1],
« le premier livre de la *Vie de Fénelon* par M. de Baus-
« set; j'en ai été enchanté, et, si tout l'ouvrage est
« composé de la même manière, il va jeter dans le
« monde un très-grand éclat. » — « Courage, Monsei-
« gneur, écrivait-il au prélat lui-même [2], avancez votre
« travail; le moins de distractions possible. J'espère
« que la reprise de goutte ne vous ôtera pas la liberté
« d'écrire... Quand la goutte ne fait que vous retenir
« dans votre fauteuil, et qu'elle vous laisse toute liberté
« de tête et de main, je n'ose presque m'en plaindre,
« parce que nous lui devons la *Vie de Fénelon*, et vrai-
« semblablement nous lui devrons encore la *Vie de
« Bossuet...* Oh! que votre partage est heureux! Vous
« vivez en paix, et cependant vous travaillez utilement
« pour la Religion autant que ceux qui sont à la tête
« des diocèses. » Lui parlant une autre fois de l'admission du cardinal Maury à l'Institut, il ajoute plaisamment : « Après que votre *Vie de Fénelon* aura paru,
« vous serez sans difficulté l'évêque le mieux titré pour
« une place à l'Institut. Je ne vois guère d'évêque qui
« ait écrit, sinon M. de Langres et M. de Nantes; mais
« ils n'ont point le titre de *littérateurs.* Vous avez là,
« Monseigneur, une magnifique perspective [3]. »

« même, et il ne faut pas perdre de vue ce que vous apprenez vous-
« même qu'elle a été condamnée à Rome. » Il est à croire que l'évêque
d'Alais eut quelque égard à ces observations; mais les changements
qu'il fit à sa première rédaction ne paraissent pas suffisants pour avoir
dû contenter entièrement M. Emery.

[1] Garnier, *Notice.*
[2] Lettres des 3 décembre 1805, 15 juin et 28 déc. 1806, 13 oct. 1808.
[3] On sait qu'en 1816 M. de Bausset devint membre de l'Académie.

L'*Histoire de Fénelon* ayant été publiée au commencement de l'année 1808, le prodigieux succès qu'elle obtint aussitôt fit naître à plusieurs personnes éclairées le désir de voir l'illustre auteur élever un monument semblable à la gloire de Bossuet[1]. M. Emery accueillit avec empressement cette idée et la fit goûter au prélat. Sa correspondance nous apprend qu'il se donna beaucoup de mouvement pour procurer à M. de Bausset les matériaux de cet ouvrage, dans la composition duquel il put encore le seconder pendant quelque temps. Nous avons même sous les yeux quelques observations qu'il faisait au prélat sur les quatre premiers livres de l'*Histoire de Bossuet*. Bien des personnes ont regretté que ce concours ait manqué à l'évêque d'Alais pour la suite de cet ouvrage. Il eût sans doute évité les longueurs et la prolixité qu'on lui a reprochées. Il eût surtout profité de cette sage direction pour modifier l'histoire de l'Assemblée de 1682[2], conformément aux vues exposées dans les *Nouveaux opuscules de Fleury*, que M. Emery indiquait au prélat dès le 26 juin 1809. « L'article de l'Assem-
« blée de 1682, lui écrivait-il, occupera sans doute
« très-convenablement votre plume; mais j'ai peine à
« croire que vous puissiez ajouter beaucoup à ce que
« renferment les opuscules de Fleury, qui semblent
« n'avoir été faits que pour vous. Ces opuscules sont
« un ouvrage éphémère, et il sera très-bon que vous
« transfériez ce que vous y trouverez relatif à Bossuet
« dans votre ouvrage, qui sera fait pour durer. » Une

---

[1] Lettres de M. Emery à l'évêque d'Alais, des 10 et 17 février 1808.
[2] *Histoire de Bossuet*, livre VI.

autre lettre, écrite au mois de janvier 1811, quelques semaines seulement avant sa mort, nous le montre toujours préoccupé de la manière dont serait traité ce point d'histoire, que les circonstances où se trouvait alors l'Église de France rendaient encore plus délicat à toucher : « J'apprendrais avec plaisir, disait-il au pré-
« lat, quel est l'objet du cinquième livre. Quand vous
« en serez à l'Assemblée de 1682, qui est un des points
« les plus intéressants de la Vie, vous écrirez dans les
« circonstances les plus singulières et les plus embar-
« rassantes; mais vous écrirez sans y avoir égard. Votre
« ouvrage est fait pour la postérité, aussi bien que
« pour la génération présente. » Quand l'*Histoire de Bossuet* parut en 1814, M. de Bausset en adressa par M. Giraud deux exemplaires à M. Duclaux et à M. Garnier, avec la lettre suivante, si honorable pour M. Emery :
« Voilà, Monsieur, cette histoire de Bossuet dont le bon
« M. Emery n'a guère vu que les premiers livres, et que
« je n'ai pris la détermination d'écrire qu'à sa sollicita-
« tion. C'est à lui que je dois l'idée d'avoir osé essayer
« de rendre hommage aux deux plus grands évêques
« qui ont honoré l'Église de France dans le plus beau
« siècle de la Monarchie. Il ne se passe pas un jour de
« ma vie où je ne bénisse la mémoire de cet excellent
« homme, dont les sages et utiles instances m'ont ainsi
« forcé de donner cette estimable direction à mes études
« et à mes travaux. En pensant aux services immenses
« que M. Emery a rendus à la Religion et à l'Église, on
« ne peut s'empêcher de regretter que de pareils hom-
« mes ne soient pas immortels ; car il n'est aucune

« époque critique, il n'est aucune affaire importante,
« où l'on ne s'aperçoive du vide que de pareils hommes
« laissent toujours après eux. »

Cet hommage rendu par l'évêque d'Alais à M. Emery à l'occasion des deux ouvrages auxquels il doit lui-même son illustration, il voulut en quelque sorte le perpétuer par un don bien digne de la délicatesse de ses sentiments. Non content d'avoir fait présent à M. Emery de sa riche chapelle épiscopale, aussi bien que des deux mille francs qu'il retira de la *Vie de Fénelon*, il laissa au séminaire, par testament, avec deux beaux portraits de Fénelon et de Bossuet, le manuscrit de l'histoire de ces deux grands hommes, entièrement écrit de sa main, et formant plusieurs volumes in-folio, comme pour faire honneur de son travail à la maison d'où lui en étaient venus l'inspiration, la plupart des matériaux et la direction principale.

XLVIII
M. Emery rachète l'ancienne maison de campagne du séminaire à Issy.

Avant même que le séminaire eût été transféré dans la rue du Pot-de-Fer, M. Emery s'était occupé de racheter la maison de campagne d'Issy, et, en attendant, il loua une petite maison avec un jardin dans le voisinage de l'ancienne église de Vaugirard. Il ne s'agissait pas pour lors d'acheter la propriété d'Issy tout entière; cette dépense excédait évidemment ses ressources. Il n'était question que de la maison et du parterre. Encore n'eût-il pu faire cette acquisition concurremment avec celle de la maison de Paris, sans la libéralité de M. de Gourgues, qui, sur les cinquante-deux mille francs qu'on exigeait, voulut bien en payer vingt-cinq. La Compagnie, reconnaissante, arrêta dans l'Assemblée générale de 1805 qu'après la mort de ce généreux bienfaiteur on célébrerait pour lui un annuel dans le séminaire, et, de plus, une messe à perpétuité chaque année, le jour anniversaire de son décès. Aussitôt que M. Emery eut acquis la maison d'Issy, il s'occupa d'y faire les dispositions nécessaires pour qu'on pût y aller passer les jours de congé après Pâques et les vacances à la fin de l'année. Plusieurs de ses lettres montrent combien il était consolé de pouvoir ainsi rétablir peu à peu le séminaire sur l'ancien pied. Il écrivait à l'évêque d'Alais le 1er février 1804 : « Je viens de faire une retraite dans « la maison d'Issy. J'occupais l'appartement de mes « prédécesseurs, que j'ai rétabli dans son premier état. « J'ai dit la messe tous les jours dans la chapelle de « *Saint-Sauveur*, quoiqu'elle ne soit pas encore entiè- « rement rétablie. J'allais dans le clos, avec l'agré- « ment du propriétaire, dire mon chapelet auprès de la « chapelle de Lorette, à la porte qu'on appelait *des* « *Lions*. Ces réminiscences m'ont donné beaucoup de « consolations. Mais les réparations à faire dans la mai- « son sont en très-grand nombre, quoique chacune soit « peu considérable. Le parterre avait disparu et n'of- « frait plus qu'un jardin potager ; la plupart des arbres « étaient abattus. J'ai fait rétablir toutes les allées telles « qu'elles étaient, replanter les charmilles et le même « nombre d'arbres. J'ai fait placer dans la bibliothèque « tout autant de livres qu'elle en contenait aupara- « vant. »

En relevant ainsi à tant de frais le séminaire de ses ruines, M. Emery ne se faisait pas illusion sur les dan-

XLIX
Construction de la

chapelle de Notre-Dame de Toutes-Grâces

gers et les incertitudes de l'avenir; mais il était soutenu par une grande confiance dans la protection de la sainte Vierge, dont le séminaire avait tant de fois éprouvé les effets. « Vous savez, écrivait-il le 4 mai 1804 à un ancien « élève du séminaire, que nous avons recouvré la mai- « son d'Issy. Nous allons en avant, comme si notre « existence était sûre; mais nous n'en fondons l'assu- « rance que sur la protection de la sainte Vierge, et « non sur les moyens humains. » Ce sentiment si profondément imprimé dans le cœur de M. Emery lui suggéra l'idée de construire dans le jardin de la maison d'Issy une petite chapelle en l'honneur de la sainte Vierge, pour suppléer provisoirement à celle de Lorette, que ses moyens ne lui permettaient pas alors de recouvrer. Ce dessein, communiqué aux séminaristes, excita entre eux une sainte émulation pour contribuer à la construction de cette chapelle. La tradition du séminaire conserve précieusement le souvenir de ce témoignage de leur dévotion envers la sainte Vierge. Le plan de la chapelle fut tracé par l'un d'eux, qui avait quelques connaissances en architecture. Plusieurs travaillèrent de leurs propres mains à l'exécution du plan ; d'autres y contribuèrent par une cotisation volontaire. En peu de temps la chapelle fut achevée; elle fut dédiée à *Notre-Dame de Toutes-Grâces*, et l'usage s'établit d'y aller faire, tous les jours de congé et chaque jour pendant les vacances, une visite à la très-sainte Vierge. M. Emery lui-même, dans une lettre au père Grivel, du 31 avril 1808, lui parle avec complaisance de cette petite chapelle et lui fait connaître les raisons de la dé-

nomination qu'on lui a donnée. « Nous sommes donc à
« Issy, lui dit-il ; point encore de chapelle de Lorette ;
« mais nous avons dans le jardin de M. Régnier [1] une
« chapelle dédiée à la sainte Vierge, sous le nom de
« Notre-Dame de Toutes-Grâces. Saint François de Paule
« avait fait honorer la sainte Vierge sous ce nom dans
« l'église des *Bons-Hommes* de Chaillot. J'ai vu, dans les
« *Vies* de MM. Olier et de Bretonvilliers, qu'ils avaient
« su gré à saint François d'avoir eu cette pensée, et
« qu'ils allaient fréquemment visiter cette église des
« Bons-Hommes [2]. On a pillé, on a détruit l'église ; mais
« le titre de *Notre-Dame de Toutes-Grâces* était tombé
« par terre ; je l'ai ramassé et je l'ai pris. N'ai-je pas
« bien fait? Et croyez-vous que la nation me prendra
« pour un voleur? »

A partir des fêtes de Pâques de l'année 1804, on commença à aller, comme autrefois, passer la journée à la maison d'Issy une fois chaque semaine. On y reprit l'observation des anciens usages. Seulement, dans les dernières années de sa vie, M. Emery substitua à la lecture spirituelle des instructions sur la prédication, qu'il faisait lui-même et qu'on écoutait avec beaucoup d'intérêt. On disait la messe de communauté, en arrivant, à la chapelle de Saint-Sauveur, et, à la suite de cette messe, on conservait le saint sacrement dans le tabernacle, afin que les élèves pussent le visiter dans la ma-

L
Rétablissement des anciens usages pour les jours de congé et les vacances.

---

[1] M. Régnier, dont il a été parlé dans la 1re partie de cette *Vie* (t. I, p. 112) s'était fait, dans cet endroit, un petit jardin qu'il cultivait de ses mains.
[2] *Vie de M. Olier*, IIIe part., note 2 du livre I, t. II, p. 235.

tinée et dans l'après-midi. A ces pratiques de dévotion, M. Emery ajouta, en 1807, celle de donner chaque année le salut du saint Sacrement à la chapelle de Saint-Sauveur, dans la soirée du jour de congé qui tombe pendant l'octave de la Fête-Dieu. M. de Gourgues voulut encore contribuer à l'exécution de ce pieux dessein, et donna tous les objets nécessaires pour célébrer convenablement ce salut, savoir : l'ostensoir, la chape du célébrant, l'encensoir et la navette du thuriféraire. On commença aussi, en 1804, à passer les vacances à Issy. M. Emery n'avertit pas les séminaristes de la coutume qu'on avait avant la Révolution de continuer à parler dans les corridors après la prière du soir jusqu'au signal du coucher. Les jeunes gens, qui ne connaissaient point cet usage, observèrent le silence, qui, par la suite, a été exactement gardé, et c'est ainsi que par sa sagesse, il abolit, sans la défendre expressément, une liberté qui avait de grands inconvénients. Il en fut de même plus tard de l'usage d'aller se promener dans le parc après le souper, au lieu de se borner, comme on le fait aujourd'hui, à prendre la récréation dans le parterre.

LI Vigilance et fermeté de M. Emery pour le maintien des règles.

Dès lors M. Emery commença à jouir du fruit de ses travaux. Le nombre des séminaristes allait toujours croissant, et s'éleva bientôt à plus d'une centaine, c'est-à-dire autant que la maison en pouvait contenir. De quelque bon esprit que cette communauté fût animée dans ces commencements, ce sage supérieur comprenait que la fermeté et la vigilance n'en étaient pas moins nécessaires pour prévenir les relâchements et les abus qui se glissent insensiblement dans les maisons les plus ferventes. Il croyait surtout devoir se tenir en garde contre l'indulgence excessive à laquelle les vieillards se laissent quelquefois entraîner, et l'exemple de quelques-uns de ses prédécesseurs lui faisait singulièrement redouter ce malheur. Il avait, en conséquence, fait promettre à une personne de confiance de l'avertir aussitôt qu'il commencerait à *radoter*, se proposant de quitter aussitôt son emploi pour rentrer dans la vie privée [1]. Mais cette personne se trouva heureusement dispensée de lui rendre cet office, M. Emery ayant conservé jusqu'à la fin de sa longue carrière toute la vigueur et toutes les ressources de son esprit. C'était toujours la même exactitude et la même énergie pour le maintien de la discipline, toujours la même adresse et les mêmes ménagements dans les procédés. En voici quelques exemples.

Quelques séminaristes, pour être plus à leur aise pendant l'oraison, se tenaient séparés des autres, dans une salle contiguë à celle des exercices, et qu'on laissait ordinairement ouverte pour donner à celle-ci un peu d'air. Pour remédier à cet abus dont on voit assez les inconvénients, M. Emery le signala à peu près en ces termes : « Je me suis aperçu qu'il y avait dans la « maison des personnes si modestes et si humbles, « qu'elles ne se jugent pas dignes de prier avec nous, « et se tiennent cachées pendant l'oraison, dans la salle « voisine. J'approuverais beaucoup leur humilité, si elle

---

[1] Garnier, *Notice*.

« ne tournait pas au détriment de la charité, en nous
« privant de l'édification que nous donnerait l'exemple
« de leur ferveur. Je leur déclare donc que, si elles per-
« sistent dans cette pratique d'humilité, je serai con-
« traint d'aller à elles et de leur dire, comme le père de
« famille de la parabole : *Amice, ascende superiùs.* »

Quand les séminaristes sollicitaient quelque permission, « si la demande était raisonnable, dit
M. Garnier, il l'accordait sur-le-champ; quand elle ne
l'était pas, il la refusait net; mais quand les raisons
étaient douteuses, il faisait d'abord beaucoup de difficulté pour dégoûter les jeunes gens de lui faire des
demandes indiscrètes. Il accordait cependant, quand
il jugeait que le refus serait plus préjudiciable au
jeune homme, qui pouvait en être découragé, que nécessaire au bon ordre du séminaire. Mais quand il
connaissait la vertu solide du demandeur, il n'y regardait pas de si près, et il se plaisait quelquefois à
l'éprouver en lui refusant ce qu'il demandait, même
légitimement. Je me rappelle, ajoute M. Garnier, que
M. de Chabrol, qu'il dirigeait et qui était un des plus
fervents séminaristes que j'aie connus, étant venu à
la suite de quelques autres lui demander la permission de rester à Paris un jour de grande promenade;
comme il avait refusé tous les autres, il refusa également M. de Chabrol, quoiqu'il présumât bien qu'il
avait de très-bonnes raisons. Il ignorait cependant la
principale, qui était que M. de Chabrol était fort en-
rhumé, et avait même un peu de fièvre. Mais, comme
celui-ci se garda bien d'alléguer ces raisons, qui très-cer-

tainement eussent été agréées, M. Emery ne crut pas devoir le traiter avec plus de ménagement que les autres. »

Se trouvant un jour, pendant la récréation, au milieu d'un groupe de séminaristes, l'un d'eux lui demanda la permission de sortir pour aller voir une grande cérémonie, qui devait avoir lieu dans les premiers jours de l'Empire. M. Emery, craignant que d'autres ne demandassent la même permission, la refusa assez sèchement ; et comme le jeune homme paraissait vouloir appuyer sa demande sur quelque motif, il lui dit nettement de n'insister pas davantage. Mais, considérant ensuite que ce jeune homme était naturellement timide, et que ce refus était de nature à augmenter encore sa timidité, il se rend, après la récréation, à la chambre du séminariste et lui dit avec bonté : « Mon enfant, je
« vous ai refusé, parce qu'en me demandant une per-
« mission de cette espèce devant vos confrères, vous
« leur donniez l'idée de me faire à leur tour une sem-
« blable demande, que je n'aurais pu leur refuser après
« vous l'avoir accordée devant eux. Maintenant que cet
« inconvénient n'est plus à craindre, je vous accorde
« volontiers cette permission. »

Le médecin avait ordonné à un séminariste l'usage du chocolat pour une faiblesse d'estomac [1], et lorsque ce séminariste en demanda la permission à M. Emery, celui-ci fit venir le médecin et lui dit : « Je crois volon-
« tiers que ce que vous ordonnez à M. N... est bon,
« mais, voyez-vous, il y a de l'inconvénient à introduire

---

[1] Lettre de M. Mansuy, du 6 mars 1842.

« dans la communauté l'usage des choses qui ont un air
« de distinction. L'infirmité de M. N... était connue
« longtemps avant la découverte du chocolat. Quel re-
« mède employait alors la médecine pour combattre
« cette affection? Donnez-lui donc ce remède. »

*LII
Soins qu'il prenait pour faire aimer le séminaire.*

Tout en veillant soigneusement au maintien de la discipline et des anciens usages, M. Emery avait néanmoins à cœur de laisser sur tout le reste une grande liberté aux séminaristes. Il ne craignait rien tant de leur part que la dissimulation et la contrainte, voulant qu'ils agissent en tout par amour, et leur faisant souvent remarquer que tel était l'esprit de la maison. Son but n'était pas seulement de les affectionner, pour le moment présent, aux pratiques du séminaire, mais encore de les engager, par le souvenir agréable qu'ils conserveraient de leur séjour dans cette maison, à y revenir souvent dans la suite, persuadé qu'il était que la conservation des rapports avec le séminaire était pour les prêtres la garantie la plus assurée de persévérance[1]. Aussi ne manquait-il jamais de témoigner sa satisfaction, lorsqu'il revoyait d'anciens élèves de la maison. Il les accueillait avec les témoignages de la plus tendre amitié, les invitait à sa table, et ne cessait de répéter que le séminaire était la maison du clergé.

Il prenait occasion de ces visites d'anciens élèves pour parler à la communauté du bonheur qu'on éprouvait en revenant au séminaire, faisant remarquer que cette habitude était une marque que l'on conservait encore

[1] Récit du P. du Mesnildot.

l'esprit qu'on y avait reçu. « Voulez-vous, disait-il, con-
« naître vos dispositions dans la suite ? Interrogez-vous
« vous-mêmes en passant devant la maison. C'est ici,
« direz-vous, que demeurait ce vieillard qui était alors
« supérieur du séminaire ; c'est là que se trouvent
« mes professeurs, que se trouve mon ancien direc-
« teur, qui m'a donné tant de sages avis. Entrerai-je pour
« les visiter ? Si vous passez votre chemin, vous pouvez
« juger que chez vous tout n'est pas en règle, et que
« vous êtes déchu de votre première ferveur. Si, au con-
« traire, vous entrez à la maison, que vous alliez voir
« votre supérieur, votre directeur, soyez assuré que
« tout va bien.

« Peut-être vous direz-vous à vous-même : Mon di-
« recteur a ses affaires, je ne veux pas le déranger.
« Messieurs, ce serait méconnaître les sentiments des
« directeurs du séminaire. Ils sont les hommes du
« clergé, uniquement consacrés à votre service ; ils ne
« travaillent que pour vous ; vous ne sauriez donc crain-
« dre de les déranger et de les importuner par vos vi-
« sites. — Mais peut-être que mon directeur m'a oublié ?
« — Une telle supposition nous ferait injure. Nous n'ou-
« blions jamais ceux que nous avons formés. Les liens
« qui nous unissent à vous sont indissolubles. Les
« jeunes prêtres auxquels nous avons servi de pères
« sortent de la maison, mais l'affection reste tout en-
« tière. »

Il n'y avait que quelques mois que le séminaire était établi dans la maison de l'Instruction, lorsque le pape Pie VII, étant venu à Paris pour le sacre de l'Empereur

LIII
Arrivée du pape Pie VII à Paris

en 1804. M. Emery lui rend ses hommages et obtient une audience particulière.

Napoléon, M. Emery profita de cette occasion pour prier Sa Sainteté de bénir son œuvre. Il aurait bien désiré le recevoir dans cette maison, mais la petitesse du local ne le permettait pas. Il fut lui-même présenté au Saint-Père avec tout le clergé de Paris, et voici comment il rend compte de cette première visite dans une lettre à l'évêque d'Alais, du 15 décembre 1804. « J'ai rendu mes devoirs
« au Saint-Père avec le clergé de Paris. Quand mon tour
« vint d'aller au baisement des pieds, M. le cardinal de
« Belloy me nomma ; alors le Pape me sourit très-gra-
« cieusement, et me dit des choses très-honnêtes, à ce
« qu'on m'a rapporté ; car je ne distinguai point ce qu'il
« daigna me dire. Le cardinal Fesch, la veille, lui avait
« parlé de moi et de Saint-Sulpice. . . . .
« Le curé de Saint-Sulpice se présenta un quart d'heure
« après moi ; on le nomma, et sur ce nom de Saint-
« Sulpice, il fut accueilli très-gracieusement. Les mar-
« guilliers de la paroisse, dans le nombre desquels se
« trouvent des sénateurs et le premier président Sé-
« guier, ont prié le Pape d'honorer leur église de sa pré-
« sence. Il a promis d'y venir dire une messe le dernier
« dimanche de l'Avent, c'est-à-dire de demain en huit. »

La visite du Pape à l'église de Saint-Sulpice, annoncée ici par M. Emery, eut lieu en effet au jour indiqué. Par une distinction bien précieuse pour cette paroisse, le Saint-Père voulut commencer par elle la visite des églises de la capitale. Il y célébra d'abord la sainte messe, pendant laquelle il donna la communion aux élèves du séminaire. Une multitude de pieux fidèles désiraient obtenir la même faveur, mais leur nombre même ne permit pas au Saint-Père de satisfaire leur désir. Après une messe d'action de grâces qui fut dite par son aumônier, il fut conduit à la *chapelle des Allemands*, où on lui avait dressé un trône, et il admit au baisement des pieds le clergé de la paroisse, les marguilliers, plusieurs autorités civiles et militaires, et un grand nombre de pieux laïques. Parmi les membres du clergé qui rendirent au Saint-Père cet hommage de respect filial, M. Emery fut un des premiers, et le Pape, qui le reconnut, lui donna un nouveau témoignage de son affection paternelle, en lui mettant ses deux mains sur la tête.

Enfin, il obtint du Saint-Père une audience particulière qui dura environ deux heures, et pendant laquelle Sa Sainteté lui permit de s'asseoir. Le Pape lui témoigna combien il était consolé de l'état de la Religion en France, et touché des témoignages de vénération et d'amour qu'il y recevait de toutes parts. « Toutes « mes espérances pour l'avenir, dit-il, sont en France. » M. Emery, de son côté, fit connaître au Pape l'état de sa Compagnie, et les ressources qu'elle offrait encore, malgré les terribles épreuves de la Révolution, pour remplir le but de son institution. A la fin de cette audience, le Saint-Père, à sa demande, lui donna avec une grande effusion de cœur sa bénédiction pour lui et pour tous les membres de sa Compagnie, et confirma de vive voix toutes les grâces qui lui avaient été accordées par son prédécesseur Pie VI.

Tous les détails du séjour de Pie VII à Paris furent racontés par M. Clausel de Coussergues dans la *Gazette de France*, qui servit de modèle à tous les autres journaux. C'était M. Emery qui lui avait fourni toutes les lettres de recommandation dont il avait besoin pour se procurer les renseignements nécessaires, ce qui fit dire à l'auteur même des articles de la *Gazette de France*, qu'on dut alors à M. Emery la convenance parfaite avec laquelle s'exprimèrent tous les journaux, sur les actes et la personne du Pape, pendant son séjour en France [1].

LIV. Le Pape le dissuade d'abandonner le séminaire de Baltimore. Cet établissement commence à porter des fruits.

M. Emery avait profité de l'accueil bienveillant que lui avait fait le Souverain Pontife, pour le consulter sur le projet, déjà exécuté en partie, de rappeler tous les prêtres de la Compagnie qui se trouvaient à Baltimore, où leurs travaux n'avaient pas eu le résultat qu'on en avait espéré, et dont la présence pouvait être si utile en France. Le Saint-Père n'approuva pas ce projet, et engagea au contraire M. Emery à conserver l'établissement de Baltimore. « Mon fils, lui dit-il, « laissez, laissez subsister ce séminaire, qui portera son « fruit dans le temps. En rappeler les directeurs pour « les employer en France dans d'autres maisons, *ce se-* « *rait dépouiller saint Pierre pour revêtir saint Paul.* » Le profond respect de M. Emery pour le vicaire de Jésus-Christ lui fit recevoir cette décision comme un oracle ; il ne songea plus depuis à abandonner Baltimore, et la Providence sembla récompenser l'esprit de foi et d'obéissance qui lui avait inspiré cette conduite, en donnant peu à peu à ce séminaire un déve-

[1] Lettre de M. Clausel de Coussergues à M. Faillon, du 20 mars 1843.

loppement qui le mit en état de répondre aux espérances que l'on avait conçues en le fondant.

Depuis le départ de ceux qu'il en avait retirés, l'affaire du collége de Baltimore avait pris une nouvelle face. M. Dubourg, qui s'y crut autorisé par un mot dit en passant dans une lettre de M. Emery, l'avait pris en son nom privé avec l'assentiment de ses confrères; et comme, par suite de l'agrandissement des bâtiments, il se trouvait engagé dans des dettes considérables, il avait sollicité auprès du gouvernement du Maryland le privilége d'une loterie qui ne lui fut accordé qu'à la condition de maintenir le collége pendant trente ans, sous peine d'avoir à payer trente mille piastres. Fort de cette ressource, il donna de grands développements à sa maison, et, en 1806, la fit ériger par le gouvernement en université, sous le nom de collége de Sainte-Marie. Ce titre et les droits qui s'y rattachaient s'étendaient au séminaire lui-même, sur le terrain duquel les bâtiments étaient construits.

M. Emery, déterminé à maintenir désormais le séminaire de Baltimore, se vit, quoique à regret, dans la nécessité d'adopter ce collége à cause des engagements qu'on avait pris. Mais, comme le temporel n'était pas en sûreté entre les mains de M. Dubourg, il voulut qu'il fût administré par l'assemblée de tous les directeurs réunis, et que M. Dubourg n'eût à cet égard que la simple qualité d'économe. Quelques services que cet établissement rendit au pays pour l'éducation de la jeunesse, il ne répondait pourtant pas au but de sa fondation, qui était de préparer des sujets pour l'état

ecclésiastique. Le mélange des protestants avec les catholiques, que M. Dubourg y avait laissé introduire malgré les représentations de ses confrères, et la direction trop mondaine qu'il donnait aux exercices, étaient plus propres à étouffer qu'à faire naître des germes de vocation. M. Carroll lui-même s'en plaignait à M. Emery qui lui répondit [1] : « J'ai toujours reconnu dans M. Du-
« bourg un goût décidé pour le grand et le magnifique,
« et je conçois qu'il est très-difficile de le réprimer.
« J'écris à nos messieurs de prendre à cet égard les
« mesures les plus fortes. M. Dubourg a de grands ta-
« lents ; je l'ai vu au séminaire de Saint-Sulpice, où il
« était fort estimé. La Révolution l'ayant jeté en Amé-
« rique, il s'est associé à notre Compagnie, qui fait une
« profession particulière de simplicité, et dans laquelle
« ses talents distingués pour l'administration en grand
« sont inutiles ou déplacés. Dans une lettre je lui ferai
« des observations sur l'éducation trop mondaine qu'on
« donne dans son collége et dont j'ai été averti avant
« que vous me fissiez l'honneur de m'en écrire. C'est une
« chose bien singulière qu'ayant envoyé des prêtres
« dans votre diocèse pour travailler sous vos ordres à la
« formation de votre clergé, ils aient été conduits à faire
« enfin l'éducation d'enfants protestants. »

M. Nagot ne gémissait pas moins que M. Emery de l'inutilité du collége pour l'œuvre capitale de Saint-Sulpice. Il se sentit pressé de former un petit séminaire dans un lieu solitaire appelé Pigeon-Hill, à quinze lieues

[1] Lettre du 16 mai 1805.

de Baltimore. M. Harent, catholique français qui entra depuis dans l'état ecclésiastique et même dans la Compagnie, lui offrait une propriété très-convenable pour son dessein. Il y réunit une douzaine d'enfants appartenant à des fermiers du voisinage, d'origine allemande, tous bons catholiques. On n'y admettait que ceux qui déclaraient vouloir étudier pour être prêtres, et en qui on remarquait des dispositions aux lettres et à la piété. M. Nagot y fixa lui-même sa résidence, et, secondé par quelques séminaristes qu'il fit venir de Baltimore, il s'appliqua tout entier à l'éducation de ces jeunes enfants. C'était un spectacle touchant de voir ce vénérable vieillard, qui au séminaire de Paris avait été le maître de tant d'ecclésiastiques distingués par leur naissance et leurs talents, se dévouer à l'instruction élémentaire de quelques enfants de condition pauvre, et regarder comme la consolation de sa vieillesse un emploi si simple et si obscur.

M. Emery félicita M. Nagot d'un établissement si conforme à ses désirs, et avec d'autant plus d'effusion qu'en même temps le séminaire de Baltimore commençait lui-même à recevoir de nouveaux sujets. Déjà, en 1804, les séminaristes s'y trouvaient au nombre de douze, et en 1806, on put faire une ordination de sept tonsurés, ce qui était encore sans exemple aux États-Unis. M. Emery en témoigna ainsi sa satisfaction à M. Carroll [1] : « J'ai appris avec bien du plaisir qu'une « partie de nos messieurs est occupée à l'objet pour

---

[1] Lettres des 16 mai et 24 septembre 1805, et 25 oct. 1806.

« lequel seul ils ont été envoyés ; que plusieurs de vos
« diocésains sont entrés à la maison; qu'enfin vous avez
« un séminaire effectif, et non point seulement un titre
« de séminaire.......... Nous aurions ici bien besoin de
« nos messieurs pour la conduite des séminaires de
« France; mais, puisque celui de Baltimore est en train,
« que vous êtes content d'eux, et qu'il y a de grands
« biens à faire pour la Religion dans votre immense
« diocèse, nous ne les rappellerons pas. » Plus tard,
en 1808, il disait encore en parlant de Pigeon-Hill [1] :
« Je trouve cet établissement très-bien imaginé. » Mais,
à ce moment-là même, il était déjà question de le transporter à Emmitsbourg.

M. Emery ne vit que les commencements de cette nouvelle fondation. Il l'adopta comme l'une des maisons de la Compagnie, ratifia la nomination du supérieur faite par M. Nagot, et envoya M. Bruté pour y travailler, si on ne le jugeait plus nécessaire au séminaire de Baltimore. Il écrivait à M. Carroll le 12 mai 1810 : « J'en-
« tends dire qu'on a soin d'établir à quelque distance
« de Baltimore des petits séminaires. Voilà un établis-
« sement que j'approuve fort, et il serait à souhaiter
« qu'il eût été fait plus tôt et qu'on en fît encore
« de semblables. » Ces espérances ne devaient cependant pas se réaliser encore. Avec l'intention de faire mieux qu'à Pigeon-Hill, on n'aboutit qu'à ruiner le bien déjà commencé, en renouvelant, avec des pertes beaucoup plus grandes en hommes et en argent, l'ex-

[1] Lettre du 29 juin 1808.

périence faite au collége de Baltimore. Pour cette fois du moins, la leçon fut salutaire ; mais ces détails n'appartiennent plus à la vie de M. Emery ; nous les réservons pour une notice particulière qui terminera cet ouvrage.

LV
M. Emery reprend la conduite de plusieurs séminaires de province.

La conduite du séminaire de Paris n'était que la moindre partie de la sollicitude de M. Emery. Il avait l'œil ouvert sur toutes les occasions qui se présenteraient de rétablir ceux de la province, et il réussit en effet, dans cette dernière époque de sa vie, à reprendre ou à accepter la conduite de onze séminaires.

Séminaire de Lyon.

Le premier fut celui de Lyon [1]. Quelques anciens directeurs, profitant des premiers moments de liberté sous le Directoire, avaient donné des leçons de philosophie et de théologie à une vingtaine de jeunes gens, dans des maisons particulières. Après le 18 brumaire, l'autorité diocésaine, du consentement de M. Emery, adopta cet établissement naissant, et le confia à M. Piquet, qui fut rappelé de Suisse pour cet effet, et auquel s'adjoignirent quelques directeurs qui se trouvèrent sur les lieux. Aussitôt que le cardinal Fesch eut pris possession de son siège en 1802, il s'occupa avec le plus grand intérêt de son séminaire, et il força en quelque sorte la main au supérieur de Saint-Sulpice pour y réunir tout ce que la Compagnie avait de membres plus distingués. Celui-ci écrivait à l'évêque d'Autun en 1805 : « M. le cardinal Fesch

---

[1] *Vie du card. Fesch*, par M. Lyonnet, chap. xii. — Garnier, *Notice*. — Correspondance de M. Emery avec le card. Fesch, *passim*. — Notes de M. Chaillou, ancien directeur au séminaire de Lyon, mort supérieur du séminaire de Bayeux, etc.

« voudrait s'emparer de tous les membres de Saint-
« Sulpice pour ses séminaires. J'ai été forcé d'enlever
« à Mgr l'évêque de Clermont, M. Bouillaud, sur lequel
« ce prélat avait toute espèce de droits. Mais vous sen-
« tez, Monseigneur, quels ménagements je dois garder
« avec cette Éminence. »

Séminaire d'Autun.

Deux autres séminaires de la Compagnie furent rétablis en 1803, ceux d'Autun et d'Angers. La restauration du premier fut principalement due à M. Saulnier, ancien supérieur de ce séminaire [1]. Revenu en 1796 d'Italie, où il s'était retiré pendant la Révolution, il s'appliqua presque aussitôt à former en particulier quelques sujets qu'il réunit, au mois de novembre 1803, dans l'ancienne maison des Philosophes, où se trouve encore aujourd'hui le Grand-Séminaire. M. Emery lui envoya à cette époque deux directeurs pour partager ses travaux.

Séminaire d'Angers.

Le séminaire d'Angers fut aussi rétabli par son ancien supérieur, M. Meilloc, qui n'avait pas quitté le diocèse pendant la Révolution, et l'avait constamment gouverné sous l'autorité de M. de Lorry, son ancien évêque, jusqu'à l'installation de M. Montault en 1802 [2]. Celui-ci, à peine arrivé à Angers, s'occupa de rétablir le séminaire, et n'ayant pu obtenir de l'administration les anciens bâtiments, qui avaient été transformés en musée, il rassembla en 1803, dans son palais épiscopal, quel-

---

[1] Correspondance de M. Emery avec M. de Fontanges, évêque d'Autun, etc. — Notes de M. Berthault, supérieur du séminaire d'Autun, etc.

[2] Vie de M. Montault, chap. IX. — Garnier, *Notice*. — Notes de MM. Gasnier, supérieur du sém. de Bourges, Pellissier, ancien directeur au sém. d'Angers, etc. — Notice manuscrite sur M. Meilloc, par M. Hubert, prêtre du diocèse d'Angers, etc.

ques aspirants au sacerdoce, auxquels, de concert avec M. Emery, il donna pour supérieur M. Meilloc. Celui-ci, en attendant qu'on pût lui envoyer du secours, s'adjoignit quelques prêtres du diocèse, entre autres M. Frémont, qui entra depuis dans la Compagnie et devint supérieur après M. Meilloc. M. Emery leur envoya, en 1804, M. Desgarets, qui devint à son tour supérieur après la mort de M. Frémont. En 1806, le séminaire, devenu trop nombreux pour être contenu dans le palais épiscopal, fut transféré dans les bâtiments de l'ancienne abbaye de Saint-Serge, qu'il occupe encore aujourd'hui.

L'année même où furent rétablis ces deux séminaires, M. Emery accepta la conduite de celui de Saint-Flour, à la demande de l'évêque, M. de Belmont[1]. Ce ne fut pas sans difficulté qu'il y consentit, soit parce que, dans l'impossibilité de satisfaire à toutes les demandes, il avait pour principe de donner la préférence aux diocèses où la Compagnie était autrefois établie, soit dans la crainte de paraître avoir voulu supplanter messieurs de Saint-Lazare qui gouvernaient avant la Révolution le séminaire de Saint-Flour. Il écrivit à M. de Belmont pour lui exposer les raisons qui le faisaient hésiter à entrer dans ses vues. Le prélat lui répondit pour lui faire observer 1° qu'il s'était d'abord adressé au procureur général de Saint-Lazare, qui, faute de sujets, avait refusé de reprendre la conduite de son séminaire ; 2° que, d'après la nouvelle circonscription des

Séminaire de St-Flour.

---

[1] Lettre de M. de Pompignac à M. Faillon, etc.

diocèses, celui de Saint-Flour se composait actuellement d'une bonne partie des anciens diocèses du Puy et de Clermont, où la Compagnie avait autrefois des séminaires, et que, par conséquent, en acceptant celui de Saint-Flour, elle se consacrait au service du même clergé qu'elle servait avant la Révolution. D'après ces considérations, M. Emery n'hésita plus à se rendre aux désirs de l'évêque, et lui envoya pour supérieur de son séminaire M. Levadoux, récemment revenu de Baltimore, avec deux professeurs. La Compagnie quitta cette maison en 1820, sur la demande de M. Salamon, alors évêque de Saint-Flour, qui voulait la rendre aux Lazaristes.

Séminaire d'Aix.

L'année suivante, 1804, M. Emery accepta encore la conduite du séminaire d'Aix, à la demande de M. de Cicé, archevêque de cette ville [1]. Cette acceptation eût souffert beaucoup de difficultés, si les circonstances eussent permis de rétablir le séminaire d'Avignon. Mais, outre que M. Périer, alors évêque d'Avignon, montrait peu d'empressement à rappeler dans son diocèse les prêtres de Saint-Sulpice, M. Emery lui-même était peu disposé à contracter des relations particulières avec un prélat qui avait appartenu à l'Église constitutionnelle, et qui, actuellement encore, tout en protestant extérieurement de sa soumission au Saint-Siége, favorisait manifestement le parti du schisme. Dans ces conjonctures, il ne fit aucune difficulté d'accéder à la demande de l'archevêque d'Aix, et mit à la tête

[1] *Notice sur M. Dalga.* — *Annales littéraires*, t. III, p. 425. — Vie manuscrite de M. Roux, etc.

de ce nouveau séminaire M. Roux, ancien supérieur de celui d'Avignon. Les exercices commencèrent le 8 mai 1804. M. Roux y fut seul pendant le reste de cette année, aidé seulement, pour les détails de l'administration temporelle, par quelques jeunes ecclésiastiques du pays. Ce ne fut qu'au mois de novembre suivant que M. Emery put lui envoyer un confrère; mais bientôt l'altération de sa santé l'obligea à se retirer à Avignon, où il mourut l'année suivante. Il fut remplacé par M. Dalga.

L'ouverture de cette maison fut bientôt suivie de celle du séminaire de Toulouse[1]. L'archevêque de cette ville, M. Primat, avait préludé à ce rétablissement en 1804, en priant M. de Saint-Félix, ancien supérieur du séminaire de Saint-Charles, et depuis peu revenu d'Espagne, de diriger la retraite des ordinands. L'année suivante, M. de Saint-Félix, à la prière du prélat et avec l'agrément de M. Emery, prit la conduite du séminaire, qui n'eut d'abord que deux élèves, dont l'un était M. Vieusse, depuis directeur du même séminaire. M. de Saint-Félix fut secondé dans l'exercice de ses fonctions par M. Boix, ancien directeur de la même maison, qui bientôt en devint supérieur.

Séminaire de Toulouse.

Le rétablissement du séminaire de Clermont, qui eut lieu en 1806, avait été préparé de bonne heure par M. Chanut, ancien directeur au séminaire de Tulle[2]. Il avait profité des premiers moments de tranquillité sous

Séminaire de Clermont.

---

[1] Garnier, *Notice.* — *Notice sur les séminaires de Toulouse,* par M. Vieusse. — Lettre de M. Emery du 8 oct. 1808 à M. Dubourg, évêque de Limoges.

[2] Notes rédigées par M. Combes, supérieur du séminaire de Clermont.

le Directoire pour réunir à Antignac, son pays natal, un certain nombre de jeunes gens qui annonçaient de la vocation pour l'état ecclésiastique. Cette petite réunion fut comme la pépinière du sacerdoce en Auvergne après la Révolution, et procura à M. de Dampierre, évêque de Clermont, la facilité d'établir, dès 1803, dans sa ville épiscopale, un séminaire dont il confia provisoirement la direction à quelques ecclésiastiques du diocèse. Il songea même dès lors à le remettre sous la conduite des prêtres de Saint-Sulpice, et M. Emery lui envoya M. Bouillaud pour préparer les voies à ce rétablissement ; mais celui-ci ayant été transféré à Lyon, M. Chanut fut nommé supérieur, à l'époque même où le gouvernement accorda à l'évêque de Clermont, pour son séminaire diocésain, l'ancien couvent des Ursulines de Montferrand. Il n'eut d'abord pour le seconder qu'un seul confrère, et dut se faire aider par quelques prêtres du diocèse.

Séminaire de Viviers. Trois autres séminaires de la Compagnie furent rétablis en 1807. Le premier fut celui de Viviers, dont la restauration est due au zèle de M. Vernet, natif de ce diocèse, où il a laissé de si précieux souvenirs[1]. Obligé, à l'époque de la Révolution, de quitter le séminaire de Toulouse, où il était directeur, il se retira dans son pays natal, où il exerça secrètement le saint ministère, souvent au milieu des plus grands dangers. Il fut même chargé, sous le Directoire, de gouverner le diocèse comme grand vicaire, au nom de M. d'Aviau, archevê-

---

[1] *Vie de M. Vernet*, par M. Dabert, p. 224, 232, etc. — Garnier, *Notice*. — Lettres de M. Emery à M. Vernet et à M. de Mons.

que de Vienne, auquel le Pape avait confié l'administration du diocèse de Viviers, après l'apostasie de M. de Savines, son ancien évêque. Ce diocèse ayant été réuni, en 1802, à celui de Mende, M. de Chabot, évêque de ce nouveau siége, n'en eut pas plus tôt pris possession, qu'il donna à M. Vernet des lettres de grand vicaire pour la partie de son diocèse qui formait autrefois celui de Viviers, et que celui-ci organisa avec un zèle et une habileté qui répondirent parfaitement à la confiance du prélat. Mais l'exercice de ces honorables fonctions ne lui faisait pas oublier sa première vocation, et, peu après le Concordat, il forma le dessein de rétablir le séminaire de Viviers, le plus ancien de la Compagnie après celui de Paris. L'exécution présentait de grandes difficultés, et il fallait, pour les surmonter, le zèle actif et infatigable dont il a donné tant d'autres preuves. D'un côté, M. de Mons, évêque de Mende, qui succéda, en 1805, à M. de Chabot, goûtait peu ce projet, parce qu'il y voyait un obstacle au dessein qu'il avait d'établir le séminaire diocésain dans sa ville épiscopale ; d'un autre côté, l'ancienne maison du séminaire de Viviers, après avoir servi pendant quelque temps de caserne et de prison, était entrée en dernier lieu dans la dotation définitive de la *Légion d'honneur*, d'où elle ne pouvait être distraite qu'au moyen d'un échange contre un autre immeuble d'une valeur égale. Toutes ces difficultés ne découragèrent pas M. Vernet, et, de concert avec M. Emery, dont il réclama les conseils dans toute la suite de cette affaire, il réussit en peu de temps à surmonter tous les obstacles. En attendant qu'il pût faire l'acquisition de l'ancienne maison du séminaire, il se contenta de la louer au commencement de l'année 1806, et y reçut dès lors quelques sujets. Il y donna aussi, vers la fin du mois d'août, avec l'agrément de M. de Mons, une retraite ecclésiastique à un certain nombre de prêtres. Peu de temps après, il obtint que le bâtiment fût mis en vente, et, malgré la concurrence de deux compagnies, dont le but avoué était de démolir la maison pour en vendre les matériaux, il fit tous les sacrifices nécessaires pour que la propriété lui en fût adjugée.

Cependant l'évêque de Mende ne perdait pas de vue son projet d'avoir un séminaire dans sa ville épiscopale; déjà même il avait prié M. Emery de vouloir bien en prendre la direction; et, comme le défaut de sujets ne permit pas de le satisfaire, il pressa fortement M. Vernet de se charger de cette fondation. Celui-ci lui répondit que le succès avec lequel il travaillait depuis longtemps au rétablissement du séminaire de Viviers ne lui permettait pas d'y renoncer, et que, dans l'espoir d'ouvrir bientôt cette maison, il suppliait Sa Grandeur de vouloir bien l'en nommer supérieur. Le prélat, qui, sans goûter son projet, n'avait jamais cru devoir s'y opposer, ne put s'empêcher de louer le zèle avec lequel il suivait son entreprise, et, tout en regrettant qu'il ne voulût pas venir à Mende, il lui envoya la nomination qu'il désirait. M. Vernet ayant obtenu en même temps l'autorisation du gouvernement, ouvrit, au commencement de l'année 1807, le séminaire de Viviers avec une vingtaine d'élèves, n'étant aidé dans ces commencements que par quelques prêtres du diocèse.

La correspondance de M. Emery avec l'évêque de Mende montre le vif intérêt qu'il prenait au rétablissement de ce séminaire, et l'art avec lequel il s'efforçait d'amener ce prélat à s'y montrer lui-même plus favorable. « Quand M. Vernet, lui écrivait-il le 6 octobre 1808,
« a parlé d'acheter le séminaire de Viviers, et quand
« vous avez témoigné que vous rétabliriez avec plaisir
« ce séminaire, j'en ai été charmé, et j'ai fait dès lors
« ce que j'ai pu pour seconder vos vues et celles de
« M. Vernet..... Ce sera à lui, après vous, qu'on aura
« l'obligation de la restauration de ce séminaire. Au
« fond, c'est, pour le bâtiment, un des plus beaux séminaires de France et des mieux situés. Il est bien digne
« de votre zèle et de votre respect pour la mémoire de
« monsieur votre oncle qui l'a fait bâtir[1], de protéger cet
« établissement et de le favoriser en toutes manières.
« Et moi, de mon côté, je ferai ce que je pourrai pour
« vous seconder..... Il est bon qu'on sache que vous
« prenez intérêt à ce séminaire ; il faudrait même que
« vous y eussiez un appartement pour le temps que vous
« donneriez plus particulièrement aux affaires de l'Ardèche... » « Ce bon M. Vernet, disait-il dans une autre
« lettre, s'imagine que vous ne prenez pas un grand in-
« térêt au séminaire de Viviers ; il me dit qu'on le croit
« ainsi dans le public, et qu'en conséquence on ne lui

---

[1] Le séminaire de Viviers, ayant été incendié en 1772, fut rebâti aussitôt, sous l'épiscopat de M. Morel de Mons, prédécesseur immédiat de M. de Savines et oncle de l'évêque de Mende.

« fait pas grand bien. Je crois qu'il se trompe; mais si
« réellement on croyait que vous êtes indifférent pour la
« conservation de ce séminaire, il serait bon que, dans
« les occasions qui se présenteraient, vous détrompas-
« siez le public. »

Séminaire de Limoges.

La même année vit aussi le rétablissement du séminaire de Limoges [1]. M. Dubourg, évêque de cette ville, à peine installé sur son siége en 1802, s'occupa sérieusement de cet objet, de concert avec M. Emery. Il résulte de leur correspondance que, dès cette époque, le prélat avait l'espérance d'ouvrir prochainement son séminaire, et songeait à lui donner pour supérieur M. Chudeau, qui était, avant la Révolution, l'un des directeurs de cette maison, et qui, pendant les derniers temps qui précédèrent le concordat, avait gouverné le diocèse en qualité de grand vicaire de M. d'Argentré, son évêque légitime. La seule difficulté de trouver et d'obtenir du gouvernement un local convenable, fit différer l'ouverture du séminaire jusqu'au mois d'octobre 1807. M. Chudeau en fut alors établi supérieur, et M. Emery, en lui envoyant, pour le seconder, M. Dilhet, récemment arrivé de Baltimore, l'annonçait en ces termes à l'évêque de Limoges : « M. Dilhet a de l'expérience, du zèle,
« de l'activité. Il a travaillé dans le centre de l'Amé-
« rique. Puisqu'il a réussi auprès des sauvages, il
« n'aura pas de peine à réussir auprès des Limou-
« sins. »

---

[1] *Ami de la Rel.*, t. IV, p. 74. — Correspondance de M. Emery avec M. Dubourg, év. de Limoges. — Lettre de M. Brun, supérieur du séminaire de Limoges.

Le troisième séminaire que la Compagnie rétablit en 1807, est celui de Nantes[1]. Le principal instrument, dont la Providence se servit pour ce rétablissement fut M. Joubert, l'un des anciens directeurs du même séminaire, qui, après avoir passé en Espagne le temps de la Révolution, était de retour à Nantes lorsque M. Duvoisin prit possession de ce siége en 1802. Animé d'un saint zèle pour le bien de l'Église et pour la sanctification du clergé, il ne se contentait pas de former en particulier quelques ordinands, mais il excitait plusieurs bons prêtres à imiter son exemple, et ne cessait de faire des instances auprès de l'administration épiscopale pour le rétablissement du séminaire. M. Chevalier, ancien directeur au séminaire d'Orléans, comme lui revenu depuis peu d'Espagne, le secondait puissamment en faisant des quêtes dans la ville pour l'achat et l'ameublement d'une maison convenable. Après bien des délais et des oppositions, qui venaient principalement d'un grand vicaire que l'évêque avait été obligé de prendre dans le clergé constitutionnel, M. Joubert fut enfin autorisé à acheter l'ancienne maison de Saint-Charles, autrefois habitée par des religieuses, et que le séminaire occupe encore aujourd'hui, agrandie toutefois et en grande partie reconstruite. Tout étant prêt pour l'ouverture de la maison, M. Emery, à la demande de M. Duvoisin, en donna la conduite à M. Dorin qui en avait été supérieur avant la Révolution, et lui adjoignit MM. Joubert et Chevalier.

Séminaire de Nantes.

[1] Garnier, Notice.—Notes rédigées par M. Féret, supérieur du séminaire de Nantes, et par MM. Bizuel, Barbier, etc., prêtres du diocèse de Nantes.

Séminaire du Puy.

Le dernier séminaire de la Compagnie établi par M. Emery, est celui du Puy, le plus ancien de tous après ceux de Paris et de Viviers[1]. Ce rétablissement, qui ne put avoir lieu qu'en 1810, était réclamé depuis longtemps par les besoins du diocèse de Saint-Flour, auquel celui du Puy était alors incorporé. Le séminaire de Saint-Flour ne pouvait recevoir tous les clercs de cet immense diocèse, qui renfermait les deux départements du Cantal et de la Haute-Loire. De plus, la difficulté des communications, dans ce pays montueux, empêchait un grand nombre de jeunes gens de venir étudier à Saint-Flour, ce qui diminuait considérablement le nombre des vocations dans un temps où elles étaient si nécessaires. Frappé de ces inconvénients, M. de Belmont demanda au gouvernement et en obtint, comme supplément de son séminaire diocésain, l'ancien séminaire du Puy, alors occupé par une pension de jeunes gens. Déjà même il avait prié M. Emery de vouloir bien se charger de cet établissement, et d'y envoyer au moins un supérieur, lorsque sa mort, arrivée en 1808, l'empêcha de terminer cette affaire. Heureusement elle fut reprise avec vigueur par l'administration diocésaine, et le séminaire du Puy fut définitivement rétabli en 1810, quelques mois seulement avant la mort de M. Emery. M. Terrasse, ancien professeur au séminaire d'Autun, en fut nommé supérieur et en fit l'ouverture avec cent cinquante élèves au mois de novembre 1810.

LVI
Moyens employés pour sup-

Pour soutenir les établissements dont nous venons

[1] *Vie de M. de Lantages*, Appendice, p. 439. — Garnier, *Notice*.

de parler, et pour assurer de plus en plus la perpétuité de la Compagnie, M. Emery eût bien voulu que les circonstances lui permissent de rétablir la Solitude dans une maison séparée, comme elle l'était à Issy avant la Révolution ; mais il ne pouvait raisonnablement songer à l'exécution de ce projet avant que les nouveaux séminaires eussent formé un certain nombre de sujets qui montrassent du goût et de l'aptitude pour les fonctions propres aux directeurs, ce qui ne pouvait avoir lieu dans les années qui suivirent le Concordat. En supposant cette première difficulté levée quelques années avant sa mort, d'autres obstacles s'opposèrent vraisemblablement à toute tentative de ce genre. Le gouvernement se montrait peu favorable au rétablissement des communautés ecclésiastiques, et nous verrons bientôt l'existence même de la Compagnie sérieusement menacée. Quoi qu'il en soit des motifs de sa détermination, M. Emery, pour suppléer à la Solitude autant que les circonstances le permettaient, engageait les supérieurs et directeurs des séminaires, à étudier de près les jeunes ecclésiastiques en qui ils remarqueraient les talents et les autres qualités qu'exigent les emplois de la Compagnie. Les supérieurs et directeurs, après en avoir conféré entre eux, présentaient ces sujets à M. Emery, qui les admettait au séminaire de Paris, où il les examinait soigneusement lui-même, et les réunissait de temps en temps dans sa chambre, pour leur faire connaître l'esprit et les règles de la Compagnie. *pléer au défaut d'une Solitude.*

En 1805, M. Emery tint une assemblée générale dans laquelle il rendit compte des démarches qu'il avait faites

LVII
M. Emery procure la

reprise des procédures pour la béatification de la mère Agnès.

pour obtenir qu'on reprît à Rome les procédures relatives à la béatification de la mère Agnès, interrompues depuis plus de cinquante ans. Il rappela que cette vénérable servante de Dieu ayant eu une grande part à l'établissement du séminaire et de la Compagnie par les relations qu'elle a eues avec M. Olier, sa protection devait être regardée comme un des principaux moyens de rétablir la Compagnie; que celle-ci devait en conséquence faire tout ce qui était en elle pour lui procurer les honneurs que l'Église rend aux saints. Il ajouta que, dans cette vue, il avait réuni toutes les pièces du procès, qu'il avait sollicité le cardinal Fesch de s'y intéresser; qu'il avait écrit à Rome pour s'informer des dépenses à faire pour continuer la procédure; qu'il avait recueilli la somme nécessaire, à laquelle plusieurs membres de la Compagnie avaient contribué, et qu'il l'avait remise à la légation; en sorte qu'il y avait lieu d'espérer que la procédure serait bientôt reprise.

Ces espérances ne tardèrent pas à se réaliser. La procédure, si longtemps interrompue, fut assidûment suivie de 1803 à 1808, et, dans la dernière congrégation tenue le 19 mars 1808 en présence des cardinaux, le Pape rendit le décret qui constate les vertus héroïques de la mère Agnès. Cette heureuse issue fut principalement due au zèle du cardinal Fesch, qui voulut encore se charger de la plus grande partie des frais qu'exigeaient les derniers actes de la procédure. Cette générosité du cardinal ne lui était pas seulement inspirée par le désir d'obliger M. Emery, mais encore par la dévotion particulière dont il s'était senti pénétré pour la servante de Dieu pendant la procédure dont il avait été le principal promoteur. C'est ce qui le porta à demander avec instance à l'évêque de Saint-Flour, dans le diocèse duquel se trouvait le tombeau de la mère Agnès, une portion notable de ses reliques[1].

Ce fut à l'occasion du décret dont nous venons de parler, que M. Emery donna, en 1808, une nouvelle édition de la *Vie de la mère Agnès*, composée par M. de Lantages, en y faisant quelques modifications. Il aurait désiré par les mêmes motifs faire imprimer la *Vie de M. Olier*, composée par M. Nagot; mais des raisons que nous ne connaissons pas y mirent obstacle, et cet ouvrage ne vit le jour qu'en 1818.

LVIII Assemblée de 1805. Recommandation aux directeurs de s'interdire les fonctions extérieures.

Dans cette assemblée, on insista particulièrement, comme on l'avait fait dans celle de 1802, sur la nécessité pour les directeurs de séminaires de s'interdire toutes les fonctions extérieures du saint ministère, conformément à l'esprit et à la lettre des Constitutions. Il était à la vérité difficile de ne pas tolérer, dans ces commencements, quelques exceptions, pour ne pas quitter trop brusquement des fonctions qu'on avait été dans la nécessité d'accepter avant le rétablissement des séminaires; mais M. Emery attachait une grande importance à remettre peu à peu cette règle en vigueur; et, pour en mieux assurer l'observation, il ne craignait pas de faire à ce sujet les plus fortes représentations, non-seulement aux directeurs qui paraissaient vouloir conserver certaines

---

[1] *Vie du card. Fesch.*, par M. Lyonnet, t. II, p. 214.

fonctions extérieures, mais encore aux évêques qui les entretenaient quelquefois dans ces dispositions. Lui-même avait abandonné la direction de mademoiselle Jouen, malgré toutes ses instances et les services qu'elle lui avait rendus, et il voyait avec peine que M. Duclaux continuât à être supérieur du couvent de Saint-Michel, et à donner des soins à quelques autres communautés. Il voulait le lui interdire absolument, et ce ne fut que sur les représentations de M. Garnier qu'il consentit à patienter encore quelque temps.

Il écrivait à un autre membre des plus vénérables de la Compagnie, M. Vernet : « Je ne peux pas, Monsieur,
« changer les règles et l'esprit de Saint-Sulpice, et je
« regarde comme un point capital de ces règles de ne
« point nous mêler du ministère extérieur et spéciale-
« ment de la conduite des religieuses, ce qui renferme
« toutes les filles qui vivent en communauté.............
« .... Très-certainement si ce point n'avait pas dû
« subsister dans la restauration de Saint-Sulpice, je ne
« me serais donné aucune peine pour cette restauration,
« parce que j'aurais regardé Saint-Sulpice comme ayant
« perdu son esprit propre, et devenu incapable de faire
« le bien. Toutes les raisons que vous alléguez ont été
« parfaitement connues des fondateurs de la Compagnie,
« et ont pu être alléguées dans mille occasions.....
« Comme fondateur et vicaire général, continuez de
« donner vos soins à l'établissement (des dames de la
« Présentation au Bourg-Saint-Andéol), cela ne tirera
« pas à conséquence pour vos successeurs. Le séminaire
« peut être en communauté de prières avec ces filles;

« le supérieur peut faire profession de leur rendre ser-
« vice, procurer qu'elles aient un confesseur zélé et in-
« struit ; mais on ne peut point perdre de vue cet article
« de nos règles : *Ils ne se chargeront point de la con-
« duite et de la direction des religieuses.* »

Voici encore ce qu'il écrivait à l'évêque de Limoges :
« C'est un point fondamental à Saint-Sulpice, et son
« caractère distinctif, que les directeurs se renfer-
« ment dans les fonctions propres à leur état, et n'exer-
« cent aucune partie du ministère extérieur. On a cru
« que le travail pour la formation de bons prêtres était
« assez important pour occuper un homme tout entier…
« Le temps employé à confesser et à catéchiser les fidèles
« est très-bien employé sans doute ; mais il l'est incom-
« parablement mieux à former de bons prêtres, et j'ai
« ce point de notre règle tellement à cœur, j'en sens
« tellement l'importance, que si j'avais cru qu'il ne dût
« point subsister, je ne me serais donné aucun mouve-
« ment pour le rétablissement de la Compagnie. Si vous
« vous trouvez, Monseigneur, dans des circonstances
« où le service de nos deux directeurs en dehors du
« séminaire vous paraisse nécessaire, donnez-leur des
« ordres auxquels ils se conformeront. Mais j'ai l'hon-
« neur de vous prévenir que s'ils devaient, dans la suite,
« être appliqués à la moindre partie du ministère exté-
« rieur, je les retirerais et je vous prierais de pourvoir,
« comme vous jugeriez à propos, à la conduite de votre
« séminaire. Si ces messieurs croyaient pouvoir faire
« plus de bien dans l'exercice du ministère que dans la
« conduite du séminaire, je serais le premier à leur

« conseiller de suivre leur attrait; car je ne veux, par
« la miséricorde de Dieu, que sa plus grande gloire. C'est
« ainsi que M. Fournier ayant montré un talent extra-
« ordinaire pour la chaire, et ayant cru qu'il ferait beau-
« coup plus de bien dans cette partie que dans le sémi-
« naire, j'ai trouvé très-bon qu'il la suivît. »

A cet exemple M. Emery eût pu joindre celui de
M. Frayssinous, qui venait de lui demander la permission
de quitter la Compagnie pour continuer ses conférences[1].

LIX
Sages avis
de M. Emery
à M. Fournier nommé évêque de Montpellier.

Ces séparations, toutes pénibles qu'elles étaient à
M. Emery, ne lui ôtaient rien néanmoins de son attachement pour des sujets qu'il savait n'être dirigés que
par des intentions droites. On en a une preuve touchante
dans la liberté avec laquelle il donne à M. Fournier, à
l'occasion de sa nomination à l'évêché de Montpellier en
1806, les avis qu'il lui croyait nécessaires : « Je ne veux
« pas tarder, lui dit-il, à vous donner quelques conseils.
« Le premier et le plus important est de vous pénétrer,
« dès à présent, de la grandeur de votre état, des obliga-
« tions qu'il vous impose; d'en faire l'objet de votre
« méditation de tous les jours, de toutes les heures, et
« de vous rappeler sans cesse ces paroles du saint
« Apôtre : *Oportet episcopum irreprehensibilem esse,*
« *sobrium, prudentem, pudicum, ornatum.* Souvenez-vous
« que dès à présent vous allez être en spectacle, et par
« conséquent que n'ayant rien, par la miséricorde de
« Dieu, à réformer dans le fond de votre conduite, vous
« devez réformer dans l'extérieur tout ce qui pourrait

---

[1] *Vie de M. Frayssinous*, par M. Henrion, liv. I, chap. VIII.

« donner des impressions moins favorables. Votre gaieté,
« surtout à table, paraît trop. Vous voulez plaisanter
« sans cesse. Vous dissertez trop sur les mets qu'on sert
« à table; ceux qui ne vous connaissent pas croiraient
« que vous êtes un homme de bonne chère. Ce n'est de
« votre part que plaisanterie, bonne humeur; mais je
« sais qu'on n'en pense pas toujours de même, et qu'à
« Lyon le prédicateur (M. Fournier lui-même) perdit
« beaucoup dans ses repas et ses sociétés particulières.
« En général, on dit que vous avez les manières trop ca-
« valières. Je crois ne devoir pas perdre un moment
« pour vous donner ces avis, parce que vous allez être
« invité chez les ministres, et vous serez très-observé.
« L'Apôtre disait à Tite ce que je vous répète : *In omni-*
« *bus teipsum præbe exemplum bonorum operum in doc-*
« *trina, in integritate, in gravitate, verbum sanum,*
« *irreprehensibile,* etc. Vous n'avez aucune attention à
« faire à l'*in doctrina, in integritate;* mais vous avez à
« être un peu en garde sur les deux autres. Vous savez
« de quel esprit et de quel cœur part ce qui précède. »
Pendant tout le reste de sa vie, M. Emery continua à
M. Fournier ses conseils et sa direction, et les réponses de ce prélat prouvent qu'il en sentait tout le
prix : « Vos lettres, lui écrivait-il le 1ᵉʳ avril 1809, sont
« véritablement du meilleur des pères, et pleines d'une
« tendresse et d'une sollicitude qui me pénètrent de
« reconnaissance et d'amour. »

Pendant qu'il insistait si fortement sur l'éloignement
que devaient avoir tous les membres de la Compagnie
pour le ministère extérieur, M. Emery se vit lui-même

LX
Il refuse plusieurs fonctions

qui lui sont offertes par le cardinal Fesch. dans le cas de sanctionner cette règle par son exemple, en refusant plusieurs fonctions importantes que le cardinal Fesch, devenu grand aumônier, désirait lui confier. Voici la réponse qu'il lui fit [1] : « Monseigneur,
« je vis hier M. Jauffret, qui me dit que l'intention de
« Votre Éminence était que j'occupasse une place dans le
« conseil de madame votre sœur (madame Lætitia, mère
« de l'Empereur, qui venait d'être nommée protectrice
« des Sœurs de la Charité et des autres établissements de
« bienfaisance). Je commence par remercier bien sincè-
« rement Votre Éminence de ce qu'elle a bien voulu
« penser à moi dans cette circonstance, et je la prie de
« vouloir bien jeter les yeux sur un autre. M. Jauffret,
« et M. l'évêque de Quimper, qui était présent, après
« m'avoir entendu, sont demeurés convaincus que la
« place en question ne me convenait pas : 1° L'esprit
« propre de la petite Compagnie dont je rassemble les
« débris, et que je désirerais rendre permanente, est
« que les membres se renferment entièrement dans les
« fonctions de directeurs de séminaires, et qu'ils s'abs-
« tiennent de tout ce qui serait étranger à l'éducation
« ecclésiastique. Cette petite Compagnie deviendrait
« bientôt inutile pour son objet, si elle changeait son
« esprit, et mon occupation actuelle est d'engager tous
« ceux qui reprennent leurs premières fonctions, à se
« débarrasser de toutes celles qui leur sont étrangères ;
« mais il m'est impossible d'y réussir, si je ne donne
« moi-même l'exemple de n'accepter aucun emploi qui

---

[1] Lettre du 6 avril 1805.

« soit étranger à l'œuvre d'un supérieur de séminaire.
« 2° Plus connu que les dames et les ecclésiastiques qui
« composent le conseil, je serais exposé à recevoir une
« multitude de lettres et de requêtes qu'on voudrait que
« je présentasse ou appuyasse, ce qui déroberait une
« grande partie du temps qui suffit à peine à mes occu-
« pations ordinaires. 3° Je ne serai d'aucune utilité dans
« ce conseil, puisqu'on m'a dit qu'il s'agirait principa-
« lement de procurer aux Sœurs de la Charité et aux
« Sœurs Hospitalières une maison, des sujets et des se-
« cours. Je suis absolument sans moyens pour ces trois
« objets; et, si j'étais dans le cas de disposer quelques
« personnes à accorder des secours pour l'œuvre de la
« Religion, je commencerais par les solliciter pour l'é-
« ducation des pauvres ecclésiastiques. Voilà une partie
« des raisons que j'ai exposées à M. Jauffret...

« M. Jauffret m'a communiqué aussi que l'intention
« de Votre Éminence serait que j'entrasse dans un con-
« seil qu'elle forme pour l'affaire des Missions étran-
« gères. Il y aurait quelque inconvénient de moins pour
« moi; mais il y en aurait encore de très-grands. Je suis
« entièrement étranger et inutile à cette œuvre. Je suis
« tellement absorbé par les lettres, les consultations,
« les visites et les devoirs de ma charge, que j'ai à
« peine le temps de respirer. Je ne soupire plus qu'après
« un peu de repos. A moins que Votre Éminence ne
« m'en donne l'ordre, je me refuserai à ce que demande
« de moi M. Jauffret. J'espère de ses bontés pour moi
« qu'elle ne me le donnera pas. »

Mais quelque désir qu'eût M. Emery de se renfermer

jusqu'à la fin de sa vie dans les fonctions propres à sa vocation, la Providence en avait disposé autrement. Jamais il ne fut plus distrait des paisibles occupations de sa retraite, que pendant ses dernières années; et ce fut alors qu'il eut avec l'Empereur les relations particulières que nous avons maintenant à rapporter.

<small>LXI
Estime de l'Empereur pour M. Emery.</small>

La haute idée que Napoléon, n'étant encore que premier Consul, avait conçue de la vertu et de la capacité du supérieur de Saint-Sulpice, semblait aller toujours en croissant. Peu de temps après le concordat, ayant rencontré quelque part l'abbé de Malaret, grand vicaire de Paris, il lui dit d'un ton très-animé : « Avez-vous, « dans tout le clergé de Paris, un homme comme « M. Emery[1]? » Vers le même temps, ayant nommé évêque, à la recommandation d'un de ses généraux, un ecclésiastique qui avait besoin de se renouveler dans l'esprit de son état : « Il faut, dit-il, l'envoyer à l'abbé « Emery[2]. » Il n'ignorait pas, en effet, la grande confiance que les évêques témoignaient généralement à M. Emery et le grand ascendant qu'il avait sur plusieurs d'entre eux. Il prit même de là occasion de lui témoigner un jour son étonnement de ce qu'il se permettait ainsi de *régenter les évêques*. Mais la réponse de M. Emery, également pleine de modestie et de franchise, parut le satisfaire à l'instant : « Sire, lui répondit-« il, les évêques ont grâce pour se conduire eux-mêmes; « mais si quelques-uns croient devoir me demander « avis, il me semble que mon âge et mon expérience

---

[1] Récit de l'abbé Rauzan, fondateur des Prêtres de la Miséricorde.
[2] Récit de M. de Janson, évêque de Nancy.

« me mettent en état de leur donner conseil[1]. » Pendant ses démêlés avec le Pape, l'Empereur soulevait assez souvent, en présence des évêques, des questions délicates, sur lesquelles ces prélats n'osaient s'expliquer. Dans une de ces occasions, il leur dit un jour avec vivacité : « L'abbé Emery saura bien me dire cela ; » et une autre fois, n'étant pas satisfait de leurs réponses : « Au « moins, dit-il, quand l'abbé Emery avance une chose, il « me donne des raisons, et de bonnes raisons[2]. » C'était ce jugement droit, accompagné de franchise et de fermeté, que Napoléon appréciait le plus dans le supérieur de Saint-Sulpice ; car celui-ci ne craignait pas de lui tenir tête. L'Empereur ayant un jour avancé quelque chose de faux : « Sire, lui dit M. Emery, vous êtes dans l'erreur.— « Comment, je suis dans l'erreur ! » répliqua Napoléon, peu accoutumé à entendre ce langage. — « Sire, ajouta « M. Emery, vous me demandez de vous dire la vérité : « il ne conviendrait ni à mon âge ni à mon caractère de « faire ici le courtisan ; je dois donc dire à Votre Ma- « jesté qu'elle est dans l'erreur sur ce point. En cela je « ne crois pas manquer au respect que je lui dois. Au- « trefois, en Sorbonne, on se servait du même langage ; « on disait même : *Cela est absurde*, et personne ne s'en « offensait, pas même un fils de prince, s'il soutenait « quelque proposition qui pût y donner lieu[3]. » Cette manière franche et hardie ne déplaisait point à Napoléon, qui, au contraire, en prenait occasion d'appeler

---

[1] Récit du P. Varin, jésuite.
[2] Récit de madame la marquise de Cavour, née de Sales.
[3] Récit du P. du Mesnildot.

M. Emery *son théologien*. L'impression que faisait sur lui l'autorité du supérieur de Saint-Sulpice allait à un tel point, qu'il ne pouvait s'empêcher de respecter ses avis, lors même qu'il n'était pas disposé à les suivre. « Vous avez dans la personne de M. Emery, dit-il un « jour à madame de Villette, un parent bien sévère; « mais on ne peut s'empêcher de l'admirer[1]... C'est « un homme, disait-il encore, qui me ferait faire « tout ce qu'il voudrait et peut-être plus que je ne de-« vrais[2]... !M. Emery, dit-il une autre fois, est le seul « homme qui me fasse peur[3]. »

Le comte Molé, que ses emplois sous le gouvernement impérial, et la faveur dont il jouissait, avaient mis à même de connaître les sentiments intimes de l'Empereur, disait en 1840, dans son discours de réception à l'Académie : « Napoléon ne pouvait se lasser d'admirer « dans ce saint prêtre, je ne sais quel mélange de sim- « plicité presque primitive et de sagacité pénétrante, « de sérénité et de force, j'ai presque dit de grâce et « d'austère ascendant..... *Voilà*, me dit-il un jour, *la « première fois que je rencontre un homme doué d'un « véritable pouvoir sur les hommes, et auquel je ne de-« mande aucun compte de l'usage qu'il en fera. Loin de « là, je voudrais qu'il me fût possible de lui confier toute « notre jeunesse; je mourrais plus rassuré sur l'avenir*[4]. »

L'éloge que M. Molé fait ici de M. Emery, est une ex-

---

[1] Récit du marquis de Villette.
[2] Récit de M. Garnier.
[3] Récit de la sœur Rosalie.
[4] *Ami de la Rel.*, t. CVIII, p. 2.

pression fidèle de son langage habituel, et des sentiments de reconnaissance qu'il conserva toute sa vie pour ce vénérable prêtre, qui avait aidé sa famille dans des temps difficiles, et qui lui avait fait faire à lui-même sa première communion. Aussi conservait-il précieusement le portrait de M. Emery dans sa chambre à coucher à Champlâtreux [1].

Cette estime singulière de l'Empereur pour le supérieur de Saint-Sulpice n'était pourtant pas inconciliable dans son esprit avec une défiance véritable et dont on ne verra dans la suite que trop de preuves. On a dit de lui qu'il avait *toujours caressé ou haï M. Emery* [2]. Ces expressions nous paraissent trop fortes. Napoléon n'a jamais, à proprement parler, *caressé* M. Emery, et, quand il l'a traité avec le plus de rigueur, il n'a jamais été jusqu'à le *haïr*; mais ce qu'il y a de vrai, c'est que, tout en l'estimant sincèrement, il redoutait son influence. De là ces alternatives continuelles de vexations et d'honneurs qui remplirent les dernières années de M. Emery et lui donnèrent lieu de montrer tout ce qu'il y avait de ressources dans son esprit et d'énergie dans son âme.

Dès l'année 1802, Bonaparte avait donné la preuve de ce double sentiment d'estime et de défiance à l'égard de M. Emery, en tenant sur lui un langage bien étrange, quelques mois seulement après avoir voulu à toute force l'élever à l'épiscopat. Écrivant au cardinal Fesch pour

LXII
Ce sentiment combattu dans son esprit par une véritable défiance.

---

[1] Lettres de M. Garnier à M. Renaudet, supérieur du séminaire de Bourges, du 4 janvier 1841; et de madame la duchesse de Noailles à l'abbé Simonin, du 20 avril 1856.
[2] L'abbé Rauzan attribuait ce mot à mademoiselle Jouen, et lui donnait son approbation.

le blâmer de la distinction qu'il faisait entre les prêtres demeurés fidèles et les constitutionnels, il le prévenait contre l'influence du Supérieur de Saint-Sulpice, dont il ne doutait pas que la conduite de son oncle ne fût le résultat. « Je vois avec peine, lui écrivait-il, que vous
« écrasez les constitutionnels : vous ne les traitez pas
« de la même manière que les anti-constitutionnels.
« Cependant les uns sont bien plus vos amis et ceux de
« l'État qu'une partie des autres..... Méfiez-vous beau-
« coup des Sulpiciens, ajoutait-il ; je vous le répète : Ces
« hommes ne sont attachés ni à l'État ni à la Religion :
« ce sont des intrigants[1]. »

LXIII
Publication des *Nouveaux Opuscules de Fleury.* Analyse de cet ouvrage.

Avec ces dispositions secrètes de l'Empereur à l'égard de Saint-Sulpice, lorsqu'au mois de mars 1807 parurent les *Nouveaux Opuscules de Fleury*, il ne fut pas difficile à des personnes malveillantes de faire de cette publication un crime à M. Emery. Le livre fut dénoncé au ministre de la Police et à l'Empereur lui-même, comme empreint des doctrines ultramontaines, plus odieuses alors que jamais au gouvernement.

M. Emery avait découvert et acheté pendant la Révolution quelques manuscrits de Fleury. En les parcourant, il fut singulièrement frappé de voir que l'auteur ne s'y montrait pas, à beaucoup près, aussi opposé à l'autorité du Saint-Siége, ni aussi outré partisan des libertés gallicanes, qu'on le suppose communément. Il

---

[1] Lettre du 11 novembre 1802. *Correspondance de Napoléon I*er *avec le cardinal Fesch*, publiée dans le premier volume de l'ouvrage intitulé : *Négociations relatives aux traités de Morfontaine, d'Amiens et de Lunéville.* — *Ami de la Religion.* t. CLXVIII. p. 395.

le fut plus encore de la modération avec laquelle Fleury s'expliquait sur la déclaration du clergé de France de 1682, et des sentiments également modérés qu'il attribuait à Bossuet relativement à cette déclaration. Enfin il remarqua plusieurs passages propres à lever tous les doutes que l'on avait voulu jeter sur les véritables sentiments de Fleury, relativement aux erreurs de Jansénius et de Quesnel. L'intérêt de ces découvertes l'engagea à publier en 1800 et 1801, dans les *Annales philosophiques*, quelques fragments de ces manuscrits. Mais il considéra depuis que ces pièces si intéressantes demeureraient comme ensevelies dans un ouvrage périodique assez peu répandu, et seraient bientôt entièrement oubliées, s'il ne les en tirait pour les insérer dans un recueil qui pût servir de suite et de complément aux *Opuscules de Fleury* publiés par Rondet en 1780. Il réalisa cette idée au commencement de 1807, en publiant les *Nouveaux Opuscules de Fleury*.

Le premier de ces opuscules était le *Discours sur les libertés de l'Église gallicane*, imprimé pour la première fois en 1724, et souvent réimprimé depuis, mais tellement défiguré par les éditeurs, et surtout par celui de 1763, « qu'il n'était presque plus possible, disait « Rondet, de distinguer ce qui pouvait être de Fleury « d'avec ce qui pouvait n'en être pas[1]. » Le manuscrit original de ce Discours, tombé entre les mains de M. Emery, fit entièrement cesser les doutes à cet égard. La comparaison de ce manuscrit avec toutes les éditions du Discours montra clairement qu'il avait été

[1] *Opuscules de Fleury*, t. I, p. 40.

altéré en plusieurs endroits, et que les altérations tombaient précisément sur les passages dans lesquels Fleury suppose ou établit quelque point favorable à l'autorité de l'Église ou du Saint-Siége. Pour mettre en évidence ces graves altérations, M. Emery publia de nouveau et en entier le Discours de Fleury, en signalant par des notes les suppressions et altérations que les divers éditeurs lui avaient fait subir. Le résultat fut de montrer clairement, dit-il dans la Préface, « que rien « n'avait été changé ni supprimé dans ce Discours, que « ce qui était en opposition avec certaines maximes ou « certains usages du Parlement... et que l'abbé Fleury, « quoique nourri dans le barreau de Paris, n'était pas, « comme on le croit communément, un bas adulateur « du Parlement et un aveugle partisan de toutes nos « libertés [1]. »

Un des passages supprimés dans les anciennes éditions du Discours condamne ouvertement les *Appelants*, en mettant l'affaire du Jansénisme au nombre de celles qui sont terminées par une décision du Pape, reçue de toute l'Église, sans qu'il soit besoin de concile pour les terminer. Dans quelques autres pièces que M. Emery plaça à la suite du Discours, Fleury expose plus au long ses sentiments à ce sujet, et se prononce de la manière la plus formelle contre la doctrine de l'évêque d'Ypres, contre les erreurs condamnées par la constitution *Unigenitus*, et contre les subterfuges imaginés par les Jansénistes pour éluder les décisions du Saint-Siége.

On trouve encore à la suite du Discours quelques

---

[1] *Nouveaux Opuscules* (édit. de 1818), p. 30 et 49.

pièces qui mettent dans un nouveau jour les véritables sentiments de Fleury sur les libertés de l'Église gallicane. L'auteur signale avec une juste sévérité la conduite des Parlements, « qui ne s'opposent à la nouveauté que
« quand elle est favorable au Pape ou aux ecclésiasti-
« ques, et font peu de cas de l'antiquité, quand elle
« choque les intérêts du Roi ou des particuliers laïques[1]. »

Vient ensuite une *Lettre au duc de Beauvilliers*, dans laquelle on remarque ce passage : « En général, il serait
« à souhaiter que l'on gardât plus de mesures à l'égard
« du Pape..... Il semble qu'il y ait une espèce de guerre
« entre la cour de Rome et le Parlement. On est tou-
« jours sur ses gardes, on s'alarme du moindre mot, on
« prend tout au criminel[2]. »

Un autre écrit de Fleury, publié par M. Emery dans le même recueil, et d'un plus grand intérêt que les précédents, est celui qui a pour titre : *Anecdotes sur l'Assemblée de* 1682, et qui consiste en quelques notes très-abrégées sur le projet de *Déclaration* rédigé d'abord par l'évêque de Tournay ; sur la contestation qui s'éleva à ce sujet entre ce prélat et l'évêque de Meaux, et à la suite de laquelle le premier se désista de son projet, et Bossuet fut chargé d'en présenter un autre, que l'Assemblée adopta ; enfin sur la manière dont se termina le démêlé que la Déclaration avait occasionné entre le Saint-Siège et la Cour de France. Ces notes sont d'autant plus précieuses que l'abbé Fleury, intimement lié dès lors avec Bossuet, a pu facilement être instruit de tous les faits

---

[1] *Nouveaux Opuscules*, p. 185.
[2] *Ibid.*, p. 206.

dont il s'agit. Ce qu'on y remarque surtout [1], et ce qui peut servir à mieux apprécier la conduite de Bossuet dans toute cette affaire, c'est 1° que ce prélat eût souhaité qu'on s'abstînt, dans l'Assemblée de 1682, de traiter la question de l'autorité du Pape, et qu'il fît tout son possible pour obtenir du moins que la solution en fût indéfiniment ajournée ; 2° qu'il rendit à la Religion et au clergé de France un service inappréciable, en faisant avorter le projet de déclaration présenté par l'évêque de Tournay, et qui refusait au Saint-Siége non-seulement l'infaillibilité, mais même l'indéfectibilité ; 3° enfin que, d'après les explications de Bossuet lui-même, le quatrième article de la Déclaration laisse intacte l'opinion de l'infaillibilité du Souverain Pontife, le sens de cet article se réduisant à dire que les jugements du Pape n'ont point le caractère ni les effets d'une définition de foi catholique, avant l'acceptation de l'Église universelle, ce qui est expressément reconnu par d'habiles défenseurs de l'infaillibilité.

LXIV
Accueil fait à cette publication, particulièrement à Rome.

On voit assez par ces détails quelle était l'importance des *Nouveaux Opuscules de Fleury*. M. Emery reçut, à l'occasion de cette publication, les encouragements et les félicitations de plusieurs évêques. « J'en avais parlé « par occasion à quelques évêques, écrivait-il au cardi- « nal Fesch, le 18 avril 1807; j'en avais parlé surtout « à l'archevêque d'Aix, qui n'a cessé de m'écrire pour « me presser de le rendre public; et, en le publiant, je « n'ai fait que déférer à ses instances. Je n'ai vu en-

---

[1] *Nouveaux Opuscules*, p. 278, 298, etc.

« core aucun évêque qui, après avoir lu ces opuscules,
« ne m'ait dit que j'avais rendu un grand service à
« l'Église et à la Religion, et je suis persuadé que si
« vous voulez bien prendre la peine de lire encore cet
« ouvrage, ou de vous en faire rendre compte, vous en
« porterez le même jugement [1]. »

Les écrits périodiques les plus estimés confirmèrent ce sentiment des évêques dans le compte détaillé qu'ils rendirent des *Nouveaux opuscules* [2] et l'ouvrage fut accueilli avec faveur, non-seulement en France, mais encore dans les pays étrangers. M. Van Gils, membre de l'ancienne Faculté de Louvain, ayant eu occasion de voir M. Emery en 1810, l'assura que ce livre était non-seulement connu, mais dévoré en Belgique [3]; et nous pouvons juger de la manière dont il fut apprécié à Rome, par une lettre du cardinal Antonelli à M. Emery, qui lui en avait envoyé deux exemplaires, en le priant d'en remettre un au Souverain Pontife, et qui avait joint à cet envoi une copie authentique de la *Dissertation de Fénelon sur l'autorité du Pape*, dans laquelle se trouve le récit de la discussion entre Bossuet et l'évêque de Tournay, dont nous avons parlé plus haut. Voici ce que le cardinal répondit à M. Emery sur ces

---

[1] On voit par cette lettre que la publication des *Nouveaux opuscules* n'avait pas eu d'abord l'approbation du cardinal Fesch, qui la regardait comme inopportune et dangereuse à cause des circonstances où l'on se trouvait alors. (Lettre du cardinal à M. Emery, du 11 avril 1807.)

[2] *Mélanges de philosophie*, t. II, p. 241, 289. — *Mercure de France*, t. XXIX, p. 167, etc. Le comte de Maistre fait l'éloge des *Nouveaux Opuscules* dans l'ouvrage intitulé : *De l'Église Gallicane*, etc., p. 19 à la note, et p. 193.

[3] *Annuaire de l'Université cath. de Louvain*, 1845, p. 151.

deux objets, le 5 mai 1807 : « On ne peut assez louer
« ni remercier l'éditeur des *Nouveaux opuscules*, d'avoir
« lavé, autant qu'il était possible, l'abbé Fleury d'une
« tache imprimée à sa mémoire, et d'avoir fortement
« réprimé, sinon entièrement réduit, les ennemis de
« l'Église Romaine qui abusaient du nom et de l'autorité
« de ce grand homme [1]... J'ai lu la *Dissertation de l'ar-*
« *chevêque de Cambrai sur l'autorité du Pape*, avec toute
« l'attention que m'ont permise mes grandes et conti-
« nuelles occupations, jointes à une santé assez chance-
« lante. Il serait à souhaiter que cette dissertation fût im-
« primée, mais non pas à Rome ; car on ajouterait diffi-
« cilement foi à l'authenticité de cet écrit, eu égard au
« peu de preuves que l'on en a, et qu'il serait nécessaire
« de compléter... C'est à Paris qu'il conviendrait de le
« publier; mais à cet égard je m'en rapporte à vous...

« J'ai parlé au Saint-Père de ces deux objets. Il a reçu
« avec beaucoup de joie les *Opuscules* de Fleury, et il m'a
« chargé d'offrir ses remerciments à l'éditeur, dont le
« dévouement envers le Saint-Siége apostolique se ma-
« nifeste si évidemment dans cet ouvrage. Il m'a recom-
« mandé de déposer aux archives du Vatican, la *Disser-*
« *tation de Fénelon* avec les lettres que vous m'avez
« écrites sur ce sujet. »

La modestie de M. Emery et les ménagements auxquels il était obligé à l'égard du gouvernement, alors

---

[1] Voici le texte latin de ce passage, dont quelques expressions sont difficiles à traduire en français : « Nam et abstersit, quantum fieri po-
« tuit, aliquam Flori maculam, et Romanæ Ecclesiæ hostes, qui tanti
« viri auctoritate ac nomine abutebantur, *saltem compressit, si non*
« *delevit.* »

assez mal disposé envers le Saint-Siége, l'empêchèrent de publier ce témoignage de satisfaction qu'il avait reçu du Souverain Pontife; il se contenta de le faire connaître en secret à quelques personnes de confiance. Mais il profita, bientôt après, d'une occasion naturelle qui se présenta, de témoigner sa reconnaissance au Pape lui-même. Sur les doutes que le cardinal Antonelli avait insinués touchant l'authenticité de la *Dissertation de Fénelon*, M. Emery adressa au Pape, par l'entremise de l'abbé Ducci, quelques pièces qui lui semblaient propres à dissiper là-dessus tous les nuages. Il joignit à ces pièces une lettre au Saint-Père, datée du 11 mai 1809, dans laquelle, après lui avoir donné quelques explications sur ce sujet, il ajoute ce qui suit sur les *Nouveaux opuscules*. « J'ai appris depuis longtemps
« qu'on avait offert à Votre Sainteté, et qu'elle avait
« accueilli avec bonté, l'ouvrage dans lequel je montrais
« que l'abbé Fleury et l'évêque de Meaux avaient été
« beaucoup mieux disposés à l'égard du Saint-Siége
« qu'on ne le pense communément. Ce que j'ai avancé
« sur ces deux auteurs, sera de plus en plus établi par
« les nouvelles observations qui seront présentées à
« Votre Sainteté, aussitôt qu'elles seront imprimées. »

Un ouvrage si favorablement accueilli par tous les vrais amis de l'Église et du Saint-Siége, ne pouvait manquer de déplaire à leurs adversaires. Aussi le chagrin de ces derniers ne tarda pas à se manifester. Dès le mois d'avril 1807, un avis de la police empêcha le rédacteur du *Journal des Curés* de faire connaître à ses lecteurs les altérations que M. Emery avait signalées dans le

LXV
Entrevue du ministre de la police avec M. Emery, à l'occasion des *Nouveaux Opuscules*.

Discours sur les libertés de l'Église gallicane[1], et cet avis, bientôt connu des journalistes, les obligea à une grande circonspection sur ce sujet. M. Emery fait sans doute allusion à ce fait, dans une lettre à l'évêque d'Alais, du 4 juillet 1807 : « Le livre des *Opuscules* de Fleury, lui « dit-il, est plus important, plus favorable au Pape et « à l'Église que je ne croyais. Aucun journaliste, ex- « cepté l'abbé de Boulogne et le *Journal des Curés*, n'ose « en parler; j'imagine, *propter metum Judæorum*. » Le ministre de la police, en effet, n'avait pas pris le change sur les intentions de l'éditeur, et ne voyait dans son ouvrage qu'une apologie indirecte de l'autorité du Saint-Siége, avec lequel l'Empereur se trouvait alors dans un état d'hostilité de plus en plus déclarée. Il voulut avoir, sur ce sujet, une explication de vive voix avec M. Emery. Nous donnons la substance de ce qui se passa entre eux, d'après le résumé que M. Emery lui-même en adressa au ministre, le 15 octobre suivant.

Fouché lui ayant d'abord témoigné de l'inquiétude sur ses sentiments, relativement à l'autorité du Pape, M. Emery, pour les exposer nettement, distingua deux sortes de prérogatives du Saint-Siége, les unes dont tous les catholiques conviennent et qui appartiennent à la foi; les autres qui sont une matière de contestation entre les catholiques. « Les prérogatives du premier « genre, dit M. Emery, peuvent se réduire à une seule, « savoir que le Pape est le centre de l'unité catholique, « le chef visible de l'Église, à qui tous les chrétiens

---

[1] Jauffret, *Mémoires*, t. II, p. 65.

« doivent obéissance; qu'il a de droit divin la primauté
« d'honneur et de juridiction dans toute l'Église. Les
« évêques de France, assemblés en 1682, ont rendu
« hommage à ces vérités dans le préambule de leur
« *Déclaration*, et, dans le dernier des *Quatre articles*, ils
« déclarent que, dans les questions de foi, la décision
« appartient principalement au Pape, et que ses décrets
« regardent toutes et chacune des Églises du monde.
« Bossuet, dans le discours qu'il prononça sur l'unité
« ecclésiastique, à l'ouverture de l'assemblée, avec l'ap-
« plaudissement de tous les évêques, assure que la puis-
« sance qu'il faut reconnaître dans le Saint-Siége, est
« si haute et si éminente, si chère et si vénérable à tous
« les fidèles, qu'il n'y a rien au-dessus que toute l'Église
« catholique ensemble. Je suis catholique, monsei-
« gneur, j'adhère donc de tout mon cœur à ces vé-
« rités. »

En ce qui concerne les prérogatives du second genre,
qui sont un sujet de contestation entre les catholiques,
M. Emery déclara « qu'il n'avait point, et qu'il n'avait
« jamais eu d'autres sentiments que ceux de l'Eglise de
« France, consignés dans la déclaration de l'assemblée
« de 1682. » — « Interpellé de dire quelle était la doc-
« trine de Saint-Sulpice sur les *Quatre articles*, écrivait-
« il à un de ses confrères[1], je n'ai pas hésité à répondre
« que nous n'avions, sur aucun point, de doctrine par-
« ticulière, et que nous enseignions dans les séminaires
« ce que les évêques des lieux exigeaient qu'on en-

[1] Lettre du 3 février 1809, à M. Peillon, directeur au séminaire de Bourges.

« seignât. Nous faisons profession de n'avoir point
« d'autre doctrine que celle du clergé. Nous n'ensei-
« gnons dans les séminaires qu'au nom des évêques et
« par l'autorité des évêques ; il serait donc absurde
« que nous eussions une doctrine différente de la leur. »

On appréciera diversement, sans doute, l'explication que M. Emery donne ici de sa conduite ; mais, pour la bien juger, il est important de remarquer que la doctrine contenue dans la Déclaration de 1682 était autrefois soutenue en France par toutes les facultés de théologie, et généralement reçue du clergé. M. Emery et sa compagnie n'enseignant les *Quatre articles* que comme de pures opinions que le Saint-Siége n'avait pas condamnées, et qui d'ailleurs leur étaient imposées par les évêques, étaient disposés à les abandonner, dans le cas où ceux-ci auraient changé l'enseignement sur cette matière, et à plus forte raison dans le cas où le Souverain Pontife les y eût engagés. M. Emery y aurait eu d'autant moins de peine, qu'il n'avait aucune attache personnelle à cette doctrine, et que sa correspondance intime prouve qu'il connaissait parfaitement et déplorait plus que personne, l'abus qu'on en avait fait. Ainsi, en 1797, lorsque l'abbé Pey publiait un supplément à son ouvrage sur l'*Autorité des deux puissances,* où il traitait peu favorablement les libertés de l'Église gallicane, au grand mécontentement de quelques ecclésiastiques, M. Emery écrivait à l'abbé de Villèle[1] : « Je suis surpris que les
« libertés trouvent des partisans si chauds parmi les

---

[1] Lettre du 18 janvier 1797.

« ecclésiastiques qui ont été les victimes de l'abus qu'on
« en a fait, et tandis que l'Église constitutionnelle ne
« combat aujourd'hui contre l'Église catholique qu'en
« invoquant ce *palladium*. »

C'étaient ces libertés mêmes qui étaient l'objet du second reproche fait par le ministre à l'éditeur des *Nouveaux opuscules*, qu'il accusait de s'y être montré trop peu favorable. Sur quoi M. Emery lui fit remarquer que sa publication, loin de préjudicier à nos libertés véritables, en était, au contraire, la meilleure apologie, puisqu'elle séparait leur cause d'avec celle des abus qu'on y a quelquefois mêlés. « Il est vrai, dit-il, que
« Fleury parle de nos libertés avec sagesse et sans em-
« portement; mais les ennemis les plus dangereux
« d'une doctrine sont ceux qui l'outrent, et ne mettent
« aucune modération dans sa défense... Il paraît mani-
« festement par les *Opuscules*, que Fleury n'était point
« un adulateur du Parlement de Paris; car il y soutient
« expressément que le Parlement a mis quelquefois au
« rang de nos libertés des usages qui étaient de véri-
« tables abus; il blâme ouvertement certains points de
« sa jurisprudence, et ses procédés à l'égard de la puis-
« sance ecclésiastique; il dit deux fois en propres termes
« *qu'on pourrait faire un traité des* SERVITUDES *de l'Église*
« *gallicane, comme on en a fait un de ses* LIBERTÉS... mais
« dès lors, l'autorité de Fleury a bien plus de poids
« quand il se montre le défenseur de nos maximes. »

Un des principaux sujets de la discussion entre M. Emery et le ministre, avait été un passage de la préface des *Nouveaux opuscules* dans lequel M. Emery faisait remarquer le principe établi par Fleury, que, lorsqu'il s'agit de faire observer les canons et de maintenir les règles, *la puissance du Pape est souveraine et s'élève au-dessus de tout*. « Quelle foule de conséquences, « avait dit là-dessus M. Emery, n'entraîne pas ce point « de doctrine, et combien ne porte-t-il pas haut la puis- « sance du Pape! »

Quelque incontestable que soit ce principe, on conçoit combien il devait contrarier les défenseurs des doctrines parlementaires, constamment appliqués à mettre des bornes à l'autorité du Pape, et toujours prêts à taxer d'ultramontanisme exagéré les doctrines favorables à cette autorité. M. Emery trouva sur ce point le moyen d'embarrasser le ministre, en lui montrant qu'il ne pouvait contester le principe établi par Fleury, sans ébranler le concordat. « Il est très-vrai, dit-il, que « ce que nous appelons *nos libertés* répugnait ab- « solument à tous ces grands changements qui ont été « faits dans l'Église de France, et qu'il a fallu en faire « taire la plus grande partie. Par un seul acte, tous les « évêchés ont été supprimés, ceux mêmes qui subsis- « taient depuis l'établissement du christianisme ; d'au- « tres ont été créés, sans aucun égard aux anciennes « limites ; tous les évêques français, au nombre de plus « de cent, ont été destitués, sans forme de procès ; tous « les chapitres, abbayes et bénéfices, ont été anéantis ; « tous les biens ecclésiastiques irrévocablement cé- « dés, etc. J'ose dire que tous les Papes, même ceux « qui ont porté plus loin leur autorité, n'ont jamais fait, « dans la suite de plusieurs siècles, de changements ou

« de coups d'autorité aussi grands que ceux qui ont été
« faits en un moment par Pie VII. Je crois cette opération
« du Pape très-légitime, et il faut bien le reconnaître;
« car autrement il n'y aurait plus en France que des
« évêques sans titre valable. Mais cette opération ne
« peut être légitime qu'autant que le Pape a eu le droit
« de la faire, et, pour établir qu'il a eu ce droit, il faut
« nécessairement dire que, dans certaines circonstances,
« *son autorité est souveraine et s'élève au-dessus de tout.* »

Ces explications contrariaient trop ouvertement sur certains points les préjugés du ministre, pour qu'il pût être entièrement satisfait. M. Emery craignait même qu'il ne rapportât ses paroles en les dénaturant, et qu'il ne s'en fît une arme contre lui. Ce fut par ce motif qu'il lui adressa, d'après le conseil de l'évêque d'Alais, le résumé que l'on vient de lire, en le priant de « trouver « bon qu'il lui exposât par écrit ses vrais sentiments « sur l'autorité du Pape, tels qu'il avait eu l'honneur de « les lui manifester de vive voix. » Il en envoya en même temps une copie au cardinal Fesch, afin qu'il eût entre les mains de quoi le défendre auprès de l'Empereur, si le ministre venait à le dénoncer. Il se flattait même que si cet écrit était mis sous les yeux de Napoléon, « il y « apprendrait des vérités dont il n'était peut-être pas assez « instruit[1]. » Malheureusement cette lettre ou ne fut pas montrée, ou ne produisit pas l'effet qu'on en attendait; et Fouché continua à user de son influence sur l'esprit de l'Empereur pour le prévenir de plus en plus contre

LXVI
La Compagnie est menacée de suppression.

---

[1] Lettres de M. Emery à l'évêque d'Alais, des 24 octobre, 6 et 15 novembre 1807.

Saint-Sulpice, et même en général contre toutes les congrégations.

Le premier éclat provoqué par ses manœuvres tomba sur les Pères de la Foi. C'était une société fondée à Rome en 1797, dans le but de faire revivre, sous un autre nom, la Compagnie de Jésus, et qui, après avoir accueilli dans son sein les membres de la Société du Sacré-Cœur fondée en Allemagne par l'abbé de Tournély, avait formé en France, et en particulier dans le diocèse de Lyon, plusieurs colléges déjà florissants. Fouché avait vu cette société de mauvais œil dès le commencement, et avait fait rendre contre elle, le 21 juin 1804, un décret de suppression [1], qui, grâce à l'intervention du ministre des cultes et du cardinal Fesch, était demeuré sans exécution. Mais, le 1ᵉʳ novembre 1807, une discussion des plus violentes s'engagea à ce sujet entre l'Empereur et le ministre de la police d'un côté, et le cardinal Fesch de l'autre. Celui-ci, malgré tous ses efforts, ne put empêcher que les ordres les plus sévères ne fussent donnés pour l'exécution du décret de 1804 [2]. Il paraît qu'à l'occasion des Pères de la Foi, il fut aussi question de Saint-Sulpice, et une lettre de M. Emery à l'évêque d'Alais nous apprend qu'il ne s'en fallut de rien que les deux sociétés ne fussent enveloppées dans la même proscription.

M. Portalis, qui, dans ces circonstances difficiles, aurait pu être si utile à M. Emery, était mort le 25 août

---

[1] *Bulletin des lois*, an XII, IVᵉ série, B. VI, numéro 58.
[2] *Vie du P. Varin*, chap. xvii. — Lettre de M. Emery à l'évêque d'Alais, du 6 novembre 1807.

précédent ; et son fils, quoique également bien disposé, n'occupait le ministère des cultes que par *intérim*. Lorsque, dans les premiers jours de l'année suivante, le portefeuille passa aux mains de M. Bigot de Préameneu, M. Emery s'empressa de rendre visite au nouveau ministre, afin de lui inspirer aussi des dispositions favorables. Il ne manqua pas, sans doute, de lui parler des craintes qu'il avait pour sa Compagnie, et, sur sa demande, il lui adressa, le 22 janvier suivant, un Mémoire où étaient brièvement exposés l'origine, la fin et les règles de la Compagnie[1]. Muni de ces renseignements, le ministre présenta au Conseil d'État, le 5 février 1808, un rapport ainsi conçu :

« Le nom de Sulpiciens donné aux prêtres qui diri-
« gent le séminaire de Saint-Sulpice, est un nom de lo-
« calité, emprunté de la paroisse même où ils exercent
« leur ministère. Quoique ce nom ne soit pas propre-
« ment la dénomination d'une société, et que ceux qui
« le portent n'aient jamais formé ni voulu former une
« congrégation proprement dite, obtenu ni sollicité à
« cet effet aucune approbation de la cour de Rome[2], il
« existe pourtant entre eux les liens les plus forts, ceux
« qui sont formés par la cohabitation, la profession des
« mêmes principes dès les plus tendres années, et la
« destination au même but. Ce but est, pour les Sul-
« piciens, la direction et l'enseignement des études ec-

[1] Manuscrits du séminaire.
[2] Les lettres patentes données en 1665, par le cardinal Chigi, légat *à latere*, approuvent l'établissement du séminaire de Saint-Sulpice, sans ériger la Société en congrégation proprement dite. (*Vie de M. Olier*, IIIe partie, livre III, numéros 32 et 33.)

« clésiastiques dans les séminaires, comme la direction
« de toute espèce d'enseignement public était le but des
« Pères de la Foi. L'une et l'autre fin tendent à donner
« une grande influence à l'association dont elles diri-
« gent invariablement la marche.

« Il y a cette différence entre les Sulpiciens et les
« Pères de la Foi et même les anciens Jésuites, que les
« Sulpiciens se consacrant exclusivement à l'éducation
« des prêtres, obtiennent et conservent parmi le clergé
« une influence beaucoup plus durable, et qui n'est af-
« faiblie par aucune distraction étrangère. Aussi
« M. Emery, directeur actuel du séminaire de Saint-
« Sulpice, a-t-il traversé la Révolution et lui a-t-il sur-
« vécu, sans cesser d'être la boussole du clergé dans les
« temps malheureux, comme il l'est encore depuis le
« rétablissement de la prospérité publique.

« Un autre rapport sous lequel les Pères de la Foi ne
« sont pas à comparer avec les Sulpiciens, c'est que les
« premiers, nés en pays étranger et du sein des orages,
« ne s'étaient transplantés en France qu'à la faveur du
« mystère et n'y jouissaient que d'une existence ré-
« prouvée.

« Les Sulpiciens, au contraire, datent du dix-huitième
« siècle. Leur fondateur fut M. Olier, curé de Saint-Sul-
« pice, né dans les premières classes de la société. Ils
« reçurent leurs statuts de M. le cardinal de Noailles en
« 1708, et leur confirmation au Parlement et au Grand
« Conseil eut lieu dans la même année[1].

---

[1] Il y a ici une inexactitude. L'enregistrement au Grand Conseil n'eut

« On peut remarquer que ces statuts leur prescrivent
« de se renfermer uniquement dans les soins de l'en-
« seignement ecclésiastique. Pour n'être point distraits,
« ils doivent s'abstenir de tout autre ministère.

« L'intention du fondateur avait été de se borner à
« une petite compagnie, mais l'établissement passa ses
« espérances, et les Sulpiciens, avant la Révolution,
« étaient encore au nombre de cent quarante.

« Il en reste encore la moitié, la plupart employés
« dans le saint ministère, ou dirigeant les séminaires
« établis par les soins des évêques, ou hors de service.

« Leur supérieur n'a jamais voulu accepter d'autres
« fonctions ecclésiastiques que celles de supérieur du
« séminaire de Saint-Sulpice, qu'il dirige encore aujour-
« d'hui. Ce séminaire est considéré comme séminaire
« diocésain de Paris. Comme tel, il est dans la même
« catégorie que tous les séminaires diocésains de l'em-
« pire, qui attendent une organisation définitive. Cette
« organisation fixera le nombre des personnes em-
« ployées à l'enseignement ecclésiastique, leurs attri-
« butions, leurs rapports hiérarchiques et leurs exer-
« cices. Ce ne sera qu'alors que les ecclésiastiques
« encore existants sous la dénomination de Sulpiciens,
« rentreront dans la classe des ecclésiastiques ordinai-
« res et des professeurs de séminaire. »

On voit, par la conclusion de ce rapport, que l'intention du ministre était d'éviter une suppression formelle

---

lieu qu'en 1715, comme il a été dit dans l'*Introduction* (t. I, p. 55). On a
pu remarquer aussi l'origine de la Compagnie de Saint-Sulpice placée au
dix-huitième siècle, au lieu du dix-septième.

de la Compagnie, et de l'absorber sans bruit dans l'organisation générale des séminaires de France, qui était un des projets de l'Empereur. Mais celui-ci ne paraît pas avoir goûté ce procédé, et il donna ordre de dresser le décret de suppression de la Compagnie[1]. Pour prévenir un coup si fatal, M. Emery eut recours à l'intervention de quelques personnes de distinction qui agirent auprès du ministre, et il fut en même temps défendu avec zèle auprès de l'Empereur par le cardinal Fesch. « Sire, écrivait celui-ci le 24 mars[2], il circule dans le « clergé que la commission choisie par Votre Majesté « impériale et royale pour lui faire un rapport sur les « institutions religieuses existantes en France, a remis « à Votre Majesté son travail, et que les Sulpiciens y « seraient représentés comme dangereux par leur doc- « trine et par la trop grande influence qu'ils acquer- « raient en s'emparant de toute l'éducation ecclésias- « tique.

« On ne s'attendait pas à moins de la part des mem- « bres de cette commission. Mais on se rassure en se « persuadant que la sagesse de Votre Majesté repous- « sera un projet qui serait une calamité pour l'é- « glise.

« Les Sulpiciens n'administrent dans ce moment-ci « que cinq séminaires[3]. Faute de sujets, ils ne pour-

---

[1] Manuscrits du séminaire, note du 25 mars 1808.
[2] Archives de l'Empire. *Section du Secrétariat*, AF, IV, numéro 1026, 11ᵉ dossier.
[3] Le cardinal ne mentionne que les séminaires dont le personnel était entièrement composé de Sulpiciens.

« raient se charger d'aucun autre. Mais ils sont le
« modèle des directeurs des autres séminaires. Ils con-
« servent la tradition des études ecclésiastiques, de la
« régularité et de l'esprit de l'Église.

« Vu leur petit nombre, ils ne seraient pas dange-
« reux, eussent-ils une doctrine telle qu'on la leur sup-
« pose. Mais, bien loin de là, j'ose me rendre garant
« qu'elle ne sera jamais en opposition avec les intérêts
« de votre trône...

« Pour ce qui regarde la trop grande influence qu'ils
« acquerraient en s'emparant de tous les séminaires de
« France, il est en votre pouvoir, Sire, de la circon-
« scrire, en ordonnant que les Sulpiciens ne puissent
« gouverner qu'un nombre déterminé de séminaires.
« Cette mesure obvierait à tous les abus, et conserverait
« à l'Église de France une petite association utile et
« nécessaire.

« Au reste, cette association n'a jamais été une con-
« grégation religieuse, puisqu'elle n'a jamais demandé
« l'autorisation de Rome, et que ses membres ne tien-
« nent à leur corps par aucun lien.

« Sire, je pourrai prouver à Votre Majesté, lors-
« qu'elle m'en donnera l'occasion, que les Sulpiciens
« sont et seront dévoués aux intérêts de Votre Majesté
« plus qu'elle n'a lieu de le croire, ne les connaissant
« pas personnellement. Cependant si leur sort était dé-
« cidé, s'il faut qu'ils cessent d'exister comme associa-
« tion, Votre Majesté n'aurait pas besoin de donner un
« décret qui les humilierait et contristerait l'Église. Un
« ordre verbal du ministre des cultes suffira pour leur

« imposer un devoir de conscience et les engager à se
« soumettre à vos volontés.

« Permettez, Sire, que je joigne à cette lettre une no-
« tice sur l'association des Sulpiciens[1]. »

Tous ces moyens réunis obtinrent un heureux succès et parvinrent à éloigner le danger pour un temps. On se borna à exiger que le séminaire de Saint-Sulpice ne fût plus regardé à l'avenir que comme séminaire diocésain, et, pour lui faire perdre son nom, on voulut qu'il fût transféré hors de la paroisse de Saint-Sulpice. On parla même dès lors de l'établir dans les anciens bâtiments de la Sorbonne que l'archevêque de Paris avait demandés pour son séminaire. Ce projet n'eut cependant point de suites, et on finit par se contenter de faire entendre à M. Emery qu'il devrait céder au gouvernement la maison de la rue du Pot-de-Fer, sous prétexte qu'il était indécent que le séminaire de Paris fût logé par emprunt[2].

Pour le dédommager même, apparemment, des désagréments qu'il lui avait fait essuyer, l'Empereur le nomma, dès la fin de cette même année 1808, à la place de conseiller titulaire de l'Université. Mais avant de rapporter en détail les circonstances de cette nomination, nous devons faire connaître en peu de mots l'influence que M. Emery avait eue, à l'insu du gouvernement,

---

[1] Cette notice était la même que celle qui avait été adressée par M. Emery au ministre des cultes, le 22 janvier, et dont nous avons parlé ci-dessus, p. 193.
[2] Lettre de M. Emery à l'évêque d'Alais, des derniers jours de mars 1808. — Manuscrits du séminaire, note du 5 avril 1808.

dans la rédaction du décret impérial du 17 mars 1808, portant organisation de l'Université.

Une loi du 10 mai 1806 ayant décrété l'établissement d'un corps enseignant, qui, sous le nom d'*Université impériale*, serait chargé exclusivement de l'enseignement et de l'éducation publics dans tout l'Empire, l'Empereur chargea Fourcroy, au commencement de l'année 1808, de lui présenter un projet de décret pour l'exécution de cette loi. Le choix de Fourcroy pour la rédaction de ce projet semblait d'autant plus naturel, que ce savant s'était beaucoup occupé d'éducation, et que, depuis 1801, il avait été directeur général de l'instruction publique. Toutefois ses préjugés révolutionnaires et philosophiques ne permettaient guère d'espérer qu'il proposât un projet digne de l'approbation du gouvernement. Aussi n'y parvint-il qu'après avoir recommencé vingt-trois fois sa rédaction, d'après les observations qui lui furent faites, soit par des personnes de confiance auxquelles il la communiquait, soit par les membres de la commission chargée de revoir son travail[1]. Le cardinal Fesch, alors en relation avec Fourcroy, eut aussi communication de ses projets de décret, et, pour les mieux apprécier, les communiqua lui-même à M. Emery, en le priant de lui dire son sentiment. Nous avons sous les yeux les notes que M. Emery adressa au prélat. Elles montrent tout à la fois le mauvais esprit qui présidait à la rédaction des projets de

LXVII
Observations de M. Emery sur quelques articles du projet de décret pour l'organisation de l'Université.

---

[1] Jauffret, *Mémoires*, t. II, p. 267. — *Biog. univ.*, art. FOURCROY. — *Vie du card. Fesch.*, t. II, p. 129. — Fabry, le *Génie de la Révolution dans l'éducation*, t. III, p. 15.

Fourcroy et l'heureuse influence qu'eurent les observations de M. Emery sur la rédaction définitive du décret. Nous rapporterons ici ce qui nous a paru plus important dans ces observations.

1° Plusieurs des projets présentés par Fourcroy déclaraient absolument et sans restriction que « aucune école, aucun établissement quelconque d'instruction, ne pourrait être formé hors de l'Université impériale et sans l'autorisation de son chef. » Sur cet article, M. Emery disait : « A-t-on prétendu « y comprendre les séminaires? Serait-il possible que « les évêques ne fussent pas pleinement maîtres de « l'éducation de leurs ecclésiastiques, qu'ils ne pus-« sent changer, nommer et destituer à leur gré tous « les supérieurs, directeurs et professeurs de leurs sé-« minaires? Ce serait le coup le plus mortel qu'on pût « porter à l'autorité spirituelle de l'Église et à celle « des évêques. J'ai peine à croire que cela puisse en-« trer dans les intentions du gouvernement. L'Église « de France alors aurait à envier le sort des Églises qui « existent sous la domination des Turcs; car elles sont « pleinement maîtresses de leur enseignement. — Ce « qui donnerait lieu de croire que telle est l'intention « de l'auteur du projet, c'est qu'il est dit, n° 53, que le « *grand-maître déterminera le nombre des sujets qui de-*« *vront être élevés dans les séminaires.* Cet article seul « mettrait tout le ministère ecclésiastique sous la main « de ce grand-maître, puisqu'il pourrait ne vouloir « laisser entrer dans le séminaire qu'un nombre très-« insuffisant de sujets. Pour qui comptent donc les

« évêques, puisqu'ils ne sont pas même les maîtres de
« recevoir dans leurs séminaires les sujets qui s'y pré-
« sentent et qu'on ne leur laisse pas le jugement du
« nombre d'ecclésiastiques nécessaires pour leurs dio-
« cèses? » En conséquence de ces observations, la rédaction du projet fut modifiée de manière à conserver
le droit naturel des évêques pour l'établissement et la
direction des séminaires. L'article 3 du décret déclare
expressément que « l'instruction dans les séminaires
« dépend des archevêques et évêques, chacun dans son
« diocèse, et qu'ils en nomment et révoquent les di-
« recteurs et professeurs. » Pour ce qui regarde le
nombre des sujets à admettre dans les séminaires, l'article 53 du projet fut entièrement supprimé.

2° Plusieurs des projets présentés par Fourcroy attri-
buaient au grand-maître de l'Université la nomination
des professeurs des facultés de théologie, sans dire un
seul mot de l'intervention si naturelle de l'évêque ou
du métropolitain. Là-dessus, M. Emery présenta l'observation suivante : « Il serait bien inconvenant que le
« grand-maître, qui peut être un homme du monde,
« fît le choix des professeurs de théologie; mais au
« moins faudrait-il qu'il n'en reconnût définitivement
« aucun qui ne fût approuvé par le métropolitain. Son
« choix autrement pourrait tomber sur un ignorant ou
« sur un homme de doctrine suspecte, ou même sur un
« homme qui aurait peu de religion. Dès qu'il y a des
« émoluments attachés à la place, elle deviendra l'ob-
« jet de la cupidité. » En conséquence de cette observation, l'article 7 du décret statue que « l'évêque ou l'ar-

« chevêque du chef-lieu de l'académie présentera au
« grand-maître les docteurs en théologie, parmi les-
« quels les professeurs seront nommés. »

3° L'article 38 du projet portait que « tous les profes-
« seurs de théologie seraient tenus de se conformer aux
« dispositions de l'édit de 1682, concernant les quatre
« propositions contenues en la déclaration du clergé de
« ladite année, et de soutenir les maximes sur lesquelles
« reposent les lois organiques des cultes. » Cet article
donnait lieu à de sérieuses difficultés, surtout lorsqu'on
le rapprochait d'un autre qui statuait que « tous les
« membres de l'Université impériale, lors de leur in-
« stallation, contracteraient par serment les obliga-
« tions civiles, spéciales et temporaires, qui doivent
« les lier au corps enseignant. » Voici la remarque
de M. Emery sur cet article : « Si les professeurs
« sont ou doivent être membres de l'Université, ils
« sont obligés à un serment qui mérite beaucoup de
« considération. Quelles sont toutes ces obligations
« que ce serment leur fait contracter? Faut-il mettre
« en ce rang tout ce qui est matière de l'article 38?
« Combien de personnes attachées aux maximes et li-
« bertés de l'Église gallicane qui répugneraient à se
« lier par serment? Mais surtout qui pourrait prudem-
« ment s'engager à soutenir les *maximes sur lesquelles*
« *reposent les lois organiques des cultes*, puisqu'on
« n'explique point quelles sont ces maximes; que,
« parmi ces lois organiques, il en est qui respirent
« l'hérésie, et que le rédacteur de ces lois est convenu
« plusieurs fois lui-même qu'il en était un très-grand

« nombre qui n'étaient pas exécutées ni exécutables ? »
En conséquence de ces observations, on retrancha du projet tout ce qui regardait les *lois organiques des cultes*.

M. Emery eût sans doute souhaité bien d'autres modifications dans le décret d'organisation de l'Université impériale. Il était surtout frappé des inconvénients du système de centralisation qui en était la base, et dont le résultat inévitable était d'attirer journellement au grand-maître, de toutes les parties de l'Empire, une multitude innombrable d'affaires qui ne pouvaient se régler prudemment que sur les lieux. Mais il ne dépendait pas de lui de réformer le système adopté par le gouvernement; tout ce qu'il pouvait faire, c'était de répondre à la confiance du cardinal Fesch, en lui présentant ses observations sur les articles qui intéressaient essentiellement la Religion et l'autorité de l'Église. Le cardinal lui-même ne pouvait examiner les projets de Fourcroy que sous ce rapport, et c'était beaucoup, eu égard aux circonstances, de voir ses observations sur ce sujet favorablement accueillies.

En coopérant à la rédaction du décret qui organisait l'Université, M. Emery était bien éloigné de penser qu'il fût destiné à remplir une des places les plus éminentes dans la nouvelle institution, et cette distinction fut d'autant plus honorable pour lui, que non-seulement il n'avait rien fait pour l'obtenir, mais que l'Empereur la lui accorda de son propre mouvement et sans aucune sollicitation étrangère. Voici comment la chose se passa [1].

LXVIII
Il est nommé conseiller titulaire de l'Université.

[1] *Biogr. de l'Ain*, p. 267. — Garnier, *Notice*. — Lettres de M. Emery

D'après le décret du 17 mars, le grand-maître de l'Université devait être assisté d'un conseil, composé de trente membres, parmi lesquels il devait y avoir dix conseillers à vie ou titulaires et vingt conseillers ordinaires. Lorsqu'il fut question, au mois de septembre suivant, de nommer les conseillers titulaires, l'Empereur chargea M. de Fontanes, grand-maître de l'Université, de lui présenter une liste de candidats. M. de Fontanes lui en ayant présenté une, l'Empereur, après l'avoir parcourue, lui dit sur-le-champ : « Il y a deux « noms qui manquent sur cette liste. » Et il écrivit en même temps de sa propre main les noms de M. de Bausset et de M. Emery en tête de la liste, comme on les lit dans le décret du 16 septembre 1808, qui nomme les dix conseillers titulaires.

Le grand-maître s'empressa d'apprendre à M. Emery sa nomination, par l'entremise de M. de Villaret, évêque de Casal et chancelier de l'Université, qui se transporta pour cet effet à Issy le 17 septembre. M. Emery lui-même rendit compte de cette visite à l'évêque d'Alais dans un billet qu'il lui écrivit le même jour. « M. l'évê-« que de Casal, lui dit-il, vient de Paris m'annoncer « que vous êtes nommé conseiller à vie, et je suis placé « sur la liste immédiatement après vous. Vous compre-« nez, Monseigneur, quel est mon embarras : embar-« ras pour refuser, embarras pour accepter. Je vais « prier la sainte Vierge et prendre conseil. La goutte « vous délivre de tout embarras, puisque, sans vous

à l'évêque d'Alais, du 27 sept. 1808; à l'évêque de Vannes, du 31 sept.; à l'évêque de Mende, du 6 octobre.

« défendre de toucher les appointements, elle vous
« interdit l'exercice. Apparemment vous apprendrez
« par M. de Fontanes votre nomination. »

Le lendemain, il écrivit à M. de Fontanes lui-même la lettre suivante : « Mgr l'évêque de Casal a pris la
« peine de venir hier à la campagne pour m'apprendre
« que j'étais placé sur l'état des conseillers à vie de
« l'Université, et il s'est annoncé comme venant me
« l'apprendre de votre part. Je commence par vous re-
« mercier de votre attention à me faire donner promp-
« tement cette nouvelle; mais je dois surtout vous re-
« mercier de la nomination elle-même, qui sans doute
« est, au moins en partie, votre ouvrage, quoiqu'on
« m'ait fait entendre qu'elle venait du propre mouve-
« ment de l'Empereur. Quelque honorable que soit
« pour moi le choix de l'Empereur, quelque avanta-
« geuse que soit en elle-même la place de conseiller à
« vie, trouvez bon que j'hésite et que je délibère pen-
« dant quelques moments sur l'acceptation. J'ai tou-
« jours vécu jusqu'à présent, par goût et par principe,
« dans un état de retraite et d'obscurité; j'ai refusé en
« conséquence les évêchés que Sa Majesté a bien voulu
« m'offrir. Je persiste plus que jamais dans mon goût
« et dans mes principes; je touche à la fin de ma car-
« rière, puisque j'ai soixante-dix-sept ans; et voilà que
« la place à laquelle j'ai été nommé me produit dans le
« monde et me tire de mon heureuse obscurité. Il y a
« plus : la place que je remplis m'occupe tout entier,
« et la preuve en est que, depuis qu'il m'a été possible
« de la reprendre, c'est-à-dire depuis cinq ou six ans,

« je n'ai pas trouvé le temps de finir un travail com-
« mencé sur Descartes, semblable à celui que j'ai fait
« sur Leibnitz et sur Bacon, quoique quinze jours fus-
« sent suffisants pour y mettre la dernière main. J'i-
« gnore quelles sont les occupations attachées à la place
« en question, et, par conséquent, si elles peuvent se
« concilier avec celles de mon état actuel, état que je
« suis dans le dessein de continuer jusqu'à la mort. A
« ces considérations, qui me mettent dans la nécessité
« de délibérer, je pourrais en joindre quelques autres.
« Au reste, Monsieur, je vous prie de croire que je
« n'aurais pas hésité à refuser la place, si vous n'étiez
« pas à la tête de l'Université, et, puisqu'elle devait
« avoir pour chef un homme du monde, j'ai regardé
« comme un trait singulier de la Providence de Dieu sur
« cet empire que le choix de l'Empereur soit tombé sur
« votre personne. »

M. de Fontanes n'en envoya pas moins à M. Emery l'annonce officielle de sa nomination conçue en ces termes : « J'ai l'honneur, Monsieur, de vous adresser une
« expédition du décret du 16 septembre, qui nomme
« les dix conseillers titulaires de l'Université impériale
« et le secrétaire général du conseil. Je me félicite des
« rapports que ces nouvelles fonctions vont me donner
« avec vous. J'entre avec plus de confiance dans ma car-
« rière, où je dois être secondé par votre zèle et par vos
« lumières. » A cette lettre officielle, le grand-maître ajouta ces mots de sa propre main : « Je crois, Mon-
« sieur, que vos doubles fonctions ne sont point incom-
« patibles, et j'espère que toutes vos incertitudes cède-

« ront à l'amour de la religion, de la morale et du bien
« public. »

Les sentiments que M. de Fontanes exprimait à
M. Emery dans cette lettre étaient sincères; il tenait
beaucoup à l'avoir auprès de lui dans le conseil de
l'Université, et, plus il le connut, plus il s'en félicita [1].
« J'avais toujours regardé M. Emery, disait-il un jour,
« comme un ecclésiastique distingué par ses vertus et
« par la science de son état; mais plus je le vois de
« près, plus j'admire l'étendue de son esprit et la
« variété de ses connaissances. » M. Clausel de Coussergues entendit plusieurs fois le grand-maître s'expliquer dans le même sens. « M. de Fontanes, dit-il, m'a
« souvent parlé de sa haute estime pour M. Emery. Il
« me disait un jour : *Je veux aller me confesser à lui.*
« Je rapportai cela à M. Emery, qui me dit : *Qu'il se*
« *hâte; car bientôt je ne serai plus de ce monde.* »

Si M. Emery n'eût écouté que ses répugnances à accepter les fonctions qu'on lui offrait, son parti eût été
bientôt pris; mais il jugea la chose trop importante
pour se décider par lui-même. Il consulta plusieurs
évêques qui se trouvaient à Paris, et en particulier le
cardinal Fesch, plus à portée que personne de connaître
les dispositions de l'Empereur et l'impression que le
refus pourrait faire sur lui. Le cardinal n'hésita pas à
lui déclarer qu'il ne pouvait refuser sans se compromettre avec toute sa Compagnie; que l'Empereur,
l'ayant nommé de son propre mouvement, tenait beau-

---

[1] Villemain, *Souvenirs contemporains d'histoire*, etc., p. 256. — Garnier, *Notice*. — Lettre de M. Clausel de Coussergues, du 20 mars 1843.

coup à son acceptation, et que, s'il refusait cette place, après avoir déjà refusé trois évêchés, l'Empereur en conclurait qu'il ne voulait rien accepter de lui et se regarderait comme méprisé. M. Emery revint de l'audience du cardinal pénétré de douleur. Il assembla son conseil pour délibérer sur ce qu'il y avait à faire. On crut que, dans les circonstances, l'intérêt du séminaire et de la Compagnie demandait qu'il sacrifiât ses répugnances, et, comme il préférait la Compagnie à son repos et à sa propre vie, il se rendit, et envoya son acceptation deux jours après la nouvelle officielle de sa nomination.

<small>LXIX
Son assiduité aux séances du conseil de l'Université.
Services qu'il y rend à la Religion.</small>

Ce nouveau titre, qui contrariait si fort M. Emery, était généralement applaudi par le clergé et par les amis sincères de la Religion et de l'ordre public; ils voyaient avec joie dans cette nomination, ainsi que dans plusieurs autres dont elle était accompagnée, un gage des services qu'on pouvait attendre d'une institution dirigée par des hommes dont la sagesse et les bonnes intentions étaient généralement reconnues. M. Emery lui-même n'était pas sans espérance de servir la cause de la Religion et de l'Église, dans l'exercice de ses fonctions, et il se fit un devoir d'assister aussi assidûment qu'il lui était possible aux séances du conseil, malgré le surcroît d'occupations et de fatigues qu'elles lui occasionnaient. On voit par sa correspondance, combien il avait pour cela de violences à se faire, et avec quel courage il supportait les assujettissements de sa place, dans la pensée des services qu'il espérait y rendre. « Ma « tranquillité et mon bonheur, écrivait-il à l'évêque de

« Vannes, le 31 septembre, ne gagneront point à cette
« place de conseiller. Depuis le moment de ma nomi-
« nation, j'ai été accablé de visites de personnes qui
« demandent des places à l'Université, et, quand je leur
« dis que ces places ne dépendent pas de moi, elles se
« rabattent à solliciter des lettres de recommandation. »
Il écrivait quelques jours après à l'évêque de Mende :
« On m'a fait un devoir d'accepter. J'ai baissé la tête et
« je porte déjà le joug; car nous tenons déjà des con-
« seils. On les tient deux fois la semaine; et ces conseils,
« joints à celui de l'archevêché, me prennent trois jours
« de la semaine. Tout cela n'est encore rien, auprès des
« lettres, des visites, des sollicitations que cela m'at-
« tire. Dieu soit loué! Je ne me console que par l'espé-
« rance d'être de quelque utilité pour la Religion et
« pour l'Église. — Le royaume des Cieux est bien beau,
« écrivait-il à l'évêque d'Alais [1], mais je l'achète bien
« cher depuis que je suis conseiller... Mon dégoût pour
« cette place va toujours en augmentant, et je ne crois
« pas que Dieu ait exigé de moi jusqu'à présent un plus
« grand sacrifice. N'avoir pas un seul moment à soi ! —
« Je suis au conseil, lui écrivait-il une autre fois ; il y a
« deux heures qu'un membre parle des Facultés de
« droit. Je m'ennuie. Le pupitre de M. d'Alais me fait
« souvenir de lui; je prends la plume pour lui écrire
« et lui dire je ne sais quoi. Lui dire quels sont mes
« sentiments pour lui, ce serait *actum agere*. La distri-
« bution des prix décennaux se ferait donc après-

---

[1] Lettres des 8 déc. 1808, janvier 1809 et 30 novembre 1810.

« demain, si on en croyait quelques journaux ; mais
« M. Legendre, mon voisin, m'assure qu'elle n'aura
« lieu qu'au mois de janvier; ainsi vous attendrez[1]. »

M. Emery se trouvait bien dédommagé de ses fatigues et de ses ennuis, dans certains jours où il avait occasion de contribuer à des mesures favorables à la Religion. Il écrivait à l'évêque d'Alais vers le milieu du mois de décembre 1808 : « Hier je ne perdis point le temps au « conseil; je fis adopter un article très-important sur « l'éducation religieuse dans les lycées... On est con- « venu que le grand-maître enverrait à tous les lycées « et colléges un plan ou ordre d'exercices religieux à « suivre, dressé sur ce qui se pratiquait dans les col- « léges de l'Université de Paris... Je serai encore de « quelque utilité quand il s'agira d'organiser la faculté « de théologie. Après cela, je croirai pouvoir m'absen- « ter impunément de temps en temps. » Il est certain, en effet, que l'influence de M. Emery fut particulièrement utile pour l'organisation des facultés de théologie et pour le choix de leurs professeurs. La plupart de ceux de la faculté de Paris furent nommés d'après les renseignements qu'il avait donnés sur eux ; et il réussit également à procurer plusieurs bons choix dans les autres facultés, et à en écarter de regrettables [2].

Mais ce fut surtout à l'institut des Frères des Écoles

[1] L'*Histoire de Fénelon* avait été désignée, en 1810, par le jury du concours pour les prix décennaux, comme méritant le prix destiné au meilleur ouvrage de biographie. Mais cette décision n'eut aucune suite, les prix décennaux n'ayant pas été distribués. (*Hist. de Fénel.*, édit. de 1850, *Préface*, p. ix.)

[2] Lettres ou récits de M. Tharin, ancien évêque de Strasbourg, de l'abbé Cattet, chanoine de Lyon, du P. du Mesnildot, etc.

chrétiennes qu'il rendit les plus grands services par son influence au sein du conseil. « Je me souviens, « dit M. Garnier, qu'un jour, étant à la campagne « et accablé d'affaires, il me dit qu'il voulait aller « au conseil pour y défendre les Frères des Écoles « chrétiennes qu'on inquiétait sur une promesse « d'obéissance au Pape contenue dans leurs constitu- « tions. Il y alla effectivement, et montra que cette pro- « messe n'exprimait au fond qu'une obligation com- « mune à tous les catholiques, puisque le Pape étant de « droit divin le chef de toute l'Église, tous les fidèles « lui doivent obéissance, selon la doctrine reconnue « même dans l'assemblée du clergé de France de 1682. « D'après ces observations, on cessa d'inquiéter les « Frères sur ce point. Il prit encore leur défense avec « succès en d'autres occasions; et ces bons Frères, « en reconnaissance des obligations qu'ils lui avaient, « firent célébrer après sa mort un service pour le repos « de son âme. »

En supportant avec courage les embarras et les fatigues de son emploi, il eût bien voulu du moins être dispensé de paraître publiquement dans certaines occasions d'éclat, où les principaux dignitaires de l'Université se montraient avec tout l'appareil de leur dignité. Mais il n'était pas toujours en son pouvoir d'éviter ces brillantes réunions, où son absence eût été mal interprétée. Il assista en conséquence à plusieurs cérémonies solennelles. Seulement, répugnant à revêtir le costume somptueux du corps dont il faisait partie, il se contenta d'emprunter la simarre de l'évêque d'Alais,

que ses infirmités empêchaient de paraître à ces solennités. Il avait même soin dans ces occasions, d'écarter les pans de la simarre, de manière à laisser toujours apercevoir son habit ecclésiastique, bien plus honorable à ses yeux que toutes les décorations officielles. Il nous apprend lui-même la plupart de ces détails, dans une lettre à M. de Bausset, à l'occasion de la messe du Saint-Esprit, célébrée à Saint-Sulpice le 16 octobre 1809 pour l'inauguration de l'Université : « Notre cérémonie
« religieuse a eu lieu, lui dit-il, et a été édifiante. Je
« n'ai profité que d'une partie de votre équipage, je
« n'ai usé ni de la soutane violette, ni de la ceinture,
« ni de la toque. J'ai pris sur ma soutane noire, cette
« robe dont je ne sais pas le nom, avec un bonnet carré
« à la main. J'ai paru moitié comme conseiller, moitié
« comme supérieur. » Dans une lettre au même prélat du 17 novembre suivant, il rend compte en ces termes de la présentation de l'Université avec tous les grands corps de l'État aux Tuileries à l'occasion de la paix de Vienne. « Je dois vous remercier de l'usage que j'ai fait
« hier de votre robe et de votre toque; car j'ai conservé
« ma soutane et ma ceinture, ainsi que mon rabat. Le
« conseil a été présenté à l'Empereur; il a paru immé-
« diatement après la Chambre des comptes. Un décret
« lui assigne cette place parmi les cours souveraines....
« ..... Je sens que vous devez être tout glorieux de cette
« distinction. J'ai paru, parce que l'Empereur m'ayant
« vu quelques jours auparavant, il se serait aperçu de
« mon absence............ Nous avons attendu quelque
« temps; j'ai dit une partie de mon chapelet; j'ai fait

III° PARTIE. — DEPUIS LA RÉVOLUTION, 1805-1808. 213

« quelques élévations d'esprit jusqu'au ciel, pour com-
« parer la cour de là-haut à celle d'ici-bas; et je vous
« avoue que cette dernière me paraissait bien misérable;
« elle était toute renfermée dans deux salles; et je pen-
« sais que, dans quelques années, le courtisé et les cour-
« tisans seraient tous réduits en pourriture. »

Il se consolait de toutes ces corvées par la pensée que les honoraires de sa place[1] lui fourniraient le moyen de racheter ce qui restait de la maison de M. Olier à Vaugirard, dont heureusement le pavillon où se trouvait la chambre de M. Olier avait été respecté[2]. Ç'avait été sa première vue au moment où, sur l'avis de ses confrères, il avait pris le parti d'accepter. « Au sortir de
« notre conseil, dit M. Garnier, il alla à Notre-Dame
« de Toutes-Grâces se recommander à la très-sainte-
« Vierge, et lui promit d'employer tous les émolu-
« ments de sa place à l'acquisition de la maison où
« M. Olier avait demeuré et jeté les premiers fonde-
« ments de la Compagnie. Et il m'a dit plus d'une fois
« que dans les longues et ennuyeuses séances du con-
« seil de l'Université, il se consolait par la pensée qu'il
« travaillait pour la sainte Vierge et pour M. Olier. Il
« avait même calculé ce que lui valait chaque séance,
« et il disait : *Voilà tant de gagné aujourd'hui pour la
« sainte Vierge.* »

LXX
Il rachète la maison de M. Olier à Vaugirard.

Il acheta en effet la maison de M. Olier au mois de septembre 1809, et les ressources que lui fournirent

---

[1] L'art. 158 du décret du 17 mars 1808 assignait aux conseillers titulaires un traitement annuel de dix mille francs.
[2] *Vie de M. Olier*, Ier part., not. 14 du liv. VIII.

pour cela ses émoluments, jointes à celles qu'il avait encore dans son patrimoine, lui donnèrent la facilité de racheter à la même époque le jardin potager d'Issy, dans lequel se trouvait le cabinet où s'étaient tenues les célèbres conférences de Bossuet et de Fénelon sur l'affaire du Quiétisme[1]. Aussitôt qu'il fut en possession de la maison de M. Olier, à Vaugirard, il s'occupa d'y faire les réparations nécessaires, surtout dans la chapelle, afin qu'on pût y offrir au plus tôt le saint sacrifice. Il établit un billard au troisième étage et une salle de jeux au rez-de-chaussée, et fit faire dans le jardin les arrangements nécessaires pour que le séminaire pût trouver dans cette propriété, pendant les promenades d'hiver, avec les souvenirs de la piété, les mêmes moyens de délassement qu'il avait, pendant l'été, à la maison d'Issy.

Il semble que la Providence, en lui procurant la consolation de rentrer en possession d'un lieu si cher aux enfants de M. Olier, lui préparait d'avance un adoucissement au milieu des rudes épreuves qui lui étaient réservées, et qui semblaient se multiplier à mesure qu'il approchait du terme de sa longue carrière.

LXXI
Corrections et additions pour les Nouveaux Opuscules de Fleury.

L'accueil favorable que les *Nouveaux Opuscules de Fleury* avaient obtenu en France et hors de France, et l'opposition même qu'ils avaient éprouvée de la part des hommes de parti, en lui persuadant de plus en plus qu'il avait servi utilement l'Église par cette publica-

[1] L'entrée de ce cabinet, qui était du côté du jardin potager, a été ouverte du côté du parterre en 1830, à l'occasion de la construction de la grande chapelle.

tion, l'avaient engagé à recueillir avec soin tout ce qui lui avait paru propre à compléter et à perfectionner cet ouvrage. Sans attendre même l'occasion d'en donner une nouvelle édition, il avait fait imprimer, dans les premiers mois de cette même année 1809, un supplément sous le titre de *Corrections et Additions pour les Nouveaux Opuscules de Fleury*, et en avait adressé des exemplaires à un petit nombre d'évêques et de personnes de confiance, dont il était bien aise de prendre les avis. Tous applaudirent à son zèle, et voici en particulier ce que lui écrivait M. de Boulogne, évêque de Troyes[1] « Grand merci, Monsieur, de la petite brochure
« que vous avez eu la complaisance de m'envoyer, et
« que j'ai lue avec un vrai plaisir. J'y ai trouvé cet
« esprit de discussion et d'analyse qui vous est parti-
« culier, et qui caractérise toutes vos productions. Il
« me semble qu'il y a un peu de courage à vous à la
« faire paraître dans les circonstances présentes, où l'on
« affecte un si grand silence sur la cour de Rome, et où
« je ne crois pas que l'on aime beaucoup tout ce qui
« peut en rappeler le souvenir. Quoi qu'il en soit, elle
« ne peut qu'être utile, et très-propre à rectifier bien de
« fausses idées qu'on se fait sur nos libertés, source pre-
« mière de nos servitudes. »

Malgré ces honorables approbations, M. Emery attendit patiemment des circonstances plus favorables pour publier son Supplément. Il craignait surtout de nouvelles oppositions de la part de Fouché, et des hommes de

---

[1] Lettre du 19 juin 1809.

parti auxquels ce ministre donnait sa confiance. On verra bientôt que cette crainte n'était pas chimérique, et elle fut naturellement confirmée par le nouvel orage qui s'éleva contre M. Emery au mois d'octobre 1809, à l'occasion des *Nouveaux Opuscules* eux-mêmes[1].

LXXII
M. Emery mandé à Fontainebleau pour s'expliquer sur les *Nouveaux Opuscules*.

On a vu que cet ouvrage, dénoncé à l'Empereur comme respirant l'ultramontanisme le plus outré, lui avait donné, dès 1807, de fâcheuses impressions contre M. Emery et sa Compagnie. Les dénonciateurs étant revenus à la charge après la campagne de 1809, il en parla à M. de Fontanes, qui prit hautement la défense de M. Emery, et saisit avec empressement cette occasion de faire son éloge : « M. Emery, dit-il, n'a certainement pas les idées « exagérées qu'on lui attribue. C'est un homme sage et « modéré; je m'applaudis tous les jours de l'avoir auprès « de moi dans le conseil de l'Université, où il ne parle ja- « mais que pour ouvrir ou appuyer les plus sages avis. » M. de Fontanes ajouta que l'Empereur avait un moyen bien simple de s'éclaircir sur l'accusation portée contre M. Emery, c'était de prendre la peine d'examiner par lui-même les passages incriminés du livre en question ; que si, après cela, Sa Majesté conservait encore quelques doutes sur les véritables sentiments de M. Emery, elle pourrait le faire venir et lui demander des explications

---

[1] Dans le récit de l'entretien de Napoléon avec M. Emery à Fontainebleau, nous suivons la *Notice sur M. Emery* par M. Garnier, en la modifiant d'après d'autres documents manuscrits que nous avons entre les mains, et en particulier d'après la correspondance de M. Emery lui-même avec l'évêque d'Alais. C'est ce qui explique les légères différences de notre narration avec celle que le chevalier Artaud a donnée dans son *Histoire de Pie VII*, d'après la seule Notice de M. Garnier.

dont elle serait certainement satisfaite. L'Empereur ayant goûté cet avis, en parla au cardinal Fesch, qui le confirma dans cette pensée, et envoya aussitôt sa voiture à M. Emery, en le priant de venir sans délai à Fontainebleau, où il était mandé par l'Empereur. M. Emery, auquel le cardinal ne faisait pas connaître le motif de cette invitation, ne soupçonna pas même qu'il pût être question des *Opuscules de Fleury*, mais il craignit que l'Empereur ne voulût lui parler de ses démêlés avec le Pape, ou que, par suite de ces démêlés, il ne manifestât des dispositions hostiles contre la Compagnie de Saint-Sulpice, qui avait toujours fait profession d'un si inviolable attachement au Saint-Siége. Tout était à craindre, en effet, dans un temps où l'irritation de l'Empereur contre le Pape ne connaissait plus de bornes. Après l'avoir vainement persécuté pendant plusieurs années pour l'obliger à s'associer aux vues de son ambition, il avait fini par envahir ses États, et venait de l'arracher de son palais pour le faire transporter à Savone, où il le retenait dans une étroite captivité. Il avait été enjoint à tous les cardinaux et à tous les généraux d'ordres résidant à Rome de venir en France, et on avait pu voir de mauvais œil que M. Emery se fût empressé de visiter ceux qui étaient à Paris pour leur offrir de l'argent et tous ses services. Dans l'incertitude de ce que lui voulait l'Empereur, M. Emery assembla son conseil, et recommanda à ses confrères de prier beaucoup pour lui pendant son absence, afin que Dieu lui inspirât les réponses les plus convenables aux interpellations qui pourraient lui être faites. Il partit ensuite sans délai, emportant avec lui un exemplaire des *Additions et corrections*, qu'il se proposait d'offrir à l'Empereur, supposé que les circonstances parussent favorables.

Arrivé à Fontainebleau, il fut reçu avec honneur par le cardinal Fesch, qui lui fit connaître le sujet de l'entretien que Napoléon voulait avoir avec lui. Mais il ajouta, pour le rassurer, que l'Empereur ayant déjà examiné par lui-même les *Nouveaux Opuscules*, avait reconnu qu'on l'avait trompé sur le contenu de cet ouvrage. Cependant trois jours s'écoulèrent avant que M. Emery fût admis à l'audience. Il passa une grande partie de ce temps dans la chapelle du château, priant pour les princes de la branche des Valois qui l'avaient fait bâtir, et pour lesquels, pensait-il, on n'avait guère prié depuis longtemps. Il songeait aussi à ce qu'il pourrait dire à l'Empereur au sujet de ses démêlés avec le Pape, si l'occasion s'en présentait. Il a répété depuis les paroles qu'il se proposait de lui adresser : « Sire, je suis sur le bord de ma tombe, aucun intérêt « humain ne peut me faire parler, mais le seul intérêt de « Votre Majesté m'oblige de lui dire qu'il est très-impor- « tant pour elle de se réconcilier avec le Pape, et qu'au- « trement elle est exposée à de grands malheurs. » M. Emery ne trouva pas l'occasion de tenir ce discours à l'Empereur ; mais on va voir comment il profita de ses ouvertures pour lui faire entendre des vérités également importantes.

Le moment de l'audience étant arrivé, le cardinal Fesch l'introduisit dans le cabinet de l'Empereur. Pendant cette audience, qui dura près d'une heure, et à laquelle fut présent le cardinal, l'Empereur parla d'abord des *Nouveaux Opuscules de Fleury*, et, montrant le volume sur sa table, il dit à M. Emery : « J'ai lu votre livre. « Il est vrai qu'il y a dans la préface quelque point qui « n'est pas *franc du collier;* mais, en somme, il n'y a « pas de quoi *fouetter un chat.* » En disant cela, il prit M. Emery par l'oreille, qu'il tira légèrement. C'était une gentillesse qu'il se permettait quelquefois à l'égard de ceux dont il était content, et même à l'égard des personnages les plus respectables par leur âge et leur caractère. Il se l'était permise peu de temps auparavant à l'égard du prince primat, archevêque de Ratisbonne [1], qui avait été fort surpris et même choqué d'une pareille familiarité. Ce prélat s'en plaignit plus tard à M. Emery, qui prit la chose très-gaiement, et lui répondit en riant : « Monseigneur, j'ai reçu la même faveur que Votre Al-« tesse. Je n'osais m'en vanter, mais à présent que je « la partage avec un aussi grand seigneur que vous, je « vais le dire à tout le monde. »

L'Empereur se mit ensuite à parler de ses démêlés avec le Pape, mais d'un ton si animé et avec une telle vivacité, que pendant assez longtemps M. Emery ne trouva pas moyen de placer un seul mot. « Je ne sais, « lui dit l'Empereur, ce que le Pape peut me repro-« cher. N'ai-je pas nommé de bons évêques ? Il est vrai « que plusieurs ont refusé, comme vous avez fait vous-« même, mais je ne suis pas la cause de leur refus. Du « reste, ajouta-t-il, je respecte la puissance spirituelle

---

[1] Cet archevêque était M. de Dalberg, dont le cardinal Fesch était devenu coadjuteur en 1806. (Jauffret, *Mémoires*, t. II, p. 124 et 365.)

« du Pape; mais sa puissance temporelle ne vient pas
« de Jésus-Christ; elle vient de Charlemagne; je puis et
« je veux la lui ôter, parce qu'il ne sait pas l'exercer, et
« qu'étant déchargé de l'administration temporelle, il
« pourra vaquer plus librement à ses fonctions spiri-
« tuelles. » Là-dessus, M. Emery fit observer à l'Empereur que Charlemagne n'avait pas donné au Pape toutes
ses possessions temporelles, qui étaient déjà très-consi-
dérables au cinquième siècle; et qu'ainsi, à supposer
même qu'en sa qualité de successeur de Charlemagne
il pût ôter au Pape ce que ce prince lui avait donné, il
devrait au moins respecter les possessions plus anciennes. Napoléon, qui était peu instruit de l'histoire ecclésiastique et particulièrement du fait allégué par M. Emery,
ne répliqua point, et, passant brusquement à un autre
sujet, il dit que le Pape était un très-brave homme, mais
qu'il était environné de cardinaux *encroûtés d'ultramontanisme*, qui lui donnaient de mauvais conseils; que s'il
pouvait s'entretenir un quart d'heure avec lui, il aurait
bientôt arrangé tous leurs différends. « Si Votre Majesté,
« dit alors M. Emery, croit pouvoir s'arranger si facile-
« ment avec le Pape, elle pourrait le faire venir à Fon-
« tainebleau. — C'est aussi ce que j'ai dessein de faire,
« répondit l'Empereur. — Mais, ajouta M. Emery, dans
« quel état le ferez-vous venir? S'il traverse la France
« comme un captif, un pareil voyage fera beaucoup de
« tort à Votre Majesté: car elle peut compter que le Pape
« sera partout environné de la vénération des fidèles.—
« Ce n'est pas ainsi que je l'entends, reprit vivement
« l'Empereur; si le Pape vient ici, je veux qu'on lui

« rende les mêmes honneurs que lorsqu'il est venu me
« sacrer. » Puis, changeant de nouveau le sujet de
la conversation : « Il est bien surprenant, dit-il à
« M. Emery, que vous, qui avez étudié la théologie toute
« votre vie, vous ne puissiez, non plus que les évêques
« de France, trouver un moyen canonique pour m'ar-
« ranger avec le Pape. Quant à moi, si j'avais étudié la
« théologie seulement pendant six mois, j'aurais bien-
« tôt débrouillé toutes choses, parce que, dit-il en por-
« tant le doigt sur son front, Dieu m'a donné l'intelli-
« gence. Je ne parlerais pas latin aussi bien que vous ;
« mon latin serait un *latin de cuisine*, mais j'aurais bien-
« tôt éclairci toutes les difficultés. — Sire, répondit
« M. Emery, vous êtes bien heureux d'être en état de
« savoir toute la théologie en six mois; pour moi, il y a
« plus de cinquante ans que je l'étudie, et même que je
« l'enseigne, et je ne crois pas encore la savoir. »

Il y avait environ une demi-heure que durait l'entretien, lorsque trois rois se présentèrent pour être admis
à l'audience. C'étaient, à ce que nous croyons, les rois
de Hollande, de Bavière et de Wurtemberg. On les annonça, selon l'usage, à haute voix et avec beaucoup de
solennité ; mais l'Empereur répondit sèchement : *Qu'ils
attendent;* et ils attendirent en effet près d'une demi-
heure, ce qui donna lieu à M. Emery, à son retour de
Fontainebleau, de dire en riant à ses confrères : « Quel
« honneur pour moi ! Tandis que j'étais à l'audience de
« l'Empereur, trois rois faisaient antichambre. »

Avant de se retirer, M. Emery dit à l'Empereur :
« Sire, puisque Votre Majesté a daigné lire les *Opus-*

« *cules de Fleury,* elle me permettra sans doute de lui
« offrir quelques *Additions* que j'y ai faites, et qui sont
« le complément de l'ouvrage. » L'Empereur les reçut
et les mit sur sa table, en promettant de les lire. Le but
de M. Emery, en les lui offrant, était de lui faire connaître deux beaux témoignages de Bossuet et de Fénelon
en faveur de l'Église romaine [1].

En sortant du cabinet de l'Empereur, M. Emery fut
respectueusement salué par les grands personnages qui
se trouvaient dans le salon voisin, et qui ne croyaient
pas pouvoir trop honorer un homme à qui l'Empereur
venait d'accorder une si longue audience. M. Emery se
retira avec des sentiments bien différents, effrayé des
tendances de Napoléon à l'égard du Saint-Siége, et remerciant Dieu de l'avoir assisté en cette occasion pour
l'empêcher de rien dire dont il eût à se repentir. C'est
ce qu'il donne à entendre à l'évêque d'Alais dans une
lettre qu'il lui écrivit à son retour de Fontainebleau.
« Vous avez dû, lui dit-il, être étonné de mon silence. Je
« suis parti mardi (7 novembre) pour Fontainebleau,
« mandé par M. le cardinal Fesch... Le motif de mon
« voyage, c'est qu'on était revenu auprès de l'Empereur,
« contre moi et les Sulpiciens, à l'occasion des *Nouveaux*
« *Opuscules de Fleury*. On prétendait que nous étions
« *ultramontains*. J'ai trouvé, en arrivant, que l'Empe-
« reur les avait lus et avait dit que ce n'était pas ce
« qu'on lui avait donné à entendre. M. le cardinal vou-
« lait qu'il me vît, espérant qu'il ne me trouverait pas

---

[1] *Additions*, p. 23 et suiv. — *Nouveaux Opuscules* (édition de 1818),
p. 280, à la note.

« aussi noir qu'on m'avait représenté. Je l'ai vu, seul
« avec le cardinal, pendant près d'une heure. Il a été
« peu question de ma personne et de mon ouvrage;
« mais l'Empereur a parlé continuellement de ses af-
« faires avec le Pape. J'ai intercalé de temps en temps
« quelques observations; je l'ai fait comme un bon ca-
« tholique, et un ami de la concorde entre le Sacerdoce
« et l'Empire. Ma conscience ne me reproche aucune
« flagornerie. »

<small>LXXIII. Ses dispositions à la vue des maux de l'Église.</small>

M. Emery gardait en effet les ménagements convenables; mais depuis longtemps il ne se faisait pas illusion sur les dispositions de l'Empereur. Dès 1806, il
écrivait à l'évêque d'Alais : « Les brouilleries avec la cour
« de Rome augmentent; le Pape se croit poussé à bout,
« et, dans le vrai, on ne respecte ni son autorité spiri-
« tuelle, ni son autorité temporelle. On craint des extré-
« mités de part et d'autre. » Ces extrémités venaient de
se réaliser; et quelques jours après l'entrevue de Fontainebleau, M. Bernet ayant rencontré M. Emery, et lui
ayant dit quelques mots des affaires du temps, celui-ci,
pour toute réponse, prononça en soupirant ces paroles
de l'Apôtre : *Mori lucrum* [1]. Il exprima peu de temps
après le même sentiment à l'abbé Coustou, grand vicaire
de Montpellier, à l'occasion d'une maladie du père Fontana, qui le dispensait de prendre part aux travaux du
conseil ecclésiastique dont nous parlerons bientôt. *O
heureuse maladie!* s'écria M. Emery, *c'est maintenant le
bon temps pour mourir!* L'abbé Coustou, qui était alors

---

[1] Lettre de M. Bernet, archev. d'Aix, du 1er février 1842.

plein de force et de santé, lui répondit avec vivacité : « C'est maintenant, au contraire, qu'il faut vivre, vivre « pour la lutte, pour le combat, et aussi pour la vic- « toire ; car il n'est pas possible que cela dure long- « temps [1]. »

Telle était au fond la disposition de M. Emery. Bien loin de se laisser abattre et décourager à la vue des maux de l'Église, il semblait redoubler de zèle et d'ardeur pour sa défense, à mesure que les circonstances devenaient plus critiques. Il ne négligeait rien pour contribuer, autant qu'il était en lui, à l'éclaircissement des questions délicates qu'on soulevait à cette époque ; et, pour faciliter ce travail aux évêques et autres ecclésiastiques qui le consultaient, il leur communiquait volontiers des extraits des conciles, des saints Pères, des canonistes et des théologiens sur ces questions [2]. Il profitait même de la confiance que lui témoignaient plusieurs évêques pour soutenir et exciter de plus en plus leur zèle, et pour les prémunir contre le découragement auquel ils étaient souvent exposés, par les difficultés sans nombre qu'ils rencontraient dans l'exercice de leurs fonctions. « Plus la Religion est en danger, écri- « vait-il en 1806 à un de ces prélats [3], plus nous devons « redoubler de zèle pour son service. Que gagnerions- « nous à abandonner la partie ? Dieu en serait-il mieux « servi ?... Croyons que le Seigneur nous dit à tous en « général : *Confortate manus dissolutas et genua debilia*

---

[1] *Vie de M. Coustou*, p. 335.
[2] Récit du P. du Mesnildot.
[3] Lettre du 24 juillet 1806, à M. Dubourg, évêque de Limoges.

« *roborate;* et à chacun de nous : *Confortare et esto*
« *vir.* »

<small>LXXIV
Son zèle pour le maintien des droits du Saint-Siége.</small>

Un peu plus tard, la mission du cardinal Caprara comme légat *à latere* étant terminée, plusieurs évêques paraissaient disposés à s'attribuer trop facilement des pouvoirs extraordinaires en matière de dispenses, sous prétexte de nécessités urgentes qui ne permettaient pas d'attendre la réponse du Pape aux demandes qu'on lui avait faites de ces pouvoirs. M. Emery, dans ses lettres à quelques-uns de ces prélats, insiste fortement pour les détourner de tous les actes qui pourraient donner atteinte à l'autorité du Saint-Siége. Voici ce qu'il écrivait sur ce sujet à M. Rousseau, évêque d'Orléans [1] : « Personne n'a reçu de réponse du Pape ;
« mais on sait qu'il a nommé une commission pour
« examiner les demandes qui lui sont faites par les évê-
« ques de France. Ainsi il faut attendre. Je crois que ce
« serait une grande imprudence à des évêques de s'ar-
« roger, en attendant, un droit qui ne leur appartient
« pas ; d'autant plus qu'ils ne sont pas dans le cas où le
« recours à Rome est impossible, puisqu'on peut y re-
« courir comme avant l'arrivée du cardinal Caprara, et
« que des chrétiens qui ne veulent pas prendre la peine
« d'attendre une réponse de Rome, et qui sont dans la
« volonté de se passer de dispense et de rompre avec
« l'Église, ne méritent pas le nom de chrétiens. Il vaut
« mieux laisser les chrétiens de cette espèce aller ac-
« croître le nombre des prévaricateurs et des dissidents,

---

[1] Lettre du 5 janvier 1809.

« que de porter atteinte à l'autorité du Saint-Siége, *où
« consiste*, écrivait Bossuet à son neveu, *le salut de la
« catholicité et de l'Église.* Les évêques doivent être très-
« persuadés que les atteintes données à l'autorité du
« Saint-Siége le sont aussi à leur propre autorité ; que
« si le gouvernement (ce qu'à Dieu ne plaise!) envahis-
« sait l'autorité du Saint-Siége, il envahirait bientôt et
« bien plus facilement celle des évêques ; et que les
« mêmes raisons qui feraient secouer aux évêques l'au-
« torité du Pape, feraient bientôt secouer aux curés
« l'autorité des évêques. »

LXXV
Il publie les *Corrections et Additions pour les Nouveaux Opuscules*. La police les fait saisir.

Après l'entrevue de Fontainebleau, M. Emery ayant tout lieu de croire que l'Empereur ne serait pas moins satisfait des *Additions* que des *Opuscules* de Fleury, crut pouvoir les livrer au public. Mais il fut bien étonné de les voir presque aussitôt dénoncées au préfet de police et au ministre de la police. Le premier, qui était alors le comte Dubois, s'étant fait rendre compte de l'ouvrage, laissa tomber la dénonciation ; mais le ministre se montra plus sévère, et chargea un commissaire d'aller saisir chez l'imprimeur et chez M. Emery lui-même tous les exemplaires qui s'y trouveraient. M. Emery se plaignit vivement de cette mesure dans la lettre suivante qu'il écrivit à Fouché, le 24 mars 1810 : « Monseigneur, il
« sort de chez moi un commissaire, qui m'a dit venir, de
« votre part, saisir les exemplaires que j'aurais des
« *Corrections et Additions aux Nouveaux Opuscules*. J'eus
« l'honneur de voir Votre Excellence, il y a deux ans, au
« sujet du livre, et je crois qu'elle fut satisfaite des expli-
« cations où j'entrai avec elle. Je fus donc très-étonné,

« les vacances dernières, quand j'appris qu'on avait fait
« une nouvelle dénonciation des *Opuscules*. L'Empe-
« reur voulut voir l'ouvrage, et M. le cardinal jugea
« à propos de m'appeler à Fontainebleau et de me faire
« voir à l'Empereur, qui voulut bien me donner, dans
« son cabinet, une audience d'une heure. Il me parla
« d'abord des *Nouveaux Opuscules de Fleury*, me dit
« qu'il les avait lus, ne s'en plaignit point, et se con-
« tenta de dire en souriant qu'il y avait quelque petite
« chose à dire dans la préface, et passa à un autre sujet.
« Voilà donc cet ouvrage dont on a voulu deux fois me
« faire un crime auprès du Prince, justifié par le Prince
« lui-même. J'avais avec moi un exemplaire des *Cor-*
« *rections et Additions*. En quittant l'Empereur, je le lui
« offris, et le priai de vouloir y jeter un coup d'œil. Il
« l'accepta avec bonté. Ces *Additions et Corrections* étaient
« imprimées depuis quelque temps ; je ne les avais point
« envoyées chez le libraire, quelque innocentes et irré-
« prochables qu'elles fussent, pour ne point donner lieu
« à mes ennemis de vous faire une nouvelle dénoncia-
« tion. Mais, quelque temps après mon retour de Fon-
« tainebleau, ayant tout lieu de croire que l'Empereur
« avait été satisfait de ce petit supplément, je l'ai envoyé
« au libraire. Quel a donc été mon étonnement, quand
« j'ai vu arriver chez moi un commissaire ! Cet étonne-
« nement a été d'autant plus grand, qu'il y a environ
« deux mois, on avait fait agir le préfet de police pour
« le même objet, et ce magistrat, après s'être procuré
« la connaissance de cet ouvrage, avait laissé tomber la
« dénonciation. J'ose prier Votre Excellence de vouloir

« bien se faire rendre compte de l'ouvrage par une per-
« sonne autre que celle qui le lui a déféré. Si je ne con-
« naissais pas ses occupations immenses, je la prierais
« de vouloir bien être elle-même le juge, et je ne doute
« pas qu'alors elle voulût bien ordonner que les exem-
« plaires saisis me fussent rendus. Il est écrit que ma
« vie, quoique je l'aie consacrée tout entière, ainsi que
« ma fortune, au service de l'État et de l'Église, sera
« une suite continuelle de traverses et de dégoûts. Heu-
« reusement, mon âge de soixante-dix-huit ans m'avertit
« que cette suite aura incessamment son terme. »

Ces réclamations ne firent pas rendre à M. Emery les exemplaires des *Additions* qu'on avait saisis chez lui; mais elles ralentirent du moins l'ardeur du ministre à poursuivre cet ouvrage. M. Emery ne fut plus inquiété à ce sujet, et le libraire continua de joindre aux *Nouveaux Opuscules de Fleury* les exemplaires des *Additions* qu'il avait trouvé moyen de soustraire aux investigations de la police. Ces *Additions* furent depuis reproduites et fondues dans le corps de l'ouvrage, quand on publia, en 1818, une seconde édition des *Nouveaux Opuscules*.

LXXVI
Sa conduite à l'égard de M. Flaget nommé à l'évêché de Bardstown.

Les inquiétudes trop fondées que donnait alors à M. Emery le mauvais vouloir du ministre pour sa personne et pour sa Compagnie nous expliquent la manière dont il accueillit M. Flaget à son arrivée d'Amérique.

M. Carroll, ayant obtenu du Souverain Pontife, en 1808, la création de quatre nouveaux évêchés dans les États-Unis, jeta les yeux sur M. Flaget, alors professeur de philosophie au collége de Baltimore, pour le siége de

Bardstown [1], et le recommanda au Pape comme réunissant dans un très-haut degré toutes les qualités et les vertus épiscopales. La nouvelle de sa promotion, que M. Flaget apprit vers la fin du mois de septembre, fut pour lui comme un coup de foudre qui l'atterra au point de le rendre malade. Après de vives mais inutiles réclamations auprès de M. Carroll, il recourut à M. Emery, à qui il écrivit pour lui référer entièrement cette affaire. En lui exprimant, dans cette lettre, toutes ses répugnances, il promet néanmoins de se soumettre à ce qu'on exige de lui, si M. le supérieur le juge à propos ; il demande seulement qu'il lui soit permis, en ce cas, d'emmener M. David pour son conseil. L'évêque de Baltimore, de son côté, écrivit aussi à M. Emery pour l'engager à faire cesser les résistances de M. Flaget, et, dans le cas contraire, à faire agréer son refus au Saint-Siége.

Au moment où M. Emery reçut ces deux lettres, il connaissait déjà la nomination de M. Flaget ; il en avait été instruit par le P. Molineri, dominicain, avec qui il était en relation, au sujet de la béatification de la Mère Agnès. Ce religieux le priait, vraisemblablement au nom du Saint-Père, d'user de son ascendant sur M. Flaget, pour obtenir son acceptation. M. Emery jugea, en effet, que celui-ci ne pouvait, eu égard aux circonstances, refuser son consentement, et que les usages de la Compagnie, qui interdisent à tous ses membres les fonctions extérieures du saint ministère, devaient céder, en pareil

---

[1] *Monseigneur Flaget, sa Vie et ses Vertus*, par M. Desgeorges, chap. v. — *Vie* manuscrite *de M. Flaget* (Bibliothèque de la Solitude).

cas, à la considération du plus grand bien de la Religion. Sa première pensée, en envoyant des missionnaires dans l'ouest des États-Unis, avait été d'ailleurs, comme nous l'avons déjà observé, de contribuer à réaliser les prévisions de M. Olier, exprimées dans le contrat d'association pour la fondation de la colonie de Montréal : « Les « associés, y était-il dit, espèrent de la bonté de Dieu... « que, dans la suite, eux-mêmes et leurs successeurs, « étant bien établis dans l'île de Montréal, pourront s'é- « tendre dans les terres, et y faire de nouvelles habita- « tions, tant pour la commodité du pays que pour faci- « liter la conversion des sauvages [1]. » M. Emery avait cru, dès le commencement, que M. Flaget et M. David étaient les ouvriers les plus propres à l'exécution de ce dessein. C'est pourquoi, ayant appris que le premier avait été rappelé de ces contrées pour être placé au séminaire de Baltimore et ensuite au collège de Georgetown, il ne put dissimuler sa peine. En 1797, traitant avec M. Nagot du projet d'envoyer ces deux messieurs aux Illinois : « C'est le cas, écrivait-il, de leur faire « remplir leur première vocation. M. Flaget serait mieux « là selon l'ordre de Dieu qu'à Georgetown. Il était spé- « cialement destiné aux Français, descendants des Cana- « diens, pour le salut desquels M. Olier et M. de Bretonvil- « liers avaient témoigné tant de zèle. » La nomination de M. Flaget devait dès lors paraître à M. Emery une occasion providentielle de le faire rentrer, même avec avantage, dans la mission que Dieu lui avait destinée, et il

[1] *Vie de M. Olier*, IIIe partie, livre V, n. 22.

n'hésita pas à lui répondre en ce sens, en même temps qu'à l'évêque de Baltimore. Voici quelques passages de cette dernière lettre, qui est datée du 18 mai 1809 : « Monseigneur, vous avez raison de regarder, d'après « l'indication que vous avez donnée des sujets, le choix « de M. Flaget comme un trait de Providence. Vous per- « sévérez à croire que M. Flaget est, dans la circonstance, « le sujet le plus propre à la place ; ainsi je ne balance « pas à lui déclarer qu'il doit se soumettre, et il le « fera...... Je n'ai point été étonné de la souveraine ré- « pugnance qu'il a témoignée pour l'épiscopat. Il m'écrit « que la première nouvelle a failli lui donner la mort, « et il croit qu'il serait mort, en effet, si ses confrères « ne l'avaient pas assuré qu'il pouvait refuser en con- « science. Je vous prie, Monseigneur, vous qui êtes son « supérieur dans cette partie du monde, vous qui lui « avez procuré l'épiscopat, de vouloir bien lui servir de « père, de guide et de conseiller ; vous trouverez en lui « la plus grande docilité. »

Soit que M. Flaget ne connût pas encore cette réponse, soit qu'il espérât engager M. Emery à révoquer sa décision, il se mit en mer le 9 septembre suivant, avec l'agrément de M. Nagot, et arriva à Paris vers la fin du mois d'octobre. M. Emery, qui ne l'attendait pas, fut également surpris et contrarié de son arrivée. Il craignait que, dans les conjonctures où l'on se trouvait, la présence de M. Flaget et ses relations nécessaires avec le Saint-Siége ne compromissent la Compagnie vis-à-vis du gouvernement, et même que son retour en Amérique ne devînt impossible. Voici dans quels termes il s'en exprimait, quelque temps après, en écrivant à M. Nagot : « Je vous avoue que j'ai été étonné « du voyage de M. Flaget; les raisons n'en étaient pas « suffisantes. Je suis fort surpris qu'on ait autorisé « une démarche semblable sans avoir pris le conseil et « l'assentiment de monseigneur l'évêque. Laissez donc « pour héritage à nos messieurs la plus grande défé- « rence, le plus grand respect pour les évêques. Vous « savez que c'est l'esprit de Saint-Sulpice, et un des « points qui nous caractérisent... Nous ne sommes pas « sans quelques craintes pour la facilité du retour de « M. Flaget en Amérique. Tout est ici si incertain, si « variable... La crise où nous sommes est affreuse; je « n'ose entrer dans les détails. » M. Emery reçut donc assez froidement M. Flaget, et, pour tout salut, ne lui adressa que cette parole assez peu gracieuse : « Mon- « seigneur, que venez-vous faire ici? Vous devriez être « dans votre diocèse. » M. Flaget, voyant qu'il ne recevait que des reproches de son supérieur, au lieu de la consolation et de l'appui qu'il était venu chercher de si loin auprès de lui, fut tellement déconcerté, qu'il éprouva une violente tentation de quitter la Compagnie. Heureusement il trouva dans l'amitié et les sages conseils de M. Duclaux et de M. Garnier un adoucissement à l'amertume dont son âme était remplie, et la force de surmonter cette rude épreuve. Toutefois, désespérant de gagner M. Emery, il résolut de faire un dernier effort pour se soustraire au fardeau qu'il redoutait tant, et il écrivit au Pape lui-même.

Ce fut M. Emery qui reçut la réponse, et qui apprit à

M. Flaget que toutes ses oppositions n'avaient pu changer la détermination du Souverain Pontife. « Au reste, « ajouta-t-il, pourquoi tant de répugnance à remplir un « siége dans les déserts? Vous ne serez guère que *l'évê-* « *que des bois.* Cependant, vous ne pourriez être sacré ici « sans nous compromettre. » Le commandement formel du Vicaire de Jésus-Christ ne permettait plus à M. Flaget aucune objection. Il courba donc respectueusement la tête en signe de résignation et d'obéissance. M. Emery, le voyant dans cette disposition, l'embrassa tendrement, et sembla, depuis ce moment, prendre à tâche de le dédommager de la peine qu'il lui avait causée par la froideur de son premier accueil. Il lui promit de le seconder de tout son pouvoir dans l'exercice de son emploi, de lui procurer des livres, des ornements et d'autres objets que M. Flaget n'eût pas même songé à lui demander. Parmi ces objets, se trouvait un beau calice en vermeil, qui appartenait au séminaire de Saint-Sulpice avant la Révolution, et que M. Emery lui donna pour son usage, à condition qu'après sa mort ce calice serait remis au séminaire de Baltimore.

A ces témoignages d'amitié et de satisfaction, il ajouta les plus sages conseils sur la position du nouveau prélat et les mesures à prendre pour le bien de la religion dans son diocèse. Ce fut dans un de ces entretiens, si pleins d'abandon de part et d'autre, que M. Flaget ne put s'empêcher de témoigner la peine que lui causait la rupture des liens qui l'unissaient à la Compagnie, et le regret de n'avoir plus désormais aucun droit à ses suffrages après sa mort. « Voyez, dit-il à M. Emery,

« si je ne suis pas bien malheureux ! Jusqu'ici, j'ai scru-
« puleusement observé nos règlements qui nous pres-
« crivent d'offrir trois fois le saint sacrifice à la mort de
« chacun de nos confrères ; et, maintenant que je serai
« évêque, on ne me regardera plus comme étant de la
« Compagnie, et personne ne priera pour moi. »
M. Emery ne put s'empêcher de sourire, et s'empressa
de consoler le pieux évêque, en lui faisant remarquer
que, n'acceptant l'épiscopat qu'avec la permission du
supérieur et par obéissance, il ne cessait pas d'appartenir à la Compagnie, et qu'aucun lien n'était
brisé. Mais ce qui dut surtout l'encourager, ce fut
la permission qui lui fut accordée d'emmener avec
lui M. David, au moins pour quelque temps. Déjà
M. Emery avait manifesté cette intention à l'évêque de
Baltimore pour le disposer à un sacrifice qui ne pouvait
manquer de lui être pénible, eu égard à la pénurie des
prêtres dans son diocèse et aux grands services que
M. David lui rendait : « Je conçois, disait-il à ce prélat,
« dans sa lettre déjà citée du 18 mai 1809, comment
« M. Flaget aura besoin, dans les commencements, d'a-
« voir auprès de lui quelqu'un qui l'éclaire et le soutienne,
« et il paraît que M. David est le sujet convenable. Mais
« le point capital est votre séminaire, et M. David paraît
« lui être nécessaire. Je n'ai point sous la main de sujet
« propre à le remplacer ; nous éprouvons ici une pé-
« nurie désolante ; par conséquent M. David ne pourrait
« être que momentanément auprès de lui. J'espère que
« M. Flaget marchera par lui-même, quand il aura
« vaincu sa timidité, et qu'il aura vu par sa propre ex-

« périence que les difficultés ne sont pas aussi grandes
« qu'il l'imagine. »

Lorsque M. Flaget prit congé de M. Emery avant de quitter Paris, au mois d'avril 1810, le digne supérieur, après l'avoir embrassé, lui fit deux présents d'une espèce singulière. C'était une boîte d'aiguilles et un livre intitulé la *Cuisinière bourgeoise*. En lui remettant ces objets, il lui dit avec une aimable gaieté : « Ces « aiguilles, Monseigneur, pourront vous être grande- « ment utiles au milieu de vos sauvages ; et, comme je « me défie de leur cuisine, prenez encore le livre que « voici. » Jusque dans sa vieillesse, M. Flaget se rappelait avec bonheur ce petit trait ; mais il conservait encore plus précieusement le souvenir d'un entretien qu'il avait eu avec M. Emery, peu de jours avant son premier départ pour l'Amérique, en 1792, et dans lequel ce vénérable supérieur lui avait annoncé d'avance, par une sorte d'inspiration, un des principaux résultats de l'établissement de la mission des Illinois, à laquelle il était alors destiné. Voici en quels termes M. Flaget rapporte cet entretien dans une lettre à M. Faillon, du 14 mai 1842.

« Quelques jours avant mon départ de Paris, conversant
« avec moi sur les grandes obligations que j'aurais à rem-
« plir et sur les moyens de m'en bien acquitter, il me fit
« une réflexion que je regarde aujourd'hui comme une
« inspiration. « C'est dans les vastes prairies des Illinois,
« me dit-il, que vous devez exercer votre ministère, au
« milieu de quelques Français qui sont sans prêtres
« depuis plusieurs années. Je vous ai procuré un grand
« nombre d'alphabets, de grammaires et de livres clas-

« siques pour former des enfants jusqu'à la rhétorique ;
« car *ces contrées des Illinois seront comme un noyau*
« *de Religion.* » Pendant plus de vingt ans, ce noyau ne
« donna aucun signe de vie ; mais en 1810, ayant été
« sacré évêque par monseigneur Carroll, je fus envoyé
« au delà des montagnes des Alléghanis, dans l'État du
« Kentucky, ayant sous ma juridiction les immenses
« vallées du Mississipi, où se trouvaient les Illinois et dix
« autres nations de sauvages, toujours en guerre les unes
« contre les autres. Dès ce moment, le noyau com-
« mença à donner signe de vie ; et, ce que vous aurez
« peine à croire, on compte aujourd'hui six évêchés dans
« ces belles vallées, sans parler du mien, qui est dans
« le centre; et dans ce beau pays, où à peine on aurait
« trouvé une école, il y au moins six beaux colléges ca-
« tholiques. »

LXXVIII
M. Emery adjoint à la *Commission ecclésiastique de 1809.*

Une des principales difficultés auxquelles l'Empereur avait fait allusion dans son entrevue avec M. Emery à Fontainebleau, était le refus que faisait le Pape de donner aux évêques nommés l'institution canonique, autrement que de son propre mouvement, et sans aucune mention, soit de la nomination impériale, soit de la demande du conseil d'État ou des ministres, qui étaient censés ne faire qu'un avec l'Empereur[1]. Celui-ci de son côté refusait de recevoir ces bulles comme étant injurieuses pour lui ; et cependant il attachait beaucoup d'importance à remplir les siéges vacants, pour conserver aux yeux des peuples l'apparence d'un

---

[1] *Mémoires du card. Pacca*, t. II, p. 63. — Jauffret, *Mémoires*, t. II. Pièces just., p. LXIV.

attachement sincère à la Religion. Au reste, la grande affaire de l'institution des évêques n'était pas la seule qui l'occupât ; beaucoup d'autres affaires ecclésiastiques étaient également en suspens, par suite de la situation du Pape, et de la suppression des tribunaux romains. Ce fut pour trouver une solution à toutes ces difficultés qu'il convoqua, le 16 novembre 1809, une commission composée des cardinaux Fesch et Maury, de l'archevêque de Tours, des évêques de Nantes, de Trèves, d'Évreux et de Verceil, de M. Emery, et du P. Fontana, général des Barnabites. L'abbé Frayssinous et l'abbé Rauzan furent aussi adjoints à la commission, mais seulement en qualité de secrétaires [1].

On conçoit aisément la répugnance que M. Emery devait avoir à entrer dans cette commission, appelée à l'examen des questions les plus délicates, dans les conjonctures les plus critiques ; mais la crainte de compromettre l'existence du séminaire et de la Compagnie ne lui permit pas de décliner le fardeau qu'on lui imposait. « J'ai reçu du ministre des cultes, écrivait-il à l'évêque « d'Alais, la lettre qui me déclare adjoint par l'Empe-« reur aux évêques de la commission..... Ils doivent « répondre à des questions proposées par l'Empereur, « que je présume, mais que je ne connais pas encore... « Vous comprenez combien cette adjonction m'embar-« rasse. Je dirai mon avis franchement, peut-être pas « impunément [2]..... Je ne crois pas qu'il puisse exister

---

[1] Sur l'histoire de cette commission, voyez Picot, *Mémoires*, année 1810. — Jauffret, *Mémoires*, 1809 et 1810. — *Fragments sur l'Hist. eccl. du dix-neuvième siècle*, par M. de Barral, arch. de Tours.

[2] Lettre du 20 novembre 1809.

« de commission plus importante et plus critique. Oh!
« que je bénirais une maladie qui m'arriverait dans ces
« circonstances, dût-elle m'emporter! Aussi bien, je
« commence à m'ennuyer de la vie[1]. »

Trois séries de questions furent présentées à la commission par ordre de l'Empereur : la première, sur le gouvernement de l'Église en général; la seconde, sur l'Église de France en particulier; la troisième, sur les Églises d'Allemagne et d'Italie et sur la bulle d'excommunication. La rédaction des réponses pour chaque série de questions fut confiée à trois des évêques, et le travail de chacun d'eux soumis à la commission, qui le modifia plus ou moins avant de le remettre à l'Empereur, ce qui eut lieu le 11 janvier 1810[2]. Ces réponses, il faut l'avouer, furent un sujet d'affliction pour les vrais amis de l'Église et du Saint-Siége. Les plus estimables auteurs français et étrangers s'accordent à dire qu'elles trahissent souvent l'embarras des évêques, qui d'un côté craignaient de heurter trop fortement les principes, et de l'autre avaient surtout à cœur de ne pas blesser l'orgueil d'un homme irascible, dont la main de fer s'était déjà si for-

---

[1] Lettre du 2 décembre 1809.

[2] Ces réponses n'ont jamais été publiées d'une manière complète. M. de Barral lui-même dans ses *Fragments* n'en a donné qu'une partie, comme l'a remarqué M. Picot (*Ami de la Religion*, t. III, p. 373). On possède au séminaire de Paris et à celui d'Orléans deux copies complètes, assez différentes du texte publié par M. de Barral. Pour connaître les réponses avec assurance, il ne suffit pas d'avoir la rédaction primitive des évêques, il faut voir le texte même qui fut remis à l'Empereur après les amendements de la commission, et qui se conserve aujourd'hui aux *Archives de l'Empire* (ancienne secrétairerie d'État, cartons $\frac{5118}{1028}$ et $\frac{5177}{1027}$). On en trouve la substance dans les *Mémoires* de M. Picot, sous la date du 11 janvier 1810. (T. III, p. 525, etc., de l'édition de 1815.)

tement appesantie sur le vicaire de Jésus-Christ, et pouvait encore se porter à de nouvelles violences. Avec une complaisance que ne sauraient excuser quelques timides réserves en faveur du Pontife prisonnier à Savone, la commission déclarait *que le Pape ne peut pas, par le seul motif des affaires temporelles, refuser son intervention dans les affaires spirituelles;* comme si les atteintes portées à la liberté du chef de l'Église, qui étaient le motif du refus des bulles aux évêques nommés, eussent été une affaire purement temporelle. Au sujet des moyens à prendre pour suppléer au défaut des bulles, la commission, après avoir d'abord évité de résoudre cette question, et proposé de la soumettre à un concile national, avait fini par déclarer, sur une demande itérative de l'Empereur, que le concile national pourrait, *d'après l'urgence des circonstances,* statuer que l'institution canonique serait donnée par le métropolitain ou par le plus ancien suffragant. Enfin, relativement à la bulle d'excommunication, la commission la déclarait *nulle et de nul effet,* comme n'ayant été lancée que pour la défense d'intérêts temporels.

Ces réponses ne furent signées que par les cardinaux et les évêques de la commission. Le P. Fontana ne parut qu'aux premières séances, une maladie étant venue à propos le dispenser d'assister à des réunions qui ne pouvaient que lui être très-pénibles. M. Emery, au contraire, assista régulièrement aux séances, et y tint constamment le langage d'un théologien dévoué aux intérêts de l'Église et du Saint-Siége. C'est le témoignage que lui rendirent en particulier M. Frayssinous et le P. Fon-

LXXVIII Sa conduite dans cette commission; il refuse d'en signer les décisions.

tana, témoins de son zèle pour la défense des vrais principes. Le P. Fontana a dit plusieurs fois qu'il n'avait jamais vu tant de lumière, d'énergie et de fermeté qu'en montra M. Emery dans cette commission, et il le nommait à cette occasion *Vir integerrimus*. Il ajoutait que M. Emery avait particulièrement montré ces qualités dans une discussion avec M. de Barral, archevêque de Tours. Ce prélat s'efforçant, par les formes les plus douces et les plus persuasives, d'attirer à son sentiment ce vénérable vieillard, dont l'avis seul balançait celui de la commission tout entière, M. Emery lui répondit jusqu'à dix ou onze fois avec autant de fermeté que de respect : *Non, monseigneur, cela n'est pas*[1].

Ce fut surtout à l'occasion de la bulle d'excommunication que M. Emery se crut obligé de combattre le sentiment des évêques. M. Frayssinous, qui était présent à cette discussion, a dit depuis à M. Garnier que M. Emery s'était élevé avec force contre le principe sur lequel on s'appuyait pour établir la nullité de l'excommunication, en montrant que l'Église avait de tout temps fait usage des armes spirituelles pour la défense d'intérêts temporels; qu'elle le faisait encore de nos jours dans les *monitoires* autorisés par le concile de Trente; qu'on ne pouvait contester ce pouvoir à l'Église, sans l'accuser d'avoir abusé de son autorité, même dans plusieurs conciles généraux. Il ajouta que, s'il lui était bien prouvé que l'Église n'a pas ce pouvoir qu'elle s'est tant de fois attribué, il se ferait aussitôt protestant. Il fit observer encore, que

---

[1] Récit de M le Tourneur, évêque de Verdun

la conservation des biens temporels du Saint-Siége n'était pas une chose indifférente sous le rapport des intérêts spirituels, l'indépendance du chef de l'Église étant de la plus grande importance pour le libre exercice de sa juridiction. Il confirma ce dernier point par l'autorité de Bossuet, en citant textuellement ce qu'il dit à ce sujet dans la *Défense de la Déclaration de 1682*[1]. Il était même tellement persuadé de ce principe, qu'il aurait désiré que la bulle d'excommunication eût été connue dans toute la France; et, aussitôt après l'avoir reçue, il en avait donné une copie à M. l'abbé Jean de la Mennais et à M. Bruté, qui se rendaient en Bretagne, afin qu'ils pussent la répandre dans ce pays[2].

La diversité de sentiments qui existait entre M. Emery et les autres membres de la commission sur plusieurs points essentiels, lui avait fait pressentir de bonne heure qu'il ne pourrait joindre sa signature à la leur, à la suite des réponses qu'ils devaient faire aux questions de l'Empereur; et, dans la crainte qu'il avait des suites que pourrait avoir ce refus, il songeait à se retirer de la commission, avant qu'elle eût terminé son travail; mais tous ses efforts à cet égard furent inutiles. Il écrivait, le 10 décembre 1809, à l'évêque de Limoges : « Vous avez bien raison de penser que j'ai besoin de sa« gesse et encore plus de force. Je vous remercie de ce que « vous voulez bien les demander pour moi, et je vous « prie de persévérer dans cette demande. Je crains bien

---

[1] *Defens. Declar.* Lib. I, sect. 1, cap. 16. (Tome XXXI des *OEuvres de Bossuet*, édition de Versailles, p. 273.)

[2] Lettre de l'abbé Jean de la Mennais à M. Faillon, du 22 mai 1846.

« que tout n'aboutisse seulement à des conséquences con-
« tre ceux qui auront été chargés de donner leur avis, et
« je vous prie de penser, à tout événement, qu'une déli-
« bération peut n'être point prise à l'unanimité. » Écrivant quelques jours après à l'évêque de Mende, il lui
disait : « Les observations que vous avez bien voulu
« me faire sur la commission sont justes ; je fais ce que
« je puis pour être rendu à ma liberté ; mais je déses-
« père du succès. »

Il assista donc jusqu'à la fin aux séances de la commission ; mais, lorsqu'il fut question d'en signer les réponses, il refusa positivement de le faire, alléguant pour
prétexte, sans qu'on pût toutefois se méprendre sur son
véritable motif, qu'il ne convenait pas à un simple
prêtre de mettre sa signature à côté de celle de cardinaux et d'évêques. Il ne faisait pas difficulté de dire,
dans les occasions, la véritable raison qui l'avait empêché de joindre sa signature à celle des prélats : « Vous
« n'avez pas vu mon nom à la fin de la consultation,
« écrivait-il au P. de Grivel, le 3 juin 1810, parce que
« je n'ai point été du même avis que les docteurs con-
« sultés. »

C'était pour lui un grand sujet de consolation de
penser qu'il était sorti de la commission sans avoir à se
reprocher aucun acte de faiblesse. Voici ce qu'il écrivait sur ce sujet, à M. Nagot, le 10 mai de la même
année : « L'Empereur avait nommé une commission
« d'évêques et de cardinaux pour examiner certaines
« questions qu'il proposait. Il a voulu que j'y fusse ad-
« joint. Tout ce que je puis vous dire, c'est que je suis

« sorti de là sans avoir aucun reproche à me faire ; je
« crois que Dieu m'a donné l'esprit de conseil en cette
« affaire ; mais je suis sûr qu'il m'a donné celui de
« force par sa sainte miséricorde. » Mais, en remerciant
Dieu de l'avoir soutenu dans une position si dangereuse, il était profondément affligé de l'excessive condescendance que les autres membres de la commission avaient témoignée pour entrer dans les prétendus
moyens de conciliation demandés par l'Empereur.
« Ne voient-ils pas, disait-il à une personne de con-
« fiance, que ces moyens de conciliation qu'il de-
« mande ne sont qu'un jeu pour en imposer aux sim-
« ples, un masque pour couvrir sa tyrannie ! Qu'il laisse
« l'Église tranquille ; qu'il rende à leurs fonctions le
« Pape, les cardinaux, les évêques ; qu'il renonce à des
« prétentions extravagantes ; tout le reste sera bientôt
« arrangé. Et ces évêques qui regardent comme des
« améliorations, comme des bienfaits pour l'Église, les
« décorations ou les titres qu'ils ont obtenus ! Où allons-
« nous donc, mon Dieu [1] ! » Ces dernières paroles font
allusion à un passage des *Réponses de la Commission*,
qui mettait au nombre des faveurs accordées par l'Empereur à la Religion, « la décoration de la *Légion*
« *d'honneur*, accordée à un grand nombre de prélats,
« les titres de *comte* et de *baron* affectés aux archevê-
« ques et évêques de l'Empire, l'admission de plu-
« sieurs d'entre eux dans le Corps législatif et dans le
« Sénat, etc.... »

---

[1] *Vie de M. Coustou*, p. 232.

LXXIX
Affaire de la dissolution du premier mariage de Napoléon. Faux bruits sur la part que M. Emery aurait prise à la décision.

Tandis que la commission préparait ses réponses aux questions qu'on lui avait proposées de la part de l'Empereur, celui-ci était fortement préoccupé d'une autre affaire, qui devint pour M. Emery une nouvelle source d'embarras et de contrariétés. Nous voulons parler de la résolution prise à cette époque par Napoléon, de faire casser son mariage avec l'impératrice Joséphine, afin de pouvoir en contracter un second avec la princesse Marie-Louise, archiduchesse d'Autriche. Quoique M. Emery n'ait pas eu à s'expliquer publiquement sur les questions délicates auxquelles donna lieu l'exécution de ce projet, l'opinion publique lui attribue quelquefois sur ces questions des sentiments tout à fait contraires aux siens, ce qui nous oblige à entrer dans quelques détails [1].

Napoléon avait épousé en 1796 Joséphine, veuve de Beauharnais. Mais ce mariage, contracté seulement devant l'officier civil, dans un temps où l'on aurait pu sans difficulté recourir au propre prêtre, avait dû être revalidé en 1804, avant la cérémonie du sacre, sur la demande du Pape et de Joséphine elle-même. Napoléon n'avait consenti à cette revalidation qu'à la condition que la bénédiction nuptiale serait donnée par le cardinal Fesch dans le plus grand secret, ce qui nécessitait la dispense, tant de la présence du propre prêtre que de

---

[1] On peut sur cette affaire consulter les ouvrages suivants : Picot, *Mémoires*, t. III, p. 520, etc. (Édition de 1815.) — Jauffret, *Mémoires*, t. II, p. 366, etc. — *Mémoires du cardinal Pacca*, t. I, p. 342, etc. — Michaud, *Vie de Napoléon*, p. 117, etc. — *Histoire de Pie VII*, t. II, chap. xxi. Le récit de M. Artaud est principalement emprunté à la *Notice sur M. Emery*, par M. Garnier.

celle des deux témoins requis, à peine de nullité, par le concile de Trente. En conséquence, le cardinal Fesch avait été trouver Pie VII, et lui avait dit, sans rien spécifier : « Très-saint Père, Votre Sainteté comprend « que, dans ma place de grand aumônier, je puis avoir « besoin de pouvoirs très-étendus. — Je vous donne « tous mes pouvoirs, » avait répondu le Pape. Muni de ces facultés générales, le cardinal avait donné la bénédiction nuptiale aux deux époux, à minuit et sans témoins, dans la chapelle des Tuileries. C'était ce mariage que l'Empereur voulait faire déclarer nul. Déjà le Sénat en avait prononcé la dissolution quant au lien civil, sur ce fondement que Joséphine ne pouvait donner d'héritiers à l'Empereur. Mais, avant de procéder à la célébration du nouveau mariage, qui devait se faire à Vienne par procureur, l'archevêque de cette ville exigeait que le premier fût déclaré nul, quant au lien spirituel, par l'autorité ecclésiastique ; et, comme il était difficile de s'adresser pour cela au Pape dans la situation où l'Empereur était alors avec lui, on résolut de recourir à l'officialité de Paris ; et, ce tribunal n'existant pas encore, on l'établit à cette occasion ; on créa même à la fois trois officialités différentes, l'une *diocésaine*, l'autre *métropolitaine*, et la troisième *primatiale*, cette dernière ainsi appelée à cause du titre de *Primat des Gaules* que l'archevêque de Lyon venait alors de reprendre[1]. L'établissement de ce triple degré de juridiction, qu'on ne peut d'ailleurs justifier par

---

[1] *Vie du card. Fesch*, t. II, p. 32.

aucun principe du droit, avait paru nécessaire pour donner à la décision plus de poids aux yeux du public. La question de la validité du premier mariage ne fut cependant portée qu'aux deux premières officialités, aucun appel n'ayant été interjeté de leurs sentences à l'officialité primatiale.

L'officialité diocésaine, qui eut d'abord à s'occuper de cette question, conçut avec raison des doutes sur sa compétence, d'après l'usage constamment observé en France, comme ailleurs, depuis plusieurs siècles, de réserver au Pape le jugement de ces sortes d'affaires quand elles regardent des souverains. Pour lever cette difficulté, l'officialité, par l'organe de l'abbé Rudemare, son promoteur [1], demanda que la question de sa compétence fût soumise à la commission ecclésiastique, alors assemblée chez le cardinal Fesch pour l'examen des autres questions dont nous avons parlé. Cette commission donna, le 2 janvier 1810, une décision portant la compétence de l'officialité et le recours aux trois degrés de juridiction diocésaine, métropolitaine et primatiale. Cette décision fut signée de tous les membres de la commission, à l'exception du cardinal Fesch et de M. Emery. Le premier crut devoir en cette occasion s'absenter de la réunion, pour éviter de paraître dans une affaire où il était personnellement en cause, à raison de la bénédiction nuptiale donnée par lui aux époux en 1804. M. Emery ne parut pas

---

[1] Le *narré* de toute cette procédure, rédigé par l'abbé Rudemare lui-même, a été inséré dans l'*Ami de la Religion*, t. LXXXI, p. 241, 289, etc., et dans la *Vie du card. Fesch*. t. II, p. 759, etc.

non plus à cette séance, soit qu'il n'y eût pas été convoqué, soit qu'il eût pris sur lui de s'en absenter pour demeurer étranger à la décision d'une affaire si délicate.

Munie de la décision qui fut donnée, l'officialité diocésaine prit connaissance de l'affaire, et examina les motifs de nullité mis en avant pour la dissolution du mariage de Napoléon avec Joséphine, savoir le défaut de présence du propre prêtre, le défaut de présence des témoins, et le défaut de consentement de la part de l'Empereur. Enfin elle rendit, le 9 janvier 1810, une sentence portant que « le mariage entre Leurs Majestés l'empereur
« et roi Napoléon et l'impératrice et reine Joséphine
« a été mal et non valablement contracté, et qu'il es
« comme tel nul et de nul effet..... faute de la présence
« du propre pasteur et de celle des témoins voulues
« par le concile de Trente et les ordonnances. » L'officialité diocésaine jugea ce motif de nullité assez bien établi pour écarter celui qui se tirait du défaut de consentement de la part de l'Empereur. Toutefois, ce dernier motif fut invoqué à l'appui des autres dans la sentence rendue le 12 janvier suivant par l'officialité métropolitaine, en conséquence de l'appel fait à son tribunal par le promoteur de l'officialité diocésaine.

Quelques journaux [1], en rendant compte de cette affaire, avancèrent que la commission ecclésiastique avait approuvé non-seulement la compétence, mais encore les conclusions de l'officialité, et que M. Emery

[1] *Journal des curés* du 14 janvier, et *Journal de l'Empire* du 15 janvier 1810.

avait pris part aux délibérations sur ces deux points. Il est vrai que M. Emery inclinait à croire que la procédure de l'officialité avait été régulière sous ces deux rapports[1]. Il n'ignorait pas sans doute qu'un usage constant réservait au Pape le droit de prononcer sur le mariage des souverains; mais il ne regardait pas comme certain que cet usage eût force de loi, dans le cas où les épouses des souverains consentaient librement elles-mêmes à être jugées sur les lieux par les tribunaux ordinaires, sauf toujours leur droit d'appel au Souverain Pontife[2]. Ce sentiment, qu'on s'explique difficilement aujourd'hui, devait paraître alors appuyé sur des raisons assez spécieuses, puisque la conduite que tinrent les cardinaux dans cette circonstance nous montre qu'ils étaient eux-mêmes partagés d'opinion à cet égard[3]. Pour ce qui regarde le fond de l'affaire, M. Emery inclinait aussi à approuver la sentence de l'officialité. La double nullité résultant du défaut de présence des témoins et de celle du propre prêtre lui paraissait suffisamment établie. Il est vrai que ces défauts pouvaient paraître couverts par les pouvoirs extraordinaires que le cardinal Fesch croyait avoir obtenus

---

[1] *Narré de l'abbé Rudemare.* — Lettre de M. Emery à M Girod (de l'Ain), son parent, du 14 février 1810.

« Vous avez vu mon nom, disait M. Emery dans cette lettre, au bas « d'une pièce à laquelle je n'ai eu aucune part. L'affaire a été discutée « en mon absence, et il n'a été question, dans la commission, que de la « compétence. Ces messieurs disent que la sentence et les motifs n'ont « point été soumis à leur délibération. J'incline cependant à croire que. « du côté du tribunal ecclésiastique, tout a été régulier. »

[2] Garnier, *Notice.*

[3] Picot, *Mémoires*, t. III, p. 521. — Jauffret, *Mémoires*, t. II, p. 368.

du Pape; mais M. Emery pensait avec l'officialité diocésaine, « que le cardinal, n'ayant demandé au Pape que « les dispenses qui lui sont quelquefois nécessaires « pour remplir ses devoirs de grand aumônier, et « n'ayant point expressément spécifié la fonction ex- « traordinaire et curiale qu'il allait exercer auprès de « Sa Majesté, n'avait pu recevoir et n'avait reçu ni la « dispense des témoins exigés par les lois canoniques, « ni le pouvoir de se substituer au curé ou à l'ordi- « naire, dont l'intervention est absolument requise par « le concile de Trente, nonobstant tout privilège et cou- « tume quelconque[1]. » Mais, quelle que fût là-dessus l'opinion de M. Emery, il était certain néanmoins que la sentence de l'officialité n'avait point été soumise au comité ecclésiastique, et que M. Emery n'avait point été présent à la réunion où la question de compétence avait été discutée, et il tenait à ce que le public ne l'ignorât pas. Ne pouvant prudemment employer la voie des journaux pour démentir les bruits qui avaient couru à ce sujet, il autorisa ses confrères à faire connaître aux séminaristes la manière dont les choses s'étaient passées, et lui-même le disait, à l'occasion, de vive voix et par écrit.

La célébration du mariage de Napoléon avec l'archi-

LXXX
M. Emery est consulté par le cardinal della Somaglia sur l'assistance au second mariage de Napoléon.

---

[1] *Narré de l'abbé Rudemare.* — Il paraît néanmoins que Pie VII, en accordant au cardinal Fesch les pouvoirs qu'il lui demandait, avait bien compris qu'il s'agissait du mariage de Napoléon. Car lorsqu'il apprit que la validité de ce mariage était attaquée, il s'écria, au témoignage du cardinal della Somaglia : *Comment l'Empereur peut-il penser à faire annuler son mariage, puisque j'avais donné au cardinal Fesch toutes les dispenses nécessaires?* (Garnier, *Notice.*) Mais ce fait a sans doute été ignoré par l'officialité et par M. Emery, qui ne savaient ce qui s'était passé que d'après la déclaration du cardinal Fesch.

duchesse d'Autriche donna lieu à une autre difficulté sur laquelle M. Emery fut dans le cas de s'expliquer, non avec le gouvernement, mais avec quelques cardinaux qui désiraient connaître son sentiment. Il s'agissait de savoir si les cardinaux résidant à Paris, au nombre de vingt-six, pouvaient en conscience assister à la cérémonie religieuse du mariage. Quelques jours avant cette cérémonie, M. Emery, consulté là-dessus par le cardinal della Somaglia, qui paraissait regarder cette assistance comme illicite, lui répondit que, s'il était effectivement dans cette persuasion, il ne pouvait en conscience assister à la cérémonie, parce qu'il n'est jamais permis d'agir contre sa conscience. Mais il ajouta que cette assistance, au fond, ne lui paraissait pas illicite, et qu'elle lui semblait même convenable, à raison des graves inconvénients que l'absence des cardinaux ne pouvait manquer d'entraîner en irritant vivement l'Empereur. Cette réponse, mal comprise par le cardinal et par quelques personnes auxquelles il l'avait rapportée, donna lieu d'attribuer à M. Emery un sentiment tout à fait contraire à celui qu'il avait manifesté au prélat. Le cardinal Fesch, instruit de ce bruit, en fut effrayé, dans l'intérêt de M. Emery et de sa Compagnie, et, pour prévenir les suites fâcheuses qui pouvaient en résulter, il lui écrivit la lettre suivante, le 25 mars 1810 : « Hier
« au soir, une personne digne de foi et dont le témoi-
« gnage est au-dessus de toute exception, m'a assuré
« avoir entendu le matin de ses propres oreilles, d'un
« cardinal parlant à elle-même, que M. Emery avait
« confirmé ce cardinal dans son opinion, qu'il ne pou-

« vait pas, en conscience, assister au mariage de l'Em-
« pereur. J'ai eu beau assurer à cette personne que
« hier même, à trois heures après midi, M. Emery, pour
« la seconde ou troisième fois, m'avait protesté qu'il
« était d'une opinion toute contraire, et qu'il pensait
« que les cardinaux pouvaient assister à la cérémonie ;
« cette personne a persisté à soutenir que vous aviez
« tenu à ce cardinal un langage entièrement opposé à
« celui que j'ai dit avoir entendu de vous. Cette affaire
« est trop grave pour qu'elle ne soit pas éclaircie, afin
« de faire revenir des personnes qu'on a voulu tromper.
« Je vous demande une réponse catégorique et qui ne
« puisse laisser aucun doute sur votre manière de pen-
« ser à cet égard, et sur les propos qu'on vous attribue
« d'avoir tenus à ce cardinal. J'ai besoin de votre ré-
« ponse aujourd'hui, avant six heures du soir. »

En conséquence de cette lettre, M. Emery écrivit aussitôt au cardinal della Somaglia pour lui témoigner son
étonnement et lever tous les doutes sur ses véritables
sentiments. « Monseigneur, dit-il à ce prélat, Votre Émi-
« nence voudra bien me permettre de lui adresser avec
« simplicité quelques plaintes respectueuses. Mgr le
« cardinal Fesch m'a témoigné savoir d'une personne
« au-dessus de tout soupçon que j'avais décidé que
« MM. les cardinaux ne pouvaient en conscience assister
« à la célébration du mariage de l'Empereur, et c'est
« par écrit qu'il me l'a témoigné, et avec un vrai ton
« de mécontentement.

« Un évêque qui est venu me voir m'a assuré que
« c'était vous, Monseigneur, qui aviez instruit Mgr le

« cardinal Fesch de cette décision, comme l'ayant en-
« tendue de ma bouche.

« 1° Quand il serait vrai que j'aurais donné cette dé-
« cision, indépendamment de ce que mon avis serait de
« la plus mince autorité vis-à-vis des cardinaux, Votre
« Éminence n'a donc pas vu qu'elle m'exposait au plus
« grand danger, puisque la colère de l'Empereur, qui
« éclaterait contre les cardinaux refusant d'assister à
« son mariage, retomberait ensuite et plus rudement
« encore sur moi, s'il venait à connaître que moi, sans
« mission et sans caractère, j'ai influé sur ce refus?
« Quelle prise ne donnerais-je pas à mes ennemis, qui
« m'observent jour et nuit dans le dessein de me perdre!

« 2° On vous a donc bien mal entendu, ou vous m'avez
« bien mal entendu vous-même, quand j'ai eu l'honneur
« de répondre à Votre Éminence sur les questions qu'elle
« m'a faites à ce sujet. Vous m'avez dit qu'après avoir
« fait les recherches les plus exactes, vous étiez con-
« vaincu que vous ne pouviez aller au mariage sans
« blesser votre conscience. J'ai dû vous dire, et je vous
« ai dit que, dans cette supposition, vous ne deviez point
« y assister, parce que j'étais persuadé comme vous
« qu'on ne pouvait, qu'on ne devait jamais agir contre
« sa conscience, même erronée. Je suis convenu encore
« avec Votre Éminence, sur diverses raisons, qu'il y au-
« rait moins de difficultés à assister à l'acte civil qu'à
« l'acte religieux; il est inutile d'entrer sur ce sujet
« dans aucun détail. Mais vous ai-je jamais dit que vous
« ne pouviez en conscience assister au mariage? Ne
« vous ai-je pas fait remarquer les inconvénients sans

« nombre qui étaient attachés à votre refus d'assister ?
« Non que les inconvénients soient une raison d'auto-
« riser l'assistance qui serait d'ailleurs illicite, mais ces
« inconvénients sont une raison très-forte d'examiner
« le plus attentivement qu'il est possible, si réellement
« l'assistance est illicite, et si la conscience qu'on s'est
« formée à ce sujet n'est point une conscience erronée.
« Vous savez très-bien, Monseigneur, que j'ai témoigné
« à Votre Éminence et répété souvent, que les raisons
« que vous aviez de croire que le droit de casser les
« mariages des souverains appartient au Pape exclusive-
« ment à tout autre tribunal, ne me paraissaient pas
« clairement établies. »

M. Emery obtint parfaitement le but qu'il s'était proposé dans cette lettre : c'est ce qu'il fit savoir au cardinal Fesch le 29 mars 1810 : « Monseigneur, lui écri-
« vait-il, on m'a dit que c'était le cardinal della Soma-
« glia qui avait prétendu avoir entendu de ma bouche
« que messeigneurs les cardinaux ne pouvaient en con-
« science assister au mariage de l'Empereur. J'ai cru
« devoir lui faire à ce sujet des représentations dans une
« lettre dont j'ai l'honneur d'envoyer à Votre Altesse
« une copie. . . . .
« Monseigneur le cardinal est venu me voir après la ré-
« ception de ma lettre, et me dit qu'il était prêt à me
« donner par écrit le témoignage que je n'avais rien né-
« gligé pour le détourner du refus d'assister au ma-
« riage.... Au reste, il m'a paru bien différent de ce
« qu'il avait paru auparavant, et il m'a dit qu'il fallait
« examiner encore. J'incline à croire qu'il se rendra. »

L'espérance de M. Emery à cet égard ne se réalisa point. Le cardinal della Somaglia fut du nombre des cardinaux qui ne parurent point à la cérémonie religieuse du mariage. Tous assistèrent sans difficulté à la célébration du mariage civil qui eut lieu à Saint-Cloud, le dimanche 1er avril 1810; mais il n'en fut pas de même de la bénédiction nuptiale, qui se donna le lendemain dans une salle du Louvre ; sur les vingt-six cardinaux qui se trouvaient à Paris, treize n'y parurent point, ce qui irrita tellement l'Empereur, que deux jours après il fit signifier à ces cardinaux, par le ministre des cultes, l'ordre de ne plus paraître à la cour, de quitter l'habit de cardinal, et de ne plus s'habiller qu'en noir.

On peut apprécier diversement la ligne de conduite que M. Emery crut devoir suivre dans toute cette affaire; mais ce qu'on doit reconnaître, et ce que prouve évidemment sa correspondance, c'est que toutes ses démarches n'ont été inspirées que par le zèle le plus pur, et par le désir de préserver l'Église de plus grands maux. Au reste, il s'applaudissait de n'être, à aucun titre, obligé d'assister lui-même aux cérémonies du mariage. Il écrivait à l'évêque d'Alais, le 17 mars 1810 : « Nous sommes pleins de préparatifs pour le mariage. « Rien, dans tout ce spectacle, ne me tente le moins du « monde. Je ferai ces jours-là mon oraison sur la cité « céleste, vers laquelle je m'approche. » Toutefois, il accorda au cardinal Fesch le concours du séminaire pour la cérémonie religieuse. Quinze séminaristes y furent envoyés. Dès la veille, M. Emery les réunit quelques moments chez lui pour leur faire les recommandations convenables sur la conduite et le recueillement qu'ils devaient observer parmi tant d'objets propres à exciter la curiosité et la dissipation. Il leur rappela l'exemple de saint Fulgence, qui, à la vue de la brillante réception faite par les Romains à Théodoric, roi d'Italie, vers la fin de l'an 500, ne put s'empêcher de faire cette réflexion : « Si la splendeur de Rome terrestre est si « grande, quelle doit donc être la beauté de la Jéru- « salem céleste ! si dans cette vie périssable, Dieu en- « vironne d'un si grand éclat les partisans et les amateurs « de la vanité, quelle gloire et quelle félicité prépare-t-il « donc aux saints dans le ciel [1] ? »

Ce dégoût du monde, ce désir de l'éternité était alors d'autant plus vivement senti par M. Emery, qu'il se trouvait actuellement, sans qu'on s'en doutât autour de lui, sous la menace imminente du coup le plus sensible qui pût être porté à son cœur. Les premiers symptômes de l'orage qui se formait contre la Compagnie s'étaient manifestés, comme on l'a vu, vers la fin de l'année 1807, et avaient donné à M. Emery de vives inquiétudes jusqu'à la fin du mois de mars de l'année suivante. Quoique depuis cette époque la Compagnie eût joui d'une certaine apparence de tranquillité, les mécontentements et la défiance contre une société connue pour son attachement au Saint-Siège continuaient toujours sourdement, et s'accroissaient à mesure que les rapports entre le Pape et l'Empereur devenaient plus difficiles. Ces mauvaises dispositions du gouvernement à l'égard

LXXXI
Un nouvel orage se forme contre Saint-Sulpice.

[1] Alban Butler, *Vie des Saints.* 1er janvier.

de Saint-Sulpice étaient si connues, que le cardinal Dugnani, étant venu voir M. Emery, lui dit en le quittant[1] : « Ce serait pour moi et pour mes collègues une grande « jouissance et une grande consolation de venir souvent « dans votre maison; mais nous nous en abstenons, « dans la crainte de la compromettre. — Monseigneur, « répondit M. Emery, je ne pense pas que votre présence puisse nous compromettre; mais, si la maison « de Saint-Sulpice devait être détruite, elle ne pourrait « pas périr pour une plus belle cause que celle de l'Église « romaine. » Le refus qu'il venait de faire de signer les réponses de la commission ecclésiastique était une preuve assez frappante de la sincérité de ce sentiment. Ce refus n'avait pu, en effet, échapper à la connaissance de l'Empereur, et avait dû le disposer plus que jamais à accueillir les suggestions malveillantes[2] de Fouché et des jansénistes dont il avait rempli ses bureaux. On ne cessait de décrier les prêtres de Saint-Sulpice comme des ultramontains, comme des hommes d'une dévotion minutieuse, peu propres à l'éducation du clergé et peu affectionnés au gouvernement. A l'appui de ce dernier grief, on produisait les lettres de quelques séminaristes interceptées par la police, et qui s'expliquaient avec beaucoup de liberté sur certains actes du gouvernement. Cette particularité, dénoncée à l'Empereur, confirma toutes les impressions qu'il avait depuis long-

---

[1] Lettre de M. Hervy, grand-vicaire de Limoges.
[2] Lettres de M. Emery au cardinal Fesch, du 1er avril 1810; à M. Vernet, du 21 juin 1810; à l'évêque de Mende, des 2 et 28 juillet 1810; à M. Nagot, du 18 mars 1811, etc.

temps contre les Sulpiciens, et il en prit occasion de parler d'eux avec une sorte de mépris. C'est ce qu'il fit en particulier dans un voyage à Nantes[1], lorsque l'évêque lui présenta les prêtres de Saint-Sulpice qui dirigeaient son séminaire : « Les Sulpiciens, dit l'Empereur, « ce sont des gens qui s'attachent à des minuties. » Làdessus, M. Duvoisin lui répondit avec esprit : « Sire, il « y a de petites choses dans tous les états, même dans « l'état militaire, d'où dépend le succès des grandes. Si « vos officiers ne suivaient pas les plus menus détails, « vous ne pourriez pas remporter tant d'illustres vic« toires. » Napoléon n'eut rien à répondre.

M. Emery, fatigué de toutes les plaintes qu'on faisait de la Compagnie, eut un moment l'idée d'y répondre dans une lettre au ministre des Cultes ; mais, y trouvant des difficultés, il alla consulter M. de Girac, ancien évêque de Rennes, qui était ordinairement son conseil dans les cas embarrassants, et dont il estimait beaucoup la prudence, et ce prélat lui conseilla de garder le silence : « Monsieur le supérieur, lui dit-il, *faites les* « *morts.* » M. Emery goûta fort cet avis, et demeura persuadé qu'un silence absolu était, dans les circonstances où il se trouvait, la meilleure de toutes les apologies.

Malgré tant de sujets d'inquiétude, il se flatta pendant quelque temps que toutes ces contrariétés aboutiraient uniquement à transporter le séminaire dans un autre local. Ce projet, dont on a vu qu'il avait déjà été question au commencement de 1808, fut de nouveau repris

LXXXII Projets formés par le Gouvernement de transférer le séminaire hors de la paroisse de

[1] Garnier, *Notice.*

Saint-Sul-ice. dans les premiers mois de 1810. On parla successivement de transférer le séminaire au collége d'Harcourt, aujourd'hui lycée Saint-Louis, puis à l'ancienne abbaye de Sainte-Geneviève, aujourd'hui lycée Napoléon, enfin à Saint-Nicolas du Chardonnet. Mais M. Emery était bien moins préoccupé du lieu où on transférerait le séminaire qu'affligé de la translation elle-même. « Je vous
« avoue, Monseigneur, écrivait-il au cardinal Fesch le
« 22 février 1810, qu'une transmigration serait pour
« moi une véritable calamité. J'ai tout fait et tout sacri-
« fié pour former l'établissement qui existe. Depuis que
« la maison a été achetée, il n'y a point d'année où je
« n'aie fait beaucoup pour l'adapter aux usages d'un
« séminaire : elle l'est parfaitement aujourd'hui ; elle
« est établie sous le nom de séminaire de Saint-Sulpice,
« nom qu'il n'est point possible de conserver ailleurs.
« C'est à ce nom qu'elle doit tout ce qu'elle est ; car,
« sans cela, il n'y aurait pas quinze séminaristes. Mais,
« indépendamment de cette considération, je ne sais si
« j'aurai assez de force et de courage pour suffire à tous
« les embarras d'un nouvel établissement ; je suis sur
« la fin de ma carrière, où j'aurais besoin d'un peu de
« repos. Mais Votre Altesse fera ce qu'elle jugera le
« plus utile au diocèse de Paris ; je me prêterai avec les
« miens autant que je pourrai. Il est vraiment désa-
« gréable au souverain degré de se donner des peines
« et des embarras extrêmes pour former un établisse-
« ment qu'on est menacé d'abandonner d'un moment à
« l'autre. Vous savez, Monseigneur, que nous ne tenons
« qu'à un fil, que, sans les bontés et la protection de

« Votre Altesse, nous serions déjà détruits ; le parti do-
« minant ne peut pas nous souffrir, et il prévaudra tôt
« ou tard. L'Empereur s'est expliqué, il n'y a pas bien
« longtemps, d'une manière très-peu favorable sur notre
« compte à une personne de qui je le tiens. »

Au moment où M. Emery écrivait cette lettre, il ne connaissait pas encore toute la grandeur du danger qui menaçait l'existence de sa Compagnie ; il n'en fut instruit qu'un mois plus tard, peu de jours avant la célébration du mariage de l'Empereur avec l'archiduchesse d'Autriche. Voici en quels termes il l'annonça à l'évêque d'Alais, dans une lettre du 28 mars 1810 : « Un décret [1] « rendu le 14 février et signifié le 17 mars, porte que
« le séminaire sera transféré à Saint-Nicolas du Char-
« donnet le 1er mai, et qu'à la même époque le sémi-
« naire de Saint-Sulpice, établi rue Pot-de-Fer, sera
« fermé. Le ministre des Cultes est venu, il y a cinq ou
« six jours, au séminaire, m'annoncer qu'on ne voulait
« point de société sous le nom de Saint-Sulpice, et que
« dans quelque temps il m'écrirait pour me notifier les
« ordres du gouvernement, et me demander sur le

LXXXIII
Le Gouvernement paraît déterminé à supprimer la Compagnie.

---

[1] Voici le texte de ce décret, d'après l'exemplaire revêtu de la signature de Napoléon, qui se conserve aux Archives de l'Empire, *Section du Secrétariat*, sous la rubrique AF IV, 2378-437.

« Art. 1er. Le séminaire du diocèse de Paris sera établi dans les bâti-
« ments de Saint-Nicolas du Chardonnet.

« Art. 2. Le Ministre des cultes fera les dispositions nécessaires pour
« que ledit séminaire soit établi et installé dans lesdits bâtiments le
« 1er mai prochain.

« Art. 3. A dater de cette époque, le séminaire de Saint-Sulpice sera
« fermé.

« Art. 4. Notre Ministre des cultes est chargé de l'exécution du pré-
« sent décret. »

« nombre, l'état, l'âge, la résidence de ceux qui for-
« ment cette association des documents certains. Je n'ai
« donné qu'à mon Conseil connaissance de cette lettre
« et de ses dispositions. Quant à la translation, il est im-
« possible qu'elle ait lieu avant la fin de l'année, attendu
« que le séminaire de Saint-Nicolas n'est pas habitable,
« et qu'excepté les murs et le couvert, tout y est pres-
« que à refaire. C'est beaucoup de gagner du temps.
« J'espère encore contre toute espérance. » Le lendemain, 29 mars, M. Emery annonça en ces termes la
même nouvelle au cardinal Fesch : « M. le ministre
« des Cultes ne paraît pas être le ministre chargé de la
« distribution des grâces qui auront lieu à l'occasion
« du mariage. Il prend, au contraire, ce temps pour si-
« gnifier des sentences de mort. J'ai reçu de lui une
« lettre qui avait été précédée d'une visite préparatoire,
« dont je n'ai encore rien dit à personne, excepté à deux
« ou trois directeurs, et que j'aurai l'honneur de com-
« muniquer à Votre Altesse quand elle sera sortie de
« ses embarras, et que je pourrai me rendre chez elle.
« Je m'abstiens de qualifier cette lettre. J'espère que les
« orages me ramèneront enfin dans le port, et c'est ma
« consolation. Au reste, les afflictions, au milieu des ré-
« jouissances communes, doivent être regardées comme
« une grâce, parce qu'elles rappellent à Dieu, et préser-
« vent de l'éblouissement des grandeurs et des vanités
« du siècle. »

Cette lettre, que M. Emery s'abstient de qualifier, était datée du 27 mars, et conçue en ces termes :

« Monsieur, toutes les associations ecclésiastiques

« d'hommes, non autorisées depuis la Révolution, ont
« été déclarées dissoutes par le décret du 3 messidor
« an XII (21 juin 1804)[1]. Dans ce nombre, se trouvait
« comprise l'association des Sulpiciens, ayant pour fon-
« dateur M. Olier. Quoique les membres de cette associa-
« tion, sous le simple titre de séminaire, ne fassent
« point de vœux, quoiqu'ils n'aient point de costume
« particulier, cependant il est de fait qu'ils se recon-
« naissent et qu'ils correspondent entre eux comme
« formant une société; qu'ils ont des règlements com-
« muns. Sa Majesté m'a donné les ordres les plus for-
« mels pour que la loi ait, à l'égard de cette société,
« son effet comme pour toutes les autres. Je dois donc
« prendre le même mode d'exécution pour que la disso-
» lution soit opérée et constatée. Je vous demande, en
« conséquence, comme supérieur de cette association,
« de m'envoyer : 1° un état nominatif des membres de
« l'association des Sulpiciens; 2° le lieu de leur rési-
« dence; 3° le lieu de leur naissance; 4° leur âge, au
« moins par approximation; 5° les noms de ceux qui,
« ayant annoncé la vocation pour entrer dans cette so-
« ciété, ont été admis aux travaux ou aux épreuves pré-
« paratoires; 6° l'état des maisons ou biens-fonds, s'il
« en est, qui appartiennent à la société, quoiqu'ils puis-
« sent être sous des noms particuliers.

« Je vous invite à m'envoyer ces états le plus tôt qu'il

---

[1] Quoique ce décret fût principalement dirigé contre les Pères de la Foi, comme nous l'avons dit précédemment, il comprenait en général toutes les associations religieuses non autorisées. (*Bulletin des lois*, an XII, 4ᵉ série, n° 58.)

« vous sera possible, et je dois en même temps vous
« notifier que les rapports qui caractérisent votre asso-
« ciation mettraient, s'ils étaient continués, les mem-
« bres qui la composent en état de désobéissance for-
« melle à la loi. »

Quelque péremptoire que parût être cette décision, M. Emery comptait toujours sur le vif intérêt que le cardinal Fesch continuait de prendre au maintien de la Compagnie et sur le zèle avec lequel il s'employait pour elle auprès de l'Empereur. Il se hâta de lui envoyer un mémoire contenant les considérations qu'il pouvait faire valoir; et, afin de lui donner le temps d'agir, il commença par prier le ministre d'accorder le délai nécessaire pour recueillir les renseignements qu'il demandait. Quinze jours après, le 14 avril, il trouva encore des excuses. Il avait été cloué sur son fauteuil par un violent mal de jambe; il allait passer la Semaine sainte à la campagne pour faire sa retraite, et ensuite il espérait être en état de faire parvenir à Son Excellence l'état nominatif, si elle continuait à l'exiger, même après les considérations qu'il lui adressait, conjointement avec sa réponse aux autres questions, pour l'engager à y renoncer [1]. Dans une lettre du 30 avril, nouvelle excuse. Il s'est présenté deux jours consécutifs et n'a pas été reçu. Le ministre n'était pas chez lui. Il voulait demander à Son Excellence si elle avait été satisfaite de sa réponse, et si elle persistait encore à juger nécessaire l'envoi de l'état nominatif des sujets survivants de l'ancienne

---

[1] Nous n'avons pu nous procurer le texte de cette réponse.

compagnie de Saint-Sulpice. Ce ne fut que le 6 mai qu'il s'exécuta enfin et envoya la liste demandée, en exprimant l'espoir « qu'elle ne sortirait pas des bureaux du ministre des Cultes pour passer dans ceux d'un autre ministre » (celui de la Police).

Cette liste renfermait les noms de vingt-neuf anciens Sulpiciens actuellement employés dans les séminaires, et de dix-huit autres prêtres qui avaient manifesté de la vocation pour ces mêmes emplois et avaient été admis à partager les travaux des premiers.

Dans le mémoire au cardinal Fesch, dont nous avons parlé, M. Emery s'exprimait ainsi :

LXXXIV
Mémoire présenté au cardinal Fesch par M. Emery.

« Monseigneur, voici quelques réflexions que je com-
« munique à Votre Altesse, et dont elle fera l'usage
« qu'elle jugera convenable.

« 1° Je viens de calculer le nombre des Sulpiciens en
« activité de service : car je n'en ai pas seulement un
« catalogue ; je n'en trouve guère qu'un peu plus de
« trente ; et, dans ce nombre, je compte quelques anciens
« supérieurs de séminaires appartenant à la *congréga-*
« *tion du Saint-Sacrement*, qui ont demandé à reprendre
« leurs premières fonctions avec nous.

« 2° Un décret qui nous supprimerait ferait un grand
« éclat et fournirait un prétexte aux malintentionnés
« de dire, comme ils font déjà, que le gouvernement
« ne veut pas sincèrement la Religion.

« 3° Si l'Empereur veut que l'association de Saint-
« Sulpice se dissipe ou ne reçoive plus personne pour
« continuer son œuvre, il n'a qu'un mot à faire dire par

« le ministre ou même par Votre Altesse, et ses inten-
« tions seront remplies sans éclat.

« 4° Il n'y a pas lieu à supprimer une association qui
« l'est déjà par les anciens décrets, et qui n'existe pas
« de droit. On n'en a pas rendu un quand il a été ques-
« tion des Pères de la Foi.

« 5° On ne saurait trop répéter que l'association de
« Saint-Sulpice, surtout dans les circonstances, ne forme
« pas une congrégation proprement dite, ni même un
« corps en vigueur; que les anciens membres de l'asso-
« ciation ont bien voulu, pour rendre service aux évê-
« ques, reprendre leurs premières fonctions; qu'ils n'ont
« aucun engagement entre eux ni avec l'ancien supérieur;
« que le supérieur ne s'est servi de son ancienne qualité
« que pour leur être un point de réunion, pour les indiquer
« aux évêques qui les demanderaient; qu'il ne fait à leur
« égard que l'office de conseiller et d'ami; que si quel-
« ques ecclésiastiques ont témoigné du goût pour rem-
« plir les fonctions de directeurs de séminaire, et qu'il
« les y ait crus propres, tout a consisté de sa part à les
« instruire sur la manière dont ils devaient remplir leur
« vocation; que les sujets, qui sont en très-petit nombre,
« se retirent quand ils veulent; que, quand les mem-
« bres de l'association travaillent dans un séminaire,
« c'est l'évêque du diocèse qui est leur supérieur pro-
« prement dit, et que leurs relations avec le chef de
« l'association consistent à en recevoir des encourage-
« ments, des consolations et des conseils.

« 6° Il ne vaut pas la peine de faire aucun éclat pour
« dissoudre cette petite association. Les ressources qui

« ont aidé à la faire subsister s'épuisent ; son chef a
« soixante-dix-huit ans : il y a tout lieu de craindre qu'à
« sa mort elle ne se dissipe d'elle-même.

« 7° Si quelques personnes tentent d'inspirer des om-
« brages à l'Empereur contre les principes de Saint-Sul-
« pice, ce ne peuvent être que des ennemis secrets. La
« moitié des archevêques et des évêques de France, ac-
« tuellement existants, ont été élevés dans des séminaires
« de Saint-Sulpice ; ils en connaissent bien la doctrine ;
« l'Empereur peut s'en informer ; et, puisqu'il est très-
« content de ces évêques, sa satisfaction doit s'étendre à
« ceux qui les ont formés, dans le sens que la doctrine
« de ces derniers ne doit pas lui être suspecte.

« 8° Si on veut examiner ceux qui cherchent à décrier
« Saint-Sulpice, on trouvera que ce sont des hommes
« favorables au Jansénisme. Saint-Sulpice n'a jamais eu
« d'autres ennemis que les Jansénistes, et c'est unique-
« ment son attachement et sa soumission aux évêques
« qui lui a fait ces ennemis, parce qu'il a toujours fait
« profession de n'avoir point d'autre cause et d'autre
« doctrine que celle de l'épiscopat, et que les Jansénistes,
« dès le principe, ont toujours été en opposition avec
« l'épiscopat.

« Voilà, Monseigneur, quelques réflexions que j'ai
« jetées sur le papier. Notre cause est entre vos mains ;
« et j'aime à croire que dans ce moment cette cause
« est un peu celle du clergé. La volonté de Dieu soit
« faite. »

Nous ignorons l'usage que le cardinal Fesch crut pouvoir faire de ces observations ; mais il est certain que

les attaques livrées à M. Emery et à sa compagnie se ralentirent alors pendant quelque temps, et le laissèrent dans l'incertitude sur l'issue qu'elles pouvaient avoir. Il écrivait à l'évêque d'Alais le 31 mai de cette année : « Quant aux affaires de Saint-Sulpice, elles sont *in statu* « *quo*. Il ne reste plus qu'un bénéfice, c'est celui du « temps ; mais ce bénéfice est considérable, quoique « souvent il ne rende rien. »

<small>LXXXV
Lettres interceptées par la police.</small>
M. Emery ne jouit pas longtemps de ce bénéfice. La veille même du jour où il écrivait ainsi à l'évêque d'Alais, une lettre adressée par lui à l'abbé de Lacoste-Beaufort, chanoine théologal de Cahors, et interceptée par la police, avait été renvoyée par l'Empereur au ministre des Cultes avec cette note :

« Monsieur le comte Bigot de Préameneu, je vous « renvoie une lettre que je vous prie de garder pour « vous seul, et dont je désire que vous me donniez l'ex- « plication. »

Voici cette lettre, datée du 26 mai :

« Il est très-sérieusement question de transporter le « séminaire de Saint-Sulpice dans les bâtiments de « Saint-Nicolas qu'on commence à rétablir dans ce des- « sein. Un arrêté voulait que la translation eût lieu le « 1er mai ; mais l'impossibilité a opposé un autre arrêté « auquel on obéit toujours. Il est même très-difficile que « cette translation puisse s'exécuter au commencement « de l'année prochaine. On suppose une translation en- « tière, ce qui entraîne celle du maître aussi bien que « celle des élèves ; et c'est encore beaucoup : car on en

« veut et au nom et aux personnes. Celles-ci essuient
« une attaque directe, en tant qu'on soupçonne qu'elles
« forment corps, et vous voyez par les Nouvelles que la
« haine du corps et des corporations se conserve dans
« toute sa force. J'espère cependant encore du bénéfice
« du temps et surtout de la protection des saints patrons
« et supérieurs. J'espère que nous pourrons procurer
« une niche à notre sainte Vierge[1] sans vous mettre à
« contribution. Quoique vous ayez trois ans de plus que
« moi, je peux fort bien vous précéder; mais, comme le
« contraire est possible, si vous faites quelques disposi-
« tions pieuses, destinez-moi quelques cents livres que
« j'emploierai en œuvres pies dans l'établissement d'Issy
« qui est le seul monument à Paris qui, avec la maison
« de Vaugirard, rappelle l'ancien Saint-Sulpice. Je prends
« des mesures pour être conservé dans le cas même où
« nous n'aurions plus de séminaire ; mais l'état des choses
« ne peut pas durer avec violence ; le gouvernement peut
« changer de système, et le bras de Dieu n'est pas rac-
« courci. »

Nous ne connaissons pas les explications que put donner le ministre sur le sens de cette lettre ; mais, quelques jours après, une autre lettre, venant du séminaire de Saint-Sulpice et également interceptée, détermina l'explosion dont on était depuis si longtemps menacé. Cette lettre, sans signature, écrite d'un ton

---

[1] Il s'agit de la statue de Notre-Dame du Mont-Carmel qui fut placée au fond du parterre à Issy, ainsi que nous le dirons ci-après. Une lettre de M. Emery, que nous aurons occasion de citer, nous apprend que c'était l'abbé de Lacoste qui avait donné l'argent employé à l'acquisition de cette statue.

déclamatoire et pleine d'imprudences, était adressée à M. l'abbé d'Auzers, alors en Auvergne. L'auteur, exaspéré par les maux de l'Église, et en particulier par le traitement infligé au Souverain Pontife, envisageait l'avenir sous les couleurs les plus noires, supposant que la ruine de la Religion était le but auquel on tendait, et l'effet d'un plan concerté et suivi avec méthode. Il se livrait en outre aux plus sombres pressentiments sur le sort réservé au séminaire et à la Compagnie de Saint-Sulpice, exagérant et envenimant par des plaintes amères des faits d'ailleurs vrais et conformes à ceux qu'on a lus dans la lettre de M. Emery à l'abbé de Lacoste-Beaufort[1].

---

[1] Voici le texte de cette lettre, qui est datée du 9 juin 1810 :

« Vous me dites, mon très-cher monsieur, que votre pays ne fournit aucunes nouvelles ; il n'en est pas de même du nôtre qui nous en fournit continuellement et de bien mauvaises. La ruine de la Religion et de ses ministres, on n'entend pas parler d'autre chose. On ne peut plus se dissimuler cette terrible vérité ; partout le découragement et la frayeur. Ce n'est pas seulement en France que l'impiété fait ses ravages ; elle les étend sur l'Espagne, et sur l'Italie, et sur l'Allemagne. C'est une conspiration générale en Europe de proscrire la Religion de Jésus-Christ. Si Dieu ne nous regarde en sa miséricorde, avant qu'il soit deux ans, il n'y aura plus aucune trace du culte public, et les peuples seront ce qu'ils voudront être; tout semble tendre à ce but déplorable. On ne fait plus mystère des plans concertés et suivis avec méthode : on les apprend dans les conversations, on les lit dans les ouvrages périodiques. Le zèle des premiers pasteurs, ou refroidi, ou enchaîné, n'oppose aucune digue à ce torrent qui va bientôt tout engloutir. Il faut que nos crimes soient bien grands pour nous avoir attiré de si épouvantables fléaux. Il y a apparence qu'on nous laissera finir l'année dans notre maison. On travaille à toute force à réparer le séminaire de Saint-Nicolas, dont on avait d'abord suspendu les travaux. On ne croit pas que nos messieurs soient appelés à diriger ce nouveau séminaire. Leur Compagnie est détruite en haine des bons principes qu'elle a toujours professés. Qui mettra-t-on à leur place ? Vraisemblablement des hommes d'une doctrine moderne, et qui soient propres à égarer ; car on ne cherche pas autre chose... On ne voit aucun moyen humain de rétablir tant soit peu les affaires

En faisant passer cette lettre au ministre, l'Empereur l'accompagnait de cette note signée de sa main :

« Renvoyé au ministre des Cultes pour prendre une
« idée de la routine du séminaire Saint-Sulpice, et
« prendre des mesures pour activer les travaux, de sorte
« qu'au mois de juillet cette congrégation soit dissoute
« et le séminaire détruit.

« Saint-Cloud, le 11 juin 1810. »

LXXXVI. Ordre de Napoléon pour la transformation du séminaire de St-Sulpice en séminaire diocésain et pour l'exclusion des Sulpiciens.

Deux jours après, un ordre de l'Empereur lui-même, également expédié de Saint-Cloud, et transmis par le ministre des Cultes aux vicaires généraux de Paris, portait ce qui suit [1] : « Il convient que le séminaire de
« Saint-Sulpice change tout à fait de main et de nature.
« A dater d'après-demain, il faut qu'il ne soit autre chose
« qu'un séminaire du diocèse de Paris ; qu'il soit organisé
« en conséquence ; qu'on lui donne un directeur et tous
« les administrateurs dont il a besoin ; qu'on n'y emploie
« aucun Sulpicien, et que M. Emery cesse sur-le-champ

« de l'Église. Il ne faut rien de moins qu'un prodige du Ciel, et, sans
« contredit, nous ne le méritons pas. Aucun des évêques nommés n'a
« l'espoir d'aller dans son siége, à moins qu'il ne veuille y aller contre
« l'autorité légitime, ce qu'il ne faut pas présumer. Le Saint-Père ne
« fera point de pacte au préjudice de la Religion dont il est le chef
« auguste, et qu'il console par sa patience inaltérable au milieu des
« maux sans nombre dont il est accablé, et par sa résignation dont il
« y a peu d'exemples. On s'attendait à ce que cette ordination fût nom-
« breuse, on s'est trompé. Tous nos jeunes gens ont la terreur dans
« l'âme; ils redoutent les malheurs attachés à l'état ecclésiastique.
« D'ailleurs leurs parents, dont il faut qu'ils aient le consentement, et
« cela d'après de nouveaux ordres, les en détournent. »

[1] Le séminaire possède une copie de cette pièce, certifiée conforme à celle qui fut déposée par les grands vicaires au secrétariat de l'archevêché de Paris.

« d'y remplir aucune fonction. On doit s'emparer immé-
« diatement de la maison, qui pourrait bien être une
« propriété du domaine, et que du moins on pourrait
« être dans le cas de considérer comme une propriété
« publique, puisqu'elle appartient à une congrégation.
« S'il est reconnu qu'elle soit une propriété particulière
« de M. Emery ou de tout autre, on pourra en payer
« d'abord les loyers, et la requérir ensuite, sauf indem-
« nité, comme utile à un service public. Le ministre des
« Cultes fera connaître dans la journée de demain les
« intentions de l'Empereur aux grands vicaires de Paris
« et à M. Emery. Lorsque le séminaire qu'on prépare
« sera établi, le séminaire de Saint-Sulpice subsistera
« comme petit séminaire. — Pour copie conforme, le
« ministre des Cultes,

« Comte Bigot de Préameneu. »

Ce fut le jour de l'ordination, 16 juin 1810, que les vicaires généraux vinrent au séminaire pour notifier à M. Emery cet ordre de l'Empereur[1]. Quelque affligeante que fût cette nouvelle, elle ne le surprit pas, et il n'en perdit pas un seul moment le calme et la tranquillité de son âme. Il trouvait même un sujet de consolation dans la pensée que le coup qui le frappait, ainsi que le séminaire de Paris, laissait subsister encore la Compagnie dans les séminaires de province. On remarqua que pendant le dîner qu'il donna ce jour-là au cardinal Fesch, qui avait fait la cérémonie de l'ordination dans l'église de Saint-

[1] Garnier, *Notice*. — Notes de M. Caron.

Sulpice, il conserva toute sa gaieté ordinaire. Il songea aussi, dès ce même jour, à quitter au plus tôt le séminaire, laissant à M. Duclaux la conduite de la maison, en attendant qu'on y établît les directeurs destinés à remplacer les prêtres de Saint-Sulpice. Cette triste nouvelle, répandue dans la communauté, y occasionna une consternation générale, les séminaristes concevant avec raison une vive inquiétude sur leur avenir et sur l'esprit des nouveaux directeurs qu'il était question de leur donner.

Le lundi suivant, M. Emery se rendit à la lecture spirituelle pour faire ses adieux à la communauté et lui donner quelques avis. Rien de plus touchant que cette dernière allocution; tous ceux qui l'entendirent en conservèrent longtemps une vive impression. C'est d'après leur témoignage et d'après nos propres souvenirs que nous en rapporterons ici les principaux traits [1].

LXXXVII
Adieux de M. Emery à la communauté.

La première partie de cette allocution fut une application aussi heureuse que touchante des adieux de saint Paul au clergé et aux fidèles de Milet. «*Vos scitis qualiter* « *vobiscum per omne tempus fuerim..... Quomodo nihil* « *subtraxerim utilium..... Non enim subterfugi quominùs* « *annuntiarem omne consilium Dei vobis..... Propter* « *quod vigilate, memoriâ retinentes quoniam nocte et die* « *non cessavi cum lacrymis monens unumquemque vestrûm.* « *Et nunc commendo vos Deo et verbo gratiæ ipsius, qui*

---

[1] Récit de MM. Tharin, évêque de Strasbourg; Le Tourneur, évêque de Verdun; de Janson, évêque de Nancy; de Mazenod, évêque de Marseille; Delvaux, jésuite; Dorion, chanoine de Luçon; Cattet, grand vicaire de Lyon; Caron, prêtre de Saint-Sulpice, etc.

« *potens est ædificare et dare hæreditatem in sanctificatis*
« *omnibus*[1]. » En développant ces paroles, M. Emery exprima d'une manière aussi tendre que pathétique la douleur que lui causait la seule pensée de quitter ses chers enfants, la consolation qu'il emportait avec lui d'avoir pu contribuer en quelque chose à leur sanctification et à leur bonheur, la crainte et le regret de n'avoir peut-être pas fait pour eux tout ce que lui imposait le devoir de sa charge.

Après ces touchantes effusions de cœur, souvent interrompues par les pleurs et les sanglots des séminaristes, il jugea convenable de leur faire connaître la principale cause de sa disgrâce, savoir le reproche d'ultramontanisme si souvent répété depuis quelque temps contre lui et ses confrères, et il prit de là occasion de fortifier les séminaristes dans les sentiments de respect et de dévouement pour le Saint-Siége, qu'on leur avait toujours inspirés. Il déclara qu'à la vérité il avait toujours enseigné et fait enseigner dans le séminaire les *quatre Articles de* 1682, comme étant la doctrine du clergé de France et des évêques par l'autorité desquels se donne l'enseignement dans les séminaires, mais qu'il les avait toujours enseignés comme de pures opinions, et qu'il ne les avait jamais entendus dans le sens outré des ennemis du Saint-Siége, mais uniquement dans le sens modéré des évêques de France, si bien expliqué par Bossuet dans son discours sur l'*Unité de l'Église*, et par le clergé de France lui-même dans le préambule

[1] *Act. apost*, XX.

de la Déclaration de 1682[1]. A l'appui de ces explications, il lut ce préambule, dont il tira les conséquences pratiques sur l'obéissance due au Saint-Siége; et, faisant allusion au concile qu'il était question de convoquer, il insista sur le concours nécessaire du Pape dans les opérations de cette assemblée, les évêques n'ayant, de droit divin, qu'une autorité subordonnée à la sienne. Revenant ensuite au premier objet de son allocution, il recommanda fortement aux séminaristes la fidélité aux règles, le respect et la docilité pour les nouveaux directeurs qui leur seraient donnés par l'autorité légitime. Il ajouta que ce changement ne devait pas les troubler; qu'il croyait pouvoir leur annoncer ces nouveaux directeurs comme des hommes dignes de leur confiance, et qu'en les quittant il n'avait pas du moins la douleur de dire comme saint Paul : *Ego scio quoniam intrabunt post discessionem meam lupi rapaces in vos.* Il termina en se recommandant aux prières de la communauté, l'assurant que de son côté

---

[1] Voici ce préambule : « Ecclesiæ Gallicanæ decreta et libertates à majoribus nostris tanto studio propugnatas, earumque fundamenta sacris canonibus et Patrum traditione nixa multi diruere moliuntur; *nec desunt qui earum obtentu primatum beati Petri ejusque successorum Romanorum Pontificum à Christo institutum, iisque debitam ab omnibus christianis obedientiam, Sedisque apostolicæ, in qua fides prædicatur, et unitas servatur Ecclesiæ, reverendam omnibus gentibus majestatem imminuere non vereantur. Hæretici quoque nihil prætermittunt, quò eam potestatem, quâ pax Ecclesiæ continetur, invidiosam et gravem regibus et populis ostentent, iisque fraudibus simplices animas ab Ecclesiæ matris Christique adeo communione dissocient.* Quæ ut incommoda propulsemus, nos Archiepiscopi et Episcopi Parisiis mandato regio congregati, Ecclesiam Gallicanam repræsentantes, unà cum cæteris ecclesiasticis viris nobiscum deputatis, diligenti tractatu habito, hæc sancienda et declaranda esse duximus. »

il ne l'oublierait jamais, et qu'il serait toujours en esprit au milieu d'elle.

Pendant qu'il parlait encore, l'avant-quart de sept heures ayant sonné, le réglementaire se disposait à donner selon l'usage le signal du souper. M. Emery l'arrêta en disant : « Je prie Monsieur le réglementaire « d'attendre quelques minutes ; c'est la première fois « que j'interromps l'ordre du règlement, et ce sera la « dernière. »

Il serait difficile d'exprimer le sentiment de tristesse que ces courtes paroles produisirent sur l'auditoire, déjà si vivement impressionné. M. Emery reprit ensuite son discours et parla encore quelques moments, après quoi il se leva pour terminer l'exercice par le *Sub tuum præsidium*. Cette prière étant achevée, M. de Mazenod, depuis évêque de Marseille, pressé par quelques-uns de ses confrères, et se rendant l'interprète de tous, s'approcha de M. Emery et lui exprima en leur nom la disposition où ils étaient de n'oublier jamais ses derniers avis, et de se montrer en tout temps dignes de leur bon père. Il le supplia ensuite de vouloir bien les bénir une dernière fois avant de les quitter. A ces mots, toute la communauté, les directeurs et les séminaristes ensemble, se mettent à genoux ; M. Emery, profondément ému, pouvait à peine prononcer quelques paroles, et parut d'abord vouloir se mettre à genoux avec eux. Enfin, levant les mains au ciel, il leur donna sa bénédiction au milieu des sanglots qui éclataient de toutes parts. On descendit ensuite au réfectoire, où le repas fut encore mêlé de bien des larmes, et pendant lequel M. Emery se rendit à la tribune de la chapelle, pour y faire une courte prière avant de partir pour Issy, où il avait résolu de se retirer.

En sortant de la chapelle, il se rendit avec M. Giraud, économe de la maison, à Issy, où se trouvait M. Garnier, qui faisait sa retraite annuelle[1]. Après le souper, où il ne mangea presque rien, ils allèrent ensemble visiter la chapelle de Notre-Dame de Toutes Grâces, puis saluer la statue de Notre-Dame du Mont-Carmel, dont il avait fait l'acquisition quelques mois auparavant, et qui était placée au fond du parterre, dans l'endroit où elle est encore aujourd'hui. Il reprocha vivement à M. Giraud de n'avoir pas encore fait poser les treillis dont cette statue devait être environnée. « Il faut, lui dit-il, faire les affaires de la sainte Vierge, « si nous voulons qu'elle fasse les nôtres. » C'était là, en effet, le principal motif qui avait engagé M. Emery à faire l'acquisition de cette statue; à mesure que les moyens ordinaires lui manquaient pour soutenir l'œuvre de M. Olier, il redoublait de confiance en Dieu et en la très-sainte Vierge. « Dans la tempête que nous « éprouvons en ce moment, écrivait-il à M. Nagot le « 12 mai 1810, en lui annonçant l'acquisition de cette « statue, toute ma confiance est dans la sainte Vierge, « la mère Agnès, M. Olier, ses successeurs et tous les « patrons du séminaire... Je vous dirai, pour votre con- « solation, que j'ai acheté une très-belle statue de « pierre de la sainte Vierge, ayant sept pieds de haut,

LXXXVIII
Il se retire à Issy.

---

[1] Garnier, *Notice.*

« que Madame Louise avait fait placer dans le jardin
« (des Carmélites) de Saint-Denis, sur un très-beau
« piédestal ; et je l'ai fait placer au fond du parterre, à
« côté de la voûte. M. de Lacoste, qui vit encore, m'a-
« vait donné de l'argent pour acheter un tableau de
« Lebrun. J'ai cru que la Vierge serait plus honorée
« par une statue que nous allons saluer en arrivant à
« Issy, que par un tableau. » Telle est l'origine de
l'usage, qui se conserve encore aujourd'hui, de faire
une prière au pied de cette statue en arrivant à la
campagne.

LXXXIX
Les autres directeurs restent au séminaire. Rapports que M. Emery conserve avec eux.

L'ordre de l'Empereur qui obligeait M. Emery à quitter le séminaire y obligeait également tous les autres directeurs ; mais une explication officielle autorisa ces derniers à rester dans la maison jusqu'à ce qu'on eût pourvu à leur remplacement. La disgrâce de Fouché, qui avait eu lieu quelques jours avant l'ordre donné à M. Emery, fut la principale cause de cet intervalle de tranquillité. Le nouveau ministre de la police, Savary, duc de Rovigo, n'avait aucune raison de partager l'antipathie de son prédécesseur contre les Sulpiciens.
« Le ministre (des Cultes), écrivait M. Emery à l'évêque
« d'Alais le 20 juillet 1810, n'est pas malintentionné
« pour nous ; mais, s'il était un peu plus courageux,
« les choses seraient bientôt remises dans l'ancien état.
« Le ministre qui est auteur de tout n'est plus en place ;
« son successeur ne sait pas seulement s'il y a des Sul-
« piciens dans le monde. »

Dans ce nouvel état de choses, les exercices du séminaire continuaient comme à l'ordinaire, mais avec quelques modifications, également pénibles pour les directeurs et pour les séminaristes[1]. La crainte de donner de l'ombrage au gouvernement par des relations habituelles avec M. Emery empêchait la communauté d'aller passer à Issy les jours de congé; la récréation se prenait ces jours-là, en partie dans la maison de Paris, et en partie dans celle de Vaugirard, où l'on se rendait après le dîner. Quelques séminaristes seulement obtenaient la permission d'aller voir à Issy M. Emery, qui les accueillait avec une joie sensible et une bonté paternelle. Il eut même la consolation d'y recevoir la communauté tout entière, le 25 juillet, jour de saint Jacques, l'un de ses patrons. On avait pris auparavant la précaution de sonder là-dessus le ministre des Cultes, qui n'avait trouvé aucun inconvénient dans cette réunion passagère des séminaristes autour de leur ancien supérieur. Ce fut véritablement un jour de fête pour M. Emery et pour ses chers enfants; et leurs sentiments réciproques se manifestèrent par de touchants témoignages : M. Emery voulut voir en particulier chacun des séminaristes pour leur donner la liberté de lui exposer leurs peines et leurs besoins. Il prit avec eux ses repas au réfectoire où l'on fit un extraordinaire; il leur permit à tous indistinctement l'entrée de la bibliothèque, où il avait tiré des rayons et étalé sur la table plusieurs beaux livres d'estampes, afin qu'ils pussent les examiner à loisir. Les séminaristes, de leur côté, ne savaient comment exprimer à ce bon

---

[1] Notes de M. Caron. — Récit du P. du Mesnildot. — Lettre de l'abbé Garnier, chanoine honoraire de N. D. de Paris, etc.

père les sentiments de joie et de reconnaissance dont ils étaient pénétrés, et qui étaient sensiblement peints sur toutes les figures.

Le temps des vacances ne fut pas, à beaucoup près, aussi agréable. La prudence ne permettait pas à la communauté de les prendre à Issy; la plupart des séminaristes les passèrent dans leurs familles : ceux qui restèrent à Paris étaient habituellement en récréation dans la maison, où l'on avait apporté une partie des jeux de la campagne. Néanmoins on gardait le silence au réfectoire, suivant l'ancien usage. On allait de temps en temps passer l'après-midi à Vaugirard, et on permettait facilement aux élèves de faire, par petites bandes, quelques excursions aux environs de Paris, sous la conduite d'un prêtre ou d'un diacre. M. Emery n'était cependant pas entièrement privé de leur présence : il fut permis à quelques-uns de passer à Issy plusieurs jours de suite, et trois ou quatre d'entre eux y restèrent pendant la plus grande partie des vacances.

XC
Il prend un appartement à Paris.

M. Emery n'y était pourtant pas tellement fixé, qu'il ne fit de fréquents voyages et quelquefois un assez long séjour à Paris[1]. Le conseil de l'Archevêché, qui avait lieu toutes les semaines, celui de l'Université, dont les réunions étaient encore plus fréquentes, les embarras occasionnés par la vente de la maison du séminaire ou par d'autres affaires importantes, l'obligeaient assez souvent à rester à Paris plusieurs jours de suite. Dans cette vue, il loua un petit appartement dans une mai-

---

[1] Garnier, *Notice*. — Lettres de M. Emery à l'évêque d'Alais (juin et juillet 1810).

son voisine du séminaire, au coin de la rue du Pot-de-Fer et de la rue de Vaugirard. Mademoiselle Jouen et la sœur Rosalie allèrent lui monter son petit ménage. « Nous « le trouvâmes très-gai, disait la sœur Rosalie[1], et, « comme nous étions loin de partager ses sentiments, « il nous reprocha notre peu de foi. Il me dit à moi : « Cette tristesse n'est pas digne d'une fille de saint Vin- « cent de Paul, si soumis aux ordres de la Providence, « et qui regardait la croix et les tribulations comme « les solides biens de cette vie. Vous n'avez donc point « de foi, nous disait-il, ; ceci n'est qu'une tempête qui « se dissipera. Il est vrai que nous avons de puissants « adversaires ; *mais ils passeront, et nous resterons après* « *eux.* C'est, ajoutait la sœur Rosalie, ce que l'événe- « ment a bien justifié. »

M. Emery ne faisait pas difficulté de venir passer, dans la journée, un temps assez considérable au séminaire, où il avait laissé ses livres et tous ses papiers. Mais, pour être moins aperçu, il y entrait ordinairement pendant l'oraison, par une porte de derrière qui du jardin ouvre sur la rue de Vaugirard. Après avoir dit sa messe à la tribune de la chapelle, il évitait avec soin de paraître dans la communauté, et n'avait de rapports qu'avec les directeurs, qu'il rassemblait de temps en temps dans sa chambre, et avec ceux des sé- minaristes qui venaient l'y trouver. Le ministre des Cultes, qu'il avait cru devoir consulter à ce sujet, avait expressément approuvé ses communications avec le sé-

---

[1] Récits à M. Faillon.

minaire entendues dans cette mesure. « Vous me mar-
« quez, Monsieur, lui écrivait-il le 19 juin, que vous
« êtes dans une maison qui vous appartient à Issy ; que,
« lorsque vous irez accidentellement, à raison de vos
« affaires personnelles, dans la maison du séminaire,
« vous n'y paraîtrez que comme étranger, et pour
« inspirer aux jeunes gens que vous y rencontreriez
« des sentiments de docilité. Je ne puis trouver dans
« cette conduite que les preuves de votre soumission
« aux intentions de Sa Majesté. »

Il arriva quelquefois à M. Emery, en allant et venant dans la maison, de rencontrer des séminaristes en contravention à la règle. Il leur disait : « Mes enfants, je
« ne vous parle pas comme supérieur, puisqu'il m'est
« défendu d'en exercer aucune fonction, mais je vous
« conseille comme ami de ne pas faire ce que je sais
« vous être défendu. »

XCI
Sa dévotion pour la chapelle de Vaugirard et pour les saintes reliques.

Vint le jour de la Présentation de la sainte Vierge, fête patronale du séminaire, où l'on fait le renouvellement des promesses cléricales. M. Duclaux conseillait à M. Emery d'assister à la cérémonie, comme faisaient tant d'ecclésiastiques étrangers à la maison ; mais il renonça à se procurer cette consolation, dans la crainte de compromettre le séminaire : « C'est un grand
« sacrifice pour moi, dit-il, mais depuis longtemps je
« suis accoutumé aux sacrifices. » Pour se dédommager un peu de cette privation, il alla dire la messe à Vaugirard, dans la chapelle de M. Olier. C'était une de ses dévotions favorites, et il engageait les directeurs à faire de même, selon l'ancien usage, afin de puiser

dans ce saint lieu l'esprit de M. Olier, comme dans sa première source. Ce jour-là, il se fit accompagner de l'abbé Faivre, séminariste très-fervent, qui mourut depuis au séminaire en odeur de sainteté. Ce jeune homme a souvent rapporté que M. Emery, après sa messe, alla vénérer toutes les reliques qui étaient en assez grand nombre dans la chapelle; il se prosterna successivement devant chaque reliquaire, en poussant des gémissements et des soupirs affectueux, baisa ceux qui étaient à sa portée, et envoya des baisers à ceux qui étaient placés trop haut. Il employa bien trois quarts d'heure à ce pieux exercice. Telle était, à ce qu'il paraît, sa coutume, dans toutes les visites qu'il faisait à cette chapelle; car voici ce que raconte encore M. Tharin, depuis évêque de Strasbourg : « Un jour il me conduisit, avec
« un autre séminariste, à la chapelle de Vaugirard,
« pour y vénérer les reliques des saints. Là, il satisfit
« sa dévotion avec une simplicité de foi que je me rap-
« pelle toujours avec édification. Nous récitâmes d'abord
« les Litanies des Saints; après quoi M. Emery fit le
« tour de la chapelle, baisant respectueusement tous
« les reliquaires qui étaient à sa portée. Lorsqu'il s'en
« trouvait un trop haut placé pour recevoir ce respec-
« tueux hommage, il nous disait : *Puisque nous ne pou-*
« *vons baiser celui-ci, faisons-lui du moins une profonde*
« *révérence;* alors nous nous inclinions tous ensemble
« devant le reliquaire. Après cette dévote cérémo-
« nie, il nous dit, faisant allusion à la situation de
« l'Église : *Tout appui humain nous manque; il faut*
« *nous faire un rempart avec les corps des Saints.* »

Cette foi simple et naïve, qui s'alliait en M. Emery avec une rare pénétration d'esprit, se manifestait de plus en plus à mesure qu'il avançait en âge et que la Providence lui envoyait de nouvelles épreuves. C'était surtout depuis qu'il avait quitté le séminaire, qu'il s'appliquait à rassembler dans la chapelle de Vaugirard une grande partie des reliques qui y ont été conservées longtemps et qui sont aujourd'hui à la Solitude. Il ne laissait échapper aucune occasion de s'en procurer de nouvelles, et, comme on lui en demandait un jour la raison, il répondit que, *n'ayant plus d'amis sur la terre, il fallait s'en faire dans le ciel.*

XCII
Il est obligé de vendre au Gouvernement la maison occupée par le séminaire.

L'ordre de l'Empereur, qui contraignait M. Emery de quitter le séminaire, l'obligeait aussi à faire constater ses titres de propriété sur la maison de la rue du Pot-de-Fer ; et, dans le cas où ces titres seraient reconnus valables, à céder cette maison au Gouvernement, sauf indemnité, comme nécessaire à un service public. L'exécution de cet ordre présentait des difficultés que M. Emery lui-même nous fait connaître dans une lettre écrite à l'évêque d'Alais vers la fin du mois de juin 1810 : « L'événement en question, dit-il, semble
« me délivrer de bien des embarras ; mais dans les pre-
« miers temps il m'en attire de plus nombreux et de
« plus fâcheux. J'ai à donner ordre à tant de choses !
« Après avoir reconnu que la maison m'appartient, on
« me force de la céder, sous le prétexte qu'elle peut
« être utile à un petit séminaire. S'il n'était question
« que de loger une personne, cela serait aisé ; mais
« j'avais recueilli tant de choses, tant de livres, etc.,

« qu'il faut placer dans un local qui m'appartienne.
« J'ai bien la maison d'Issy ; mais ne voudrait-on pas
« s'en emparer? » Les difficultés dont parle ici M. Emery
eussent été en effet très-graves, dans le cas où l'on
eût obligé les prêtres de Saint-Sulpice à quitter le séminaire, et où l'on eût effectué le projet qu'on avait
alors de placer le grand séminaire à Saint-Nicolas du
Chardonnet, en réservant pour un petit séminaire la
maison de la rue du Pot-de-Fer. Mais le sursis accordé
aux Sulpiciens, et la nécessité de faire à Saint-Nicolas
des réparations considérables, permirent à M. Emery
d'ajourner indéfiniment les mesures à prendre par rapport au mobilier de sa maison. Il n'eut donc à s'occuper que de la vérification de ses titres de propriété et
de la détermination du prix, et ces deux points furent
définitivement réglés pendant les derniers mois de 1810.

Le ministre des Cultes, chargé de suivre cette affaire,
désira seulement savoir si les fonds employés par
M. Emery à l'acquisition de la maison du séminaire ne
provenaient pas, en tout ou en partie, de la pieuse libéralité des fidèles, qui auraient eu l'intention de contribuer à une œuvre diocésaine. La réponse de M. Emery
satisfit pleinement le ministre. « Je réponds nettement,
« lui écrivait-il, et dans toute la sincérité de mon cœur,
« qu'il n'en est rien. Vous pouvez vous rappeler ce que
« j'ai dit à ce sujet dans une lettre précédente, et je serais
« prêt à entrer avec vous, si vous le désiriez, dans les
« détails les plus satisfaisants. J'ai reçu de temps en
« temps quelque argent pour payer la pension de pau-
« vres ecclésiastiques ; mais tout a été employé à cet

« usage. » Après cette déclaration, il ne restait plus au ministre qu'à faire examiner la maison par un architecte du gouvernement, pour s'assurer qu'elle avait réellement la valeur de cent vingt mille francs, à laquelle M. Emery faisait monter les frais d'acquisition et de réparations. Après avoir examiné la maison avec soin, l'architecte reconnut que telle était en effet sa valeur réelle. Il n'hésita même pas à dire que le prix eût pu en être porté à cent quarante mille francs, et que cette estimation eût été approuvée sans difficulté. En conséquence du rapport de l'architecte, le ministre des Cultes fut autorisé, au mois de décembre 1810, à fournir la somme de cent vingt mille francs à M. Emery, qui l'employa en partie à payer ce qu'il devait encore pour la maison d'Issy, et en partie à faire l'acquisition du parc de cette maison, ainsi que nous le dirons bientôt.

XCIII
Mort du cardinal de Belloy; nomination successive des cardinaux Fesch et Maury au siége de Paris.

Peu de temps avant la conclusion de cette affaire, l'administration spirituelle du diocèse de Paris subit un changement très-important et auquel M. Emery était particulièrement intéressé, comme vicaire général et membre du conseil archiépiscopal. Nous voulons parler de la nomination du cardinal Maury à l'archevêché de Paris, vacant par la mort du cardinal de Belloy, arrivée le 10 juin 1808. Quelque temps auparavant, M. Emery avait demandé à celui-ci des pouvoirs délégués très-étendus et indépendants de ses lettres de grand vicaire, qui devaient être annulées par le seul fait de la mort du prélat[1]. Ces pouvoirs accordés à

---

[1] Garnier, *Notice.*

M. Emery le 17 mai 1808, étaient les mêmes que les archevêques de Paris avaient coutume de donner au supérieur de Saint-Sulpice, qui les communiquait, selon sa prudence, aux directeurs du séminaire, et les conservait même après la mort de l'archevêque, à moins qu'ils ne fussent expressément révoqués par l'autorité diocésaine. Il est vrai que M. Emery, ayant été adjoint aux vicaires capitulaires, n'eut pas besoin de ces pouvoirs pour lui-même; mais la suite montra la sagesse de cette précaution.

Pendant les deux premières années qui suivirent la mort du cardinal de Belloy, le diocèse fut paisiblement gouverné par les grands vicaires du chapitre. La nomination même du cardinal Fesch au siége de Paris, qui eut lieu le 31 janvier 1809, ne modifia en rien leur administration[1]. Il est vrai que le prélat accepta cette nomination, et reçut à cette occasion les félicitations du chapitre, qui lui offrit des lettres d'administrateur; mais il les refusa; il ne voulut ni aller habiter l'Archevêché, ni prendre en main l'administration du diocèse, se contentant de faire connaître ses vues et ses intentions aux grands vicaires, qui se faisaient un devoir de le consulter sur les affaires les plus importantes. Il semblait même disposé à renoncer au siége de Paris, à moins que le Souverain Pontife ne lui permît de conserver en même temps celui de Lyon qu'il ne voulait pas

---

[1] Jauffret, *Mém.*, t. II, p. 282 et 315. — Picot, *Mém.* (édit. de 1815), t. III, p. 541. — *Ami de la Rel.*, t. CI, p. 391. — Voir aussi deux *Mémoires*, dont l'un adressé à Pie VII, par l'abbé, depuis cardinal d'Astros, et imprimés à la suite de sa *Vie*, par le P. Caussette. (*Pièces justificatives*, n. VI et VIII.)

abandonner et qui avait réellement besoin de lui pour le soutien de plusieurs œuvres importantes. Nous voyons dans une lettre de M. Emery à l'évêque d'Alais, écrite vers le milieu de février 1809, ce qu'il pensait et de cette nomination, et de la condition que le cardinal mettait à son acceptation. « Vous avez raison, disait-il au
« prélat, de féliciter l'Église de la nomination de
« M. le cardinal Fesch à l'archevêché de Paris; mais il y
« a une circonstance bien fâcheuse : il s'aheurte à vou-
« loir garder l'archevêché de Lyon. Ce serait le premier
« exemple donné en France de la pluralité des évêchés
« depuis le concile de Trente. Ses raisons sont louables
« et marquent de très-bonnes intentions; mais elles
« sont insuffisantes. C'est donner sans cause un très-
« mauvais exemple, et je crains que cela, en portant
« un coup mortel à sa régularité, ou à la réputation
« de sa régularité, ne soit un grand obstacle au bien
« qu'il aurait pu faire. C'est lui qui veut cette pluralité,
« ce n'est pas l'Empereur. Il m'avait demandé ce que
« j'en pensais ; je le lui ai dit avec franchise, et j'ai
« motivé puissamment mon opinion. Mais il y a si peu
« de personnes qui nous aiment sincèrement et qui ne
« craignent de nous déplaire en nous disant la vérité,
« que les évêques eux-mêmes qui blâment fortement la
« chose, et qui sont très-liés avec Son Éminence, n'osent
« rien lui dire. » Dans une autre lettre du 19 février, M. Emery ajoute ce qui suit : « Il était difficile que vous
« pensassiez autrement que moi sur la cumulation des
« deux siéges; mais je ne dis plus mot sur l'article. »

Les oppositions que le cardinal Fesch rencontra sur

ce point n'empêchèrent pas qu'il ne fût considéré, pendant plus de dix-huit mois, comme archevêque nommé de Paris, et désigné sous ce titre dans les journaux [1]. Mais cet état de choses changea tout à coup au mois d'octobre 1810. L'Empereur commençait à être mécontent de son oncle, qu'il ne trouvait pas assez souple à ses volontés. Il était surtout blessé du refus que faisait ce prélat de prendre en main l'administration du diocèse de Paris, comme grand vicaire du chapitre. Par suite de ce mécontentement, il révoqua, dans un moment d'humeur, la nomination du cardinal au siége de Paris, ou plutôt, sans la révoquer formellement, il nomma au même siége, le 14 octobre 1810, le cardinal Maury, qu'il espérait trouver plus docile.

Pour comprendre l'importance et les motifs de cette nomination, il faut se rappeler le système adopté vers ce temps par l'Empereur, de suppléer aux bulles du Pape en faisant administrer les diocèses vacants par les évêques nommés, en qualité de grands vicaires des chapitres. Le cardinal Maury s'est vanté depuis à Fontainebleau, en présence du cardinal Pacca, d'avoir conseillé cette mesure [2]. Un tel conseil, donné dans de pareilles circonstances à l'ennemi du Saint-Siége, par un cardinal comblé des faveurs du Pape, était assurément inexcusable, alors même qu'il n'eût pas été aussi contraire qu'il l'était à la discipline de l'Église [3]. Il est vrai qu'à cette époque on n'était pas bien fixé en France sur

XCIV
Contestations sur l'administration capitulaire des évêques nommés.

---

[1] Picot, *Mélanges*, t. IX, p. 91.
[2] *Mémoires du card. Pacca*, t. II, p. 82.
[3] On peut voir sur ce point de discipline l'opuscule de Muzzarelli, com-

le sens et la portée de la règle qui défend aux évêques nommés de s'ingérer dans l'administration des diocèses avant d'avoir reçu leurs bulles : on pensait généralement qu'ils pouvaient accepter les lettres de grands vicaires que les chapitres étaient dans l'usage de leur offrir. « Il ne s'était encore élevé aucun doute sur la « canonicité de cette mesure, » dit l'abbé d'Astros dans un Mémoire sur les événements de cette époque [1]. M. Emery partageait à cet égard l'opinion commune; mais ce qui lui paraissait tout à fait nouveau et contraire à tous les principes, c'était l'invitation faite aux chapitres par le ministre des Cultes de révoquer les autres grands vicaires, pour donner tous les pouvoirs à l'évêque nommé, qui serait seul grand vicaire du chapitre, et de qui les autres grands vicaires recevraient immédiatement les pouvoirs que celui-ci jugerait à propos de leur conférer. M. Emery ne désapprouvait pas moins la mesure adoptée par le gouvernement, d'envoyer un évêque titulaire gouverner un diocèse différent du sien, comme grand vicaire du chapitre de ce nouveau diocèse, et cette mesure lui paraissait surtout blâmable par rapport au cardinal Maury, que des titres particuliers obligeaient à une plus parfaite dépendance à l'égard du Pape [2].

Ces difficultés se présentaient trop naturellement à

posé à Paris, précisément à cette occasion, et intitulé : *Observations sur l'administration capitulaire des évêques nommés;* et celui de l'abbé d'Astros, qui a pour titre : *Du pouvoir prétendu des sujets nommés aux évêchés, dans l'administration des diocèses.* Voyez encore *Prælectiones juris canonici habitæ in Semin. S. Sulpitii*, t. I, numéros 155 et 257.

[1] *Vie du card. d'Astros, Pièces justificatives*, p. xliij.

[2] Lettres de M. Emery à l'évêque d'Alais, des 22 janvier et 8 février 1811.

l'esprit pour que le chapitre de Paris, ou du moins la plupart de ses membres, n'en fussent pas frappés. Aussi ne fut-ce qu'avec beaucoup de répugnance, et après de vives discussions, qu'ils accédèrent au vœu du Gouvernement, en donnant au cardinal Maury des pouvoirs pour administrer le diocèse. On prétendit dans le temps que l'abbé d'Astros, président du chapitre, avant de se rendre à l'assemblée où l'on devait délibérer sur cette mesure, avait été, de son propre mouvement, consulter M. Emery; que celui-ci avait été d'avis, vu la difficulté des circonstances, de céder au vœu du Gouvernement, et que cette décision, manifestée au chapitre, avait déterminé la plupart des chanoines à donner les pouvoirs au cardinal. Cette prétendue décision de M. Emery serait en opposition manifeste avec le langage qu'il tient sur ce sujet dans sa correspondance; mais elle a été d'ailleurs formellement démentie par l'abbé d'Astros, lequel, devenu archevêque de Toulouse, a positivement assuré que jamais il n'avait consulté M. Emery sur cette question [1].

XCV Sentiments de M. Emery sur la nomination du cardinal Maury. Bref de Pie VII.

On voit assez par cet exposé combien M. Emery dut être affligé de la nomination du cardinal Maury, et qu'il partageait à cet égard l'impression générale. « Vous « comprenez, écrivait-il à l'évêque d'Alais le 16 oc- « tobre 1810, qu'une certaine nomination occupe beau- « coup le public. Il y a unanimité; devinez si c'est pour « l'approbation ou pour l'improbation. Pour moi per- « sonnellement, et pour ma confrérie, je n'ai rien à re-

[1] Lettre de M. Vieusse, directeur du séminaire de Toulouse, à M. Faillon, du 1er août 1842.

« douter de la nomination ; car la personne n'a pas
« cessé, en tout temps, de nous témoigner de l'attache-
« ment et de l'intérêt. »

M. Emery parle ainsi, parce que, depuis le retour du cardinal en France, oubliant tous les torts qu'il avait à lui reprocher, il l'avait accueilli avec son ancienne amitié, lui avait prêté des ornements et une chapelle épiscopale, et tâchait de le réhabiliter dans l'opinion du public en ce qui touche aux questions politiques ; car on le regardait comme un transfuge et un déserteur de la cause et des principes qu'il avait soutenus avec tant d'éclat. Il le voyait souvent, lui donnait de sages avis, et l'invitait même à dîner dans la maison d'Issy. Dès qu'il le sut nommé à l'archevêché de Paris, il dit à l'abbé Maury, son frère : « Recommandez bien au car-
« dinal de se conduire avec beaucoup de modération et
« de sagesse; autrement il va faire beaucoup de mal. »
Lui-même ne se gênait pas pour lui dire nettement dans l'occasion sa façon de penser. Ce prélat, voulant lutter contre le cardinal Fesch pour faire le baptême du petit roi de Rome, M. Emery lui dit : « Si vous étiez vrai-
« ment archevêque de Paris, je n'aurais rien à dire ;
« mais vous, qui ne tenez votre nomination que de l'Em-
« pereur, qui peut la révoquer quand il lui plaira, vous
« croyez l'emporter sur le cardinal Fesch, oncle de cet
« enfant, et sur l'Empereur lui-même qui ne veut pas
« que ce soit vous ! » Le cardinal, sans tenir compte de cet avis, rédigea un mémoire qu'il présenta à l'Empereur. Celui-ci lui ayant néanmoins déclaré qu'il voulait que le cardinal Fesch fît le baptême : « En ce cas, dit

« le prélat, je ne pourrai assister à la cérémonie. — Eh
« bien, répondit l'Empereur, n'y assistez pas; nous
« pouvons bien nous passer de vous [1]. »

A peine le cardinal Maury avait-il reçu les pouvoirs du chapitre [2], qu'il s'était empressé d'en instruire le Pape, comme d'un heureux événement dont il croyait pouvoir se féliciter. Pie VII lui répondit par un bref daté de Savone, le 5 novembre 1810, où il exprimait son étonnement de ce que le cardinal eût accepté dans les conjonctures présentes sa nomination à l'archevêché de Paris et pris en main l'administration de ce diocèse, en vertu de l'élection du chapitre. Il lui reprochait d'abandonner par cette conduite les intérêts de l'Église qu'il avait si bien défendus autrefois, et lui ordonnait de quitter sur-le-champ l'administration du diocèse de Paris, pour ne pas le forcer à procéder contre lui conformément aux canons. Il serait difficile d'exprimer la colère de Napoléon, à la nouvelle de ce bref. Toute la police se mit en mouvement pour découvrir ceux qui l'avaient propagé; et, les soupçons étant principalement tombés sur l'abbé d'Astros, il fut brutalement interpellé à ce sujet par l'Empereur, le 1er janvier 1811, et conduit bientôt après au donjon de Vincennes, où il resta enfermé jusqu'à l'époque de la Restauration.

Pour détruire ou du moins pour diminuer l'impression que ce bref faisait sur l'opinion publique, le Gouvernement obligea le chapitre de Paris à révoquer les

XCVI
Adresse à l'Empereur rédigée par le cardinal Maury au nom du chapitre. Con-

---

[1] Garnier, *Notice.*
[2] Picot, *Mém.*, t. III, p. 541. — Jauffret, *Mém.*, t. II, p. 315, 375, 381, etc., et t. III, *Pièces justif.*, p. lxvij.

duite de M. Emery.

pouvoirs de l'abbé d'Astros, et engagea le cardinal Maury lui-même à rédiger une adresse à l'Empereur pour justifier cette révocation [1]. Comme cette adresse devait être présentée au nom du chapitre, le cardinal convoqua dans un conseil extraordinaire les grands vicaires et les chanoines, pour la leur communiquer et la leur faire approuver. M. Emery, appelé à ce conseil par le cardinal, ne put éviter de s'y rendre, bien résolu néanmoins de s'expliquer avec franchise sur les questions délicates qui devaient faire l'objet de l'adresse. Divers membres du conseil présentèrent au cardinal des observations tendant à modifier la rédaction en plusieurs points. M. Emery, en particulier, s'éleva fortement contre plusieurs assertions étranges que renfermait le projet d'adresse, et surtout contre les deux suivantes : 1° « Que l'usage constant de toutes les
« églises de France était et avait toujours été depuis
« plusieurs siècles que les chapitres déférassent aux
« évêques nommés par le souverain tous les pouvoirs
« capitulaires, c'est-à-dire toute la juridiction épisco-
« pale ; 2° qu'en conséquence de ce droit ecclésiastique,
« ce fut par le sage conseil de Bossuet à Louis XIV que
« tous les archevêques et évêques nommés depuis l'an-
« née 1682 jusqu'à l'année 1693 allèrent gouverner
« paisiblement, en vertu des pouvoirs qui leur furent
« donnés par les chapitres, les églises métropolitaines
« ou les cathédrales dont ils étaient destinés à remplir
« les siéges vacants, sans qu'on leur opposât ni le

---

[1] Ouvrages déjà cités. — *Vie du card. Maury*, par M. Poujoulat, ch. xviii. — Artaud, *Hist. de Pie VII*, t. II, p. 287, etc.

« moindre empêchement ni la moindre réclamation. » M. Emery combattit surtout avec beaucoup de chaleur l'assertion relative au conseil donné par Bossuet, dont il soutint qu'il n'y avait aucun vestige dans l'histoire du temps. Le cardinal Maury, mis ainsi en demeure de fournir la preuve du fait qu'il avait allégué, se réduisit à dire que Bossuet, étant d'ordinaire consulté sur toutes les affaires ecclésiastiques, avait dû l'être aussi sur celle-là [1].

D'après ces observations de M. Emery et celles de quelques autres membres du conseil, le cardinal fit quelques changements à son projet d'adresse, qu'il leur présenta ensuite à signer. Mais M. Emery refusa absolument, disant que cette affaire ne le regardait pas et qu'il ne lui convenait aucunement d'y paraître. Toutes les instances du cardinal pour lui faire changer cette résolution furent inutiles, et, pour se délivrer de ses importunités, il sortit brusquement de la salle.

L'adresse fut présentée à l'Empereur avec beaucoup d'appareil, au nom du chapitre, le 6 janvier 1811. A la demande du cardinal, elle fut lue à haute voix, en présence de l'Empereur, du grand aumônier et du ministre des Cultes, par l'abbé Jalabert, un des vicaires généraux qui, en la lisant, ne fut pas moins surpris qu'indigné d'y reconnaître la rédaction primitive du cardinal, sans les corrections convenues [2]. Cette adresse fut aussitôt insérée dans les journaux et envoyée à tous les

---

[1] Lettres de M. Emery à l'évêque d'Alais, des 12 et 22 janv., 4 et 21 fév. 1811.

[2] Ce fait, qui a été révoqué en doute, est attesté par M. Garnier, et a été certifié par M. Jalabert lui-même à l'auteur de cette *Vie*.

évêques de France et d'Italie, avec invitation d'y adhérer, ce que plusieurs firent en des termes peu mesurés et qui enchérissaient encore sur les assertions hardies de l'adresse présentée au nom du chapitre de Paris.

XCVII
Paroles flatteuses de l'Empereur à M. Emery, lors de la présentation du 1ᵉʳ janvier 1811.

Au milieu de cette tempête suscitée par l'irritation toujours croissante de l'Empereur contre le Pape, M. Emery, toujours exilé du séminaire, recouvrait peu à peu les bonnes grâces de Napoléon, qui lui donnait même publiquement des témoignages remarquables de son estime. Le 1ᵉʳ janvier, quelques moments seulement avant l'arrestation de l'abbé d'Astros, et sans doute dans l'intention secrète d'en atténuer l'odieux, l'Empereur, en parcourant les longues files de visiteurs sans rien dire à personne, s'arrêta devant M. Emery qui se trouvait parmi les conseillers de l'Université, et lui demanda s'il n'était pas M. Emery. Sur sa réponse affirmative, l'Empereur ajouta : « Avez-« vous quatre-vingts ans? — Sire, répondit-il, j'y tou-« che de près, car j'en ai soixante-dix-neuf. — Eh « bien, dit l'Empereur, je vous souhaite dix ans de « plus, » et il accompagna ce souhait d'un gracieux sourire. Tous ceux qui étaient présents et à qui l'Empereur n'avait pas dit un seul mot regardaient M. Emery avec étonnement et s'empressaient de le féli-« citer : « Je me souviens, dit M. Garnier, qu'étant venu « me voir au retour de cette audience, il me dit en « riant : *L'empereur m'a fait une civilité qu'il n'a faite* « *aujourd'hui à personne; il m'a souhaité non-seulement* « *une bonne année, mais dix bonnes années; je crains* « *bien que ses souhaits ne me soient pas heureux et ne*

« *me portent malheur.* Il mourut, en effet, cette année-
« là même. »

A ce témoignage public d'estime, l'Empereur en ajouta bientôt un autre, qui jeta M. Emery dans la situation la plus critique et lui donna occasion de manifester avec un nouvel éclat son dévouement sans réserve aux intérêts de la Religion et de l'Église. Napoléon, toujours préoccupé de ses démêlés avec le Pape, cherchait tous les moyens de vaincre la persévérance de ce Pontife dans le refus des bulles d'institution nécessaires aux évêques nommés. Pour cet effet, il convoqua, dans les premiers jours du mois de février 1811, une commission composée des cardinaux Fesch, Maury et Caselli ; des archevêques de Tours et de Malines ; des évêques d'Évreux, de Trèves et de Nantes. Il voulut aussi que M. Emery fût adjoint à cette commission, et le lui fit savoir le 2 février par l'entremise du ministre des Cultes.

XCVIII
M. Emery est adjoint à la *Commission ecclésiastique de* 1811.

On se figure aisément combien M. Emery dut être affligé de cette nouvelle, persuadé comme il l'était que la commission aurait à discuter les questions les plus délicates sur l'autorité du Souverain Pontife, avec qui l'Empereur paraissait disposé à rompre toute communication. Toutefois il lui était d'autant plus difficile de décliner ce fardeau, qu'on ne lui laissait pas même le temps de délibérer sur son acceptation, et que la lettre qui lui donnait avis de son adjonction à la commission l'invitait à se trouver dès le surlendemain à la première séance. Dans cet embarras, il écrivit au ministre une lettre respectueuse et pressante pour

obtenir d'être dispensé d'assister aux séances de la commission, ou du moins de n'y avoir que voix consultative. « Si Votre Excellence, disait-il, avait le
« temps d'écouter mes raisons, je crois qu'elle ne les
« désapprouverait pas; mais, dans le moment présent, je
« lui en exposerai une : c'est que je crois qu'un simple
« prêtre, tel que je suis, est déplacé dans une assemblée
« d'évêques, et qu'il est contre tous les anciens usages
« de l'y appeler. Je viens de vérifier dans les procès-
« verbaux du clergé que, dans toutes les assem-
« blées extraordinaires où l'on convoquait les évêques
« qui étaient dans la capitale pour délibérer sur des
« matières de religion, on n'appelait que des évêques,
« et on ne leur associait aucun théologien. Quelle figure
« un prêtre seul ferait-il dans ces assemblées ? Si Votre
« Excellence juge dans sa sagesse que je ne peux me
« dispenser d'assister à l'assemblée, elle trouvera bon
« que, par respect pour les évêques, je m'abstienne de
« toute voix délibérative, et que je n'aie que la voix
« consultative, c'est-à-dire que je fournisse sur les ma-
« tières qui seraient mises en délibération les lumières
« et les documents que mes études et mon expérience
« peuvent me mettre dans le cas de donner, quand je
« serai requis de le faire. »

Cette réclamation n'empêcha point que l'adjonction de M. Emery à la commission ne fût maintenue, et il dut assister régulièrement aux séances, malgré toutes les démarches qu'il fit encore depuis sa lettre au ministre, pour obtenir son congé. Il songea quelque temps à sortir de cet embarras, en faisant un voyage dans son pays pour ré-

III° PARTIE. — DEPUIS LA RÉVOLUTION, 1811.   297

gler quelques affaires concernant la succession de son frère, mort l'année précédente ; mais il renonça bientôt à ce dessein, craignant qu'un départ précipité, en de pareilles circonstances, n'attirât quelque nouvel orage sur sa compagnie.

La première séance de cette commission, qui avait d'abord été convoquée pour le 4 février, fut depuis ajournée au 8 ou au 9 de ce mois[1]. Dans cette séance, le ministre des Cultes notifia aux membres de la commission, par ordre de l'Empereur, les instructions qui devaient servir de base à leurs délibérations.

XCIX
Première séance de la commission. Instructions du ministre des Cultes.

Après une longue discussion, qui avait pour but de représenter comme des prétentions arbitraires du Pape, le titre et les fonctions d'*évêque universel*[2], les instructions se terminaient en ces termes : « Deux détermi-

[1] Lettres de M. Emery à l'évêque de Vannes, du 5 février, et à l'évêque d'Alais, des 4, 6 et 8 février 1811. — L'histoire de cette seconde commission est exposée dans les ouvrages suivants : Picot, *Mém.*, t. III, p. 551, etc.; t. IV, p. 659, etc. — Jauffret, *Mém.*, t. II, p. 395. — De Barral, *Fragments*, p. 181. — *Mém. du card. Pacca*, t. II, p. 85. — Artaud, *Hist. de Pie VII*, p. 133. — Lyonnet, *Vie du card. Fesch*, t. II, p. 277, etc.

[2] Comme cette pièce est demeurée inédite jusqu'à ce jour, et que M. de Barral lui-même n'a pas pu s'en procurer le texte, nous croyons faire plaisir au lecteur en la donnant ici dans son entier, d'après une copie qui se conserve au séminaire de Paris, et qui a sans doute été donnée à M. Emery par le cardinal Fesch, auquel le ministre l'avait adressée.

INSTRUCTIONS.

« 1° Son Altesse Éminentissime le cardinal Fesch, grand aumônier de
« l'Empire, archevêque de Lyon, Son Éminence le cardinal Maury, arche-
« vêque de Paris, Son Éminence le cardinal Caselli, évêque de Parme,
« M. le comte de Barral, archevêque de Tours, M. le comte de Pradt,
« archevêque de Malines, M. le baron Bourlier, évêque d'Évreux, M. le
« baron Duvoisin, évêque de Nantes, M. le baron Mannay, évêque de
« Trèves, et le sieur Emery, conseiller de l'Université impériale, ont
« été convoqués par ordre de Sa Majesté, pour lui servir   conseil. C'est

« minations ont été prises par Sa Majesté : 1° Aucune
« communication n'aura lieu entre ses sujets et le Pape
« que celui-ci n'ait posé les limites de son autorité, en
« reconnaissant celles qui ont été posées par Jésus-
« Christ lui-même; c'est-à-dire qu'aux termes du Sé-
« natus-consulte, il n'ait juré de ne rien faire en France
« contre les quatre propositions de l'Église Gallicane,
« arrêtées dans l'assemblée du clergé en 1682. — 2° De

« comme attachés à sa personne et aux intérêts de ses peuples, dont ils
« sont les principaux pasteurs, qu'Elle les a réunis dans sa capitale, afin
« que, dans les circonstances actuelles, ils lui tracent la marche la plus
« conforme aux conciles et aux usages de l'Église.

« 2° Le Pape a fait un acte d'évêque universel, à l'époque du rétablis-
« sement des cultes en France. Il a été autorisé à cet acte par les circon-
« stances extraordinaires où se trouvait l'Église Gallicane, et par l'auto-
« risation formelle de l'Empereur donnée par les articles 3, 4 et 5 du
« Concordat. (*Suit le texte de ces articles*.) L'autorisation même de
« l'Empereur n'aurait pas rendu le pouvoir du Pape suffisant pour
« renverser la juridiction épiscopale de toute une contrée, si on ne s'é-
« tait trouvé dans des circonstances uniques; sans quoi ce serait poser
« en principe que le Pape, en influençant un empereur faible, pourrait
« culbuter l'épiscopat de tout un empire.

« 3° Les prétentions du Pape d'être reconnu comme évêque universel
« ont donc été constamment rejetées par l'Empereur; mais le Pape,
« s'autorisant de ce cas extraordinaire et unique dans l'Église, a, de-
« puis le concordat, agi comme s'il avait un pouvoir absolu sur l'Épis-
« copat. Il devient donc indispensable de poser de nouvelles limites en-
« tre les prétentions du Pape et l'indépendance de toutes les nations.

« 4° Ces limites sont toutes posées par les conciles et par les *quatre*
« *propositions du clergé de l'Église Gallicane*.

« 5° Le Pape les ayant constamment méconnues depuis le Concordat,
« Sa Majesté a pris le parti d'interrompre toute communication avec le
« Pape, jusqu'à ce qu'il ait prêté serment de ne jamais rien faire con-
« tre les quatre propositions de l'Église Gallicane, arrêtées dans l'assem-
« blée de 1682.

« 6° En effet, le Pape a agi contre les principes de l'Église Gallicane,
« lorsque, communiquant le Concordat au consistoire des cardinaux, il
« a été mis des réticences qui sont autant de germes de trouble, et les
« évêques de France ont reconnu qu'elles étaient contraires à leur
« principes.

« ne plus faire dépendre l'existence de l'Épiscopat en
« France de l'institution canonique du Pape, qui se-
« rait ainsi le maître de l'Épiscopat. — Quant aux me-
« sures à prendre pour que l'Église ne souffre pas de
« cette interruption de communication, et que les évê-
« ques ayant le caractère requis puissent exercer leur
« juridiction épiscopale, l'Empereur s'en rapporte aux
« évêques pour lui faire connaître ce qui convient le
« mieux, soit qu'on revienne à la *Pragmatique* de saint
« Louis tant regrettée, soit à tout autre usage. »

« 7° Depuis, le Pape a lancé des bulles d'excommunication pour des
« affaires temporelles, et en cela il a été contre les premiers principes
« de la religion, et notamment contre ceux de l'Église Gallicane, qui
« ne reconnaît point le droit d'excommunier les souverains.

« 8° Lors du Concordat, l'esprit de la cour de Rome se fit voir : au lieu
« d'établir dès lors les chapitres comme nécessaires pour l'ordre hié-
« rarchique, il n'y en est mention que comme d'une institution dont on
« pourrait se passer, et qui ne serait point dotée. On présuma que les
« évêques resteraient sans chapitre, qu'ils en seraient d'autant plus fai-
« bles, et que, pendant les vacances, le Pape gouvernerait les diocèses
« par ses délégués.

« 9° Cette doctrine est pareillement démontrée par le bref du Pape
« aux chapitres de Florence, de Paris, d'Asti, brefs qui interdisent aux
« chapitres l'exercice de leur autorité, en leur défendant de la déléguer.
« Les chapitres ont repoussé de si étranges prétentions.

« 10° Le chapitre de Milan lui-même, quoique ne faisant pas partie de
« l'Église Gallicane, aussitôt que le bruit a commencé à se répandre de
« la conduite du Pape contre les chapitres, comme il a vu que la va-
« cance du siége métropolitain depuis plus d'un an faisait le plus grand
« tort au temporel et au spirituel de ce diocèse, a été au-devant de la
« tentative de pareilles entreprises, en s'adressant à Sa Majesté pour
« l'assurer que les prétentions du Pape seraient universellement rejetées
« comme contraires aux prérogatives des chapitres et au droit de l'épis-
« copat institué par Jésus-Christ.

« 11° Le Pape a institué, par son bref du 30 novembre 1810, le cardi-
« nal di Pietro son fondé de pouvoirs en France, en lui donnant tous ceux
« à l'effet de pourvoir aux besoins de l'Église. Il a ainsi voulu introduire
« une juridiction contraire aux principes qui régissent cette Église.

« 12° Les principes du Pape et sa conduite prouvent qu'il veut faire

M. Emery engage le Card. Fesch à faire des représentations à l'Empereur.

Il serait difficile d'exprimer les sentiments de tristesse qu'éprouvèrent les membres de la commission en entendant la lecture de ces instructions. M. Emery surtout sortit de cette séance navré de douleur, et tellement agité des plus sombres pressentiments, qu'il ne put fermer l'œil pendant toute la nuit suivante. S'étant donc levé de grand matin, il écrivit au cardinal Fesch pour lui faire comprendre l'impossibilité d'entrer dans les vues de l'Empereur, et la nécessité de l'en avertir au plus tôt. Il ajoutait que les évêques ne pouvaient admettre là-dessus aucun tempérament, que, pour le cardinal lui-même, dans sa position, jamais la fermeté ne lui avait été plus nécessaire, et que c'était le cas de résister jusqu'à l'effusion du sang. Cette lettre

« de la France ce qu'il a fait de l'Allemagne, la gouverner par un vi-
« caire apostolique, à peu près comme en Hollande et dans les pays où
« la Religion n'est que tolérée, et où les princes n'auraient pas voulu
« tolérer l'Épiscopat.

« 13° Le droit d'institution des évêques a été accordé aux Papes par
« François Ier et par l'Empereur, à condition qu'ils institueraient les per-
« sonnes nommées par les souverains. Le Pape ayant violé ce concordat
« synallagmatique, l'Empereur a bien voulu imiter Louis XIV dans
« sa longanimité; mais le Pape, s'y étant opposé, ce que n'avait pas fait
« Innocent XII. a rendu vain et inutile ce moyen; dès lors il n'est plus
« suffisant pour assurer la paix de l'Église. C'est ce qui a déterminé l'Em-
« pereur à déclarer qu'il ne souffrirait plus que, dans l'Empire, l'institu-
« tion des évêques fût donnée par le Pape.

« 14° Indépendamment du fait même de la vacance des principaux siè-
« ges de l'Empire, Paris, Florence, etc., et du royaume d'Italie, Milan,
« Venise, etc., vacance occasionnée par la conduite du Pape à l'égard des
« bulles, il a, par le même bref adressé au cardinal di Pietro, déclaré
« qu'il ne donnera jamais de bulles aux évêques nommés. Il ne s'est donc
« pas borné à annuler le concordat de fait, il a voulu décidément et for-
« mellement l'annuler.

« 15° Ainsi deux déterminations ont été prises par Sa Majesté, etc. »
(*Comme ci-dessus*, p. 298.)

produisit son effet. Le cardinal se rendit aussitôt chez l'Empereur, et lui représenta que les évêques ne pouvaient consentir aux propositions du ministre des Cultes; que, s'il voulait en presser l'exécution, il éprouverait une résistance insurmontable, et qu'il devait s'attendre à faire des martyrs[1]. Ces représentations firent une vive impression sur l'esprit de Napoléon, et, sans abandonner les principes énoncés dans les Instructions du ministre des Cultes, il sentit la nécessité de ne pas pousser les choses aux dernières extrémités. Il voulut cependant que la commission donnât son avis sur les deux questions suivantes, qu'il lui fit présenter par le ministre : « 1° Toute communication entre le Pape et les sujets « de l'Empereur étant interrompue quant à présent, « à qui faut-il s'adresser pour obtenir les dispenses « qu'accordait le Saint-Siége? — 2° Quand le Pape re- « fuse persévéramment d'accorder des bulles aux évê- « ques nommés par l'Empereur pour remplir les siéges « vacants, quel est le moyen légitime de leur donner « l'institution canonique? »

On voit assez combien ces questions étaient étranges dans la bouche de celui qui était l'unique cause des embarras dont il prétendait chercher le remède. La commission cependant, loin d'insister et de faire valoir cette observation si naturelle, encourage en quelque sorte l'Empereur à poursuivre ses entreprises contre l'Église et contre son chef, par le langage timide et réservé qu'elle tient sur ce sujet dans le préambule de ses

CI Il ne signe pas les réponses de la commission.

---

[1] Garnier, *Notice sur M. Emery*. C'est d'après cette notice que M. Artaud a rapporté le même fait dans son *Histoire de Pie VII*.

réponses : « Des circonstances impérieuses, disent les
« évêques, peuvent obliger quelquefois d'apporter cer-
« taines modifications à l'exercice de la juridiction du
« chef de l'Église, sans en altérer la substance. Mais ces
« changements mêmes dans la discipline, s'ils étaient
« annoncés trop précipitamment, seraient suspects au
« peuple, toujours léger et inconsidéré dans ses ju-
« gements. Il nous semble que les esprits doivent être
« préparés à toute variation, qu'il faut qu'ils y soient
« doucement amenés [1]. »

Les réponses de la commission aux deux questions proposées par le ministre des Cultes sont en harmonie avec le système de ménagements et de flatterie dont ce préambule porte le cachet. A la première question, les évêques répondent que, si des circonstances malheureuses empêchaient temporairement de recourir au Pape pour les dispenses, c'est aux évêques diocésains qu'il faudrait s'adresser. La réponse à la seconde question porte en substance que, le Pape refusant les bulles sans alléguer aucune raison canonique de son refus, le moyen le plus sage à prendre serait de faire ajouter au Concordat une clause portant que Sa Sainteté donnerait l'institution dans un temps déterminé, faute de quoi, le droit d'instituer serait dévolu au concile de la province. Que, si le Pape refuse d'acquiescer à cette modification du Concordat, il n'y a rien de mieux à faire que de rétablir, pour ce qui concerne l'institution des évêques, les règlements de la *Pragmatique sanction*, ré-

---

[1] *Ami de la Religion*, t. III, p. 376. — De Smet, *Coup d'œil sur l'histoire ecclésiastique du dix-neuvième siècle*, p. 198.

digés dans l'assemblée de Bourges, en 1438, d'après les décrets du concile de Bâle ; et, pour les rétablir légalement, la commission renouvelle la proposition déjà faite l'année précédente, d'un concile national, ou d'une assemblée du clergé, composée d'un certain nombre d'évêques pour chaque métropole. Toutefois la commission souhaite qu'avant d'employer cette mesure, on envoie au Pape une députation pour lui exposer les besoins de l'Église de France, et l'éclairer sur le véritable état des choses[1]. Les évêques de la commission signèrent seuls ces réponses, dont le cardinal Pacca a dit avec raison dans ses *Mémoires*, que M. de Barral, archevêque de Tours, qui le premier les a publiées, « aurait dû les « laisser ensevelies dans un éternel oubli, pour son « honneur et celui de ses collègues. » M. Emery ne signa point, et, comme il avait obtenu de n'avoir que la voix consultative, il ne fut pas inquiété pour cela. On n'a pu savoir de lui la conduite qu'il avait tenue dans la délibération de la commission, parce que tous ceux qui en faisaient partie étaient obligés, par serment, à garder le plus profond secret sur ce qui s'y passait ; mais il eut bientôt occasion de manifester d'une manière éclatante son opposition aux idées et aux prétentions de l'Empereur dans ces fâcheuses discussions.

CII
Sa fermeté et son courage en présence de l'Empereur.

La commission, ayant terminé son travail le 4 mars 1811, le remit au ministre des Cultes, qui le présenta à l'Empereur. Celui-ci en parut satisfait, et goûta surtout les mesures proposées pour obtenir les bulles d'in-

[1] De Barral, *Fragments*, p. 197 et suiv.

stitution aux évêques nommés, ou pour suppléer à ces bulles par l'autorité d'un concile national. Toutefois, avant de prendre là-dessus aucune détermination, il voulut réunir en sa présence tous les membres de la commission et présider lui-même cette réunion, pour discuter avec eux les mesures dont on vient de parler.

Cette séance extraordinaire se tint aux Tuileries le 17 mars, et, pour la rendre plus imposante, l'Empereur y convoqua plusieurs conseillers d'État et grands dignitaires de l'Empire, parmi lesquels se trouvaient l'archichancelier et le célèbre Talleyrand, prince de Bénévent[1].

Quelque temps avant l'ouverture de la séance, le cardinal Fesch chargea deux évêques, MM. Jauffret, évêque de Metz, et de Boulogne, évêque de Troyes, d'aller en donner avis au supérieur de Saint-Sulpice, et de l'amener aussitôt avec eux. M. Emery, qui n'avait eu jusque-là aucun avis de cette réunion, se disposait à partir pour la campagne, et déjà la voiture l'attendait à la porte, au moment où les deux prélats arrivèrent chez lui. Lorsqu'ils lui eurent exposé l'objet de leur message, il répondit d'abord que, n'ayant pas eu voix délibérative dans la commission, l'ordre donné par l'Empereur d'en réunir les membres ne le concernait pas ; qu'au reste,

---

[1] Les détails que nous donnons sur cette séance sont principalement tirés de la *Notice sur M. Emery*, par M. Garnier, et d'une *Note du cardinal Consalvi*, insérée par le cardinal Pacca dans ses *Mémoires* (t. II, p. 90 et suiv.). C'est dans ces deux sources que le chevalier Artaud a puisé le récit qu'on en lit dans la *Vie de Pie VII*. Les particularités que nous y ajoutons sont tirées de quelques autres documents que nous avons entre les mains, et qui méritent toute confiance.

les deux prélats pourront dire, sans mentir, qu'il n'est pas à Paris, et qu'il est parti pour la campagne, comme cela sera très-vrai au moment où ils le diront. Il leur fit ensuite sentir l'embarras extrême où il pourrait se trouver en présence de l'Empereur, dans le cas où celui-ci l'obligerait à donner son avis sur les questions agitées dans la commission. Un des deux évêques parut touché de ces raisons; mais l'autre pensait qu'elles ne devaient pas l'empêcher de venir à la séance, parce qu'il était à craindre que son refus n'irritât l'Empereur et n'attirât quelque nouvel orage sur lui et sur sa Compagnie. Pour sortir de cette incertitude, il entre un instant dans son cabinet, se prosterne devant une statue de la sainte Vierge, qu'on croit avoir été autrefois à l'usage de M. Olier, et conjure cette auguste patronne de lui obtenir les lumières dont il a besoin pour se diriger dans une circonstance si critique. Après sa prière, il va rejoindre les évêques, qu'il trouve réunis dans un même avis, et d'accord pour le presser de partir sans délai. Cette unanimité de sentiment des deux prélats lui paraissant un signe de la volonté de Dieu, il se rend avec eux aux Tuileries, où se trouvaient réunis tous les membres de la commission.

L'Empereur, après s'être fait attendre pendant deux heures, parut enfin, environné de ses grands officiers. Tous ayant pris place autour de la table du conseil, il ouvrit la séance par une longue invective contre le Pape, dont la résistance l'exaspérait, et il manifesta sans détour la disposition où il était de recourir aux mesures les plus extrêmes pour triompher de cette résistance.

« Quoique ce discours de l'Empereur, dit le cardinal
« Consalvi, ne fût qu'un tissu de principes erronés, de
« faussetés, de calomnies atroces, de maximes antica-
« tholiques, pas un évêque, pas un cardinal, n'eut le
« courage de défendre la vérité en présence de la force
« et de la puissance ; tous même, dans l'oubli de leurs
« devoirs, gardèrent un scandaleux silence. Un simple
« prêtre se leva pour sauver l'honneur de son état, et
« osa dire la vérité au plus formidable des Césars : ce
« prêtre fut l'abbé Emery, gallican modéré, qui soute-
« nait les principes de la Déclaration de 1682, sans tou-
« tefois en admettre les conséquences ; homme égale-
« ment recommandable par sa science et par sa con-
« duite, et qui avait traversé les mauvais jours, sans
« qu'ils eussent laissé sur lui la plus légère de leurs
« taches. » Après donc que l'Empereur eut terminé sa
diatribe contre l'autorité du Pape, dont les évêques,
disait-il, n'ont aucun besoin pour gouverner leurs
églises, tout à coup il adresse la parole à M. Emery, et
lui demande ce qu'il pense de tout cela. M. Emery,
directement interpellé, jeta d'abord les yeux sur les
évêques, comme pour leur demander la permission de
dire son avis ; puis, se tournant vers l'Empereur : « Sire,
« lui dit-il, je ne puis avoir sur ce point d'autre senti-
« ment que celui qui est contenu dans le catéchisme
« enseigné par vos ordres dans toutes les églises de
« l'Empire. On lit dans plusieurs endroits de ce caté-
« chisme, que le Pape est le *chef visible de l'Église, à qui*
« *tous les fidèles doivent l'obéissance, comme au succes-*
« *seur de saint Pierre, d'après l'institution même de Jésus-*

« *Christ*[1]. Or un corps peut-il se passer de son chef, de
« celui à qui, de droit divin, il doit l'obéissance ? »
Napoléon fut surpris de cette réponse, et, comme il
paraissait attendre que M. Emery continuât de parler,
celui-ci reprit : « On nous oblige, en France, à soutenir
« *les quatre Articles de la Déclaration de* 1682 ; mais il
« faut en recevoir la doctrine dans son entier ; or il est
« dit aussi dans le préambule de cette Déclaration, que
« *la primauté de saint Pierre et des Pontifes romains est*
« *instituée par Jésus-Christ*, et que *tous les chrétiens lui*
« *doivent obéissance*. De plus, on ajoute que les quatre
« articles ont été décrétés pour empêcher que, *sous pré-*
« *texte des libertés de l'Église gallicane, on ne porte*
« *atteinte à cette primauté*[2]. » Là-dessus, il entra dans
quelques développements pour montrer que les quatre
articles, quoiqu'ils limitassent la puissance du Pape sur
quelques points, lui conservaient une autorité si grande
et si éminente, qu'on ne pouvait régler sans sa partici-
pation aucune affaire importante en matière de dogme
ou de discipline ; d'où il conclut que, si l'on assemblait
un concile, comme on parlait de le faire, ce concile n'aurait aucune valeur, s'il se tenait sans l'aveu du Pape[3].

Napoléon, vaincu sur ce point, ne répliqua pas un

---

[1] *Catéchisme de l'Empire*, Ire part., leçon xiv ; IIe part., leçon vi ; et *Abrégé de l'Histoire sainte*, à la tête du même catéchisme, numéro 7.

[2] Le texte du *préambule de la Déclaration* se trouve ci-dessus, p. 273, à la note.

[3] On voit par là dans quel sens M. Emery avait pu tenir le langage que le cardinal Fesch lui prête dans sa lettre à Pie VII, du 1er mai 1811. En demandant au Pontife, au nom du gouvernement, de s'engager par écrit à ne rien entreprendre contre les quatre articles de la Déclaration du clergé de France de 1682, il ajoutait : « Qu'il me soit permis, Très-

seul mot; il se contenta de murmurer à voix basse le mot *catéchisme;* après quoi, passant à un autre point : « Eh bien, reprit-il, je ne conteste pas la puis-
« sance spirituelle du Pape, puisqu'il l'a reçue de Jésus-
« Christ. Mais Jésus-Christ ne lui a pas donné la puis-
« sance temporelle ; c'est Charlemagne qui la lui a
« donnée ; et moi, comme successeur de Charlemagne,
« je veux la lui ôter, parce qu'il ne sait pas en user, et
« qu'elle l'empêche d'exercer ses fonctions spirituelles.
« Monsieur Emery, qu'avez-vous à dire à cela? — Sire,
« répondit M. Emery, je ne puis avoir là-dessus d'autre
« sentiment que celui de Bossuet, dont Votre Majesté res-
« pecte avec raison la grande autorité et qu'elle se plaît
« à citer souvent. Or ce grand prélat, dans sa *Défense de*
« *la Déclaration du clergé de France*, soutient expressé-
« ment que l'indépendance et la pleine liberté du Sou-
« verain Pontife sont nécessaires pour le libre exercice
« de son autorité spirituelle dans tout l'univers, et dans
« une si grande multiplicité de royaumes et d'empires. »
A l'appui de cette réponse, il cita textuellement le passage de Bossuet, qu'il avait très-présent à l'esprit, l'ayant déjà cité dans la commission ecclésiastique de 1809, au sujet de la bulle d'excommunication. Il fit en particulier remarquer ces paroles de l'évêque de Meaux: « Nous félicitons de sa souveraineté temporelle, non-
« seulement le Siége apostolique, mais encore l'Église

« Saint-Père, de citer ce que disait M. Emery, ce vénérable prêtre que
« la mort vient de nous enlever il y a quatre jours, *que les circonstances*
« *actuelles prouvent évidemment que ces quatre articles sont le Palladium*
« *de l'Église Romaine.* » (De Barral. *Fragments*, p. 242.)

« universelle; et nous souhaitons de toute l'ardeur de
« nos vœux que cette principauté sacrée demeure saine
« et sauve en toutes manières[1]. »

Napoléon, après avoir écouté avec patience, reprit doucement la parole, comme il faisait toujours lorsqu'il avait affaire à quelqu'un qui savait lui tenir tête : « Je « ne récuse pas, dit-il, l'autorité de Bossuet; tout cela « était vrai de son temps, où, l'Europe reconnaissant « plusieurs maîtres, il n'était pas convenable que le « Pape fut assujetti à un souverain particulier. Mais « quel inconvénient y a-t-il que le Pape me soit assujetti « à moi, maintenant que l'Europe ne connaît d'autre « maître que moi seul? » Ici M. Emery éprouva quelque embarras, craignant de faire une réponse qui blessât trop sensiblement l'orgueil de l'Empereur. Il eut cependant assez de présence d'esprit et de courage pour lui répondre qu'il pouvait se faire que les inconvénients prévus par Bossuet n'eussent pas lieu sous son règne, ni peut-être sous celui de son successeur; « mais, ajouta-« t-il, Votre Majesté connaît aussi bien que moi l'his-« toire des révolutions; ce qui existe maintenant peut « ne pas toujours exister; et, dans ce cas, tous les

---

[1] « Nos satis scimus Romanis Pontificibus et sacerdotali ordini, Regum « concessione, ac legitimâ possessione bona quæsita, jura, imperia ita « haberi ac possideri, uti quæ inter homines optimo jure habentur ac « possidentur. Imò ea omnia, ut dicata Deo, sacrosancta esse debere, « nec sine sacrilegio invadi, rapi, et ad sæcularia revocari posse. *Sedi* « *vero apostolicæ Romanæ urbis, aliarumque terrarum concessam ditio-* « *nem, quò liberior ac tutior potestatem apostolicam toto orbe exerceat,* « *non tantum Sedi apostolicæ, sed etiam toti Ecclesiæ gratulamur, votis-* « *que omnibus precamur sacrum principatum omnibus modis salvum et* « *incolumem esse.* » (*Defens. Declar.*, lib. I, sect. I, cap. xvi.)

« inconvénients prévus par Bossuet pourraient repa-
« raître. Il ne faut donc pas changer un ordre si sage-
« ment établi. »

Parlant ensuite de la mesure proposée par les évêques, de faire ajouter au Concordat une clause portant que Sa Sainteté donnerait l'institution canonique dans un délai déterminé, faute de quoi le droit d'instituer serait dévolu au concile de la province, l'Empereur interpella encore M. Emery, et lui demanda s'il croyait que le Pape fît cette concession. M. Emery répondit sans hésiter qu'il croyait que le Pape ne la ferait pas, parce que ce serait anéantir son droit d'institution. Alors Napoléon, se tournant vers les évêques, leur dit : « Vous vouliez
« me faire faire un *pas de clerc*, en m'engageant à de-
« mander au Pape une chose qu'il ne doit pas m'accor-
« der. » Les évêques furent très-mortifiés de cette apostrophe que leur avait attirée la réponse de M. Emery.

Ainsi finit la séance, pendant laquelle on remarqua que le supérieur de Saint-Sulpice fut presque le seul à qui l'Empereur eût adressé la parole. En se levant pour se retirer, il le salua gracieusement de la tête, sans paraître faire aucune attention aux autres. Il demanda ensuite à l'un des évêques si ce que M. Emery avait dit de l'enseignement du catéchisme sur l'autorité du Pape s'y trouvait effectivement ; l'évêque ne put s'empêcher de le reconnaître, d'où M. Emery prit occasion, en rentrant au séminaire, de dire à M. Garnier qu'il avait appris à l'Empereur son catéchisme qu'il ne savait pas.

Comme Napoléon était sur le point de se retirer, quelques prélats, craignant que la franchise de

M. Emery ne lui eût déplu, le supplièrent de l'excuser en considération de son grand âge : « Vous vous trom-
« pez, messieurs, leur dit l'Empereur ; je ne suis aucu-
« nement fâché contre M. Emery ; il a parlé en homme
« qui sait son affaire ; c'est ainsi que j'aime qu'on me
« parle. Il est vrai qu'il ne pense pas comme moi ; mais
« chacun doit avoir ici son opinion libre. » Le cardinal Fesch, profitant de ces favorables dispositions de l'Empereur, lui demanda pour M. Emery la permission de rentrer au séminaire. Napoléon, sans se prononcer ouvertement, se contenta de répondre : « Nous verrons plus tard. » En sortant de la séance, le prince de Bénévent, Talleyrand, dit à l'un des membres de la commission : « Je savais bien que M. Emery avait beaucoup
« d'esprit ; mais je ne croyais pas qu'il en eût autant.
« Il a l'adresse de dire franchement la vérité à l'Empe-
« reur sans lui déplaire. » Napoléon lui-même avait été si frappé de la sagesse des réponses de M. Emery aux questions qu'il lui avait faites, que le cardinal Fesch, voulant, peu de jours après, lui parler d'affaires ecclésiastiques, en reçut cette brusque réponse : « Taisez-vous,
« vous êtes un ignorant. Où avez-vous appris la théolo-
« gie ? C'est avec M. Emery, qui la sait, que je dois m'en
« entretenir. »

Le bruit de ce qui s'était passé dans la séance des Tuileries, s'étant peu à peu répandu dans Paris, donna un nouveau lustre à la réputation de sagesse et de fermeté dont jouissait déjà le supérieur de Saint-Sulpice. Plusieurs cardinaux partagèrent à cet égard l'admiration générale. Le cardinal Consalvi, instruit un peu plus tard de ces détails, vraisemblablement par quelqu'un des personnages présents à la séance, en rédigea une relation circonstanciée, que le cardinal Pacca inséra depuis dans ses *Mémoires*, et qui nous a fourni une partie des détails qu'on vient de lire. Le cardinal Pacca lui-même conçut à cette occasion la plus haute estime pour M. Emery, et demeura persuadé que jamais Napoléon ne serait devenu persécuteur de l'Église, si, dès le principe, il eût trouvé plus de fermeté dans les évêques. Il est à remarquer que ce jugement a été adopté depuis par de graves auteurs français et étrangers.

C'était pour M. Emery un grand sujet de consolation d'être sorti d'une épreuve si dangereuse, non-seulement sans rien dire que sa conscience pût lui reprocher, mais encore après avoir courageusement soutenu la cause de l'Église, presque abandonnée par ses défenseurs naturels. « Ce même homme, écrivait-il à M. Na-
« got, en faisant allusion aux reproches si pénibles que
« lui avait attirés sa conduite au sujet des serments
« exigés pendant la Révolution, ce même homme, qui,
« comme vous savez, a été suspect et accusé de pusilla-
« nimité par tant de personnes au dedans et au dehors,
« est aujourd'hui loué pour son courage par les mêmes
« personnes, qui, pour la plupart, auraient besoin qu'on
« leur en inspirât[1]. »

CIII
Il forme le projet d'établir M. Nagot Vice-Supérieur

Cette réflexion, que M. Emery ne faisait à M. Nagot qu'en passant, tendait sans doute dans sa pensée à lui inspirer pour sa personne une confiance qui n'avait pas

[1] Lettre du 21 avril 1811.

toujours été à l'abri de toute atteinte. Il traitait alors pour l'Amé-
avec lui une affaire pour laquelle il avait besoin de son rique.
concours et d'une parfaite entente de sa part. C'était la
reprise de l'ancien projet de transporter aux États-Unis
le siège de la Compagnie. Il lui en avait fait l'ouverture
dès le mois de mai de l'année précédente, mais seulement comme d'une première idée que le temps et les
circonstances pourraient bien modifier. « Je pense, lui
« écrivait-il, qu'il conviendrait d'établir une correspon-
« dance et une union plus étroite entre ceux de Balti-
« more et ceux de Montréal ; ce serait une chose à exa-
« miner s'il ne devrait pas y avoir un d'entre vous qui fît
« comme fonction de premier supérieur, afin d'établir un
« centre d'unité. J'en écris à M. Roux, et je lui dis que,
« si on goûtait cette idée et qu'on crût, ou à présent, ou
« dans la suite, devoir la réaliser, je vous établis supé-
« rieur. Ce qui me fait naître cette pensée, c'est que
« dans le moment il s'élève un gros orage contre Saint-
« Sulpice... On poursuit l'exécution de la loi qui sup-
« primait toutes les congrégations et particulièrement
« celle de Saint-Sulpice [1]. On veut que je n'aie aucune
« relation avec les anciens membres... Il faut regarder
« comme possible, d'après les bouleversements qui se
« sont faits et se préparent, qu'il ne puisse plus y avoir
« de séminaire et de société de Saint-Sulpice en France,
« et que la chose et le nom ne subsistent plus qu'en
« Amérique. Votre établissement devient donc plus

---

[1] La loi dont parle ici M. Emery est celle du 18 août 1792, qui sup-
primait toutes les *congrégations séculières ecclésiastiques*, dans la no-
menclature desquelles elle comprenait expressément Saint-Sulpice.

« précieux... Il ne peut pas être question pour moi de
« me transporter en Amérique ; mon âge ne me le per-
« met pas, et le moment d'y penser sérieusement n'est
« pas venu; mais je vous préviens que, dans le cas où ce
« que je crains arriverait, plusieurs des nôtres se trans-
« porteraient où vous êtes, et je prendrais des mesures
« pour que tout notre avoir et tout ce que nous possé-
« dons de plus précieux les suivît. » M. Emery avait
effectivement dit à M. Garnier, son héritier, que, si la
Compagnie venait à être supprimée en France et n'était
pas rétablie au bout de trois ans, il faudrait vendre Issy
et se transporter en Amérique.

Il continua d'entretenir M. Nagot de ce même projet
pendant le cours de l'année, quoique celui-ci eût, dans
l'intervalle, donné sa démission de supérieur du séminaire de Baltimore, et qu'il eût été remplacé par
M. Tessier. « Mon intention est toujours, lui écrivait-il
« le 18 mars 1811, que, pendant que vous vivrez, vous
« soyez comme mon lieutenant en Amérique, et que
« vous ayez une inspection générale pour maintenir
« l'esprit de la Compagnie dans les membres. »

« Après y avoir bien réfléchi, lui écrivait-il en-
« core le 21 avril, je crois devoir vous donner la qua-
« lité de vice-général ou de vice-gérant. J'ai dessein en
« cela d'honorer vos dernières années et de vous auto-
« riser davantage à exercer une surveillance générale
« en Amérique pour maintenir l'esprit de notre voca-
« tion, qui est un esprit de prière, de retraite et de dé-
« vouement au service du clergé. Vous pouvez l'annon-
« cer à nos messieurs ou ne pas l'annoncer, si vous

« jugiez qu'il y eût quelque inconvénient dans la chose.
« Je vous dirai plus particulièrement une autre fois ce
« que vous pouvez ou ne pouvez pas en cette qualité.
« Hélas! mon cher M. Nagot, vous n'en jouirez pas long-
« temps. Vous êtes, comme moi, au bout de votre car-
« rière, et je suis encore plus avancé que vous. Puisse
« notre mort être précieuse devant Dieu ! Si notre asso-
« ciation doit mourir comme nous, sa mort sera hono-
« rable devant les hommes comme devant Dieu ; car
« nous mourrons dans la foi et dans la simplicité de
« nos pères. » M. Emery ajoute en *post-scriptum* : « Au
« moment où il fallait donner ma lettre, on m'a fait
« observer quelque inconvénient dans cette qualité de
« vice-gérant. Je vous en parlerai une autre fois. »

M. Nagot n'était déjà plus en état d'exercer ces fonctions. Une chute qu'il avait faite le 9 du même mois altéra notablement sa santé et affaiblit même progressivement ses facultés morales. Il ne mourut cependant que le 9 avril 1816[1].

CIV
Il rachète le Parc et la maison de Lorette à Issy.

Comme M. Emery, tout en s'occupant de préparer un asile à sa Compagnie, n'était cependant pas sans espoir de la maintenir en France, il ne voulut pas laisser échapper une occasion qui se présentait de racheter le

M. Nagot avait lui-même composé l'inscription qui devait être mise sur sa tombe, et qui atteste en même temps sa foi et son humilité :

HIC JACET FRANCISCUS CAROLUS NAGOT,
PRESBYTER SOCIETATIS SACERDOTUM S. SULPITII,
NATUS TURONIS IN GALLIA, DIE 20 APRILIS ANNI 1734,
EXPECTANS BEATAM SPEM ET ADVENTUM GLORIÆ MAGNI DEI.
O VOS OMNES AGNOSCENTES ET PROFITENTES
ECCLESIAM UNAM SANCTAM CATHOLICAM ET APOSTOLICAM
SANAMQUE DE PURGATORIO DOCTRINAM AB EA NOBIS TRADITAM,
MISEREMINI MEI, MISEREMINI MEI, SALTEM VOS, AMICI MEI.

parc de la maison d'Issy. Il avait depuis longtemps le désir de faire cette acquisition ; mais, ses ressources ne le lui permettant pas, pour s'en dédommager un peu, il avait obtenu du propriétaire une clef du parc où il allait souvent ; et, quoique la chapelle de Lorette ne fût alors qu'un grenier à foin, il se mettait à genoux devant la *porte aux lions*, pour y honorer la très-sainte Vierge, et y conduisait souvent avec lui quelques directeurs ou quelques séminaristes.

Cependant, en 1810, la vente du séminaire de Paris au Gouvernement lui ayant procuré des fonds suffisants, il sentit redoubler en lui le désir de recouvrer Lorette. Une seule considération l'arrêtait : le propriétaire du parc, voulant profiter de la circonstance, ne lui demandait pas moins de quinze mille francs au-dessus de la véritable valeur. « Faut-il donc, disait-il à ce sujet, jeter « quinze mille francs par la fenêtre, pour avoir Lorette ? » Faisant cependant réflexion que ces quinze mille francs pouvaient être pris sur son patrimoine et sur les revenus de sa place de conseiller, il se résolut à faire ce sacrifice pour le bien du séminaire et de la Compagnie. Il proposa donc la chose à son Conseil, mais il éprouva des contradictions qui lui furent très-sensibles. Comme il était alors très-probable que la Compagnie allait être détruite, on ne jugeait pas prudent de faire une acquisition aussi dispendieuse dans de pareilles circonstances, « et je confesse, dit M. Garnier, que tel fut mon avis, « dont il me fit après quelques reproches. » Cette improbation générale l'arrêta pour le moment, sans toutefois le faire renoncer à son projet. Il écrivit à

M. Bouillaud, qui était le plus ancien Assistant, de venir à Paris pendant les vacances, afin d'en conférer avec les autres consulteurs. On examina donc la chose tout de nouveau, et l'on conclut que, nonobstant les circonstances peu favorables, le penchant extraordinaire que sentait M. Emery pour recouvrer cette chapelle si chère à Saint-Sulpice donnait lieu de penser que c'était la volonté de Dieu ; qu'il ne fallait pas négliger cette occasion, qui peut-être ne se présenterait plus, le propriétaire pouvant, d'un moment à l'autre, vendre le parc à des particuliers qui le dénatureraient et détruiraient même la chapelle. Toutefois, avant de conclure, M. Emery voulut encore avoir le sentiment de l'évêque d'Alais : « Nos messieurs, lui écrivait-il le
« 6 février 1811, consentent qu'on emploie trente mille
« livres à l'acquisition ; mais ils ne croient pas qu'on
« doive aller au delà. Il m'est possible, tant de mon
« patrimoine que de mes revenus de conseiller, d'ajou-
« ter quatorze mille livres. Je désirerais l'acquisition
« principalement pour rétablir la chapelle de Lorette,
« et je la désire : 1° par respect pour la mémoire de nos
« prédécesseurs à qui cette chapelle était si chère ;
« 2° pour témoigner à la sainte Vierge notre reconnais-
« sance de ce qu'elle a fait : car ce n'est qu'à sa protec-
« tion singulière que nous devons notre existence, qui,
« quoique telle quelle, me paraît miraculeuse ; 3° pour
« mériter la continuation de cette protection. Il est
« singulièrement désagréable pour moi d'être la dupe
« et la victime de la grossièreté et de l'avidité d'un
« *maroufle* ; je passerai sur cette considération ; mais on

« me fait entendre que ce n'est pas le plus grand bien ;
« qu'avec quatorze mille francs je peux faire un plus
« grand bien que ne sera le rétablissement de cette
« chapelle, dont peut-être moi et Saint-Sulpice profite-
« ront fort peu. Mon cœur va à l'acquisition ; mais la con-
« sidération précédente me retient. Cependant il faut,
« dans quatre ou cinq jours, que cela soit décidé...
« Vous êtes sage, vous êtes desintéressé, vous connais-
« sez les avantages et les désavantages. Décidez-moi...
« pour la plus grande gloire de Dieu, pour le plus grand
« bien de Saint-Sulpice. »

L'évêque d'Alais n'ayant pas osé lui donner un avis définitif, il lui écrivit de nouveau le 12 du même mois :
« Si vous m'aviez dit que vous me conseilliez de faire
« l'acquisition, vous m'auriez fait plaisir, parce qu'elle
« est dans le vœu de mon cœur. Il n'y a pas d'inconvé-
« nient à donner trente mille livres ; l'objet les vaut ; il
« est question seulement de sacrifier quatorze mille
« livres pour la maison de Lorette, et je les prendrais
« sur mon patrimoine et sur mes appointements. Je
« crains, si je meurs bientôt, ainsi qu'il doit arriver,
« que la maison de Lorette ne périsse. »

Tant d'instances déterminèrent enfin l'évêque d'Alais à abonder dans le sens de M. Émery, qui lui répondit tout triomphant : « *In verbo tuo laxabo rete*. Puisque
« vous pensez que je dois le faire, j'achèterai le clos. »
Cette lettre était du 3 mars, et le 9 du même mois il conclut le marché pour le prix exorbitant de 44,000 francs. Le notaire qui avait rédigé le contrat disait quelques jours après à M. Garnier : « Vous ne sauriez

« vous imaginer l'épanouissement de joie qu'éprouva
« M. Emery après avoir signé l'acte : *Enfin*, disait-il,
« *Lorette est à nous, et je meurs content.* » Il sentait bien
que sa détermination ne serait pas approuvée de tout
le monde : mais il s'en consolait facilement : « On dira
« que je suis un vieillard qui *radote ;* mais, disait-il, je
« ne m'en embarrasse pas. » Il s'occupa aussitôt de faire
faire les réparations nécessaires dans le parc. « J'ai déjà
« fait rétablir dans le clos d'Issy les deux jeux de balle,
« écrivait-il à M. Nagot le 21 avril : tous les cabinets
« étaient en ruine : on les a réparés. En entrant, on
« croyait entrer dans un pré ou dans un champ; je viens
« de faire replanter l'allée du milieu. J'ai fait rétablir
« l'allée de la *Quarantaine*, qui subsistait encore en très-
« grande partie. Quant aux frais de réparation de la cha-
« pelle, la Providence y pourvoira. J'avais en dépôt pour
« cet objet deux mille quatre cent livres données par
« différentes personnes, et quatre ou cinq cents don-
« nées par M. Flaget. J'espère qu'avec huit mille livres
« nous mettrons la chapelle dans un état honnête : en-
« core une fois, la Providence fera le reste. » Aux sommes mentionnées ici par M. Emery, il faut ajouter trois
mille francs que lui avait promis M. Fournier, évêque
de Montpellier, et qui, après la mort de M. Emery, furent payés à M. Garnier, son légataire universel. C'est
avec ces sommes qu'on a depuis remplacé le bel autel
de marbre qui avait été vendu à l'église de Sceaux, ainsi
que les autres marbres et décorations de la chapelle.

Les rares moments que M. Emery pouvait dérober
aux occupations et aux sollicitudes qui accablèrent les

CV
Derniers
ouvrages

composés ou derniers mois de sa vie, il les employait à compléter ses
publiés par travaux sur Leibnitz et sur Descartes. Plus il sentait
M. Emery.
Pensées de approcher la fin de sa vie, plus il redoublait d'ardeur
Leibnitz.
pour achever ce qu'il avait commencé. « Je voudrais,
« écrivait-il à un ecclésiastique réfugié en Allemagne,
« voir se terminer tout ce que j'ai en tête de faire d'utile,
« parce que mon terme approche, et *dùm tempus ha-*
« *bemus, operemur bonum* [1]. — Mes enfants, disait-il aux
« ouvriers qui travaillaient à l'impression de son *Des-*
« *cartes*, il faut vous dépêcher; c'est l'enfant de ma vieil-
« lesse, et la mort peut me surprendre [2]. »

Déjà en 1803 il avait donné une nouvelle édition de
son *Esprit de Leibnitz,* en substituant à ce titre celui de
Pensées de Leibnitz sur la Religion et la Morale[3]. Ce
changement fut motivé par la suppression de tous les
passages purement littéraires et philosophiques que, par
déférence pour quelques personnes, il avait cru devoir
faire entrer dans la première édition, et qu'il remplaça
par d'autres qui n'avaient pour objet immédiat que la
Religion et la Morale. Un retranchement qu'il fit dans
la préface, quoique peu considérable, mérite pourtant
d'être signalé. Dans l'édition de 1772, au sujet d'un

---

[1] Lettre de l'abbé de la Sépouze à M. Duclaux, du 9 mai 1811.
[2] *Journal de l'Empire*, 2 mai 1811.
[3] Les *Pensées de Leibnitz* ont été réimprimées, avec le supplément dont il sera parlé plus bas, à Bruxelles en 1838, et à Paris en 1857, dans la collection des œuvres de M. Emery, publiée par l'abbé Migne. Annoncées dans le temps avec de grands éloges par les écrits périodiques les plus estimés, elles ont été, dans ces dernières années, mises par le ministre de l'instruction publique au nombre des ouvrages dont les professeurs de logique dans les lycées doivent donner l'analyse à leurs élèves. (Arrêté du 30 août 1852.)

article où Leibnitz parle favorablement de l'autorité que les Pontifes romains ont exercée autrefois sur le temporel des Souverains, et exprime même le désir de voir rétablir cette autorité [1], M. Emery avait cru devoir, sans doute pour ménager la susceptibilité du pouvoir d'alors, protester de son attachement aux maximes du clergé de France consignées dans la Déclaration de 1682. Cette protestation a été supprimée dans l'édition de 1803, quoique l'article de Leibnitz ait été maintenu. Ce changement, qui n'était peut-être pas sans péril, eu égard aux dispositions du nouveau Gouvernement, ne peut s'expliquer que par la crainte, trop bien justifiée dans la suite, de l'abus qu'on pouvait faire des maximes de 1682, au préjudice des droits les plus sacrés du Saint-Siége.

Afin d'étendre de plus en plus les heureux fruits qu'il espérait de son travail, il ne négligea rien pendant les dernières années de sa vie pour le compléter et le perfectionner. Il parcourut de nouveau avec le plus grand soin la collection des œuvres de Leibnitz, en y recueillant les pensées qui allaient à son but et qui avaient échappé à ses premières recherches. Il lut avec empressement la *Correspondance inédite de Leibnitz*, publiée en 1805 par M. Fœder, bibliothécaire de Hanovre ; il se mit en relation avec ce savant, qui lui envoya des copies authentiques de quelques autres lettres inédites du philosophe allemand ; enfin il se procura plusieurs lettres également inédites de Leibnitz à Arnauld. Le résultat de toutes ces recherches fut un nouveau choix

---

[1] *Pensées de Leibnitz*, p. 399 à 410 de l'édition de 1803.

des Pensées de Leibnitz, assez considérable pour donner à M. Emery le désir de préparer une troisième édition de son recueil. Toutefois, la seconde édition n'étant pas entièrement épuisée, il trouva plus convenable de publier les nouvelles pensées en forme de *Supplément*, dans un volume séparé, qui pût être facilement acquis par les possesseurs des éditions précédentes. Il était sur le point d'exécuter ce projet vers le milieu de l'année 1810, lorsque deux circonstances imprévues l'obligèrent à un nouvel ajournement dont il ne devait pas voir le terme. Ce fut d'abord une attaque dirigée contre la *Dissertation sur la mitigation de la peine des damnés* qu'il se proposait de joindre au supplément.

CVI
Dissertation sur la mitigation de la peine des damnés.

Leibnitz dans sa *Théodicée*, parlant de l'éternité des peines, fait dire à saint Augustin « qu'il se peut que les « peines des damnés durent éternellement et soient ce- « pendant mitigées. » M. Emery, dans la première édition de l'*Esprit de Leibnitz*, s'était borné à mettre une note assez courte sur ce passage. Il y faisait remarquer « que saint Augustin n'a point avancé affirmativement « et absolument que les peines des damnés pouvaient « être adoucies par les prières des vivants, mais que le « saint docteur paraît seulement n'être pas éloigné de le « penser, ou du moins qu'il ne condamne point ceux « qui étaient alors dans cette opinion. » A l'appui de ce sentiment de saint Augustin, il citait encore quelques autres témoignages des anciens Pères, d'où il concluait, avec le P. Pétau, « que cette opinion, quoiqu'elle soit « aujourd'hui contraire au sentiment commun des catho- « liques, ne doit cependant pas être rejetée comme

« condamnée par l'Église, ni comme absurde. » Depuis la publication de l'*Esprit de Leibnitz*, de nouvelles recherches lui persuadèrent de plus en plus que le sentiment de la mitigation des peines des damnés n'était pas contraire à la foi catholique, et, sans prétendre décider un point si difficile, il crut pouvoir établir que cette opinion ne méritait aucune censure. Tel est l'objet d'une dissertation assez étendue qu'il rédigea à l'occasion de la seconde édition, et qu'il se proposait d'y joindre en forme d'éclaircissement.

Dans cette dissertation, il expose les autorités qui peuvent être invoquées en faveur du sentiment de la mitigation des peines; il montre que ce sentiment a été, non-seulement admis par quelques anciens Pères et par quelques théologiens scolastiques, mais encore soutenu, au sein même du concile de Florence et sans aucune opposition de sa part, par Marc d'Éphèse, parlant au nom des Grecs. En faisant valoir ces autorités, il a soin de remarquer qu'il ne prétend point adopter lui-même le sentiment dont il s'agit, et qu'il se borne à faire dans cette discussion l'office de rapporteur.

Malgré cette réserve, sa grande prudence lui fit comprendre que, dans une matière si délicate, il devait se défier beaucoup de ses propres idées, et redouter jusqu'à l'ombre de la témérité. Il ajourna donc indéfiniment la publication de cet opuscule, et il nous apprend lui-même, dans une lettre écrite en 1808 à l'abbé de Varicourt, son parent, les précautions qu'il crut devoir prendre pour s'assurer de l'orthodoxie de son travail. « Je vous envoie, lui dit-il, une brochure qui est peut-

« être ce que j'ai fait de mieux et avec plus de soin.
« C'est une dissertation qui devait accompagner l'édition
« des *Pensées de Leibnitz*, qui est faite par conséquent
« depuis cinq ou six ans, et que je crois devoir suppri-
« mer par prudence. Je l'ai examinée et perfectionnée
« depuis ; je l'ai fait examiner ; et enfin, dans la crainte
« qu'un travail que je crois curieux et utile ne fût en-
« tièrement perdu après ma mort, je l'ai fait imprimer ;
« mais j'en ai retiré jusqu'ici tous les exemplaires ; je
« n'en ai donné qu'un très-petit nombre à quelques sa-
« vants évêques qui l'ont tous approuvé. J'en ai envoyé
« trois à Rome ; un au P. Fontana, théologien du Pape,
« aujourd'hui général des Barnabites, à qui je l'avais
« communiquée manuscrite lorsqu'il accompagna le
« Souverain Pontife à Paris ; les autres aux cardinaux An-
« tonelli et di Pietro, qui m'en ont remercié. Le P. Fon-
« tana m'a proposé d'en envoyer deux exemplaires au
« Pape, qu'il se chargerait de lui présenter, persuadé
« que le Saint-Père la lirait avec plaisir ; c'est ce que j'ai
« fait. C'est cette dissertation que je vous envoie, et que
« vous ne jugerez qu'après l'avoir lue une deuxième
« fois. » M. Emery, dans une note écrite de sa main en
tête des réponses du P. Fontana, ajoute ce qui suit :
« On voit dans ces lettres que la dissertation a été
« présentée au Pape, qui m'en a fait remercier ; que les
« cardinaux Antonelli et di Pietro, auxquels le P. Fon-
« tana en avait de ma part présenté des exemplaires,
« ainsi que les plus savants théologiens de Rome, aux-
« quels le P. Fontana l'a communiquée, n'y ont rien
« trouvé de répréhensible. »

Après tant de précautions et de suffrages du plus grand poids, il pouvait sans doute se déterminer prudemment à publier son travail, et il était sur le point de le faire vers le milieu de l'année 1810, lorsqu'il apprit que l'abbé Jarry, ancien archidiacre de Liége, venait de publier en Allemagne un ouvrage contre cette dissertation, qu'il supposait déjà livrée au public, parce que M. Emery en avait fait passer quelques exemplaires en Westphalie, avec les *Pensées de Leibnitz*[1]. Il était assez naturel que M. Emery, avant de publier sa dissertation, désirât prendre connaissance de la réfutation. Il parvint en effet à se la procurer, et après l'avoir lue attentivement, il crut qu'il était aisé d'y répondre, et se mit en devoir de le faire. Mais, pendant qu'il s'en occupait, un heureux hasard vint lui ouvrir une nouvelle mine qu'il ne pouvait négliger d'exploiter, et qui l'empêcha d'achever ce travail.

Les *Pensées de Leibnitz* avaient été traduites en allemand, et étaient venues à la connaissance de plusieurs ministres protestants. Un d'entre eux étant venu à Paris, rencontra dans une maison M. Emery, qu'il ne connaissait que de réputation. La conversation étant tombée sur cet ouvrage, le ministre lui dit qu'il existait dans la bibliothèque de Hanovre un manuscrit du célèbre philosophe, dont il aurait pu tirer un excellent parti pour son dessein. M. Emery n'ignorait pas l'existence de ce manuscrit, mais il ne savait où le prendre. Sur cette indication, il s'empressa d'aller prier le cardinal Fesch de lui en procu-

CVII
Systema theologicum de Leibnitz.

Lettre de M. Emery à l'évêque d'Alais, de la fin de juillet 1810.

rer la communication par l'intermédiaire de son neveu Jérôme, roi de Westphalie. Il ne tarda pas, en effet, à en recevoir une copie; mais il tenait à avoir l'autographe lui-même, et revint à la charge auprès du cardinal. Sur la nouvelle instance de son oncle, Jérôme manda le bibliothécaire, qui fut bien obligé cette fois de s'exécuter. Aussitôt qu'il eut le manuscrit en sa possession, M. Emery se mit à l'œuvre; mais, comme l'écriture était mauvaise et chargée de ratures et de renvois, il y employa presque tout l'hiver de 1811, et fit même venir quatre experts pour vérifier les endroits les plus difficiles. Il attachait la plus grande importance à cet ouvrage, parce qu'il donne gain de cause aux catholiques dans toutes les controverses avec les protestants, et qu'il exalte l'autorité du Souverain Pontife au point qu'on n'aurait pu, disait-il, le mettre au jour sous le règne de Napoléon, sans s'exposer à le voir supprimer. Il voulut néanmoins en faire faire aussitôt une traduction dont il chargea l'abbé Courtade[1].

CVIII
Défense de la Révélation par Euler.

Concurremment avec tous ces travaux, M. Emery suivait l'impression des *Pensées de Descartes sur la Religion et la Morale*. Cet ouvrage était le développement de l'idée qu'il avait annoncée dans la préface de l'*Esprit*

---

[1] Cet ouvrage ne parut qu'en 1819, sous le titre de *Systema theologicum*, avec une traduction française de M. Mollevaut, et il est suivi du *Supplément aux Pensées de Leibnitz*. Quant à la *Dissertation sur la mitigation de la peine des damnés*, qui était destinée à suivre les *Pensées*, la Compagnie n'a pas jugé à propos de la donner au public, et c'est sans son aveu qu'elle a paru en 1842, dans l'ouvrage intitulé : *Le dogme catholique sur l'enfer*, par l'abbé Caile, et en 1857 dans la collection d'une partie des œuvres de M. Emery, par l'abbé Migne. M. Guillois était mal informé quand il a dit dans son *Explication du catéchisme* que M. Emery avait publié cette dissertation.

de *Leibnitz*, poursuivie dans le *Christianisme de Bacon*, et à laquelle il voulait donner pour couronnement des extraits de Newton dont il avait déjà commencé l'étude, ainsi qu'on le voit dans ses manuscrits. A ces témoignages des quatre plus grands philosophes des temps modernes en faveur de la Religion, il avait joint incidemment et par occasion, en 1805, la *Défense de la Révélation contre les objections des esprits forts, par Euler, suivie des Pensées de cet auteur sur la Religion, supprimées dans la dernière édition de ses Lettres à une princesse d'Allemagne*[1]. Cet ouvrage, comme son titre l'indique, se compose de deux parties bien distinctes, dont chacune renferme des preuves décisives du christianisme d'Euler, et dont la réunion surtout met dans le plus grand jour ses sentiments religieux. La première partie est la *Défense de la Révélation*, publiée trente ou quarante ans avant la mort de l'auteur, et qui était devenue si rare, que M. Emery en fit inutilement chercher un exemplaire en Allemagne, et ne put s'en procurer qu'une traduction donnée en 1755 dans un journal qui s'imprimait en Belgique. La seconde partie se comose d'observations judicieuses sur les vérités fondamentales de la Religion naturelle et de la Religion révélée, qu'Euler avait jointes à des *Lettres sur la physique*, adressées à une nièce du roi de Prusse, et qui, par un motif facile à comprendre, avaient été retranchées dans l'édition de ces lettres donnée par Condorcet.

---

[1] On peut voir le compte rendu de cet ouvrage dans les *Annales littéaires*, t. IV, p. 31, etc., et dans le *Spectateur français* au dix-neuvième siècle, t. X, p. 6, etc.

CIX
Pensées de Descartes.

Quant aux *Pensées de Descartes*, dont le recueil était presque entièrement terminé dès l'an 1803, M. Emery ne trouva que vers la fin de sa vie le temps d'y mettre la dernière main. Il le fit précéder d'un Discours préliminaire qui en expose le but, et d'une Vie de Descartes qui prouve que, « s'il a été le plus grand phi-
« losophe, le génie le plus hardi, et, si nous pouvons
« nous servir de cette expression, le génie le plus créa-
« teur de son siècle, il a été aussi le plus religieux[1]. »
Le choix des passages de Descartes, qui compose le reste du volume, est fait en vue de montrer l'attachement de ce grand philosophe, non-seulement à la religion révélée, mais encore à l'autorité et aux enseignements de l'Église catholique. En parcourant ce recueil, on se demande naturellement avec quelle apparence de raison on a pu, dans ces derniers temps, imaginer d'attribuer le système impie du *rationalisme* à un philosophe qui a donné des preuves si manifestes de son attachement à la Révélation; qui non-seulement a respecté tous les dogmes de la religion chrétienne et de l'Église catholique, mais les a souvent défendus contre les attaques de l'hérésie et de l'incrédulité, et qui, non content d'une religion spéculative, s'est volontairement assujetti, soit pendant sa vie, soit aux approches de la mort, aux pratiques de religion et de piété qui supposent la foi la plus simple[2]. Une partie de cet ouvrage était encore sous presse lorsque M. Emery fut

---

[1] *Pensées de Descartes, Discours prélim.*, p. CLXIX.
[2] *Histoire littéraire de Fénélon*, IVe part., numéro 22. — *Ami de la Religion*, t. CXVII, p. 113, etc., t. CLXXVIII, p. 521 etc.

attaqué de la maladie qui le conduisit au tombeau.

Il pensait depuis longtemps à la mort que son âge avancé lui faisait regarder avec raison comme peu éloignée. Dans une lettre de cette époque à une dame de son pays, « si je vous revoyais, disait-il, notre entretien roulerait principalement sur les morts. Je m'en « occupe aujourd'hui plus que jamais, parce que je me « prépare à les rejoindre. J'ai plus de connaissances et « d'amis dans l'autre monde que je n'en laisserai sur la « terre. Dans la vue d'en être mieux reçu, je m'en souviens « sans cesse devant Dieu dans mes prières. C'est aujourd'hui ma principale consolation... Il y a peu d'apparence que je revoie jamais le pays de Gex ; mes « affaires me le permettraient bien difficilement ; je « parle des affaires de Dieu dont je suis chargé ; et, prêt « à rendre mes comptes au premier moment, je dois « moins que jamais négliger les affaires de mon Maître. « Mais qu'irais-je faire dans le pays de Gex, où je ne « connais presque plus personne? Pleurer sur des tombeaux? »

CX
M. Emery se prépare à la mort. Premiers symptômes de sa fin prochaine.

Déjà deux ans auparavant, dans un épanchement d'amitié, il avait exprimé à M. Garnier le désir de se démettre de la supériorité, afin de ne plus s'occuper que de son éternité, et la difficulté seule de trouver un homme qui pût le remplacer dans les circonstances, jointe aux conseils de M. Garnier, lui avait fait abandonner cette pensée. Mais il n'en fut que plus soigneux à profiter de tous les instants de loisir qu'il pouvait se ménager pour se préparer à la mort. Ce fut particulièrement vers ce but qu'il dirigea les exercices de sa

retraite annuelle qu'il fit à Issy, en 1811, pendant la Semaine sainte, selon l'usage qu'il avait adopté depuis quelques années. « La prudence exige, écrivait-il à l'é-
« vêque d'Alais le 5 avril, que je regarde cette retraite
« comme la dernière, et que j'en fasse une préparation
« à la mort. Jamais la vie ne m'a été plus à charge. »
Ce dernier sentiment lui était inspiré par la vue des maux de l'Église et surtout par les vives inquiétudes dont il était agité à l'occasion du concile national qu'il était question de tenir prochainement pour aviser aux moyens de suppléer aux bulles du Pape par un autre mode d'institution[1]. « C'est un bon temps pour mourir, m'a-t-il
« répété plus d'une fois à cette époque, dit M. Garnier;
« je trouvai effectivement dans sa chambre après son
« décès plusieurs livres de piété qui traitaient de la
« mort. Cependant il n'était pas content de cette retraite,
« parce qu'il y avait été dérangé. J'espère, me dit-il, en
« faire une meilleure sous peu de temps. » En s'exprimant ainsi, M. Emery ne se croyait pas si près de la mort qu'il l'était en réalité. Mais à peine fut-il de retour à Paris après sa retraite, que les premiers symptômes de sa fin prochaine se manifestèrent sensiblement, de manière à inspirer de vives inquiétudes aux personnes qui l'entouraient.

Nous laisserons ici M. Garnier nous rapporter les particularités de ces derniers jours de la vie de M. Emery, de sa maladie et de sa mort, dont il a été témoin ocu-

[1] Lettres ou récits de MM. Tharin, anc. év. de Strasbourg; de Mazenod, év. de Marseille, Legrix, maître des cérémonies au Séminaire de Saint-Sulpice, Caron, Pignier, etc.

laire, et qu'il rapporte avec tout l'intérêt que lui inspirait sa profonde vénération et son tendre attachement pour ce digne supérieur. Nous nous contenterons d'intercaler dans son récit quelques petits détails que nous fournissent d'autres documents.

« Après avoir terminé sa retraite, dit M. Garnier, M. Emery revint au séminaire le jour de Pâques, 14 avril, car il y avait repris son logement depuis peu, la maison où il demeurait auparavant ayant été vendue, et tous les locataires congédiés. La Providence le permit ainsi, pour lui donner la consolation de mourir au séminaire, au milieu de ses enfants. Je me rappelle que ce jour-là, après le dîner, il reçut la visite de quelques évêques, et en particulier celle de M. Duvoisin, évêque de Nantes, qui lui annonça qu'il n'y aurait point de concile, et que l'Empereur lui avait dit qu'il pouvait partir pour son diocèse. On ne peut imaginer avec quelle joie il reçut cette nouvelle. Son visage se ranima et reprit tous les traits de la plus aimable gaieté. Mais sa joie fut de courte durée : car M. Duvoisin étant allé le lendemain prendre congé de l'Empereur, celui-ci lui dit de ne pas partir, que le concile se tiendrait, que les lettres de convocation étaient expédiées, et qu'il trouverait la sienne en rentrant chez lui. Le prélat vint aussitôt rapporter à M. Emery cette triste nouvelle, qui le replongea dans la plus amère douleur. Il savait qu'un concile national n'a pas assez d'autorité pour changer, sans le concours du Pape, et à plus forte raison contre sa volonté, la discipline ancienne et générale de l'Église sur l'institution des évêques; que ce concile, convoqué et tenu sous l'influence d'un prince aussi absolu que l'était Napoléon, bien loin de remédier aux maux de l'Église, ne pouvait qu'y introduire un schisme. Il prévoyait de plus l'embarras extrême que la tenue de ce concile ne pouvait manquer de lui causer. Il allait être consulté par un grand nombre d'évêques dont il possédait toute la confiance, et, ne pouvant décider contre les vrais principes, il allait être exposé à toute la colère de l'Empereur, qui serait certainement informé de ses décisions, et qui, pour s'en venger, le frapperait à l'endroit le plus sensible, en détruisant le séminaire et la Compagnie. Plein de ces appréhensions, et vivement affecté des maux de l'Église, que la grande pénétration de son esprit lui faisait prévoir, il ne dormait plus. » Il passait une partie des nuits à rédiger divers travaux concernant l'objet du concile, ou à écrire des lettres aux évêques sur les affaires du temps [1].

« Le lundi de la semaine de Quasimodo, il vint le matin dans ma chambre, pour me remettre des lettres destinées au séminaire de Baltimore. Le changement qui paraissait dans ses yeux et dans tout son visage me fit peur. « Monsieur, lui dis-je, quels yeux vous avez! « Vous êtes certainement malade… » Ce fut alors qu'il m'avoua que depuis trois mois il ne dormait plus, et que ce malheureux concile lui donnerait la mort. Il sortit néanmoins ce jour-là pour aller au conseil de l'archevêché, fit plusieurs courses à pied dans Paris et rentra au séminaire, vers quatre heures du soir, n'ayant encore

---

[1] Lettre de M. de Mazenod, év. de Marseille, du 29 août 1842. — Récit du docteur Pignier.

pris aucune nourriture. Il se mit à table pour dîner; mais, selon sa coutume, il avait un livre à la main et lisait en mangeant. La nuit suivante il eut une indigestion, ce qui ne l'empêcha pas de se lever le matin et de dire la messe à son ordinaire; mais, s'étant retiré dans sa chambre après son action de grâces, il se trouva très-mal sans en rien dire à personne. » L'abbé de Tournefort, depuis évêque de Limoges, étant entré dans sa chambre, le trouva assoupi sur sa chaise, et n'en put obtenir presque aucune parole; il se rendit alors chez l'abbé de Mazenod, et lui dit qu'il ne savait ce qui était arrivé à M. le supérieur, mais qu'assurément il était malade. L'abbé de Mazenod court aussitôt à la chambre de M. Emery, et, pour avoir un prétexte de son apparition subite, il lui porte un authentique de reliques à signer. « J'entre chez lui, dit M. de Mazenod[1], et je le trouve en effet très-affaissé; je lui parle, et il a de la peine à me répondre. Pour le réveiller un peu, je le prie de vouloir bien apposer sa signature au papier que je lui présente. Il prend la plume de mes mains et griffonne sa signature d'une manière presque illisible. » — « L'abbé de Mazenod, reprend M. Garnier, vint aussitôt nous avertir, et jeta l'alarme dans toute la maison. Nous accourûmes et proposâmes à M. Emery de faire venir un médecin; mais il s'y opposa en disant qu'un médecin n'était pas nécessaire, qu'il n'avait besoin que d'un peu de repos, et qu'il allait le prendre à Issy, où il espérait être bientôt rétabli. Nous n'en envoyâmes pas moins chercher le docteur

Lettre de M. de Mazenod, du 29 août 1842.

Laënnec, qui arriva au moment même où M. Emery montait en voiture. Après l'avoir examiné et lui avoir tâté le pouls, il lui conseilla de ne point partir; mais tout fut inutile, et, voyant que nous ne pourrions le faire changer de résolution, nous le fîmes du moins accompagner par M. Parage. En passant à Vaugirard, vis-à-vis de la maison de M. Olier, il voulut absolument s'y arrêter [1]. Étant entré dans la chapelle, il y demeura une bonne demi-heure en oraison, ne pouvant se séparer d'un lieu qui lui était si cher et qu'il ne devait plus revoir. » Arrivé à Issy, il fut rejoint pendant la journée par MM. Giraud et de Mazenod, et il retomba presque aussitôt dans son assoupissement, qui ne fut guère interrompu jusqu'à sa mort, sa maladie étant une affection cérébrale qui lui ôtait presque toute connaissance. Le lendemain, qui était la fête de saint Ambroise, il voulut se lever, malgré son extrême faiblesse; il fut impossible de l'empêcher de dire son office, et il voulut même absolument dire la messe, qui lui fut servie par M. de Mazenod, auquel sa qualité de diacre permettait de l'assister à l'autel. « C'était un spectacle attendrissant, écrivait ce dernier [2], de voir ce vénérable vieillard de près de quatre-vingts ans, ne pouvant mettre un pied devant l'autre, soutenu par deux personnes, s'acheminer vers l'autel où il allait offrir le sacrifice de sa vie à l'agneau qui allait s'immoler par ses mains défaillantes. J'eus

---

[1] M. Garnier suppose que cette station à Vaugirard n'eut lieu qu'au retour de M. Emery à Paris. Nous rectifions cette circonstance de son récit, d'après le témoignage de M. Legrix.

[2] Lettre de l'abbé de Mazenod à sa mère, du 2 mai 1811.

le bonheur de servir cette dernière messe; quel sentiment n'éprouvai-je pas à la vue de ce saint prêtre presque à l'agonie, célébrant les saints mystères avec un redoublement de foi et d'amour qui ont laissé des traces bien profondes dans mon cœur... Après qu'il eut achevé la messe avec tant de fatigue que je dus le soutenir tout le temps, s'étant placé sur le prie-Dieu pour faire son action de grâces, il fut saisi d'un mal de cœur, et rejeta une partie des dernières ablutions dans un mouchoir que je me hâtai de lui présenter. » — « Étant rentré dans sa chambre, continue M. Garnier, il s'étendit sur son lit, où nous vînmes le voir, et le trouvâmes pâle et très-accablé. Nous lui conseillâmes de retourner à Paris, et le médecin que nous avions mandé insista pour ce parti, en lui disant que le repos seul ne suffirait pas pour le guérir, qu'il avait besoin de quelques remèdes et qu'il les prendrait plus commodément à Paris. Il consentit à suivre cet avis, et partit aussitôt, accompagné de M. Parage... En arrivant à Paris, il eut encore assez de force et de présence d'esprit pour écrire deux lettres, les dernières qu'il ait écrites de sa vie. Une de ces lettres était adressée à l'abbé Courtade, pour le presser de traduire en français le *Système théologique* de Leibnitz. Dans cette lettre que l'abbé Courtade nous montra quelques jours après, M. Emery lui disait que l'impression de cet ouvrage était le plus grand service qu'il pût rendre à l'Église dans les circonstances présentes.

« Le lendemain, ayant pris un remède, il ne dit pas la messe et se contenta d'y assister, ainsi qu'aux Litanies de saint Marc, dont on célébrait la fête. Le soir du

CXI Ses derniers moments et sa mort

même jour, sa tête s'embarrassa. Il m'appela cependant pour me faire part d'un changement qu'il voulait faire à son testament, à raison de la mort de son frère, dont il était héritier[1]. Il avait aussi quelque peine de conscience d'avoir employé quinze cents francs pour rétablir la grande allée du parc d'Issy; mais il se tranquillisa quand on lui fit remarquer qu'il avait fait cette dépense pour l'honneur de la sainte Vierge. Vers sept heures du soir, il tomba dans un délire complet, et s'étant mis dans l'esprit qu'il devait dire la messe le lendemain, il ne voulut rien prendre pendant toute la nuit. On eut beau lui faire observer qu'il n'était pas encore minuit, il craignit qu'on ne voulût le tromper et persista à refuser tout ce qu'on lui présentait. Le matin, malgré toutes les représentations qu'on put lui faire, il se lève, s'habille avec beaucoup de peine, aidé par quelques séminaristes, et s'achemine, ou plutôt se traîne, vers la tribune où il avait coutume de dire la messe. M. Duclaux, averti, se présente pour l'en empêcher. Il lui remontre qu'il n'est pas en état de célébrer, que sûrement M. Olier et M. Tronson n'eussent pas voulu le faire dans l'état où il est. « Qu'en savez-vous? répond vivement M. Emery, un « prêtre doit mourir à l'autel. Au reste, vous n'avez ici au- « cun droit de me donner des ordres. » Alors M. Duclaux, s'armant du courage qu'exigeait la situation du malade, lui dit avec fermeté : « Monsieur, vous ne direz pas la « messe ; j'ai la clef de la tribune, et je ne vous la don-

---

[1] C'était M. de Saint-Martin, le plus jeune de ses frères, qui était mort vers la fin du mois de mars 1810. Il ne laissait pas de postérité, non plus que l'autre frère, que M. Emery avait perdu dès le commencement de la Révolution.

« nerai pas. » A ces mots, M. Emery s'arrête, stupéfait
d'une résistance à laquelle il ne s'attendait pas, et, sans
dire un seul mot, il retourne à sa chambre et se remet
au lit. Il recouvra alors l'usage de la raison et en profita
pour se confesser et recevoir l'extrême-onction et le
saint viatique. Les séminaristes, qui étaient en classe,
furent avertis par le son de la cloche qui accompagnait le saint sacrement, et se rendirent aussitôt à la
chambre du malade pour assister à l'administration,
qui fut faite par M. Duclaux. Lorsqu'elle fut terminée,
celui-ci dit à M. Emery : « Notre bon père, donnez votre
« bénédiction à tous vos enfants qui sont ici présents. »
En même temps il se mit à genoux avec les directeurs et
toute la communauté. M. Emery les bénit, en prononçant ces paroles à voix basse : *Je n'ai vécu que pour le
séminaire et pour l'Église, et ils seront l'objet de mes
prières et de mes vœux jusqu'à mon dernier soupir.
Je vous donne à tous ma bénédiction.* Après la cérémonie, il demeura quelque temps en action de grâces;
mais il retomba bientôt dans son assoupissement ordinaire. A midi, il y eut une consultation de quatre médecins des plus habiles de la capitale. L'un d'eux,
M. Portal, qui était le chef de la consultation et qui
connaissait déjà M. Emery, lui demanda comment il se
trouvait : « Comme un homme, répondit-il, qui est mal-
« heureusement *tombé entre les mains des médecins*[1]. »
Car il ne les avait jamais aimés, et il s'était toute sa vie
passé de leur secours, sans autre traitement dans ses

---

[1] Allusion à ce passage de l'*Ecclésiastique*, ch. xxxviii, v. 15 : *Qui delinquit in conspectu ejus qui fecit eum, incidet in manus medici.*

incommodités que le repos, la diète et un peu d'eau sucrée. Il avait coutume de dire : « Il faut, selon le pré-« cepte du Sage, *honorer le médecin à cause de la néces-*« *sité*[1], mais s'en passer le plus possible. » La consultation approuva le traitement du docteur Laënnec, et fut unanimement d'avis que la maladie était très-grave et qu'il y avait très-peu d'espérance de sauver le malade, Effectivement le délire reprit bientôt et continua jusqu'à sa mort, qui arriva le surlendemain, 28 avril 1811, second dimanche après Pâques, à deux heures trois quarts de l'après-midi. »

Plusieurs évêques le visitèrent pendant sa maladie, entre autres, M. Fournier, évêque de Montpellier, son parent, qui l'exhorta à la mort et lui suggéra différents actes que vraisemblablement il n'entendit pas. Ce prélat, s'approchant de l'oreille de M. Emery, lui répétait de sa voix retentissante les paroles de saint Paul : *Bonum certamen certavi, cursum consummavi*, etc. Puis, au grand déplaisir des personnes qui soignaient le malade, il lui parlait des affaires de l'Église, du concile, recommandant à ses prières les délibérations qu'on devait y prendre. « M'entendez-vous, « cher père? lui disait-il à haute voix ; si vous m'enten-« dez, serrez-moi la main. » Lui ayant ensuite parlé de la très-sainte Vierge et de la chapelle de Lorette, au rétablissement de laquelle il lui promettait de contribuer, M. Emery sembla reprendre un peu de connaissance, et lui dit en lui serrant la main : « Oui, je vous entends. »

---

[1] *Ecclésiastique*, ch. xxxviii, v. 1; *Honora medicum propter necessitatem.*

Sur quoi le prélat ajouta : « Vos intentions seront rem-
« plies; Lorette sera rétablie[1]. » M. Emery étant sur le
point d'expirer, le cardinal Fesch se présenta au séminaire pour le visiter une dernière fois; mais il arriva
trop tard, et, lorsqu'il entra dans la chambre, le malade
venait de rendre le dernier soupir. « Le cardinal, dit
M. Garnier, se retira pénétré de douleur et versant des
larmes. Le soir, étant allé à la cour et s'étant présenté
à l'Empereur : « Sire, lui dit-il, j'ai une bien triste nou-
« velle à vous annoncer. M. Emery vient de mourir, et,
« comme j'entrais chez lui, il rendait le dernier soupir.
« — J'en suis fâché, répondit l'Empereur, j'en suis très-
« fâché; c'était un homme sage, c'était un ecclésiastique
« d'un mérite distingué. Il faut lui faire des obsèques
« extraordinaires, et qu'il soit enterré au Panthéon. »
Le cardinal, qui savait combien nous serions peu flattés
d'un pareil honneur, fit remarquer à l'Empereur que
le lieu de la sépulture de M. Emery était déjà fixé dans
la maison de campagne du séminaire; qu'il convenait
que les restes de cet homme vénérable demeurassent
au milieu de ses enfants, qui seraient inconsolables si
on les en séparait. L'Empereur alors n'insista pas.
M. Duclaux apprit ces circonstances de la bouche même
du cardinal, qu'il était allé voir quelques jours après.

« Le visage de M. Emery, extrêmement défiguré pendant sa maladie, reprit immédiatement après sa mort
ses traits naturels. On voyait reluire sur sa figure le
calme et la tranquillité d'un homme qui se repose après
de longs travaux. Au lieu d'inspirer aucune horreur,

[1] Récit du docteur Pignier.

il portait à la piété et au recueillement. Une multitude de personnes qui vinrent prier devant son corps firent cette observation. On trouva sur sa poitrine un reliquaire et une petite croix en argent remplie de reliques. Je voulus avoir ce dernier objet, et je l'ai toujours depuis porté sur moi. »

MM. de Janson et de Mazenod, ayant eu alors l'heureuse idée de conserver le cœur de M. Emery, la proposèrent à M. Duclaux et obtinrent sans peine son consentement. L'opération fut faite par le docteur Laënnec, assisté du docteur Pignier, en présence de M. Legrix, maître des cérémonies, et de l'abbé de Mazenod. M. de Gourgues voulut que ce précieux objet fût renfermé dans un très-beau cœur en vermeil, dont il fit lui-même les frais. « Je l'ai fait mettre (c'est toujours M. Garnier qui parle), dans un petit tabernacle, immédiatement au-dessous du cœur de M. Olier, voulant que ces deux cœurs, qui sous bien des rapports avaient été si conformes, reposassent l'un près de l'autre. C'est sans doute une grande consolation pour M. Emery dans le ciel de savoir que son cœur est ainsi réuni à celui qu'il a si fort honoré pendant qu'il était sur la terre.

CXII
Ses funérailles et son épitaphe.

« Les obsèques furent célébrées le 30 avril. M. Duclaux fit la levée du corps, la voix entrecoupée de sanglots. La messe fut célébrée par M. Fournier, en qualité de parent. Le diacre était M. Tharin, depuis évêque de Strasbourg, et le sous-diacre M. Gosselin, actuellement supérieur des philosophes. Son Éminence le cardinal Dugnani, qui affectionnait singulièrement M. Emery, plusieurs archevêques et évêques assistaient à la messe.

Plusieurs conseillers de l'Université y étaient aussi venus pour rendre hommage à la mémoire de leur collègue. On y voyait encore une multitude d'ecclésiastiques ses amis, et en particulier l'abbé Hémey d'Auberive qui me dit en pleurant : « Je perds aujourd'hui « un ami de cinquante-huit ans. » Il y avait aussi M. de Gourgues, et madame de Villette, parente de M. Emery, qui accompagna le convoi jusqu'à Issy. »

On pouvait s'attendre à voir aussi aux funérailles le sénateur Grégoire, qui, pendant la maladie de M. Emery, n'avait pas manqué d'envoyer tous les jours demander de ses nouvelles. En apprenant sa mort, il déclara qu'il voulait assister aux obsèques, et pria qu'on l'avertît du jour et de l'heure où elles auraient lieu. Cette déclaration jeta les directeurs du séminaire dans un assez grand embarras. La présence de l'évêque constitutionnel de Loir-et-Cher, surtout s'il paraissait avec le costume épiscopal, comme on avait tout lieu de le craindre, eût profondément affligé les assistants, et en particulier les évêques, qui auraient difficilement consenti à voir siéger au milieu d'eux un schismatique notoire. On délibéra sur ce qu'il y avait à faire, et il fut convenu d'abord que, si Grégoire se présentait aux obsèques, on ne l'introduirait point dans la chapelle où se trouvaient les évêques, mais à la tribune où devaient être placés les conseillers de l'Université et quelques autres laïques. De plus, on eut soin de ne l'envoyer avertir qu'une demi-heure avant la cérémonie. L'abbé de Janson fut chargé de ce message, dont Grégoire se montra peu satisfait, ayant pris pour ce jour-là un engagement qu'il ne pouvait rompre. Il parut également choqué de ce que M. de Janson, en lui adressant la parole, l'appelait *monsieur le sénateur*; il dit qu'il était évêque, et que, s'il eût assisté aux obsèques, il y eût paru en évêque; à quoi M. de Janson répondit très à propos qu'il ne pouvait lui donner d'autre titre que celui que lui donnait le gouvernement, qui le reconnaissait uniquement comme sénateur et non comme évêque.

La messe terminée, on se mit en marche pour se rendre à Issy[1]. Malgré la longueur du trajet, les séminaristes qui avaient veillé M. Emery pendant sa maladie, voulurent porter le corps. Ils se relayaient de distance en distance, jusqu'à ce qu'on fût arrivé à la maison de campagne. Quatre directeurs portaient les coins du drap mortuaire, et tous les séminaristes suivaient deux à deux, le bonnet carré sur la tête, et des cierges à la main. Ils étaient suivis des prélats, des membres de l'Université, et de plusieurs autres personnes de distinction, dans leurs voitures particulières, aucune voiture de deuil, à l'exception du char funèbre, n'ayant été employée dans cette cérémonie, pour conserver la tradition de l'ancienne simplicité toujours si chère aux enfants de M. Olier. Dans l'intérieur de Paris, tous les ecclésiastiques avaient le surplis sur le bras et marchaient en silence. Mais, aussitôt qu'on eût passé la barrière, on se mit en ordre de procession. Tous se revêti-

---

[1] *Journal des Curés* et *Journal de l'Empire*, 2 mai 1811. — On sait qu'avant la Révolution, les supérieurs et directeurs du séminaire de Paris étaient inhumés dans le caveau de la chapelle. L'ordre qui fut suivi pour la translation du corps de M. Emery à Issy, a continué de s'observer depuis.

rent du surplus et marchèrent à la suite de la croix, en chantant des psaumes. Le plus ancien des directeurs terminait la marche, portant une étole noire. Pendant le trajet, le curé de Vaugirard fit l'absoute à la porte de son église devant laquelle passait le convoi. A l'entrée du village d'Issy, le curé de la paroisse vint recevoir le corps et l'accompagna jusqu'au lieu de la sépulture avec son clergé marchant en ordre de procession sous la croix paroissiale, sur une ligne séparée, à gauche du séminaire.

Lorsqu'on fut arrivé à la maison de campagne, le cortége s'arrêta à l'entrée du parterre, où M. Fournier, vêtu de la chape et de l'étole noire, répéta les prières de la levée du corps et l'absoute. A l'entrée du parc, les directeurs eux-mêmes portèrent le cercueil jusqu'au cimetière, comme il est d'usage pour le supérieur général. Quoique la chapelle de Lorette ne fût pas encore restaurée ni rendue au culte, M. Garnier voulut qu'on fît passer le corps de M. Emery par ce lieu qu'il avait si tendrement aimé. Les cérémonies de la sépulture furent achevées par M. Fournier, qui prononça sur la tombe un petit discours très-pathétique, où il fit l'éloge du défunt, qu'il peignit comme un ange de paix, de lumière et de consolation. Il termina en exhortant les assistants à marcher sur ses traces. Le cardinal Dugnani et les évêques, et après eux tous les assistants répondirent *Amen*. Le cardinal avait connu M. Emery avant la Révolution, pendant sa nonciature en France. Depuis qu'il était revenu à Paris par les ordres de Napoléon, il avait renoué avec lui son ancienne amitié, et ne se conduisait que par ses avis. Il avait manifesté le désir d'être enterré auprès de lui, dans le cas où il viendrait à mourir à Paris, et avait légué pour cela à M. Garnier une certaine somme destinée à lui faire ériger un tombeau convenable à sa dignité[1].

Le corps de M. Emery fut placé dans un caveau voûté, que M. Giraud avait fait disposer dans le petit enclos attenant à la chapelle de Lorette, et dans lequel ont été inhumés, depuis cette époque, les membres de la Compagnie, qui meurent à Paris ou à Issy. On fit graver sur la tombe l'inscription suivante, composée par l'abbé Hémey d'Auberive, de concert avec quelques directeurs du séminaire :

HIC JACET
JACOBUS ANDREAS EMERY,
SEMINARII SANCTI SULPITII SUPERIOR NONUS,
UNIVERSITATIS IMPERIALIS CONSILIARIUS PERPETUUS ;
VIR OPTIMI INGENII INSIGNISQUE VIRTUTIS :
IN VULTU BENIGNITAS,
IN ORE SERMO AD FLECTENDOS ANIMOS APPOSITUS,
IN SCRIPTIS DOCTRINA SPONTE FLUENS, EXQUISITUMQUE JUDICIUM,
PRISCI MORIS ET AVITÆ DISCIPLINÆ TENACISSIMUS,
IN CONSILIIS SAGAX ET PRUDENS,
IN INTRICATIS SOLERS,
IN REGIMINIS ARTE PRÆCIPUUS,
IN ADVERSIS FORTIS ET INVICTUS,
INTEGER IN OMNIBUS.
EPISCOPALIBUS INFULIS PLURIES REPULSIS,
ELEGIT ABJECTUS ESSE IN DOMO DEI SUI ;
BEATÆ VIRGINIS MARIÆ FAMULUS ADDICTISSIMUS,
SPONSÆQUE CHRISTI ECCLESIÆ, CUI TOTUS VIXIT,
MILES INDEFESSUS,
BONUM CERTAMEN CERTANS OBIIT,
28 APRILIS 1811, ÆTATIS 79.

[1] Garnier, *Notice*.

Cette inscription, ayant été mise au bas d'une gravure tirée d'après le tableau original dont nous avons parlé ailleurs, fut supprimée par la police, qui crut voir dans les dernières paroles : *Bonum certamen certans obiit*, une allusion aux réponses généreuses que M. Emery avait faites à l'Empereur dans la séance du 17 mars précédent. Ce ne fut qu'en 1814, après la rentrée de Louis XVIII, que la gravure et l'inscription furent rendues au séminaire. Une notice sur M. Emery, rédigée par M. Picot, pour être placée à la tête des *Pensées de Descartes*, fut aussi mise au pilon à la même époque et pour des motifs semblables[1]. Ces fâcheuses dispositions de la police n'empêchèrent pas le chapitre métropolitain de Paris de faire célébrer pour le repos de l'âme de M. Emery un service solennel auquel le cardinal Maury assista. Les circonstances ne permettaient pas d'y prononcer l'oraison funèbre du défunt : M. Jalabert y suppléa en lisant à l'archevêché, devant une nombreuse réunion d'ecclésiastiques, présidée par le cardinal Maury, celle qu'il avait composée pour la circonstance[2].

De tous les points de la France affluèrent au séminaire des lettres de condoléance. On n'attend pas de nous que nous produisions ici ces témoignages si nom-

---

[1] Nous avons dit ailleurs (t. I, p. 104, à la note) que cette notice avait fourni le fonds de l'article *Emery* dans la *Biographie de l'Ain*.

[2] On conserve au séminaire de Paris ce discours écrit de la main de M. Jalabert. On y possède aussi le manuscrit original d'un éloge de M. Emery composé par le jeune abbé Affre, depuis archevêque de Paris. M. Cruice, aujourd'hui évêque de Marseille, dans la *Vie* qu'il a donnée de l'illustre prélat, suppose que cet éloge fut prononcé en 1811; mais teneur même de la pièce démontre qu'elle n'a pu être écrite qu'après la chute de Napoléon.

breux de vénération pour M. Emery; mais on ne nous pardonnerait pas de ne point faire entendre la voix de l'illustre auteur des *Vies de Fénelon et de Bossuet*, qui, au double titre de l'amitié et du talent, a droit d'être ici l'écho de l'hommage si universellement rendu à la mémoire de M. Emery. « J'ai lu, Monsieur, écrivait ce
« prélat à M. Duclaux[1], avec autant d'attendrissement
« que de reconnaissance tout ce que vous avez la bonté
« de me mander sur un événement qui affecte bien
« douloureusement tous les amis de la Religion et de
« l'Église. Ce n'est pas à une société particulière que
« M. Emery appartenait exclusivement ; il a été dans
« tous les temps la gloire et la lumière de l'Église de
« France, il en a été le *modérateur* pendant vingt ans
« des plus violentes tempêtes... Dieu seul peut savoir
« combien il a prévenu de malheurs, et combien peut-
« être il en aurait encore prévenu. Tous ceux qui
« aimaient sincèrement la paix et le salut de l'Église
« s'appuyaient avec confiance de son suffrage et de ses
« avis ; ceux même qui étaient peut-être importunés
« de sa renommée n'osaient braver l'autorité que son
« nom seul imprimait à ses opinions. Du sein de l'obs-
« curité où il aimait à se renfermer, il avait jeté un tel
« éclat, qu'il était devenu le centre où venaient aboutir
« les sollicitudes, les consolations et les déterminations
« convenables à chaque circonstance.

« Par un décret redoutable de la Providence, il man-
« que à l'Église de France dans le moment même où il

---

[1] Lettre du 6 mai 1811.

« lui était le plus utile et le plus nécessaire, à l'époque
« d'un concile, dont tous les membres auraient recouru
« avec empressement à ses lumières et à ses conseils.
« Toute notre confiance ne doit être et ne peut être
« qu'en la Providence. M. Emery semble en avoir été
« l'organe et l'interprète pendant vingt ans; par sa sa-
« gesse et sa fermeté, il a su se rendre supérieur aux
« événements; il n'a jamais considéré que l'intérêt de
« la Religion; et, fidèle invariablement à cette grande
« pensée, il s'est attaché à séparer ce grand intérêt de
« toutes les considérations humaines et de toutes les
« vicissitudes politiques. Nous venons de voir, Monsieur,
« par le concert unanime de regrets et d'éloges qui l'a
« suivi au tombeau, qu'il a forcé tous les partis à être
« justes envers lui. Il n'a jamais pensé qu'à Dieu et à la
« Religion, et cependant il n'a point échappé à cette
« gloire et à cette renommée humaine qu'il dédaignait.

« Vous savez, Monsieur, tout ce que M. Emery était
« pour moi, et tout ce que j'étais pour lui. Je l'ai déjà
« dit, et je ne cesserai jamais de le dire; l'affection et
« la bonté constante dont il m'a honoré seront les titres
« qui pourront le plus me recommander à l'estime pu-
« blique. C'est à ces titres que j'ose vous supplier,
« Monsieur, ainsi que vos respectables coopérateurs, de
« me conserver les sentiments qu'il m'accordait. Croyez
« que j'en suis digne par la tendre reconnaissance et le
« respect filial que j'ai voué à mes premiers institu-
« teurs. »

Et comme M. Duclaux avait supplié l'évêque d'Alais
de vouloir bien continuer les témoignages de son affec-

tion aux confrères de M. Emery, le prélat ajoutait : « C'est à moi, Monsieur, à vous demander comme une « grâce, la permission de recourir à vos lumières et « d'aller quelquefois à Issy prier sur le tombeau de cet « homme vénérable, qui a été de nos jours l'honneur « du sacerdoce, et dont notre siècle n'était pas digne... « Le moment n'est pas venu de rendre à sa mémoire un « hommage vraiment digne de lui ; mais le temps « viendra sans doute, où on pourra le montrer tel qu'il « était. La prudence recommande encore de couvrir, « pour ainsi dire, d'un voile, l'éclat de tant de vertus. »

CXIII
Portrait de M. Emery.

M. Emery était de taille moyenne[1]. Il avait le front large et découvert, le nez aquilin, les yeux pleins de feu et de vivacité ; sa taille était un peu contrefaite, du moins dans ses dernières années. Il avait la lèvre inférieure et le menton très-saillants, et une épaule un peu plus haute que l'autre, par suite de la position gênée qu'il prenait en écrivant ; mais cette légère difformité n'empêchait pas que son abord n'eût quelque chose de grave et d'imposant[2]. Il était d'un tempérament robuste et qui lui faisait supporter sans fatigue les plus grands

---

[1] Garnier, *Notice*. — Souvenirs de divers contemporains.

[2] Le buste de M. Emery, moulé trop tard après sa mort, n'a pas conservé la vivacité de ses traits. On les a plus heureusement reproduits dans un petit buste de moindre dimension. — Il existe deux gravures différentes de son portrait : l'une, de la dimension d'un volume in-4°, a été exécutée par Massart, d'après le tableau original dont nous avons parlé (t. I, p. 426). L'autre, de la dimension d'un vol. in-8°, a été exécutée par Pierron, d'après un dessin de M. Damphoux, élève du séminaire, et a servi de modèle à la gravure qui est à la tête de cette *Vie*. Ces deux portraits sont très-ressemblants ; mais le premier représente M. Emery tel qu'il était douze ans avant sa mort ; et le second, tel qu'il était dans les derniers mois de sa vie.

travaux. Il avait contracté à Angers l'habitude de se passer de déjeuner, afin de gagner du temps ; et, lorsqu'il arrivait au réfectoire plus tard que la communauté, il avait toujours fini avant les autres. Il prenait peu de récréation, et travaillait facilement après le repas, sans en éprouver aucune incommodité. Cette bonne constitution lui fit conserver jusqu'à la fin de sa vie toute la fraîcheur de son esprit et toute l'énergie de ses facultés. Il n'était jamais sérieusement malade. La seule incommodité qu'il éprouvât pendant ses dernières années était l'enflure des jambes. Mais elle ne l'empêchait pas de faire à pied d'assez longues courses. Il disait agréablement que l'enflure de ses jambes lui annonçait la dissolution de son corps, de même que la chute prochaine d'une maison est annoncée par la détérioration des fondements.

Il était doué d'un excellent esprit, qui le rendait également propre à l'étude et aux affaires. Son coup d'œil vif et pénétrant découvrait promptement, dans les questions embarrassantes, le point de la difficulté et les expédients les plus propres à la résoudre. Dans les détails de l'administration, son jugement exquis et son tact toujours sûr lui suggéraient à propos les moyens d'arriver à ses fins. Il avait non-seulement des vues élevées qui lui faisaient apercevoir de loin ce que les autres ne voyaient pas, mais une facilité extraordinaire pour entrer dans les moindres détails. Enfin la vigueur et l'activité de son esprit le mettaient en état de mener de front plusieurs affaires très-disparates, sans en négliger aucune. Ce rare ensemble de qualités,

CXIV
Qualités de son esprit, étendue de ses connaissances.

joint à la connaissance des hommes et à l'art de manier les esprits, lui donnait un ascendant extraordinaire sur toutes sortes de personnes, et le rendait éminemment propre au gouvernement, au point que M. Garnier, qui l'avait si intimement connu, ne faisait pas difficulté de dire qu'il eût été en état de gouverner un empire.

La force de son tempérament, jointe à l'activité prodigieuse de son esprit, secondait merveilleusement son goût naturel pour l'étude. Aussi cultiva-t-il avec succès, non-seulement les sciences propres à son état, la théologie scolastique et morale, le droit canonique et l'histoire ecclésiastique, mais encore plusieurs autres sciences qui, sans être absolument nécessaires à un théologien, peuvent beaucoup servir à la défense et à l'honneur de la Religion. Il connaissait et appréciait très-bien les bons auteurs en tous genres, et les collections littéraires et scientifiques les plus estimées. La bibliographie même ne lui était pas étrangère; il savait le prix des livres et le mérite respectif des différentes éditions. Il écrivait avec goût et avec une grande pureté de langage. Quand il traitait un sujet, on pouvait être sûr qu'il avait lu tous les bons auteurs qui l'avaient traité avant lui. Il vérifiait leurs assertions, en remontant aux sources, n'avançant rien sans preuves, et citant les autorités avec la plus scrupuleuse exactitude. Quoiqu'il n'eût pas étudié les langues savantes, il en comprenait l'utilité pour l'étude et la défense de la Religion. Il disait qu'il serait honteux que dans l'Église de France il n'y eût personne qui les entendit. C'est par ce motif qu'il envoya, quelques années avant la Révolution, un certain nombre de séminaristes au cours d'hébreu du Collége de France; il voulut même que M. Garnier, depuis son retour d'Amérique, suivît un cours d'arabe, et donnât des leçons d'hébreu dans le séminaire à quelques élèves qui avaient assez de facilité pour concilier cette étude avec celle de la théologie.

A des connaissances littéraires très-étendues, il joignait celle des sciences naturelles et des sciences exactes, dont il avait fait une étude particulière, pendant son séjour à Lyon. On s'en apercevait aisément à la manière dont il interrogeait les élèves dans les examens sur la philosophie, les mathématiques et la physique. On en trouve aussi des preuves remarquables dans plusieurs des ouvrages qu'il a publiés, et surtout dans la correspondance habituelle qu'il entretenait avec plusieurs savants distingués, dont nous avons eu l'occasion de parler, et auxquels nous pourrions ajouter Cuvier, l'abbé Haüy, le P. Boscowich et plusieurs autres[1]. Dans ses lettres à ces savants, il discutait, en homme parfaitement versé dans la partie, les questions les plus difficiles des sciences qui faisaient l'objet spécial de leurs études.

Il avait le cœur encore plus excellent que l'esprit, et il était susceptible du plus tendre et du plus durable attachement. On lui a plusieurs fois entendu dire qu'il ferait volontiers cinquante lieues pour avoir occasion

CXV
Qualités de son cœur.

---

[1] Garnier, *Notice*. — *Ami de la Rel.*, t. XXXVI, p. 133. — *Éloge de l'abbé Haüy*, par Cuvier, t. VIII des *Mémoires de l'Institut*. Témoignage du docteur Pignier, etc.

de s'entretenir avec un bon cœur. Il conservait précieusement le souvenir des services qu'on lui avait rendus. Le fils de madame de Villette témoigne qu'il eut toujours pour sa mère la plus vive reconnaissance, l'appelant *son sauveur, sa libératrice.* Quelques jours avant sa mort, il dit à M. Garnier : « N'oubliez pas mademoi-« selle Jouen ; elle m'a rendu, ainsi qu'à Saint-Sulpice, « les plus grands services. » Son ancien professeur de rhétorique au collège de Mâcon, s'étant retiré en Angleterre après la suppression de la Compagnie de Jésus, avait eu le malheur d'apostasier, et, devenu ministre de l'Église anglicane, avait même contracté un mariage sacrilége [1]. Dieu l'ayant touché vers la fin de ses jours, il eut la pensée de s'adresser à M. Emery, le suppliant de vouloir bien le recevoir au séminaire de Saint-Sulpice, et de lui ménager les moyens de sortir du misérable état où il s'était si aveuglément engagé. M. Emery saisit avec empressement cette occasion de témoigner tout à la fois sa reconnaissance pour un ancien maître, et son zèle pour le retour d'une âme égarée. Il l'accueillit en effet au séminaire, où on le prit pour un ancien missionnaire, sans que personne eût le moindre soupçon de sa conduite passée. Il reçut son abjuration, lui fit faire une confession générale, et continua à lui prodiguer les soins les plus tendres pendant la maladie dont il ne tarda pas à être atteint et qui le conduisit au tombeau quelques mois après. Il lui porta lui-même le saint Viatique, et, comme le moribond mani-

---

[1] Notes de l'abbé de Belloc. — Récit de M. Garnier à M. Faillon.

festait les craintes que lui inspiraient les jugements de Dieu, il lui adressa, pour ranimer sa confiance, des paroles qui firent fondre en larmes tous les assistants.

Le malheur le trouvait toujours sensible. La veuve Nyon, libraire, qui imprimait ses ouvrages, ayant fait une banqueroute dans laquelle il se trouvait engagé pour sept mille francs[1], il s'empressa de réclamer cette créance, et remit immédiatement à cette dame tout ce qu'il put recouvrer. « Au moins, disait-il, il y aura de « quoi lui donner du pain, à elle et à ses enfants. » L'humeur et la brusquerie qu'il témoignait quelquefois au premier abord, comme on l'a fait observer, ne venait point du cœur, mais de son extrême vivacité et de la préoccupation que lui causait la multitude de ses affaires. Mais il connaissait ce défaut, et faisait dans ces occasions les plus grands efforts pour se dominer. « Étant chez lui, disait un de ses pénitents, je vis un « jour entrer un ecclésiastique qui certainement ne ve- « nait pas pour affaires. M. Emery, en l'apercevant, fit « un mouvement des yeux qui marquait la contrariété « qu'il éprouvait, et, comme il les levait au ciel, on « voyait qu'il demandait à Dieu de bien recevoir cette « personne, à laquelle en effet il fit bon accueil. Une au- « tre fois, au moment où j'allais me confesser, il entra « chez lui quelque importun qu'il fit attendre, mais en « venant prendre son surplis, il se mordait les lèvres et « disait tout bas : « Mon Dieu, donnez-moi la patience[2]. »

---

[1] Lettre de M. Mermod, curé de Gex, à M. Faillon, du 18 juin 1842. — Lettre de M. Emery à l'évêque d'Alais, du 19 oct. 1808.

[2] Notes de M. Caron.

M. Garnier raconte que, quand il demeurait à la rue d'Enfer, comme il était sans cesse dérangé par une multitude de visites, au lieu de laisser la clef à sa porte, il la retirait toujours, et se donnait la peine d'aller lui-même ouvrir ; et, sur ce qu'on lui demandait la raison de cette gêne qu'il s'imposait, il répondit que c'était pour avoir le temps de se calmer, afin de faire un meilleur accueil aux personnes qui venaient le visiter.

La bonté de son cœur se manifestait même dans ses dispositions à l'égard des animaux. Il était sensiblement affligé de voir qu'on les tourmentât par pur amusement. Il s'était confirmé dans cette disposition par la lecture d'une lettre de Leibnitz, qui nous apprend que ce grand homme, dans un petit traité composé par lui pour l'éducation d'un prince, « conseillait, entre autres « choses, de ne pas permettre, lorsqu'il était enfant, « qu'il s'accoutumât à tourmenter les animaux, parce « qu'il pouvait contracter de là une véritable dureté à « l'égard des hommes. » La sensibilité naturelle de M. Emery lui fit regarder ce passage du philosophe allemand comme assez important pour trouver place dans l'*Esprit de Leibnitz*[1]. Lui-même il évitait de faire du mal aux animaux, et n'aurait pas voulu écraser volontairement le moindre insecte. Quand son domestique enlevait les toiles d'araignée de sa chambre, il ne manquait pas de lui dire : « Otez la toile, mais épargnez le tisse-« rand. » Un jour, un papillon qui voltigeait autour de la chandelle s'étant abattu sur la table, il mit la main

---

[1] *Esprit de Leibnitz*, t. I, p. 455. *Pensées de Leibnitz*, t. II, p. 387.

dessus pour l'empêcher de se brûler, et ne la retira qu'à la fin de l'exercice.

Mais ce rare assemblage de qualités naturelles dans M. Emery était encore bien surpassé par l'éminence de ses vertus chrétiennes et ecclésiastiques. Sa piété était très-solide, fondée sur une foi vive et sur un grand esprit d'oraison.

<small>CXVI
Ses vertus surnaturelles. Sa piété.</small>

« C'était, dit la sœur Rosalie, un homme bien inté-« rieur. » « Il n'a jamais manqué, au témoignage de M. Garnier, de faire son oraison, de dire tous les jours la sainte messe, de faire les examens de conscience, la lecture spirituelle, de se confesser tous les huit jours, de faire tous les ans sa retraite annuelle. Il n'omettait jamais son chapelet, et récitait même quelquefois le rosaire tout entier en marchant dans les rues ou en allant en voiture. Pour ne pas perdre la présence de Dieu dans ses études, il s'était imposé l'obligation d'élever son cœur à Dieu tous les quarts d'heure, et, afin de n'y pas manquer, il mettait dans un vase autant de grains qu'il y avait de quarts d'heure dans le temps qu'il se proposait d'employer au travail, et ôtait un grain à chaque quart d'heure. Son travail terminé, il examinait soigneusement s'il avait enlevé tous les grains, » et s'imposait une pénitence pour chaque grain qui restait. Sa piété se manifestait encore par son profond respect pour le lieu saint. Il recommandait souvent aux séminaristes l'observation du silence dans l'église et dans la sacristie, et il en donnait lui-même l'exemple, ne se permettant jamais d'y parler sans une absolue nécessité. Un jour que le cardinal Maury avait dîné à la maison de campagne, et qu'on était allé adorer le Saint-Sacrement à la chapelle de Notre-Dame de Toutes-Grâces [1], le prélat prit occasion de quelques tableaux qui se trouvaient dans la chapelle pour commencer une longue histoire sur les chefs-d'œuvre de peinture qu'il avait vus en Italie. M. Emery, l'interrompant, lui dit : « Souvenez-vous, « Monseigneur, que le saint sacrement est dans la cha- « pelle, » et en même temps, le prenant par le bras, il le conduisit dans le jardin ; ce qui édifia beaucoup les séminaristes qui se trouvaient présents.

Sa foi vive ne se manifestait pas moins par la religion profonde avec laquelle il célébrait les saints mystères et récitait le saint office. Pendant le voyage qu'il fit à Gex, en 1795, quelques jeunes gens plus ou moins imbus des systèmes de l'impiété s'entretenaient ensemble des grandes qualités de M. Emery, admirant la vivacité de son esprit, l'étendue de ses connaissances et l'agrément de sa conversation [2]. « Pensez-vous, dit l'un d'eux, « que M. Emery ait la foi ? Pour moi, je ne puis croire « qu'un homme de tant d'esprit puisse être sincèrement « religieux. — Vous êtes dans l'erreur, lui répondit un « autre. Très-certainement M. Emery a la foi ; et, si vous « voulez vous en convaincre, vous n'avez qu'à assister à « sa messe. »

Il était très-exact à observer les cérémonies et les rubriques, et il trouvait très-bon qu'on l'avertît des fautes qu'il pouvait y commettre. Lorsqu'il était supérieur du séminaire d'Angers, le séminariste qui lui servait la

---

[1] Garnier, *Notice*. — Récit de l'abbé Cattet, vic. gén. de Lyon.
[2] Lettre de M. Mansuy, chanoine de Verdun.

messe étant venu lui demander si on était obligé d'avertir un prêtre qui omettait quelque chose dans le *Credo* : « C'est peut-être moi, » reprit-il avec vivacité; et aussitôt il se mit à réciter le *Credo*, et s'aperçut bientôt qu'il était sur le point d'omettre les mots qu'on lui avait signalés. Il remercia son clerc, lui donna tout de suite une pièce de vingt-quatre sous pour les pauvres, et promit d'en faire autant à chaque fois qu'il l'avertirait de quelque semblable défaut. Quelques années avant la Révolution, comme il officiait au séminaire de Paris, il lui échappa de manquer à quelque rubrique[1]. Le maître des cérémonies, qui était inexorable et sans respect humain, témoigna tout haut son mécontentement, ce qui fit beaucoup rire les séminaristes à la récréation suivante. M. Emery, qui s'en aperçut, leur dit : « M. Benoit « a fait son devoir. J'aime ce bon père qui est sans res- « pect humain, et s'acquitte si parfaitement de sa charge. . « Oh! que vous me faites plaisir en me rapportant cette « preuve de son exactitude! » Plus tard, après la mort de ce directeur, faisant son éloge à la lecture spirituelle : « Personne, dit-il, n'a jamais mieux fait que lui « les cérémonies, ni n'a veillé avec plus de soin à ce « que chacun dans la maison les fît parfaitement. Moi- « même je n'étais point à l'abri de sa critique; et en « cela il faisait son devoir; car, en ce qui concerne le culte « divin, il n'y a rien de petit, rien qui soit à négliger. »

On n'était pas moins touché dans le séminaire, en le voyant, même dans sa vieillesse, réciter habituellement

---

[1] Récit de l'abbé de Sambucy-Saint-Estève.

son bréviaire à genoux devant le très-saint sacrement, particulièrement les Petites Heures, qu'il avait coutume de dire à la tribune de la chapelle avant l'oraison de la communauté. Un jour qu'il s'y trouvait, M. Garnier, revêtu des ornements sacerdotaux, attendait son clerc : M. Emery lui dit d'aller à l'autel et lui servit lui-même la messe. Une autre fois, il en fit autant pour un prêtre nouvellement ordonné qui se trouvait dans le même cas.

Un des principaux caractères de sa piété était son attrait pour certaines pratiques de dévotion qui supposent la foi la plus simple et la plus affectueuse. Son respect pour la sainte Écriture allait jusqu'à en recueillir précieusement les feuillets déchirés ou dispersés qu'il trouvait sur son passage, afin de les soustraire à la profanation [1]. Il ne pouvait pas non plus souffrir de voir les images des saints, quelle que fût la main qui les eût tracées, livrées sur les quais au mépris et à la dérision des passants. C'est ce qui lui faisait acheter un grand nombre de tableaux sans mérite. On a vu quel était son respect pour les reliques des saints. Un jour qu'il était allé avec un séminariste dans la chapelle de Vaugirard et qu'il y vénérait les reliques à son ordinaire [2], ce jeune ecclésiastique lui témoigna son étonnement de voir parmi ces reliques une portion du voile de la Véronique, dont l'authenticité est un sujet de discussion parmi les critiques. « Cela est vrai, lui dit M. Emery, mais cette

---

[1] Lettre de l'abbé Padé, curé de Saint-Riquier, dioc. d'Amiens.
[2] Lettre de l'abbé Carria, archiprêtre de la cathédrale de Notre-Dame du Puy.

« relique était vénérée avant les jours funestes de la
« Révolution; elle l'est encore dans plusieurs églises,
« et il y a de solides raisons d'en agir ainsi. Imitons la
« piété de nos pères et continuons de respecter ce qui
« l'a été dans les jours de foi. »

Le même esprit de simplicité se manifestait dans ses pratiques de dévotion envers la très-sainte Vierge. Jamais il ne sortait de la maison sans avoir salué une de ses statues qu'il avait dans sa chambre, et il croyait devoir à cette pratique d'avoir été préservé de plusieurs fâcheux accidents[1]. Un jour, en entrant dans une maison, il était sur le point de se précipiter dans l'ouverture d'une cave qu'il ne remarquait aucunement. Au moment d'y tomber, il se sent retenu, et s'aperçoit du danger auquel il échappe comme par miracle. Une autre fois, comme il allait visiter un paroissien de Saint-Sulpice, nommé M. Caron, que la police venait de faire enlever, avant d'entrer dans sa maison, il s'arrête dans une autre qui en était voisine et dit qu'il va voir M. Caron : « Gardez-vous en bien, lui dit-on, sa maison
« est pleine d'agents de police qui arrêtent tous ceux qui
« vont le visiter. » M. Emery attribuait ces délivrances imprévues à la protection de la sainte Vierge, à laquelle il s'était recommandé, avant de sortir de la maison[2].

---

[1] Garnier, *Notice*.
[2] Au sujet des révélations de Marie d'Agréda sur la vie de la sainte Vierge, nous lisons ce qui suit dans la nouvelle édition de l'*Histoire de l'Église* de Bérault-Bercastel, corrigée par M. Henrion, livre LXXXII, t. IX, p. 381 : « Au nombre des témoignages graves et respectables qui
« ont été rendus en faveur de Marie d'Agréda, nous pouvons citer celui
« de l'abbé Emery, restaurateur du séminaire de Saint-Sulpice. Ce per-
« sonnage vénérable n'hésitait pas à dire qu'il n'avait bien connu Jésus-

CXVII
Son esprit de pauvreté et de mortification.

Il avait un grand amour pour la pauvreté et la mortification. « Son ameublement était la simplicité même, « dit la sœur Rosalie[1] en parlant de l'appartement « qu'elle lui prépara avec mademoiselle Jouen, lorsqu'il « fut expulsé du séminaire ; son lit avait tout l'air d'un « triste grabat. Comme nous savions qu'il était sujet à « avoir froid aux pieds, nous voulûmes lui procurer « une bouteille de grès pour l'en garantir ; mais ce ne « fut pas chose aisée de la lui faire accepter; il fallut « soutenir avec lui une sorte de combat. *Il ne faut pas,* « disait-il, *être les serviteurs de notre carcasse, ni nous* « *assujettir à tous ses besoins...* Voulant se dédommager « de n'être plus en communauté, et rendre au prochain « quelques services, il allait avec M. de Saint-Félix ser- « vir les infirmes des *Petites-Maisons.* Il catéchisait « les vieillards, et leur rendait les services les plus « abjects... Quelle simplicité, continue la sœur Rosalie, « quelle pauvreté dans toute sa personne ! Ses soutanes « n'étaient point de drap, mais d'une espèce de serge « ou d'escot. Il ne porta jamais de douillette. Il se ser- « vait seulement d'un vieux manteau, avec lequel on le « voyait l'hiver dans les rues, ou sur le chemin de Vau- « girard. » M. Garnier ajoute qu'en cela il se conformait à l'ancien usage de la Compagnie, qui était de ne point porter de soutanes de drap. Une fois qu'il était

---

« Christ et sa sainte Mère qu'après la lecture de Marie d'Agréda. » L'assertion qu'on attribue ici à M. Emery, peu vraisemblable en elle-même, a paru étrange à plusieurs des contemporains qui l'avaient connu le plus intimement, et nous n'en trouvons aucune trace dans les nombreux matériaux que nous avons entre les mains.

[1] Récits à M. Faillon.

mandé chez l'Empereur, M. Giraud voulut lui en faire faire une. « Je ne m'en servirai jamais, répondit-il ; jamais M. Olier n'aurait porté une soutane de cette étoffe. » M. Giraud, usant alors de stratagème, lui dit qu'au lieu de la faire en drap, il la ferait faire en casimir. « Ce n'est pas du drap? demanda M. Emery. — Non, monsieur le Supérieur. — Eh bien! va pour la soutane de casimir. »

Quant aux pratiques un peu extraordinaires de mortification, il n'avait pas sur cela d'autre sentiment que les saints et les maîtres de la vie spirituelle. Il en faisait lui-même usage, et dans ses résolutions de retraite nous voyons qu'il se condamnait à la discipline et au cilice, spécialement pour l'omission des exercices de piété. Il en conseillait également l'usage aux autres, suivant les occasions. Il s'y prenait même quelquefois fort ingénieusement. Dans le temps où l'on n'avait pas encore repris la soutane au séminaire, un jeune séminariste se présente un jour à lui avec une mise plus soignée que de coutume[1]. M. Emery commença par lui en faire compliment. « Oh! que vous êtes bien « aujourd'hui, lui dit-il, mais il manque quelque chose « à votre toilette. — Quoi donc? — Tous les jeunes gens « bien mis portent des manchettes, et vous n'en avez pas. « Il ne faut pas que vous en soyez privé, je veux vous en « donner moi-même. » A ces mots, il le conduisit dans son cabinet, ouvrit un tiroir rempli d'instruments de pénitence, et lui mit à chaque avant-bras un bracelet de fer.

[1] Récit de M. Le Tourneur, év. de Verdun.

Sa réserve à l'égard des personnes du sexe était extrême, et conforme en tout point aux exemples que lui avaient laissés ses prédécesseurs. « Lorsqu'il écri-
« vait à des femmes, dit la sœur Rosalie, ses lettres
« étaient, pour ainsi dire, écrites *avec une plume de fer*;
« non qu'il ait jamais manqué à aucun des devoirs de
« bienséance ou de politesse; mais ses expressions
« étaient si graves et si bien mesurées, que tout
« s'y ressentait de la dignité d'un prêtre rempli de
« l'esprit de son état. Il n'écrivait jamais rien qui pût
« lui donner quelque sujet de peine s'il venait à être
« rendu public. Aussi jamais ses ennemis ne l'ont ca-
« lomnié sur l'article des mœurs. ». Il avait singulière-
ment à cœur cette bonne réputation pour lui-même et pour tous ses enfants, auxquels il donna jusque dans les derniers jours de sa vie l'exemple de cette sage réserve. Mademoiselle Jouen s'étant présentée au sémi-
naire pendant sa maladie, et lui ayant fait demander la permission d'aller le voir dans sa chambre, il lui fit faire cette réponse : « Ce n'est pas la peine de faire des
« infractions à la règle, lorsque l'on va paraître devant
« Dieu. » A la même demande, adressée au nom de la sœur Rosalie : « Allez lui dire, répondit-il, qu'il faut
« faire des sacrifices pour les offrir à Dieu, et que je
« lui envoie ma bénédiction, comme ami, comme par-
« rain et comme père. »

CXVII
Son amour pour la Religion et l'Eglise.

Mais le sentiment qui en M. Emery dominait tout le reste et qui était comme l'âme de toute sa conduite, c'était un amour vif et profond de la Religion et de l'Église. Il se serait reproché de s'occuper à la moindre chose qui ne se fût pas rapportée au bien et à l'honneur de l'Église. Aussi M. Duclaux, dans une touchante allocution adressée aux élèves du séminaire après sa mort, ne craignait pas de dire qu'il n'avait jamais connu d'ecclésiastique qui eût autant travaillé que lui pour le bien de l'Église, et ce jugement fut confirmé quelques années après par le cardinal Lambruschini, alors nonce en France. Dans une visite qu'il fit au séminaire d'Issy, ce prélat témoigna le désir de voir le tombeau de M. Emery, et, après avoir prié quelques moments pour lui, il dit à M. Garnier en se relevant : *Voilà un homme qui a beaucoup aimé l'Église.*

C'est en effet uniquement l'amour de la Religion et de l'Église qui a dicté les nombreux ouvrages qu'a composés M. Emery[1], et qui l'a mêlé à tout ce qui se faisait ou s'écrivait pour la défense des saines doctrines et le maintien des bonnes règles de la discipline. C'est cet amour de la Religion et de l'Église qui, aux époques critiques de la Révolution et de l'Empire, lui fit tour à tour, selon les exigences du moment, ou opposer une résistance indomptable, ou sacrifier les répugnances les plus respectables, sans jamais compromettre la sainteté de sa cause en dépassant les limites, soit de la modération dans son opposition, soit du devoir dans ses condescendances. C'est cet amour de la Religion et de l'Église qui l'arma d'un courage si inébranlable, en présence même des puissances du monde, pour

---

[1] On peut voir à la *Table générale des matières*, art. Ouvrages de M. Emery, l'indication des ouvrages que M. Emery a composés, ou à la publication desquels il a coopéré.

la défense des prérogatives du Saint-Siége apostolique. C'est enfin et surtout cet amour de la Religion et de l'Église qui lui inspira constamment une si haute estime pour la Compagnie dont il était le chef, un si inviolable attachement à son esprit et à ses usages, un zèle si ardent, si courageux, si persévérant, pour en maintenir l'existence tant qu'il fut possible, et la restaurer après sa dispersion; en sorte que l'Assemblée générale de 1814 n'a fait qu'acquitter envers lui une dette de justice en l'honorant du titre de *second fondateur*, et voulant que dans la recommandation des défunts, qui se fait chaque jour à la prière du soir, on joignît aux noms de MM. Olier, de Bretonvilliers et Tronson, celui de M. Emery.

APPENDICE

SUR LA SITUATION DU SÉMINAIRE ET DE LA COMPAGNIE DE SAINT-SULPICE, DEPUIS LA MORT DE M. EMERY, EN 1811, JUSQU'A L'ÉLECTION DE SON SUCCESSEUR, EN 1814.

Depuis la mort de M. Emery jusqu'à la rentrée suivante, le séminaire de Paris continua paisiblement ses exercices. On avait même l'espoir que l'ordre du 13 juin 1810 n'aurait pas son exécution ; car le ministre des Cultes nomma dans cet intervalle M. Giraud, économe du Grand-Séminaire, à la supériorité du petit séminaire de Saint-Nicolas, qu'on érigea à cette époque, et lui donna tous les fonds nécessaires pour l'ameublement de cette maison. Mais des lettres peu mesurées de quelques séminaristes, qui furent interceptées par la police, les relations de quelques-uns d'entre eux, pendant la tenue du concile, avec les cardinaux les plus prononcés contre la conduite du Gouvernement, et enfin une lettre anonyme faussement attribuée à un directeur de province, dans laquelle on engageait M. Duclaux à résister à toutes les tyrannies de Napoléon, et qui fut ouverte à la poste ; tous ces faits, rapportés à l'Empereur,

1 Suppression de la Compagnie.

renouvelèrent sa mauvaise humeur contre Saint-Sulpice, et dans un accès de colère il prononça la destruction de la Compagnie, en adressant au ministre des Cultes la lettre suivante, datée d'Utrecht, le 8 octobre 1811 :

« Je ne veux point de Sulpiciens dans le séminaire « de Paris, je vous l'ai dit cent fois. Je vous le répète « pour la dernière fois. Prenez des mesures telles, que « cette congrégation soit dissoute [1]. »

Cet arrêt fut signifié aux directeurs du séminaire de Paris le premier jour de la retraite qui suit la rentrée. Pour ne pas en troubler les exercices, ils n'en dirent rien aux jeunes gens et se comportèrent avec eux comme s'ils eussent dû toujours demeurer. Mais, la retraite finie, les séminaristes apprirent cette triste nouvelle et en furent consternés. Le ministre des Cultes voulait que ce fût le cardinal Maury qui, en qualité d'archevêque, renvoyât lui-même les directeurs; mais on doit dire à son honneur qu'il refusa absolument une si odieuse commission, et qu'il fit même tout son possible pour obtenir que l'exécution des ordres fût différée, ou souffrît au moins quelques exceptions [2]. Le ministre prit alors le parti de mander successivement chez lui chacun des directeurs, et de leur indiquer lui-même le jour où ils devaient sortir; car il ne voulait pas qu'ils quittassent tous à la fois. Les derniers ne se retirèrent qu'après l'ordination de Noël.

---

[1] Archives de l'Empire, *section du Secrétariat*, AF iv, n° 44.
[2] Garnier, *Notice sur M. Emery*. — Compte rendu à l'Empereur par le ministre des cultes, le 11 décembre 1811, de la dissolution de la congrégation de Saint-Sulpice.

M. Jalabert, vicaire général, fut installé supérieur du séminaire, et on choisit les professeurs parmi les élèves eux-mêmes, et surtout parmi ceux qui se destinaient à la Compagnie[1]. Le règlement et tous les exercices allèrent comme auparavant, et on doit dire à la louange de M. Jalabert et de ceux qu'il s'associa pour la conduite du séminaire, qu'ils en conservèrent parfaitement l'esprit. Les jeunes gens eux-mêmes étaient très-zélés pour les anciens usages, et on n'aurait pu y toucher sans provoquer leurs plaintes. Ils résistèrent même au cardinal Maury, quand il voulut supprimer la seconde demi-heure d'oraison, pour y substituer une leçon d'écriture, disant que c'était une belle écriture qui avait conduit Pie VI à la papauté. Forcés d'obéir extérieurement, ils se rendaient à la chapelle après la première demi-heure, mais ils continuaient leur oraison pendant la messe de commu-

II Etat du Séminaire de Saint-Sulpice après la retraite des membres de la Compagnie.

---

[1] MM. Tharin et Gosselin enseignèrent la théologie, M. Teysseyrre l'Ecriture sainte; M. de Mazenod remplit les fonctions de maître des cérémonies, et M. Lacombe celles d'économe. Ce dernier, après avoir travaillé pendant quelque temps dans la Compagnie, se retira à Bordeaux. M. Tharin fut quelque temps supérieur du séminaire de Bayeux, avant sa nomination au siége de Strasbourg. Quant à M. Teysseyrre, il avait eu à l'École polytechnique les plus brillants succès, et y avait même obtenu un emploi. La ferveur de ses premières années, qu'il avait apportée à cette école, bien loin de s'y ralentir, avait trouvé de nouveaux accroissements dans la congrégation du P. Delpuits, dont il était un des membres les plus édifiants et les plus zélés. Entré au séminaire en 1806, il s'attacha à la Compagnie lors de son rétablissement, et fonda, pour favoriser les vocations ecclésiastiques, la petite communauté dite *des Clercs de Saint-Sulpice*, dont les circonstances firent depuis le collége de Vaugirard. L'heureuse influence qu'exerçait autour de lui M. Teysseyrre par la piété la plus tendre, jointe aux qualités les plus aimables, fit regretter vivement la mort prématurée qui l'enleva en 1818, à l'âge de trente-trois ans. *Ami de la Rel.*, t. XVII, p. 72. — *Dictionnaire historique* de Feller, art. TEYSSEYRRE.

nauté, et tous entendaient la messe d'actions de grâces où se faisait la communion. Il n'y eut que deux ou trois élèves protégés du cardinal qui prirent des leçons d'écriture, et la classe tomba d'elle-même au bout de quelques jours. Les contrariétés que M. Jalabert éprouvait de la part du cardinal l'ayant obligé à quitter le séminaire, il fut remplacé par M. Tharin.

III
Difficultés pour l'exécution du testament de M. Emery.

M. Emery avait, comme on l'a vu, institué M. Garnier son légataire universel, et on l'entendra avec intérêt raconter lui-même les traverses que lui occasionna la conservation de cet héritage.

« Le Ministre des Cultes, dit-il, ayant appris de M. Duclaux que c'était moi qui étais l'héritier de M. Emery, il ne manqua pas, dans la visite que je fus obligé de lui faire, de tourner la conversation sur ce sujet. Il m'engagea à donner la maison de campagne au séminaire, puisque c'était l'intention de M. Emery, qui ne l'avait acquise que pour cela ; il dit que je ne devais pas soustraire son corps, qui y était enterré, à la vénération des séminaristes ; que je me trompais beaucoup, si j'avais l'arrière-pensée que la Compagnie de Saint-Sulpice pût un jour être rétablie ; qu'elle était détruite sans retour ; que la volonté de l'Empereur était immuable sur ce point. Je lui répondis que la maison de campagne était ma propriété personnelle, et que je ne pouvais la céder gratuitement ; qu'il ne pouvait exiger de moi que je me séparasse du tombeau de mon supérieur et de mon bienfaiteur ; qu'il ne connaissait pas toute l'amitié que M. Emery avait pour moi, et les sacrifices que j'avais faits pour lui en quittant, selon son désir, le poste que j'occupais en Amérique, pour venir enseigner dans le séminaire les langues orientales. A ces mots, il me demanda si réellement je savais les langues orientales, et comme je lui répondis qu'il pouvait s'en informer auprès de M. de Sacy, qui avait plus d'une fois assisté à nos examens, il me dit : « Nous pouvons vous faire donner une place honorable et lucrative dans cette branche de littérature, et qui vous faciliterait le moyen de donner gratuitement la maison d'Issy au diocèse. » Je lui répondis que je n'aspirais point à des postes si honorables, et que j'étais content si je pouvais rester tranquille possesseur de ma propriété. « Mais, répliqua-t-il, si c'est votre propriété, vous pourriez donc la laisser à vos parents? » Je lui répondis que j'en étais parfaitement le maître. Il me parla encore des *quatre articles*, qu'il me dit être des vérités immuables et éternelles, et il finit par dire que le gouvernement traiterait avec moi pour l'acquisition de cette maison de campagne qui était nécessaire au séminaire de Paris.

« Quelques jours après, je reçois un message d'un confrère qui m'annonce qu'il y a une lettre du ministre des finances, qui enjoint de confisquer toute ma propriété au profit du domaine; que dans le jour même, et peut-être dans quelques heures, on va venir mettre les scellés sur mes papiers, mon argent et tout ce qui se trouve dans la maison. Je ne perds pas un moment, je ramasse mes papiers et mon argent, et les porte chez un habitant d'Issy, en qui je pouvais avoir confiance. Le soir même arrivent trois élèves du séminaire de Paris qui m'aident, pendant toute la nuit, à faire sortir de la maison les chandeliers, l'argenterie et surtout ce qu'il y avait de plus précieux dans la bibliothèque... Quelques jours après, M. Jalabert me fait prévenir que le vérificateur des domaines est déjà venu dans la maison de Paris, et doit revenir le lendemain pour faire l'inventaire du mobilier du séminaire. Je m'y rends à l'heure marquée, et je demande au vérificateur pourquoi il vient faire l'inventaire d'un mobilier qui n'appartient point à l'établissement, mais qui est ma propriété personnelle, comme j'en peux produire les titres incontestables. Il me dit alors qu'il n'irait pas plus loin, et m'invite à produire mes titres de propriété. »

M. Garnier raconte ensuite toutes les démarches qu'il eut à faire tant à la préfecture qu'à la régie des domaines et au ministère des finances pour faire constater sa propriété. « Fort des arrêtés rendus en ma faveur, continue-t-il, j'écrivis à M. Jalabert que, mes meubles ayant été depuis un an à l'usage du séminaire, je voulais savoir s'il pouvait les acheter, et que, dans le cas contraire, j'étais dans l'intention de les retirer. M. Jalabert me demanda si je consentais à ce que ma lettre fût envoyée au ministre des Cultes ; je lui répondis que j'y consentais volontiers, et que je ne l'avais écrite qu'à cette intention. Ma lettre est donc envoyée au ministre, qui écrit à M. Jalabert de venir sur-le-champ et de m'amener avec lui. Son Excellence me reçut de la manière la plus dure. « C'est donc vous, me dit-il en m'abordant, qui voulez *faire le Turc*, en retirant des meubles nécessaires à un établissement public. » Je lui répondis avec assurance que ce n'était point être Turc que de redemander des meubles qui m'appartenaient. « Je sais bien, dit-il, qu'ils vous appartiennent légalement; mais où est la conscience?» Je lui répondis qu'il me suffisait qu'il avouât que les meubles m'appartenaient légalement; que la conscience me regardait seul, et que je l'assurais qu'elle était tranquille. « Mais que voulez-vous faire de ces meubles? — Je veux en faire de l'argent pour ma subsistance et celle de mes confrères, qui n'ont plus rien depuis qu'ils ont été renvoyés du séminaire. — Mais l'Empereur, me dit-il, qui vient de faire tant de dépenses pour l'ameublement du séminaire de Saint-Nicolas, ne veut plus rien donner. » S'adressant ensuite à M. Jalabert : « Vous connaissez sans doute quelques dames pieuses, lui dit-il; on pourrait faire une quête pour faire une pension à ce monsieur. — Monseigneur, lui répliquai-je, je ne veux pas d'une rente aussi précaire, qui ne serait d'ailleurs établie que sur des meubles qui se détériorent par l'usage. Je veux qu'on les achète et qu'on m'en paye le prix. — Eh bien, me dit-il, je vais envoyer un expert pour en faire l'estimation. « Je lui répondis qu'étant partie intéressée, j'avais le droit d'envoyer aussi un expert. « Cela est juste, me répondit-il en s'adoucissant un peu; envoyez votre expert. » M. Jalabert, qui pendant toutes nos contestations avait gardé le silence, le rompit alors pour demander au ministre que, quatre ou cinq mille francs adjugés à l'ameublement du séminaire de Saint-Nicolas n'ayant pas été employés, il voulût bien lui permettre d'en faire usage pour acheter des ornements et des vases sacrés pour le grand séminaire. Je profitai de cette occasion pour lui dire :

« Vous disiez tout à l'heure que vous n'aviez plus d'argent, voilà cinq mille francs que vous pourriez me donner. — Que vous êtes imprudent, dit le ministre à M. Jalabert, d'avoir dit cela en sa présence! Ne voyez-vous pas qu'il veut nous tirer jusqu'au dernier sou? » L'entretien finit là, et, en nous séparant, il me fit un sourire assez gracieux.

« En sortant, je réfléchis qu'il me faudrait payer les frais d'un expert, sans espérance fondée qu'on me payât le prix de mes meubles. J'écrivis donc à la préfecture que je ne consentais à l'expertise qu'autant que le gouvernement payerait les frais de mon expert. La préfecture ayant pris un arrêté en ce sens, les deux experts estimèrent tous ces meubles, et il y eut bien trente vacations, soit à Paris, soit à Issy, où une partie du mobilier du séminaire de Paris avait été transportée. Je n'eus pas à payer un sou, et les meubles ne furent point achetés. Cependant le ministre des Cultes, irrité contre moi, voulut se venger. Il apprit que, pendant les vacances, je demeurais à Issy, que je voyais les séminaristes et mangeais même quelquefois avec la communauté; aussitôt il écrit à M. Jalabert que je ne puis demeurer avec les séminaristes, et qu'en conséquence, si je voulais rester dans ma maison, comme j'en avais le droit, il fallait que le séminaire vînt prendre ses vacances à Paris. M. Jalabert vint tout triste m'apporter la lettre. J'eus d'abord la pensée de demeurer et de laisser revenir le séminaire à Paris; mais, réfléchissant qu'il n'y avait que huit jours que les jeunes gens étaient à Issy où ils se trouvaient très-bien, je ne voulus pas les obliger à déloger si promptement, et me résolus à me retirer moi-même à Paris avec M. Duclaux. Le ministre s'autorisa de ma retraite pour dire que je sentais bien que la maison d'Issy ne m'appartenait pas et devait être laissée à l'usage du séminaire. C'est ce que j'appris de M. de Girac, ancien évêque de Rennes, qui lui répondit de manière à lui fermer la bouche.

« Pendant que j'étais en guerre avec le gouvernement, je reçus une autre attaque d'un côté d'où je ne l'attendais pas, c'est-à-dire du côté de la famille de M. Emery. Quoiqu'il eût laissé tout son bien patrimonial à son neveu, cependant les parents auraient voulu avoir l'héritage tout entier, ou du moins obtenir de moi une forte indemnité. On me menaça donc de faire casser le testament de M. Emery, comme n'étant qu'un fidéicommis, et on m'envoya une consultation signée de quatre avocats, qui décidaient que le testament était annulable. Je répondis que je n'étais pas fidéicommissaire, et que j'étais tout prêt à faire serment que tout l'héritage m'appartenait; que, d'après mon serment, ils perdraient leur cause inévitablement; mais que, s'ils m'intentaient un procès, j'étais résolu à retenir toute l'hoirie de M. de Saint-Martin, dont M. Emery avait hérité, et qui, à défaut de disposition spéciale de sa part, se trouvait comprise dans mon legs universel; tandis que, s'ils recevaient le testament et respectaient les dernières volontés de leur oncle, j'étais disposé à leur céder toute cette hoirie, montant à plus de cent mille francs, et à la distribuer entre eux d'après ses intentions qui m'étaient connues par quelques notes écrites de sa main, mais sans date ni signature, et par conséquent sans valeur légale. Cette déclaration les arrêta net, et ils en passèrent par tout ce que je voulus.

« Ces deux affaires terminées, j'en eus une autre avec le cardinal Maury. D'abord, il voulut louer la maison de campagne pour s'y loger avec ses nièces, leurs enfants et leurs nourrices, et il m'en fit prévenir. Je lui fis dire que cette location ne me regardait pas, et qu'il devait s'adresser à mademoiselle Jouen, à qui j'avais déjà loué la maison pour quatre ans, par contrat devant notaire. Comme je ne me souciais pas de l'arrangement proposé, qui aurait beaucoup gêné le séminaire, je dis à mademoiselle Jouen de faire en sorte de ne pas louer au cardinal. Elle me répondit : « Soyez tranquille; je connais son faible, je lui proposerai un prix si élevé, qu'il ne voudra jamais y consentir. » Cependant le cardinal, sachant qu'il avait à traiter avec mademoiselle Jouen, ne fit aucune proposition; mais bientôt après il parla, non plus de louer, mais d'acheter la maison. Un certain abbé, qui était à la tête de l'hospice de Charenton, avait promis de mettre à sa disposition soixante mille francs pour acheter un immeuble à l'usage du séminaire diocésain. Le cardinal m'envoie M. de la Myre, l'un des grands vicaires, pour me proposer ses conditions. Il voulait que, pour éviter les frais du contrat, je fusse censé céder gratuitement la maison d'Issy au diocèse, promettant de me donner sous main les soixante mille francs. Je lui fis répondre que, si je vendais la maison, je voulais la vendre son juste prix; qu'elle avait coûté à M. Emery au moins cent mille francs, et qu'avec ses dépendances elle valait bien davantage; que j'étais peu flatté de l'honneur de la céder gratuitement, et que je voulais que le contrat fût passé en bonne forme. Cette réponse, ayant été rendue au cardinal, l'irrita étrangement. Il dit que cette affaire serait portée au conseil d'État, et que je serais exproprié. Je lui fis dire que je préférais être exproprié plutôt que de lui céder la propriété d'Issy, aux conditions qu'il me proposait. Je n'étais pas néanmoins sans inquiétude; comme nous étions pour lors très-mal avec le gouvernement, je craignais que la décision du conseil d'État ne me fût pas favorable.... Heureusement la Providence ne tarda pas à me tirer d'embarras. Le cardinal, qui parlait à tout le monde de ses soixante mille francs, eut l'imprudence de dire au ministre des Cultes que cette somme venait du directeur de l'établissement de Charenton. Le ministre des Cultes en donna avis au ministre de l'Intérieur; et celui-ci, ayant obligé le directeur de Charenton à rendre ses comptes, fit porter tout son *boni* au mont-de-piété. Le cardinal, ayant ainsi perdu les soixante mille francs que l'abbé ne pouvait plus lui donner, cessa ses poursuites et me laissa tranquille par rapport à la maison. Mais bientôt il forma le dessein d'acheter les deux bibliothèques d'Issy et de Paris, et m'en fit faire la proposition par un libraire. Je répondis que je ne pouvais vendre la bibliothèque d'Issy, parce qu'étant homme de lettres, je ne pouvais me passer d'une bibliothèque; que, quant à celle de Paris, j'avais déjà fait enlever ce qu'elle avait de plus précieux; que, s'il voulait néanmoins l'acheter dans l'état où elle était, je consentais à la lui vendre pour le prix qui serait fixé par des experts. »

On commença en effet l'expertise, mais M. Garnier trouva moyen de la faire traîner en longueur jusqu'à ce que, comme il dit en terminant, « les alliés, étant entrés dans Paris, le délivrèrent pour toujours des importunités du cardinal. »

IV
Les membres de la Compagnie renvoyés des Séminaires de province.

La mesure qui avait été exécutée sur les directeurs du séminaire de Paris s'étendit bientôt à tous les séminaires de province. Tous les Sulpiciens, dont M. Duclaux avait dû envoyer la liste au ministre dès le 23 octobre, en furent renvoyés et remplacés par d'autres prêtres. Dans le désir de conserver l'esprit et les traditions de Saint-Sulpice, quelques élèves du séminaire de Paris s'étaient rendus dans plusieurs séminaires de province pour y tenir la place des anciens directeurs[1]. Quant à ceux-ci, les évêques pouvaient, à la vérité, les employer comme curés, vicaires et chanoines, mais on ne permettait pas de les choisir pour grands vicaires, et il était surtout défendu de leur donner des fonctions dans les grands et petits séminaires[2]. La plupart d'entre eux prirent en effet du ministère, les autres se retirèrent dans leurs familles,

[1] Nous pouvons signaler entre autres, à Lyon l'abbé Cholleton et le plus jeune des abbés Cattet; à Nantes, l'abbé Palhoriez; à Toulouse, l'abbé d'Arbou, depuis successivement évêque de Verdun et de Bayonne; à Limoges, l'abbé de Gualy, depuis archevêque d'Alby, et l'abbé Hilaire Aubert, aujourd'hui chanoine de Sens, etc.

[2] Circulaires du ministre des Cultes aux évêques, des 9 novembre et 20 décembre 1811. — Lettre du même au grand maître de l'Université du 5 décembre 1811.

et tous attendirent avec confiance la fin d'une crise qui était trop violente pour durer longtemps.

Dans le mois même de la rentrée des Bourbons, le séminaire de Saint-Sulpice fut rendu à la Compagnie. Ce fut le 19 avril, veille du jour où l'on célébrait alors à Paris la fête de Saint-Joseph, que M. de la Myre vint installer les directeurs. Ceux-ci, après avoir embrassé tous les jeunes gens, les conduisirent à la chapelle, où l'on chanta le *Te Deum*.

<small>V
Rétablissement de la Compagnie en 1814, et élection de M. Duclaux à la place de Supérieur général.</small>

En province, les prêtres de la Compagnie ne tardèrent pas non plus à être réintégrés dans les séminaires qu'ils avaient dirigés précédemment, excepté à Lyon, où ils ne furent rappelés qu'en 1824 par M. de Pins, administrateur apostolique.

L'assemblée générale qui se tint à Issy au mois de septembre 1814, élut pour supérieur général M. Duclaux, qui obtint la restauration légale de la Compagnie par une ordonnance royale du 3 avril 1816, ainsi conçue :

« Vu les lettres patentes accordées à la Compagnie des « prêtres de Saint-Sulpice en juin 1713 ; vu les actes qui « constatent son état actuel dans le séminaire diocésain « de Paris ; vu les demandes présentées par cette Com- « pagnie les 13 et 23 mars dernier ; — après avoir en- « tendu le rapport de notre ministre secrétaire d'État au « département de l'Intérieur ; — Nous avons ordonné et « ordonnons ce qui suit :

« La Compagnie des prêtres de Saint-Sulpice, actuel- « lement chargée du séminaire diocésain de Paris, est, « en tant que de besoin, rétablie.

« Elle continuera, suivant son institution et avec l'ap-
« probation des évêques, à diriger les séminaires qui lui
« seront confiés.

« Elle est susceptible de recevoir des legs et dona-
« tions dans les formes usitées pour les établissements
« ecclésiastiques[1]. »

[1] Cette ordonnance n'a pas été insérée au *Bulletin des lois*, mais on en trouve le texte dans l'*Almanach du Clergé*, années 1824 et suivantes.
En vertu du décret du 3 messidor an XII, le chef de l'État avait le droit de donner l'existence légale aux associations religieuses et ecclésiastiques. Ce n'est que depuis la loi du 2 janvier 1817, et par conséquent postérieurement à l'approbation de la Compagnie de Saint-Sulpice par Louis XVIII, que ce droit a été considéré comme réservé au pouvoir législatif. Et, en effet, depuis cette époque, le supérieur du séminaire de Saint-Sulpice a été autorisé plusieurs fois à recevoir des libéralités faites à sa congrégation. (Ordonnances des 21 décembre 1825, 12 février, 17 mai, 24 mai et 13 août 1826, 6 juillet 1828 et 11 mars 1830. *Bulletin des lois*, série 8mo, t. V, p. 395 ; t. VI, p. 111, 219, 222 et 293 ; t. XI, p. 218, et t. XII, p. 437.)

NOTICE

SUR LE SÉMINAIRE DE BALTIMORE, AUX ÉTATS-UNIS D'AMÉRIQUE

On a vu, dans le cours de cet ouvrage, les motifs qui engagèrent M. Emery à fonder le séminaire de Baltimore, les peines qu'il se donna pour l'exécution de ce projet, et aussi l'espèce de découragement où le jeta d'abord le peu de succès du premier essai, mais que dissipa complètement une parole du Souverain Pontife. Cette parole, recueillie par lui d'une bouche si auguste comme un oracle du ciel, il n'en vit pourtant pas l'accomplissement, et, longtemps encore après lui, elle devait exercer la foi et la patience de ses successeurs.

<small>I
Vues de M. Emery dans l'établissement du Séminaire de Baltimore</small>

Quoique parallèle à l'œuvre du Canada, et donnant ainsi à M. Emery un nouveau trait de ressemblance avec M. Olier, l'œuvre des États-Unis avait un but tout différent. Appelé à créer une chrétienté nouvelle dans une île qui n'était encore habitée que par des sauvages, M. Olier ne pouvait pas ne pas embrasser toutes les parties du ministère : l'apostolat était un des moyens que la Providence avait destinés à faire comprendre l'importance encore ignorée de l'institut naissant ; mais, cet effet une fois produit, la Compagnie, sans abandonner le soin de ce qui existait, devait concentrer toutes ses forces sur l'objet qui est sa fin propre et auquel est attachée sa grâce. Aussi M. Emery, dans son zèle pour l'Amérique, ne se proposait-il autre chose que d'aider à la formation d'un clergé indigène. C'était la teneur formelle de ses conventions avec le premier évêque du pays ; c'était l'unique objet des instructions et des règles qu'il donnait aux directeurs du nouveau séminaire, et, lorsqu'il consentit, par suite des circonstances, à donner à ces contrées quelques missionnaires, la grande recommandation qu'il leur faisait, et le fruit principal qu'il attendait de leurs travaux, étaient qu'ils préparassent par de petites écoles des sujets propres à alimenter plus tard le séminaire. Sa pensée ne fut alors qu'imparfaitement comprise; on se laissa séduire par les nécessités du moment; on fit sans doute du bien, un bien réel et très-considérable ; mais c'étaient de grands pas hors de la voie ; en négligeant les fondements de l'édifice, on ne songea pas qu'on en compromettait la solidité ; l'œuvre principale ne fit que languir et allait à une ruine certaine. Ce ne fut que dans ces dernières années, et quand on se fut sérieusement décidé à suivre la direction indiquée par le fondateur, que l'établissement commença à prospérer et à réaliser les espérances qu'il en avait conçues.

C'est par ce double résultat que la Notice qu'on va lire se lie intimement à la vie de M. Emery, et, en confirmant la haute idée qu'on a dû se faire de la sagesse de cet homme éminent, elle contribuera, nous l'espérons, à accroître l'intérêt qu'inspire un établissement qui lui était bien cher, et à en étendre de plus en plus la salutaire influence.

A la mort de M. Emery, il se trouvait aux États-Unis huit ou dix prêtres de Saint-Sulpice, sans comprendre dans ce nombre M. Flaget et M. David. Le premier venait de prendre possession de son évêché de Bardstown ; le second, qui l'avait suivi avec la permission de M. Emery pour l'aider dans ces commencements, devint, par la suite, son coadjuteur et mourut avant lui. M. Richard exerçait son zèle dans la mission du Détroit, où il mourut en 1832, victime de son dévouement pour les cholériques ; et M. Ciquard travaillait chez les sauvages du Nord, d'où il passa à Montréal, et termina sa carrière au milieu de ses confrères en 1824. A Baltimore, M. Nagot, qui venait de se démettre de la supériorité, et M. Tessier, son successeur, n'avaient plus avec eux au séminaire que deux ou trois prêtres du pays qui s'étaient agrégés à la Compagnie ; M. Dubourg était président du collège de Baltimore, où M. Bruté, récemment envoyé par M. Emery, professait la philosophie ; et M. Dubois dirigeait le petit séminaire d'Emmitsbourg.

II Situation de la Compagnie dans les États-Unis à la mort de M. Emery.

Ce dernier, prêtre de la communauté de la paroisse de Saint-Sulpice au moment de la Révolution, était passé aux États-Unis en 1791, et exerçait en 1794 les fonctions du ministère dans un district du Maryland, dont Frederikstown était le centre. Heureux de retrouver dans son voisinage les prêtres de Saint-Sulpice, il allait régulièrement, tous les ans, faire sa retraite au séminaire de Baltimore ; et, dans une de ces occasions,

III Fondation du petit séminaire d'Emmitsbourg.

il s'ouvrit à M. Nagot du désir qu'il avait de s'agréger à la Compagnie, où il fut en effet admis avec l'agrément de M. Emery, à la fin de 1808. Mais, avant cette époque, il s'était déjà proposé de donner à la Compagnie la propriété d'un petit terrain situé près d'Emmitsbourg, une des localités confiées à ses soins, à vingt lieues de Baltimore. Sa première pensée n'était que d'y faire bâtir, pour lui et ses confrères, une maison de retraite avec une église en l'honneur de la sainte Vierge, pour le service des habitants du voisinage. M. Dubourg, qu'il y avait conduit, lui suggéra l'idée d'y fonder un petit séminaire, sans doute pour réparer la faute qu'il avait commise lui-même en laissant le collége de Baltimore se détourner de sa destination primitive. M. Dubois agréa cette proposition; l'église fut immédiatement construite, et, du consentement de M. Carroll, la propriété en fut transférée au séminaire de Baltimore. Comme l'étendue du terrain était manifestement insuffisante pour l'établissement projeté, M. Dubourg, que son activité mettait toujours en avant, acheta, à des conditions fort onéreuses, d'autres terres formant une superficie de cinq cents acres ; c'est qu'en outre il se proposait d'y placer le couvent des sœurs de Saint-Joseph, instituées par une pieuse veuve de New-York, appelée madame Seton, récemment convertie du protestantisme[1]. On se mit aussitôt à construire les bâtiments, et, dès 1809, avant même qu'ils fussent achevés, on s'empressa d'y transférer les jeu-

[1] *Vie de madame Seton*, traduite de l'anglais par M. Babad. prêtre de la maison des Chartreux à Lyon, et neveu du Sulpicien du même nom.

nes séminaristes de Pigeon-Hill. L'établissement prit le nom de petit séminaire du *Mont-Sainte-Marie;* M. Dubois en fut nommé supérieur malgré sa répugnance, et M. Tessier fut chargé du temporel. Le nombre des élèves était déjà d'une trentaine en 1810, et, comme on ne put envoyer de Baltimore à M. Dubois d'autre auxiliaire qu'un séminariste appelé M. Hickey, qui se proposait d'entrer dans la Compagnie, on se servait des plus avancés d'entre les écoliers pour instruire les autres.

Ce fut cette même année que M. Dubourg fut nommé administrateur de la Nouvelle-Orléans, dont il devint bientôt évêque. Tout affectionné qu'il était aux œuvres fondées par lui à Baltimore, la peine qu'il éprouvait des charges pécuniaires dont l'entraînement de son zèle avait grevé ses confrères lui rendit plus tolérable le sacrifice de sa première vocation. Il fut remplacé dans la présidence du collége par M. Paquier, prêtre français, qui, bien qu'étranger à la Compagnie, s'était attaché, en 1802, au collége de Baltimore, auquel il rendit les plus grands services pendant quatorze ans. A la même époque, et comme pour remplir le vide causé par le départ de M. Dubourg, M. Maréchal, qui avait toujours conservé le désir de retourner en Amérique, profita de la destruction de la Compagnie en France pour venir au secours de ses confrères de Baltimore, amenant avec lui M. Damphoux, jeune diacre du diocèse de Nîmes, qui venait de s'agréger à la Compagnie. M. Maréchal fut chargé de la classe de morale, et bientôt après du temporel du séminaire. De plus, M. Harent, le donateur de Pigeon-Hill, venait d'être ordonné prê-

IV
Mouvement dans le personnel de la Compagnie aux États-Unis.

tre et reçu dans la Compagnie, à laquelle il se rendit très-utile par son aptitude à la gestion des affaires. On attendait encore deux autres Sulpiciens que les circonstances rendaient disponibles en France, MM. Coupé et Tiphaigne[1]; mais, après être tombés deux fois entre les mains des Anglais, ils périrent dans un naufrage avec une grande quantité de livres qu'on envoyait de Saint-Sulpice à Baltimore, plusieurs objets précieux, et, entre autres, un ornement qui avait appartenu à M. Olier.

V

Le petit séminaire d'Emmitsbourg est transformé en collége.

Cependant l'établissement d'Emmitsbourg avait déjà commencé à dégénérer de sa destination primitive. Les dépenses faites pour la construction des bâtiments, la modicité du prix des pensions, des exploitations qui n'amenèrent que de nouvelles pertes au lieu des profits qu'on en espérait, toutes ces circonstances creusèrent un gouffre que ne purent combler les emprunts successifs que s'imposa le séminaire de Baltimore, et, malgré les représentations de ses confrères, M. Dubois ne vit pas d'autre moyen de se tirer d'embarras que d'ouvrir sa maison aux enfants de familles riches et même aux jeunes protestants. La discipline avait d'ailleurs beaucoup à souffrir des absences continuelles de M. Dubois, qui, par suite de l'union de la cure d'Emmitsbourg avec le séminaire, restait seul chargé de cette paroisse et même d'une succursale assez éloignée, et qui donnait en outre une partie considérable de son temps au couvent des sœurs de Saint-Joseph, situé à deux milles du

---

[1] Ils étaient tous deux du diocèse de Coutances, et le premier était directeur au séminaire de Viviers au moment de la suppression de la Compagnie.

petit séminaire. M. Bruté, qu'on lui envoya en 1812 pour le soulager, se laissa pareillement absorber par les mêmes œuvres. D'ailleurs, il ne resta pas longtemps à Emmitsbourg, étant passé en France, en 1815, pour y chercher des auxiliaires. Dans l'intervalle, on donna à la vérité à M. Dubois un utile collaborateur dans la personne de M. Duhamel, prêtre français, qui fut spécialement chargé de la paroisse; mais ce secours était encore insuffisant, et M. Dubois trouvait dans ce qui lui restait de fonctions à l'extérieur, et en particulier dans les soins qu'il donnait au couvent, trop de distractions pour pouvoir s'appliquer, comme il eût été nécessaire, à la formation du petit nombre d'aspirants à l'état ecclésiastique qui se trouvaient dans sa maison, confondus avec les autres écoliers.

M. Bruté ne put ramener d'Europe qu'un jeune Irlandais qui se destinait à la Compagnie, mais qui ne persévéra pas. Il arriva à Baltimore quelques jours avant la mort de M. Carroll, qui termina sa carrière le 3 décembre 1815, à l'âge de quatre-vingts ans. M. Neale, son successeur, dont la santé était fort chancelante, songea bientôt à se donner un coadjuteur, et son choix s'arrêta sur M. Maréchal. C'était un des sujets les plus distingués de la Compagnie, et un des principaux soutiens du séminaire de Baltimore. Il avait déjà refusé les évêchés de New-York et de Philadelphie. Il fit tous ses efforts pour décliner cette nouvelle dignité, et ne l'accepta que par le conseil de ses supérieurs, et sans cesser d'appartenir à Saint-Sulpice. Comme ses bulles n'arrivèrent qu'après la mort de M. Neale, et que ce cas y était prévu, M. Maréchal se trouva immédiatement archevêque de Baltimore, et fut sacré en cette qualité le 14 décembre 1817. Il fut remplacé dans l'enseignement de la théologie au séminaire par M. Deluol, récemment arrivé de France. M. Randanne, qu'on avait envoyé de Paris en même temps, fut destiné à Emmitsbourg ; mais il ne pouvait y rendre de grands services, à cause de son ignorance de la langue anglaise. M. Bruté, établi président du collége de Baltimore après son voyage en Europe, avait toujours nourri dans son cœur le désir de retourner à Emmitsbourg pour continuer à y consacrer ses soins à la communauté des Sœurs de Saint-Joseph. Une certaine conformité de caractère et de vues entre lui et la fondatrice ne le rendait que trop disposé à céder aux instances que lui faisait M. Dubois pour l'attirer auprès de lui. Il quitta donc son poste au commencement de 1818, et se rendit à Emmitsbourg, comme pour aider M. Dubois pendant une maladie de M. Duhamel, curé du lieu. Celui-ci, étant mort sur ces entrefaites, ne fut point remplacé. M. Dubois reprit le soin de la paroisse, et M. Bruté, quoique sans autorisation de son supérieur, demeura avec lui et se chargea particulièrement de la conduite des Sœurs.

VI
La Compagnie de Saint-Sulpice abandonne cet établissement.

Cette démarche irrégulière de M. Bruté semble avoir déterminé une mesure à laquelle les directeurs du séminaire de Baltimore pensaient depuis longtemps. Préoccupés de la masse toujours croissante des dettes que contractait M. Dubois, et effrayés de la perspective d'une banqueroute commune, ils avaient plus d'une fois mis en avant l'idée de supprimer un établissement qui, s'écartant de plus en plus du but de son institution, ne fournissait presque aucun sujet pour le grand séminaire, et dans lequel, au contraire, ceux qu'on envoyait de Baltimore perdaient leur vocation. Le départ de M. Bruté fut pour eux l'occasion de prendre une résolution définitive. En conséquence d'une délibération de l'assemblée des directeurs, M. Tessier fit à M. Dubois, en lui demandant une réponse immédiate, la proposition de fondre la maison d'Emmitsbourg avec le collége de Baltimore. M. Dubois répondit que la question était trop importante pour la trancher si promptement, et que, du reste, il ne leur appartenait ni aux uns ni aux autres de prendre sur cela un parti avant d'avoir l'avis du supérieur général. Sans tenir compte de ces sages représentations, M. Tessier se laissa entraîner par les jeunes directeurs qui formaient la majorité de l'assemblée, et prononça la suppression de la maison d'Emmitsbourg, que l'on notifia aussitôt à M. Dubois.

Lorsqu'on apprit à Paris cette résolution si précipitée, on en fut aussi affligé que surpris. « C'était le cas de « consulter ici, écrivait M. Garnier[1]. Supprimer l'éta- « blissement de M. Dubois contre son gré, avant qu'il « nous ait fait connaître ses raisons, me semble un peu « fort. Nous n'agissons point avec cet empire. » Cependant, vu la disposition des esprits, on comprit la nécessité de séparer le temporel des deux établissements, et bientôt même de rendre la maison d'Emmitsbourg indépendante sous tous les rapports de celle de Baltimore, en

---

[1] Lettre à M. Maréchal, du 4 août 1818.

la soumettant immédiatement au supérieur général. Mais, par suite de cette séparation absolue, les directeurs de Baltimore s'étant crus dispensés de fournir aucun sujet au collége d'Emmitsbourg, et ayant même rappelé M. Hickey et M. Randanne, M. Dubois ne vit pas d'autre moyen d'y suppléer que d'établir dans sa maison un cours de théologie pour ses professeurs. Les inconvénients de cette mesure, que lui-même ne se dissimulait pas, le portèrent à faire à ses confrères de Baltimore d'autres propositions, que ceux-ci n'acceptèrent pas, dans la crainte que de nouveaux engagements avec Emmitsbourg ne les impliquassent encore dans les difficultés financières de cet établissement. Ces difficultés, bien loin de diminuer, s'étant encore accrues par la reconstruction d'un bâtiment incendié, les supérieurs de Saint-Sulpice comprirent l'indispensable nécessité où se trouvait cette maison de se maintenir sur le pied d'un collége, et ne voulant, ni continuer une œuvre étrangère à l'esprit de Saint-Sulpice, ni priver le pays d'un établissement qui avait déjà rendu de très-grands services et qui en promettait de plus grands encore, ils se décidèrent, en 1826, à en abandonner la propriété à M. Dubois. Ces circonstances mirent celui-ci, ainsi que M. Bruté, dans la dure nécessité de quitter une compagnie à laquelle cependant ils demeurèrent toujours attachés de cœur, et qui, de son côté, conserva toujours pour eux les sentiments d'estime et d'affection qu'ils méritaient à tant de titres. Le premier accepta cette même année l'évêché de New-York, après avoir pourvu à l'avenir de son collége par le choix d'un digne supérieur, sous la conduite duquel il prospéra de plus en plus. Quant à M. Bruté, après avoir continué, pendant quelques années encore, à diriger les Sœurs de Saint-Joseph, il fut enfin nommé évêque de Vincennes dans l'Indiana, et sacré le 28 octobre 1834.

VII. Envoi d'un visiteur à Baltimore en 1829.

Quoiqu'on se trouvât ainsi délivré de tout embarras du côté d'Emmitsbourg, on sentait cependant à Saint-Sulpice qu'il y avait encore beaucoup à faire pour dégager le séminaire de Baltimore des obstacles que le collége de Sainte-Marie mettait à son développement; et ce fut dans cette vue qu'en 1829 M. Garnier, qui gouvernait alors la Compagnie, envoya M. Carrière en qualité de visiteur, avec charge de prendre une connaissance exacte de l'état de la maison, et de faire tous les règlements nécessaires pour la rapprocher, autant que possible, de la discipline et de l'organisation des autres séminaires. M. Tessier profita de la présence du visiteur pour donner sa démission et fut remplacé par M Deluol. Presque en même temps la Providence sembla seconder visiblement ces tentatives de réforme, en offrant encore, après tant d'essais infructueux, un nouveau moyen de fonder enfin un petit séminaire proprement dit.

VIII. Fondation du petit séminaire de Saint-Charles.

Ce résultat fut dû principalement à la libéralité d'un des plus illustres citoyens des États-Unis, M. Charles Carroll de Carrollton, issu d'une famille ancienne et distinguée du Maryland, vraisemblablement différente de celle du premier évêque de Baltimore, qui portait le même nom. Après avoir fait en France des études solides et brillantes, il était rentré dans sa patrie en 1764, et s'était dès lors dévoué entièrement à la cause de l'indépendance américaine, à laquelle il rendit les plus éclatants services. Depuis qu'en 1801 les démocrates avaient pris le dessus dans le gouvernement, M. Carroll avait quitté les affaires, et jouissait, au sein de l'opulence, d'une douce et honorable retraite, dont il partageait les loisirs entre le soin de ses domaines et la culture des belles-lettres. Quoique, entraîné par le tourbillon du monde, il eût abandonné depuis longtemps la plupart des pratiques de la religion catholique, dans laquelle il était né, il en avait néanmoins conservé les principes, et tenait à ce que tous ceux qui dépendaient de lui pussent en remplir les devoirs. Il avait pourvu à ce qu'un prêtre vînt dire la messe tous les mois dans la chapelle de son manoir [1], situé près de Baltimore, et se faisait un plaisir et un honneur de servir lui-même à l'autel. C'étaient, depuis 1797, les prêtres du séminaire qui s'étaient chargés de cette desserte, et on conçoit tout ce que purent avoir d'agréable et d'utile, pour un esprit aussi élevé, des relations habituelles avec des hommes tels que MM. Garnier, Flaget, David, Dubourg et Maréchal. Ce dernier continua le plus longtemps ce service, et son élévation au siége de Baltimore ne put qu'ajouter au respect et à la confiance qu'il avait toujours inspirés à M. Carroll. Il en profita pour lui insinuer, en différentes occasions, la nécessité d'assurer l'avenir de l'Église des États-Unis par la fondation d'une école où l'on n'admettrait que des

[1] On donne en Amérique le nom de *manoirs* aux habitations que les personnes opulentes ont à la campagne.

enfants en qui on verrait des marques de vocation ecclésiastique. Il évita cependant de l'engager directement à se charger lui-même de cette entreprise, et s'adressa pour cela à mademoiselle Katon, petite-fille de M. Carroll, à laquelle, peu de temps avant sa mort, il fit promettre de faire tous ses efforts pour amener son grand-père à l'exécution de cette bonne œuvre. Cette demoiselle avait, en effet, beaucoup d'ascendant sur son aïeul ; elle en usa pour le ramener à une vie vraiment chrétienne, et parvint même à lui faire embrasser toutes les pratiques de la ferveur. Ce fut alors qu'elle se hasarda à faire une première ouverture sur la bonne œuvre que lui avait recommandée M. Maréchal, en proposant à son grand-père de démembrer pour cela quelque parcelle de son manoir. M. Carroll repoussa vivement cette idée, disant « qu'enlever au manoir, qu'il « avait hérité de ses ancêtres, quelque portion de terre, « ce serait lui arracher la prunelle de l'œil. » Après une réponse si péremptoire, il n'y avait pas à insister pour le moment. Dix-huit mois après, il vint en pensée à mademoiselle Katon de demander, pour le petit séminaire, un domaine qui ne faisait point partie du manoir. « Ah ! oui, reprit alors M. Carroll ; cette terre ne « vient point de mes ancêtres, je l'ai achetée moi-même ; « je puis donc en disposer sans toucher au manoir. J'ai « remarqué, d'ailleurs, que dans les anciens titres elle « est appelée le *lot de Marie* ; puis donc qu'elle a été « nommée de la sorte, je veux la donner à l'Église, et « pour le dessein important que vous avez en vue. » Il fit aussitôt lever le plan de cette terre ; et, le 21 janvier 1830, il l'envoya aux directeurs du séminaire de Baltimore, afin qu'ils jugeassent si le lieu leur paraissait propre à établir la maison cléricale qu'il avait dessein de fonder.

C'était, en effet, un lieu très-agréable, situé à cinq ou six lieues de Baltimore, planté d'arbres de haute futaie, et séparé du manoir par une petite rivière. Pour en assurer la propriété aux Sulpiciens, la première démarche à faire était de les constituer en corporation et de les faire reconnaître, à ce titre, par l'assemblée législative du Maryland. Cette requête ne pouvait souffrir aucune difficulté, vu la grande considération dont jouissait M. Carroll, comme dernier survivant des signataires de la déclaration d'indépendance; aussi lui fut-elle accordée dès le 3 février, et, le lendemain, il envoya un exemplaire de l'acte législatif aux prêtres du séminaire. Les cinq administrateurs qu'il avait désignés pour former la corporation, savoir, MM. Deluol, Chanche, Elder, Tessier et Eccleston, étaient autorisés « à posséder
« à perpétuité la propriété donnée, à acquérir de nou-
« veaux biens jusqu'à concurrence d'un revenu de six
« mille dollars, à la condition de n'employer ces biens
« à aucun autre usage qu'à l'éducation de jeunes ca-
« tholiques destinés au ministère de l'Évangile. » En cas de vacance de l'une des cinq places, les administrateurs restants ou la majorité d'entre eux devait choisir, pour la remplir, « un membre du clergé catholique ro-
« main du Maryland, qui fût citoyen naturalisé des
« États-Unis. » On leur laissait, du reste, une liberté pleine et entière pour l'administration des biens et la di-

rection de l'établissement ; mais le tout aux fins et conditions énoncées dans l'acte, sous peine de retour de la propriété à M. Carroll ou à ses héritiers et ayants-cause.

Le 27 mars, le donateur fit dresser le contrat de fondation, et, en l'envoyant à M. Deluol, il l'accompagna de la lettre suivante où il lui annonçait un don destiné à la construction des bâtiments, et s'expliquait sur un point qui n'était pas exprimé dans l'acte législatif, savoir l'intention formelle qu'il avait eue de confier sa fondation, non pas au clergé du Maryland en général, mais à la Compagnie de Saint-Sulpice :

« Mon cher monsieur Deluol, M. Reed vous remettra, « de ma part, le contrat du séminaire de Saint-Charles « et un certificat pour cinquante actions de la banque « des États-Unis. Je désire que cette donation demeure « confiée aux Sulpiciens, afin que les administrateurs « soient pris dans leur société et non dans le reste du « clergé. Je demande que la sainte messe soit dite, une « fois par mois, pour ma famille et pour moi-même. « Puisse ce don être utile à la Religion et aider notre « église à élever ceux qui nous guideront dans le che- « min de la vérité! »

Le nouvel établissement devait, comme on le voit, être placé sous l'invocation de saint Charles, patron du fondateur. On s'occupa aussitôt de la construction des bâtiments, dont la première pierre fut bénie, le 11 juillet 1831, par M. Whitfield, successeur de M. Maréchal dans le siége de Baltimore, en présence d'une nombreuse assistance. La place d'honneur avait été donnée au fondateur lui-même, âgé pour lors de quatre-vingtquatorze ans, et qui mourut peu de temps après avec les témoignages de la piété la plus sincère. Plusieurs personnes ajoutèrent leurs libéralités à celles de M. Carroll pour la construction du bâtiment, et la congrégation de la Propagande envoya une somme de cinq cents écus, en l'accompagnant d'une lettre de félicitations où elle exprimait le regret de ne pouvoir proportionner son aumône « au zèle avec lequel elle s'efforçait de « concourir à toutes les œuvres utiles et qui doivent « procurer et augmenter le bien de la Religion. »

IX
Obstacles qui retardent longtemps l'ouverture de cette maison.

On a peine à concevoir comment le petit séminaire de Saint-Charles, dont les bâtiments avaient été achevés dès 1832, ne fut ouvert que seize ans après. Le peu d'empressement des directeurs du séminaire de Baltimore venait moins d'un défaut de zèle pour un établissement si nécessaire et si longtemps désiré, que des engagements dans un autre genre de ministère dont il leur devenait de jour en jour plus difficile de se déprendre. C'étaient, d'une part, les secours spirituels que les fidèles de Baltimore s'étaient accoutumés à venir demander au séminaire, d'autre part, la tenue du collége de Sainte-Marie, et enfin l'administration générale de l'institut de Saint-Joseph.

Dès la fondation du collége, au commencement du siècle, sa chapelle était devenue un centre de dévotion pour le public. Mais quand, en 1809, on eut construit la grande chapelle qui devait être commune au séminaire et au collége, les fidèles s'y rendirent avec plus d'affluence encore. Ils y étaient attirés par la beauté de l'édifice, qui était à cette époque un des plus remarquables des États-Unis, par la pompe des offices qui s'y célébraient, par la solidité des instructions qui s'y donnaient, et enfin par la facilité d'y trouver à toute heure les secours religieux. En un mot, le séminaire était devenu une véritable paroisse. Indépendamment de ces occupations, déjà si excessives pour le petit nombre de directeurs qui composaient le séminaire, chacun d'entre eux, avec les fonctions qu'il remplissait dans la maison, avait encore des soins à donner au collége. Ainsi, parmi ceux même qui avaient été envoyés récemment de Paris, M. Lhomme donnait des leçons de langue grecque, M. Frédet faisait le cours d'histoire, et M. Vérot, aujourd'hui évêque de Savannah, celui de mathématiques et de chimie.

A cela se joignait encore la direction de plusieurs communautés religieuses, telles que les Visitandines et les Oblates, ces dernières instituées par un des directeurs pour l'instruction des petites négresses; mais surtout l'administration générale de la communauté des sœurs de Saint-Joseph, dont, au départ de M. Dubois en 1826, on avait chargé M. Deluol. Il est vrai que, lorsque celui-ci devint supérieur du séminaire en 1829, il céda cet emploi à M. Hickey; mais le titre de protecteur, qu'il conservait comme ayant été dès l'origine attaché à la supériorité du séminaire, son grand talent pour les affaires, et la confiance toute particulière qu'avaient en lui les religieuses, faisaient toujours retomber sur lui la plus grande partie de la charge. ne s'agissait plus seulement du couvent d'Emmitsbourg, mais des nombreux établissements qui en étaient sortis, pensionnats, écoles, hôpitaux, orphelinats, disséminés dans toutes les parties des États-Unis. De là une correspondance journalière, soit avec les établissements, soit avec les évêques dans les diocèses desquels ils étaient placés; des visites fréquentes à la maison-mère, et souvent des voyages lointains.

<small>X
Ces obstacles sont enfin levés en 1848.</small>

Il était difficile qu'un pareil encombrement d'affaires laissât le temps de s'occuper sérieusement du petit séminaire, et, disons-le encore, le goût de l'œuvre elle-même ne pouvait que s'être un peu affaibli par ces habitudes d'emplois beaucoup plus attrayants pour la nature. Aussi, pendant cet intervalle de seize ans, on avait tellement oublié Saint-Charles, que ses administrateurs ne s'étaient pas assemblés une seule fois. On n'avait pas même songé à assurer l'existence de la corporation. Des cinq membres qui la composaient à son origine, il en manquait déjà deux, M. Tessier, ancien supérieur du séminaire, mort en 1840, et M. Chanche, qui, l'année suivante, était passé de la présidence du collége à l'évêché de Natchez. Quant à M. Eccleston, encore qu'il fût, depuis 1834, archevêque de Baltimore, cette dignité ne lui avait rien fait perdre de ses droits dans la corporation, puisque, bien loin de cesser de faire partie du clergé du Maryland, il en était au contraire devenu le chef, et que, n'ayant même accepté l'épiscopat qu'avec la permission de ses supérieurs, il continuait toujours d'appartenir à la Compagnie. Mais, absorbé par les soins généraux d'un si vaste diocèse, et ne trouvant dans les deux autres administrateurs qu'indifférence et découragement, il se contentait de gémir de l'inaction où l'on demeurait, sans prendre aucune mesure efficace. S'éclairant pourtant de plus en plus sur l'avenir de son diocèse par le développement même du bien qui s'y faisait, et stimulé d'ailleurs par le zèle empressé et les offres de service de M. Raymond, qui venait d'être envoyé de France pour succéder à M. Chanche dans la présidence du collége, il se décida à prendre l'initiative. Sur l'indication de M. Raymond, il nomma supérieur de Saint-Charles M. Olivier Jenkins, natif de Baltimore, qui s'était agrégé à la Compagnie et travaillait au collége. Il avait espéré que, la nomination du supérieur une fois faite, elle serait agréée par les autres administrateurs, sans le consentement desquels elle ne pouvait avoir de valeur. Elle le fut en effet, et ne tarda pas à être ratifiée par M. de Courson, qui, depuis 1845, était supérieur général de la Compagnie. Après qu'on eut complété le nombre des administrateurs, et qu'on se fut procuré, par une collecte faite dans le diocèse, les fonds nécessaires pour la première installation, M. Jenkins, secondé par un diacre du séminaire, ouvrit l'établissement la veille de la Toussaint de l'année 1848, avec quatre élèves pris dans les écoles des Frères de la doctrine chrétienne de Baltimore.

Mais il restait à prendre une mesure plus importante encore, et sans laquelle Saint-Charles n'avait pas de raison d'être. C'était de ramener le grand séminaire lui-même au but de son institution, en le débarrassant du ministère extérieur, de la direction des religieuses et de la conduite du collége. La facilité avec laquelle s'opéra cette réforme, et les heureux fruits qu'elle a

XI
Réforme du grand séminaire de Baltimore. Suppression du collége de Sainte-Marie.

déjà produits, sont la contre-épreuve de la vérité de ce principe qui résume toute la correspondance de M. Emery avec Baltimore, qu'*à Saint-Sulpice la grâce des séminaires est attachée aux murs des séminaires.*

Pour écarter tous les obstacles qui détournaient les directeurs du séminaire de Baltimore des fonctions propres à leur vocation, il ne fallut qu'un ordre du supérieur général. Il est vrai que cet ordre était tellement précis et formel, que M. de Courson se montrait déterminé à supprimer le séminaire plutôt que de le laisser subsister dans les conditions où il se trouvait. Dès l'année 1849, considérant que les circonstances n'exigeaient plus que les directeurs se prêtassent aux besoins des fidèles, désormais suffisamment assistés, et par le clergé de la ville, et par les deux communautés nouvellement établies des Jésuites et des Rédemptoristes, considérant en outre que la suppression des services qu'on avait rendus jusque-là ne blessait les droits de personne, puisqu'on n'avait pris aucun engagement à cet égard, il ordonna qu'on s'abstînt désormais de toute espèce de ministère extérieur, et obtint même de l'archevêque que la division de la ville en paroisses, dont il était alors question, fût faite de telle sorte, que le séminaire n'eût point charge d'âmes.

La cessation de tout rapport avec l'institut des Sœurs de Saint-Joseph semblait présenter plus de difficulté, à raison du défaut de prêtres capables de diriger ces religieuses; mais la Providence y pourvut d'une manière tout à fait inattendue. Comme on s'occupait de cette affaire durant l'été de cette même année 1849, et qu'on était à la recherche des expédients les plus propres pour entrer dans les vues de M. de Courson, un Lazariste, M. Maller, vint par hasard loger au séminaire. Il visitait les maisons de son institut établies en Amérique, et avait vu, en passant, la communauté d'Emmitsbourg. On lui demanda, comme sans dessein, s'il voudrait bien proposer à ses confrères de Paris de prendre en main le gouvernement de ces religieuses, et de les unir aux Sœurs de la Charité de France. M. Maller se chargea volontiers de cette commission, et la congrégation de Saint-Lazare, qui tenait précisément cette année-là son assemblée générale, accepta la proposition. L'union fut consommée quelques mois après, et M. Deluol, déchargé de cette administration, fut rappelé en France et remplacé par M. Lhomme dans ses fonctions de supérieur du séminaire de Baltimore.

Quant au collége, que, déjà sous l'épiscopat de M. Carroll, on aurait vivement désiré pouvoir céder aux Jésuites, M. Carrière, successeur de M. de Courson, se trouvait en état d'exécuter ce projet, puisque l'engagement pris par M. Dubourg de continuer cet établissement pendant trente ans avait été fidèlement rempli et au delà. Il fit donc proposer à ces pères de fonder un collége à Baltimore, les assurant que dans ce cas il fermerait aussitôt celui de Sainte-Marie. Sur la réponse affirmative qu'il en reçut, il supprima effectivement cette maison en 1852, et, dès l'année suivante, les Jésuites ouvrirent la leur sous le nom de collége de Loyola. Les bâtiments du collége de Sainte-Marie, devenus libres, furent bientôt après appropriés aux besoins du grand séminaire qu'on y transporta, et qui, dès ce moment, se trouva remis sur le pied des autres maisons de la Compagnie. Il conserva toujours le titre et les priviléges d'université, concédés en 1804 au collége dont il faisait partie, et récemment confirmés en sa faveur, en même temps que l'acte d'incorporation qui avait donné l'existence légale au collége en 1858 [1]. Ces priviléges, comme émanant de la puissance séculière, n'ont que des effets civils. Mais, dès 1822, le pape Pie VII, sur la demande de M. Maréchal, archevêque de Baltimore, qui se trouvait pour lors à Rome, avait déjà érigé le collége de Sainte-Marie en université catholique, avec pouvoir de conférer des grades ayant la même valeur que ceux qui se donnent à Rome et dans les autres universités du monde chrétien [2].

XII ? Mesures prises pour maintenir le petit séminaire de Saint-Charles dans l'esprit de son institution.

Pour empêcher que les deux causes qui avaient rendu inutile pour le clergé le collége de Baltimore et celui d'Emmitsbourg ne vinssent dénaturer aussi le petit séminaire de Saint-Charles, qui s'était ouvert sous de si favorables auspices, il fallait, premièrement, prévenir tout mélange d'aspirants à la cléricature avec des élèves qui se seraient destinés à des professions séculières, et, secondement, pourvoir à ce que les directeurs ne fussent plus entraînés dans le ministère extérieur. Pour le premier point, il semblait déjà suffisamment garanti par la fondation elle-même, dont la condition expresse était, comme on l'a vu, que *tous les biens donnés ne fussent employés à d'autre fin qu'à l'éducation de*

[1] Acte de l'assemblée générale du Maryland du mois de janvier 1860.
[2] *Decretum S. Congregationis* 26 *martii* 1822, *datum* 1 *maii* 1822.

jeunes catholiques destinés au ministère de l'Évangile. Mais, pour en assurer l'exécution, on régla que, pour être admis, les enfants devraient être âgés de quatorze ans, savoir lire et écrire de manière à pouvoir être appliqués immédiatement à l'étude du latin, et présenter en outre une attestation de leur confesseur, certifiant, autant qu'on peut le faire extérieurement, que le sujet paraît propre à entrer un jour dans le clergé. On a un exemple frappant de l'importance qu'on attache à cette règle. M. Charles Carroll, petit-fils du fondateur, charmé du genre d'éducation qui se donne à Saint-Charles, et de l'esprit de simplicité et de piété qui y règne, demandait instamment qu'on y reçût un de ses enfants. Quelque désir qu'eussent les directeurs d'obliger une famille si honorable et à laquelle Saint-Charles doit son existence, comme l'enfant n'avait aucune inclination pour l'état ecclésiastique, on se crut obligé, en conscience, de refuser.

Quant au ministère extérieur, on y était déjà comme engagé par la position même de l'établissement, dont la chapelle attirait les habitants du voisinage qui n'avaient pas d'église à leur proximité, et, de plus, par l'obligation qu'on avait prise d'envoyer une fois par mois un prêtre au manoir de M. Carroll. Celui-ci, en effet, avait donné pour cet objet une somme de trois mille dollars à Mgr Whitfield qui les avait cédés, sous la même condition, aux administrateurs de Saint-Charles pour la construction du bâtiment.

Afin d'interdire l'entrée de la chapelle aux personnes du dehors, on la transporta dans l'intérieur de la maison et même au premier étage. Cette mesure, dont le public ne comprenait pas les motifs, excita bien quelques murmures; mais insensiblement les fidèles s'accoutumèrent à aller à la chapelle du manoir, où le service divin commença en même temps à être célébré plus fréquemment et d'une manière plus régulière; car, le supérieur général ayant exigé qu'on rendît à la famille Carroll les trois mille dollars dont on vient de parler, la maison de Saint-Charles se trouva libérée pour toujours de la desserte du manoir qui eut désormais son chapelain en titre.

XIII Heureux succès de ces mesures.

Le résultat de toutes ces mesures fut tel qu'on pouvait l'espérer. Le séminaire de Saint-Charles prit d'année en année de nouveaux accroissements, en sorte qu'on s'est trouvé obligé d'en agrandir successivement les bâtiments. De 1848 à 1860, le nombre des élèves venus de seize diocèses différents des États-Unis, sans y compter celui de Baltimore, s'est élevé à trois cent quarante-trois, sur lesquels les cinq septièmes ont persévéré dans la vocation ecclésiastique; et, par contre-coup, le grand séminaire, qui, depuis 1791 jusqu'en 1850, n'avait donné que cent quatorze prêtres, en a donné cent douze de 1850 à 1861, c'est-à-dire, en dix ans, presque le même nombre que dans les soixante années précédentes[1], et

---

[1] En d'autres termes, dans l'espace de cinquante-huit ans, la moyenne avait été de moins de deux prêtres par an; tandis que dans les onze dernières années elle a été de plus de dix.

Les seize diocèses qui ont fourni des sujets au petit séminaire de Saint-Charles sont ceux d'Albany, de Boston, de Brooklyn, de Burlington, de Cincinnati, de Covington, du Détroit, de Harford, de New-Ark, de New-York, de la Nouvelle-Orléans, de Philadelphie, de Pittsbourg, de Richemond, de Saint-Augustin, et de Wheeling.

cela, bien que le petit séminaire de Saint-Charles ne fût encore que dans la première période de son développement. Ces chiffres n'ont pas besoin de commentaire; ils prouvent jusqu'à l'évidence la sagesse des règles établies par l'Église pour la formation du clergé. Si on ne peut l'attendre que des grands séminaires, il faut, pour alimenter ceux-ci, des petits séminaires exclusivement destinés à cette fin. *On recevra au Séminaire*, dit le saint concile de Trente, *ceux dont le caractère et la volonté font espérer qu'ils serviront toujours l'Église dans les ministères ecclésiastiques*[1]. Et d'ailleurs, pour les petits séminaires comme pour les grands, il faut des hommes exclusivement appliqués à ces importantes fonctions. Autant il est à regretter que les vues de M. Emery sur ces deux points n'aient été pendant si longtemps qu'imparfaitement secondées, autant est-il à souhaiter, maintenant que l'expérience les a si hautement justifiées, qu'il plaise à Dieu de continuer à susciter des ouvriers remplis du même esprit, pour soutenir et développer de si heureux commencements.

Les cent douze prêtres ordonnés à Baltimore de 1851 à 1860 appartenaient à vingt-six diocèses des États-Unis ou des autres parties de l'Amérique, savoir, outre une partie des diocèses déjà nommés, ceux de Buffalo, Charleston, Louisville, Natchez, Saint-Louis, Florida, Toronto, Hamilton, Sandwich et Haïti.

[1] « S. synodus statuit, ut singulæ cathedrales..... certum puerorum.....
« numerum in collegio ad hoc..... ab episcopo eligendo, alere ac reli-
« giose educare, et ecclesiasticis disciplinis instituere teneantur. In hoc
« vero collegio recipiantur..... *quorum indoles et voluntas spem afferat*
« *eos ecclesiasticis ministeriis perpetuo inservituros*..... ita ut hoc colle-
« gium Dei ministrorum perpetuum seminarium sit. » (*Conc. Trid.*, sess. XXIII, cap. XVIII *de Reform.*)

ERRATA

Tome Iᵉʳ, p. 282, dans le texte et à la marge,

Au lieu de : *Principes de Bossuet et de Fénelon sur la souveraineté du peuple,*

Lisez : *Principes de Bossuet et de Fénelon sur la souveraineté.*

Même tome, page 382, ligne 26.

Au lieu de : la lettre du prélat Caleppi, qui était restée inédite jusqu'à ce jour,

Lisez : la lettre du prélat Caleppi qui a été publiée pour la première fois en 1858, par le P. Theiner, préfet des Archives du Vatican, dans le recueil intitulé : *Monuments inédits sur les affaires religieuses de France* (t. I, n. CXLII).

TABLE

DES SOMMAIRES DU TOME SECOND

TROISIÈME PARTIE

DEPUIS LE CONSULAT EN 1799 JUSQU'A LA MORT DE M. EMERY EN 1811

		Pages.
I.	Rétablissement du séminaire dans la rue Saint-Jacques.	1
II.	Rétablissement des rapports du séminaire avec la paroisse. M. de Pierre, nouveau curé de Saint-Sulpice, rentre en possession de son église.	4
III.	Succès de l'établissement de la rue Saint-Jacques ; ses premiers élèves.	6
IV.	*Promesse de fidélité à la Constitution* substituée aux formules antérieures (28 décembre 1799).	7
V.	Le sentiment de M. Emery sur la légitimité de cette promesse est adopté par le conseil archiépiscopal.	9
VI.	Contestations à ce sujet, en France et hors de France.	11
VII.	Vives oppositions contre M. Emery.	12
VIII.	Faux bruits répandus par le cardinal Maury.	15
IX.	Ouvrage de M. Emery sur la conduite à tenir pour la réconciliation des prêtres constitutionnels.	17
X.	Son opinion sur le nombre de chanoines requis pour l'élection des vicaires capitulaires.	20
XI.	Mémoire au Pape rédigé par M. Emery au nom des évêques restés en France.	23
XII.	M. Emery donne des soins aux sœurs de la Charité, et en particulier à la sœur Rosalie.	24
XIII.	Il publie les *Lettres à un évêque* de M. de Pompignan, et contribue à l'édition abrégée du *Génie du Christianisme*.	26
XIV.	Articles communiqués par M. Emery à l'abbé de Boulogne. — *Essai de défense du cardinal Dubois*, et *Défense de l'Essai sur la tolérance de M. Duvoisin*.	27

		Pages.
XV.	Il coopère à la publication de plusieurs ouvrages du naturaliste *André Deluc*.............	30
XVI.	Ses relations avec quelques autres personnages célèbres. — Le baron de Sainte-Croix. — M. de Villoison. — L'astronome Lalande. — Le conventionnel Grégoire................	32
XVII.	M. Emery est tenu à l'écart dans les négociations relatives au concordat..............	41
XVIII.	Il fait imprimer le discours de Bonaparte aux curés de Milan.....................	42
XIX.	Il visite le premier consul avec les grands vicaires de Paris.....................	42
XX.	Malveillance des constitutionnels à l'égard des membres du conseil archiépiscopal..........	44
XXI.	L'emprisonnement de l'abbé Fournier donne lieu à celui de M. Emery...............	45
XXII.	Vertus qu'il pratique dans sa prison ; sa charité pour les pauvres.................	55
XXIII.	Son élargissement après dix-huit jours de prison. — Le général de Prez-Crassier............	58
XXIV.	Sentiments de M. Emery sur le concordat. Il s'emploie à obtenir la démission de plusieurs anciens évêques.	60
XXV.	Il procure à l'abbé Le Sure une place de secrétaire auprès du cardinal Caprara, à qui par ce moyen il fait parvenir plusieurs renseignements importants.	63
XXVI.	Il use de son ascendant sur plusieurs évêques ou autres ecclésiastiques pour les engager à accepter les nouveaux siéges................	66
XXVII.	Premières relations de M. Emery avec l'abbé Fesch, oncle de Bonaparte...............	72
XXVIII.	Il est nommé à l'évêché d'Arras et refuse cet évêché..	78
XXIX.	Il refuse les évêchés d'Autun et de Troyes......	89
XXX.	Ses rapports avec M. de Belloy, archevêque de Paris..	89
XXXI.	Il songe à reprendre ses fonctions de supérieur du séminaire....................	90
XXXII.	Il convoque une assemblée générale en 1802, et offre sa démission qui n'est pas acceptée.........	90
XXXIII.	Difficultés pour le rétablissement de la Compagnie. Comment M. Emery les surmonte.........	92
XXXIV.	Il rappelle en France M. Garnier et les autres directeurs du séminaire de Baltimore............	94
XXXV.	Motifs de ce rappel...............	97
XXXVI.	L'ancienne maison du séminaire, promise d'abord à M. Emery, ne tarde pas à être démolie.......	106
XXXVII.	Le séminaire est transféré à la rue Notre-Dame-des-Champs. M. Emery en prend la conduite immédiate.	109
XXXVIII.	Acquisition de la maison de l'Instruction chrétienne, rue du Pot-de-Fer. Le séminaire s'y établit en 1804.	111

		Pages.
XXXIX.	Zèle de M. Emery pour remettre le séminaire sur l'ancien pied......................	114
XL.	Il donne lui-même l'exemple de la régularité, et exige des autres directeurs la même exactitude.....	115
XLI.	Excellent esprit du séminaire à cette époque.....	118
XLII.	Rétablissement de l'heure entière d'oraison......	119
XLIII.	L'usage de la soutane peu à peu rétabli.......	120
XLIV.	Les anciens rapports du séminaire avec la paroisse maintenus avec quelques modifications.......	123
XLV.	Restauration des études. Formation de la bibliothèque du séminaire.....................	123
XLVI.	Acquisition des manuscrits de Fénelon; projet d'une édition complète de ses œuvres..........	125
XLVII.	Coopération de M. Emery à la composition de l'*Histoire de Fénelon* par M. de Bausset.........	127
XLVIII.	M. Emery rachète l'ancienne maison de campagne du séminaire à Issy.................	136
XLIX.	Construction de la chapelle de *Notre-Dame de Toutes-Grâces*.....................	137
L.	Rétablissement des anciens usages pour les jours de congé et les vacances...............	139
LI.	Vigilance et fermeté de M. Emery pour le maintien des règles......................	140
LII.	Soins qu'il prenait pour faire aimer le séminaire...	144
LIII.	Arrivée du Pape Pie VII à Paris en 1804; M. Emery lui rend ses hommages et obtient une audience particulière.....................	145
LIV.	Le Pape le dissuade d'abandonner le séminaire de Baltimore. Cet établissement commence à porter des fruits....................	148
LV.	M. Emery reprend la conduite de plusieurs séminaires de province : Lyon — Autun — Angers — Saint-Flour — Aix — Toulouse — Clermont — Viviers — Limoges — Nantes — Le Puy..........	153
LVI.	Moyens employés pour suppléer au défaut d'une *Solitude*......................	164
LVII.	M. Emery procure la reprise des procédures pour la béatification de la Mère Agnès...........	165
LVIII.	Assemblée de 1805. Recommandation aux directeurs de s'interdire les fonctions extérieures.......	167
LIX.	Sages avis de M. Emery à M. Fournier, nommé évêque de Montpellier.................	170
LX.	Il refuse plusieurs fonctions qui lui sont offertes par le cardinal Fesch..................	171
LXI.	Estime de l'Empereur pour M. Emery.........	174
LXII.	Ce sentiment combattu dans son esprit par une véritable défiance.................	177

TABLE DES SOMMAIRES

		Pages
LXIII.	Publication des *Nouveaux Opuscules de Fleury*. Analyse de cet ouvrage.	178
LXIV.	Accueil fait à cette publication, particulièrement à Rome.	182
LXV.	Entrevue du ministre de la police avec M. Emery, à l'occasion des *Nouveaux Opuscules*.	185
LXVI.	La Compagnie est menacée de suppression.	191
LXVII.	Observations de M. Emery sur quelques articles du projet de décret pour l'organisation de l'Université.	199
LXVIII.	Il est nommé conseiller titulaire de l'Université.	203
LXIX.	Son assiduité aux séances du conseil de l'Université. Services qu'il y rend à la Religion.	208
LXX.	Il rachète la maison de M. Olier, à Vaugirard.	213
LXXI.	*Corrections et Additions pour les Nouveaux Opuscules de Fleury*.	214
LXXII.	M. Emery mandé à Fontainebleau pour s'expliquer sur les *Nouveaux Opuscules*.	216
LXXIII.	Ses dispositions à la vue des maux de l'Eglise.	223
LXXIV.	Son zèle pour le maintien des droits du Saint-Siége.	225
LXXV.	Il publie les *Corrections et Additions pour les Nouveaux Opuscules*. La police les fait saisir.	226
LXXVI.	Sa conduite à l'égard de M. Flaget nommé à l'évêché de Bardstown.	228
LXXVII.	Il est adjoint à la *Commission ecclésiastique de* 1809.	236
LXXVIII.	Sa conduite dans cette commission; il refuse d'en signer les décisions.	239
LXXIX.	Affaire de la dissolution du premier mariage de Napoléon. Faux bruits sur la part que M. Emery aurait prise à la décision.	244
LXXX.	M. Emery est consulté par le cardinal della Somaglia sur l'assistance au second mariage de Napoléon.	249
LXXXI.	Un nouvel orage se forme contre Saint-Sulpice.	255
LXXXII.	Projets formés par le Gouvernement de transférer le séminaire hors de la paroisse de Saint-Sulpice.	257
LXXXIII.	Le Gouvernement paraît déterminé à supprimer la Compagnie.	259
LXXXIV.	Mémoire présenté au cardinal Fesch par M. Emery.	263
LXXXV.	Lettres interceptées par la police.	266
LXXXVI.	Ordre de Napoléon pour la transformation du séminaire de Saint-Sulpice en séminaire diocésain et pour l'exclusion des Sulpiciens.	269
LXXXVII.	Adieux de M. Emery à la communauté.	271
LXXXVIII.	Il se retire à Issy.	275
LXXXIX.	Les autres directeurs restent au séminaire. Rapports que M. Emery conserve avec eux.	276
XC.	Il prend un appartement à Paris.	278
XCI.	Sa dévotion pour la chapelle de Vaugirard et pour les saintes reliques.	280

		Pages.
XCII.	Il est obligé de vendre au Gouvernement la maison occupée par le séminaire.	282
XCIII.	Mort du cardinal de Belloy; nomination successive des cardinaux Fesch et Maury au siége de Paris.	284
XCIV.	Contestations sur l'administration capitulaire des évêques nommés.	287
XCV.	Sentiments de M. Emery sur la nomination du cardinal Maury. Bref de Pie VII.	289
XCVI.	Adresse à l'Empereur rédigée par le cardinal Maury au nom du chapitre. Conduite de M. Emery.	291
XCVII.	Paroles flatteuses de l'Empereur à M. Emery, lors de la présentation du 1er janvier 1811.	294
XCVIII.	M. Emery est adjoint à la *Commission ecclésiastique de* 1811.	295
XCIX.	Première séance de la commission. Instructions du ministre des cultes.	297
C.	M. Emery engage le cardinal Fesch à faire des représentations à l'Empereur.	300
CI.	Il ne signe pas les réponses de la commission.	301
CII.	Sa fermeté et son courage en présence de l'Empereur.	303
CIII.	Il forme le projet d'établir M. Nagot vice-supérieur pour l'Amérique.	312
CIV.	Il rachète le parc et la maison de Lorette à Issy.	315
CV.	Derniers ouvrages composés ou publiés par M. Emery. *Pensées de Leibnitz*.	319
CVI.	Dissertation sur la *mitigation de la peine des damnés*.	322
CVII.	*Systema theologicum* de Leibnitz.	325
CVIII.	*Défense de la Révélation*, par Euler.	326
CIX.	*Pensées de Descartes*.	328
CX.	M. Emery se prépare à la mort. Premiers symptômes de sa fin prochaine.	329
CXI.	Ses derniers moments et sa mort.	335
CXII.	Ses funérailles et son épitaphe.	340
CXIII.	Portrait de M. Emery.	348
CXIV.	Qualités de son esprit; étendue de ses connaissances.	349
CXV.	Qualités de son cœur.	351
CXVI.	Ses vertus surnaturelles; sa piété.	355
CXVII.	Son esprit de pauvreté et de mortification.	360
CXVIII.	Son amour pour la Religion et l'Église.	362

APPENDICE

SUR LA SITUATION DU SÉMINAIRE ET DE LA COMPAGNIE DE SAINT-SULPICE DEPUIS LA MORT DE M. EMERY EN 1811 JUSQU'A L'ÉLECTION DE SON SUCCESSEUR EN 1814

I.	Suppression de la Compagnie.	365
II.	État du séminaire de Saint-Sulpice après la retraite des membres de la Compagnie.	367

	Pages.
III. Difficultés pour l'exécution du testament de M. Emery.	368
IV. Les membres de la Compagnie renvoyés des séminaires de province.	376
V. Rétablissement de la Compagnie en 1814, et élection de M. Duclaux à la place de supérieur général.	377

NOTICE

SUR LE SÉMINAIRE DE BALTIMORE AUX ÉTATS-UNIS D'AMÉRIQUE

I. Vues de M. Emery dans l'établissement du séminaire de Baltimore.	379
II. Situation de la Compagnie dans les États-Unis à la mort de M. Emery.	381
III. Fondation du petit séminaire d'Emmitsbourg.	381
IV. Mouvement dans le personnel de la Compagnie aux États-Unis.	383
V. Le petit séminaire d'Emmitsbourg est transformé en collége.	384
VI. La Compagnie de Saint-Sulpice abandonne cet établissement.	386
VII. Envoi d'un visiteur à Baltimore en 1829.	389
VIII. Fondation du petit séminaire de Saint-Charles.	389
IX. Obstacles qui retardent longtemps l'ouverture de cette maison.	394
X. Ces obstacles sont enfin levés en 1848.	396
XI. Réforme du grand séminaire de Baltimore. Suppression du collége de Sainte-Marie.	397
XII. Mesures prises pour maintenir le petit séminaire de Saint-Charles dans l'esprit de son institution.	400
XIII. Heureux succès de ces mesures.	402
ERRATUM.	404

FIN DE LA TABLE DES SOMMAIRES DU TOME SECOND

TABLE GÉNÉRALE

DES MATIÈRES

Nota. — Le chiffre romain indique le volume, le chiffre arabe la page.

A

Administrations capitulaires. Opinion de M. Emery sur le nombre de chanoines requis pour l'élection des vicaires capitulaires ; affaire du chapitre de Lyon, II, 20 et suiv. — Administration capitulaire des évêques nommés ; administration du cardinal Maury, archevêque nommé de Paris, 287-294.

Adresse du chapitre de Paris à l'Empereur au sujet du bref de Pie VII relatif à l'administration capitulaire du cardinal Maury, II, 291 et suiv.

Affre (Denis-Auguste), archevêque de Paris. Accueil que lui fait M. Emery à son entrée au séminaire de Saint-Sulpice, II, 7. — Il a composé un panégyrique de M. Emery, 345, *à la note*.

Agnès de Jésus (la mère). Confiance de M. Emery dans son intercession, I, 194. — Pélerinage qu'il fait à son tombeau en 1784, 207. — Reprise des procédures pour sa béatification ; décret constatant ses vertus héroïques, II, 165. — Réimpression de sa *Vie*, 167.

Agréda (Marie d'). Opinion attribuée à M. Emery sur ses ouvrages, II, 359, *à la note*.

Aix en Provence (le séminaire d') accepté en 1804 par M. Emery, II, 156.

Alais (l'évêque d'). *Voy.* Bausset.

Alno (Pierre), dernier supérieur de la communauté de Saint-Clément à Nantes ; sa sainte mort en 1795, I, 466.

Angers (le séminaire d') est uni à Saint-Sulpice, I, 40. — M. Emery en devient supérieur, 127 et suiv. — Sa dispersion en 1791, 252. — Son rétablissement après la Révolution, II, 154.

Animaux. M. Emery n'aimait pas qu'on les fît souffrir, II, 354.

Annales catholiques, philosophiques, littéraires, etc. M. Emery coopère à leur rédaction; I, 431; II, 9, 15, 20, 29. — Liste des articles qu'on peut lui attribuer avec quelque certitude, II, 28, *à la note*.

Antonelli (le cardinal). Sa lettre à M. Emery au sujet de l'envoi fait à Pie VII des *Nouveaux Opuscules de Fleury*, II, 183. — Ne trouve rien de répréhensible dans la *Dissertation sur la mitigation de la peine des damnés*, II, 324.

Appelants de la bulle Unigenitus. Sage conduite de M. Emery à l'égard de ce parti, pendant qu'il enseignait la théologie à Orléans et à Lyon, I, 110 et 115. — Passage du *Discours sur les libertés de l'Église gallicane*, où Fleury condamne les appelants, supprimé par les premiers éditeurs, II, 180.

Arbou (l'abbé d') est employé au séminaire de Toulouse en 1811, après le départ des Sulpiciens, II, 376, *à la note*.

Arras. M. Emery refuse d'accepter le siège épiscopal de cette ville, II, 78 et suiv. — L'abbé de la Tour-d'Auvergne y est nommé à sa place, 89.

Articles organiques. M. Emery en fait donner le premier avis au légat, II, 65.

Assemblée de 1682. Anecdotes sur cette assemblée dans les *Nouveaux Opuscules de Fleury*, II, 181. — *Voy. aussi* Déclaration de 1682.

Assemblées générales de la Compagnie de Saint-Sulpice. Première assemblée en 1659, I, 7. — Assemblée extraordinaire de 1782, pour l'acceptation de la démission de M. Le Gallic et l'élection de M. Emery, 101, 147 et 196. — Assemblée extraordinaire de 1790, 230. — L'Assemblée de 1802 refuse d'accepter la démission de M. Emery, II, 90. — Assemblée de 1805, 167. — L'Assemblée de 1814 décerne à M. Emery le titre de *second fondateur*, et veut qu'on fasse mention de lui à la prière du soir, II, 364.

Association de séminaristes, I, 182.

Astros (l'abbé d'), vicaire général de Paris et depuis archevêque de Toulouse, n'a point consulté M. Emery sur l'administration capitulaire des évêques nommés, II, 289. — Est arrêté le 1er janvier 1811 et enfermé à Vincennes, 291.

Autun. Le séminaire de cette ville est uni à Saint-Sulpice, I, 40. — Sa dispersion en 1791, 252. — Le siége épiscopal d'Autun est offert à M. Emery, II, 89. — Rétablissement du séminaire après la Révolution, 154.

TABLE GÉNÉRALE DES MATIÈRES.   415

Auzers (l'abbé d'), depuis évêque de Nevers, était à Issy, le 15 août 1792, au moment des arrestations faites à la Solitude, I, 288. — Une lettre qui lui était adressée du séminaire de Saint-Sulpice en 1810 est interceptée par la police, II, 268.

Avignon. Tentative pour l'établissement d'un séminaire de 1690 à 1697, I, 41. — Fondation du séminaire de Saint-Charles et son union à Saint-Sulpice, 56. — Sa dispersion en 1791, 252. — Obstacle à son rétablissement en 1804, II, 156.

Avron. La Solitude y est transférée, I, 8.

Ayme (Joseph-Etienne), directeur au séminaire de Bourges, massacré à Couches le 8 septembre 1792, I, 455.

B

Babad (Pierre), prêtre de Saint-Sulpice. Sa correspondance avec M. Emery au sujet de l'établissement d'un séminaire à Orense en Espagne, I, 461 et suiv.; — et au sujet du serment *de liberté et d'égalité*, 464. — Essaye de fonder un collège à la Havane, II, 101.

Bacon (Le Christianisme de). *Voy.* Ouvrages M. de Emery.

Baltimore. Établissement du séminaire de cette ville en 1791, I, 231. — Envoi de nouveaux sujets, 469. — Obstacle au succès de l'entreprise, II, 99 et suiv. — Une partie des directeurs rappelés en France en 1803, 94, 103. — Fondation du collége de Sainte-Marie, 101, 149. — Cet établissement inutile pour l'œuvre du séminaire, 149. — Fondation du petit-séminaire de Pigeon-hill, 150. — Pour la suite de l'histoire du séminaire de Baltimore, *Voy.* la *table des sommaires* de la *Notice sur le séminaire de Baltimore*, II, 410.

Barbier, pieux avocat, fait différer le procès de M. Emery jusqu'après la Terreur, I, 354.

Bardon, directeur du séminaire de Saint-Sulpice sous M. Tronson, I, 28.

Barmondière (Le Bottu de la), curé de Saint-Sulpice, I, 35.

Barral (de), archevêque de Tours, membre des Commissions ecclésiastiques de 1809 et de 1811, II, 237 et 295. — Discussion de M. Emery avec ce prélat, 240.

Baudrand, curé de Saint-Sulpice, I, 35.

Bausset (de), ancien évêque d'Alais, puis cardinal. Origine de sa liaison avec M. Emery, I, 406. — Compose l'*Exposé des principes sur le serment de liberté et d'égalité*, 406, 408. — Forme le projet d'une édition complète des œuvres de Fénelon, II, 125. — Compose les *Histoires de Fénelon* et de *Bossuet*, 127 et suiv. — Témoignage de sa reconnaissance envers Saint-Sulpice, 156. — Lettres de M. Emery à ce prélat, I, 406, 407; II, 13, 16, 62, 68, 70, 77, 79, 88, 92, 128 à 135, 137, 186, 192, 204, 209, 210, 212, 222, 223, 237, 254, 259, 266, 276, 282, 286, 289, 295, 317, 318. — Lettres de M. de Bausset à M. Emery, II, 27, 126; à MM. Duclaux et Giraud, au sujet de M. Emery, 135 et 346.

Bauyn, supérieur du petit séminaire de Saint-Sulpice, directeur des catéchismes, etc. Exemple extraordinaire d'humilité et d'obéissance, I, 31 et suiv.

Bazin de la Seine, pseudonyme de M. Emery pendant une partie de la Révolution, I, 404.

Beaufort. *Voy.* Lacoste.

Beaupréau (le collège de) était placé sous la surveillance des supérieurs du séminaire d'Angers, I, 61 et 139.

Béchet, supérieur de la communauté des Robertins, I, 106. — Puis supérieur du séminaire d'Avignon, 309. — Puis enfin retiré à Saint-Sulpice et grand vicaire de Paris; son mémoire en faveur du serment de *liberté et d'égalité*, 309. — Est arrêté le 15 juillet 1793, et bientôt mis en liberté, 340 *bis*, 341 *bis*. — Rétracte le serment de *liberté et d'égalité*; *Béchétistes* et *Dampierristes*, 408.

Bégougne, ancien directeur au séminaire de Bourges; sa conduite dans l'affaire du serment *de liberté et d'égalité*, I, 310, 311.

Belloy (de), ancien évêque de Marseille, est nommé archevêque de Paris après le concordat, II, 78. — Sa confiance en M. Emery, 89. — Demande l'ancien bâtiment de Saint-Sulpice pour son séminaire, 107. — Préside l'office du jour de la Présentation de la Sainte Vierge, en 1803, 110. — Se présente aux Tuileries en habit ecclésiastique, 120. — Sa mort en 1808, 284.

Belmont (de), évêque de Saint-Flour, rétablit le séminaire de cette ville et le donne à Saint-Sulpice en 1803, II, 155. — Prend des mesures pour le rétablissement du séminaire du Puy, 164.

Benoit, maître des cérémonies au séminaire de Saint-Sulpice; son exactitude louée par M. Emery, II, 357.

Bernet (l'abbé), depuis archevêque d'Aix et cardinal. Sa conversation avec M. Emery, en 1797, au sujet du serment de *haine à la royauté*, I, 416, — et en 1809 après l'entrevue de Fontainebleau, II, 223.

Bernier (l'abbé), son sentiment sur le cardinal Maury, II, 16. — Est en faveur auprès du premier Consul, 43. — Trompe le légat au sujet de la rétractation des évêques constitutionnels nommés aux nouveaux siéges, 66, 67, *à la note*. — Ses vues secrètes en faisant nommer M. Emery à l'évêché d'Arras, 79, 87. — Sa correspondance avec

M. Emery à ce sujet, 84 et suiv. — M. Emery ne laisse pas de le recommander aux prières de la communauté après sa mort, 89.

BERTIN, supérieur du séminaire de Saint-Charles à Toulouse, est appelé à Paris pour enseigner la morale au séminaire, I, 186. — Est chargé par M. Emery de la visite des séminaires en 1787, 208. — Est envoyé à Reims comme supérieur du séminaire, 214. — Son commentaire des Constitutions, 215.

BIBLIOTHÈQUE DU SÉMINAIRE. Efforts de M. Emery pour la sauver, I, 271. — Ce qu'il fit pour la rétablir après la Révolution, II, 124.

BIGOT DE PRÉAMENEU (le comte), ministre des cultes, présente au conseil d'État un rapport sur la Compagnie de Saint-Sulpice, II, 193. — Sa correspondance avec M. Emery lorsqu'il est question de supprimer la Compagnie en 1810, 261 et suiv. — L'empereur lui renvoie deux lettres interceptées par la police, 266 et suiv. — Il notifie aux grands vicaires de Paris les ordres de l'Empereur par rapport à Saint-Sulpice, 269. — Montre plus de faiblesse que de mauvaise volonté à l'égard de Saint-Sulpice, 276. — Approuve la conduite de M. Emery, 279. — Achète la maison du séminaire pour le compte du gouvernement, 282 et suiv. — Notifie à M. Emery son adjonction à la commission ecclésiastique de 1811, 295. — Instructions qu'il donne aux membres de cette commission, 297. — Exécute l'arrêt de suppression de la Compagnie en 1811. — Veut obliger M. Garnier à céder pour l'usage du séminaire la maison d'Issy et le mobilier de celle de Paris, 368 et suiv.

BIMBENET DE LA ROCHE. Conduite admirable de ce pieux jeune homme pendant sa détention à la Conciergerie, I, 359.

BLANDIN, membre du tribunal révolutionnaire, fait différer le jugement de M. Emery, I, 354.

BODÉ (l'abbé), élève des Robertins, arrêté à Vaugirard le 16 août 1792, I, 298.

BOISGROSLAND (l'abbaye de) donnée à M. Emery, I, 153.

BOIX, supérieur du séminaire de Toulouse, II, 157.

BONAL (de), évêque de Clermont. Sa déclaration à l'Assemblée nationale au sujet du serment de la constitution civile du clergé, I, 230, 243.

BONALD (le vicomte de). M. Emery s'était chargé de la direction de sa conscience, I, 428.

BONAPARTE (Napoléon), son discours aux curés de Milan publié par M. Emery, II, 42. — Reçoit M. Emery et les autres grands vicaires de Paris, 42. — Nomme M. Emery à l'évêché d'Arras, 78. — Lui fait encore proposer d'autres évêchés, 89. — Son estime pour M. Emery, 174. — Cette estime combattue par un sentiment de défiance, 177. — Sa discussion avec le cardinal Fesch au sujet des Pères de la Foi et des Sulpiciens, le 1er nov. 1807, 192. — Donne au ministre des cultes, au commencement de 1808, l'ordre de dresser le décret de suppression de la Compagnie de Saint-Sulpice, 196.— Nomme M. Emery conseiller titulaire de l'Université, 198, 204. — Son entrevue avec lui à Fontainebleau, à l'occasion des *Nouveaux Opuscules de Fleury*, 216 et suiv. — Convoque la Commission ecclésiastique de 1809, 236.— Fait prononcer la dissolution de son premier mariage, 244. — Épouse l'archiduchesse d'Autriche Marie-Louise, 250. — Parle des Sulpiciens avec une sorte de mépris, 257.— Renvoie au ministre des cultes quelques lettres interceptées par la police, 266 et suiv. — Donne, le 13 juin 1810, l'ordre d'exclure les Sulpiciens, et en particulier M. Emery, du séminaire, 269. — Adresse la parole à M. Emery lors de la présentation du 1er janvier 1811, 294. — Veut qu'il soit adjoint à la commission ecclésiastique de 1811, 295. — Préside en personne la dernière séance de cette commission, et interroge M. Emery, 305. — A la pensée de faire enterrer M. Emery au Panthéon, 339. — Prononce la destruction de la Compagnie au mois d'octobre 1811, 366.

BONNEFOND (Jouffret de), supérieur du séminaire des Philosophes à Autun, mort de misère sur la rade de l'île d'Aix, le 10 août 1794, I, 458.

BONNET (Charles), auteur de la *Palingénésie sociale*; ses relations avec M. Emery, I, 120.

BONNEVAL (l'abbé de), depuis évêque de Senez; sa conversation avec un directeur du séminaire, I, 158.

BOSSUET, au jugement de M. Emery, plus répréhensible que Fénelon dans l'affaire du Quiétisme, II, 130, 131. — Son opinion sur la Version du Nouveau Testament de Mons, 132, *à la note*. — Son *Histoire* par M. de Bausset, 134 et suiv. — Sa conduite dans l'Assemblée de 1682, 181. — Assertion sans preuves du cardinal Maury sur le prétendu conseil donné par Bossuet à Louis XIV d'envoyer les évêques nommés gouverner leurs diocèses en qualité de vicaires capitulaires, 292. — M. Emery s'appuie sur l'autorité de Bossuet pour défendre les droits du Saint-Siége devant l'Empereur, 308.

BOUBERT, jeune diacre, directeur de la Communauté des Clercs, massacré aux Carmes le 2 septembre 1792, I, 299.

BOUILLAUD, supérieur du séminaire de Clermont avant la Révolution, est nommé par M. Emery son *vice-supérieur* pour l'Allemagne, I, 339. — Fonde, en 1796, le séminaire de la Walsau en Franconie, 468.— Est renvoyé à Clermont à l'époque du rétablissement des séminaires, et bientôt après nommé supérieur du séminaire de Saint-Irénée de Lyon, II, 154, 158.

BOULOGNE (l'abbé de), rédacteur des *Annales catholiques, philosophiques, littéraires*, etc., I, 431. Voyez ANNALES.— Devenu évêque de Troyes, il écrit à M. Emery au sujet des *Additions aux Nouveaux Opuscules de Fleury*, II, 215. — Il est député à M. Emery par le cardinal Fesch, pour le convoquer à la dernière séance de la commission de 1811, 304.

Bourachot (Claude), septième supérieur de Saint-Sulpice. *Voy.* la *Table des Sommaires* du tome I, du n. LVII au n. LX de l'*Introduction.* — *Voy.* aussi I, 128 et 159.

Bourbon, prêtre de Saint-Sulpice, secrétaire de MM. de Bretonvilliers, Tronson et Leschassier; fait construire la chapelle de Lorette à Issy, I, 30.

Bourdon, supérieur du séminaire de Limoges, s'agrége à la Compagnie, à l'époque de l'union de ce séminaire à Saint-Sulpice, I, 13.

Bourges. Fondation du séminaire de cette ville, I, 39. — Sa dispersion en 1791, 252.

Bourret, ancien directeur au séminaire d'Orléans, retiré à Londres, y fonde la chapelle de l'ambassade française, I, 468.

Bouzonville (l'abbé de), bienfaiteur de la communauté des Clercs de la paroisse Saint-Sulpice, I, 189.

Boyer, prêtre de Saint-Sulpice, est chargé de la classe de philosophie au séminaire de la *Vache noire*, II, 3.

Brassier, supérieur du séminaire de Montréal, demande des sujets à M. Emery, I, 470.

Brault, évêque de Bayeux, presse M. Emery d'accepter l'évêché d'Arras, II, 79.

Bravard, directeur au séminaire d'Avignon, massacré aux Vans le 14 juillet 1792, I, 453.

Bref de Pie VI en faveur de la *Déclaration de soumission aux lois de la République*, I, 373.

Bref du même Pape au sujet du serment de *haine à la Royauté*, I, 415.

Bref de Pie VII au sujet de l'administration du diocèse de Lyon pendant la vacance du siège, II, 22.

Bref *Tam multa* du même Pontife pour demander la démission des évêques de France, II, 60.

Bref du même Pontife au cardinal Maury au sujet de l'administration capitulaire du diocèse de Paris, II, 291.

Brenier, supérieur du Petit-Séminaire de Saint-Sulpice, I, 31.

Bretonvilliers (Alexandre le Ragois de), deuxième supérieur de Saint-Sulpice. Voyez la *Table des sommaires* du tome I, du n. II au n. XV de l'*Introduction.* — M. Emery ne retrouve plus son corps après la Révolution, II, 108.

Broglie (l'abbé Charles de). M. Emery l'envoie à Versailles pour informer le maréchal son père de l'état des esprits dans la capitale, I, 222. — M. Emery lui écrit de sa prison ainsi qu'à son frère Maurice, 352. — M. Emery le voit en Suisse, en même temps que les autres membres de la Société naissante du Sacré-Cœur, 400.

Bruté (Simon-Guillaume), prêtre de Saint-Sulpice. M. Emery le charge de porter en Bretagne une copie de la bulle d'excommunication, II, 241. — Il est envoyé à Baltimore en 1810, et employé au petit séminaire d'Emmitsbourg, 152. — Est absorbé par le ministère extérieur, 385. — Fait un voyage en France en 1815, 385. — Nommé président du collège de Sainte-Marie à Baltimore, il quitte son poste pour retourner à Emmitsbourg, 386. — Quitte la Compagnie et devient évêque de Vincennes, aux États-Unis, 388.

C

Caleppi (le prélat) répond à M. Emery, au nom de Pie VI, I, 380 et *Errata*, II, 404.

Calvet (Antoine de), fondateur du séminaire de Saint-Charles à Toulouse, puis supérieur du séminaire diocésain, I, 86.

Cambrai. Le séminaire de cette ville est dirigé par la Compagnie de 1713 à 1745, I, 59.

Caprara (le cardinal), envoyé à Paris, en qualité de légat *à latere*, pour l'exécution du concordat, II, 63. — M. Emery lui fait parvenir des renseignements importants, 65.

Cardinaux. Accueil fait par M. Emery à ceux que l'Empereur avait fait venir Paris, II, 217. — Plusieurs d'entre eux n'assistent pas à la célébration du second mariage de l'Empereur, 254.

Carmes (couvent des). On y conduit les ecclésiastiques arrêtés à Issy et à Vaugirard au mois d'août 1792, I, 286, 294, 297. — Massacre du 2 septembre, 298, 452. — M. Emery y est enfermé au mois de juillet 1793, avec les autres personnes arrêtées au séminaire, 341. — Les bâtiments sont rachetés par madame de Soyecourt, 434. — Reprise du culte dans l'église du couvent, et établissement des conférences de M. Frayssinous, II, 4, 5.

Carroll (Jean), premier évêque de Baltimore, entre en relation avec M. Emery au sujet de l'établissement d'un séminaire dans son diocèse, I, 231. — Son estime pour M. Garnier, II, 95. — Il ne seconde qu'imparfaitement les vues de M. Emery pour la formation du clergé, 100 et suiv. — Ses efforts pour le détourner de rappeler de Baltimore les membres de la Compagnie en 1803, 95 et suiv., 103 et suiv. — Il fait nommer M. Flaget à l'évêché de Bardstown, 228. — M. Emery lui écrit à ce sujet, 231, 234. — Mort de ce prélat, 385.

Carroll (Charles), l'un des signataires de la déclaration d'indépendance des États-Unis, II, 389. — Donne une terre pour l'établissement du petit séminaire de Saint-Charles, 391.— Assiste à la bénédiction de la première pierre de cette maison, 393.

Carvoisin (M. de). Service qu'il rend à M. Emery par l'acquisition de la maison de la rue du Pot-de-Fer en 1803, II, 112.

Catéchismes faits à la paroisse de Saint-Sulpice par les séminaristes, I, 21. — Multipliés par M. de la Chétardye, 38, et par M. de Tersac, 188. — Suspendus après l'intrusion du curé constitutionnel, 261. — Rétablis après 1800, II, 4, 123. — M. Emery s'oppose à l'introduction à Limoges de l'usage d'employer les séminaristes à faire les catéchismes, I, 195. — Importance des catéchismes bien faits, I, 364.

Cattet, grand vicaire de Lyon, est employé au séminaire de Saint-Irénée, au départ des Sulpiciens, en 1811, II, 376, *à la note*.

Cérémonies. Exactitude de M. Emery en cette matière, II, 356.

Chabrol (l'abbé de), séminariste. Sa régularité et sa ferveur, II, 56, 142.

Chaillou, supérieur du séminaire de Bayeux; souvenir qu'il avait conservé de la bonté de M. Emery, I, 140.

Chanche, président du collége de Baltimore, II, 592, devient évêque de Natchez en 1841, 596.

Chanut, ancien directeur au séminaire de Tulle, prépare les voies au rétablissement du séminaire de Clermont, et en devient supérieur en 1807, II, 157.

Chapelet; fidélité de M. Emery à cet exercice, II, 355.

Chapelle du séminaire (la) est fermée en 1791, I, 259. M. Emery en visite les caveaux en 1795, II, 108. — Sa démolition en 1803, 107.

Chapelle *de Notre-Dame de Lorette, de Notre-Dame de Toutes-Grâces*, etc. Voy. Lorette, Toutes-Graces, etc.

Chapitres. Adresse présentée à l'Empereur au nom du chapitre de Paris, II, 291. — Le chapitre de Paris fait célébrer un service solennel pour M. Emery, 345. *Voy.* aussi Administrations capitulaires.

Charité (sœurs de la). M. Emery leur donne des soins, II, 24. — Il refuse de faire partie du conseil de madame Lætitia, leur protectrice, 172.— Union des sœurs de Saint-Joseph, fondées en Amérique par madame Seton, avec les sœurs de la Charité de France, 599.

Charles (saint). M. Emery soustrait au pillage le lit du saint, qui se conservait au couvent des Minimes, I, 272.

Charles (séminaire de Saint-), *Voy.* Avignon et Toulouse.

Charles (petit séminaire de Saint-), dans le diocèse de Baltimore; sa fondation en 1830, II, 393. — L'ouverture en est retardée jusqu'en 1848, 394, 396. — Espérances que fait concevoir cet établissement, 402.

Chateaubriand (le vicomte de) passe en Amérique sur le même navire que M. Nagot en 1791, I, 235. — Permet de donner, sous la direction de M. Emery, une édition abrégée de son *Génie du Christianisme*. II, 27.

Chauvelin (l'abbé de), conseiller d'honneur au parlement de Paris; sa motion contre Saint-Sulpice, I, 89.

Chétardye (Joachim Trotti de la), curé de Saint-Sulpice, I, 37.

Chevalier, ancien directeur au séminaire d'Orléans, prépare la restauration du séminaire de Nantes, II, 163.

Chèze (l'abbé de), missionnaire; sa conversion à une vie fervente, I, 174.

Chigi (le cardinal), légat *à latere*, approuve l'établissement du séminaire de Saint-Sulpice, I, 8.

Chollet (le député); ses explications sur le sens du serment de *Haine à la Royauté*, I, 410, 413, 444.

Cholleton (l'abbé), employé au séminaire de Lyon en 1811, après l'expulsion des Sulpiciens, II, 376, *à la note*.

Christianisme de Bacon. *Voy.* Ouvrages de M. Emery.

Chudeau, ancien directeur au séminaire de Limoges, est nommé supérieur du même séminaire à l'époque de son rétablissement en 1807, II, 162.

Cicé (de), archevêque d'Aix, rétablit le séminaire de cette ville en 1804 et le donne à Saint-Sulpice, II, 156. — Félicite M. Emery de la publication des *Nouveaux Opuscules de Fleury*, 184.

Ciquard, prêtre de Saint-Sulpice, envoyé à Montréal en 1783, et contraint de se rembarquer, I, 217. — Envoyé aux États-Unis en 1792, 235. — Meurt à Montréal en 1824, II, 381.

Clausel de Coussergues (l'abbé Michel) prend part aux premières conférences de M. Frayssinous, II, 5.

Clausel de Coussergues, frère du précédent, député sous la Restauration. M. Emery s'était chargé de la direction de sa conscience, I, 427. — Sa vénération pour M. Emery, 427. — Donne, de concert avec M. Fraissinous, une édition abrégée du *Génie du Christianisme*, II, 27. Insère dans la *Gazette de France* des articles sur les circonstances du voyage de Pie VII en France, II, 147.

Clercs de la paroisse de Saint-Sulpice (Communauté des), son établissement, I, 189. — Sa dispersion après la journée du 10 août, 285.

Clermont-Ferrand (le séminaire de) est uni à Saint-Sulpice, I, 12. — M. Emery le visite en 1784, 206. — Sa dispersion en 1791, 252. — Son rétablissement en 1806, II, 157.

Colléges mis sous la dépendance des grands séminaires, I, 61. *Voy.* aussi Baltimore, etc.

Comité de sureté générale (le) fait subir un interrogatoire à M. Emery, I, 335 *bis*. — Ordonne sa mise en liberté, 336 *bis*. — Le fait arrêter de nouveau, 340.

Comité révolutionnaire, (le) de la section du Luxembourg, opère l'arrestation de M. Emery, I, 339. — Écrit à son sujet à Fouquier-Tinville, 341 *bis. Voy.* Section du Luxembourg.

Comité ou Commission ecclésiastique. M. Emery est adjoint à la commission de 1809, II, 236. — Il n'en signe pas les réponses, 239, 242. — Cette commission est consultée sur la compétence de l'officialité dans l'affaire du mariage de Napoléon, 246. — Commission de 1811, 295. — Ses réponses aux questions proposées par l'Empereur, 301. — M. Emery ne les signe pas, 308. — Dernière séance tenue aux Tuileries, 304 et suiv.

Communauté des prêtres de la paroisse de Saint-Sulpice; son état sous M. de Bretonvilliers, I, 22. — Sa maison de campagne à Vaugirard, 59. — Ses usages conservés jusqu'à la Révolution, II, 64, *à la note*. — Tous ses membres refusent le serment, 244. — Sa dispersion au moment de l'installation du curé schismatique, 261. — Quatre de ses membres sont massacrés aux Carmes, 299.

Communauté (Petite), I, 31 et 34. — *Voy.* Robertins.

Communauté de Sainte-Anne, Communauté de la Barmondière, I, 34.

Communauté de Lisieux ou de Laon. *Voy.* Laon.

Communauté des Clercs, *Voy.* Clercs.

Commune de Paris (la) fait arrêter M. Emery, et lui fait subir un interrogatoire, I, 335, 336. — Donne l'ordre de l'enfermer à Sainte-Pélagie, 336.

Conciergerie. M. Emery y est détenu en 1793, I, 342.

Concile national de 1811. Inquiétudes causées à M. Emery par le projet de ce concile, II, 331, 332.

Concordat de 1801. M. Emery étranger aux négociations, II, 41. — Ses sentiments sur cet acte, 42, 190.

Conduite de l'Église *dans la réception des ministres de la religion qui reviennent du schisme. Voy.* Ouvrages de M. Emery.

Conférences de M. Emery sur la prédication, le droit canonique et l'histoire ecclésiastique, I, 139, 184; II, 4, 139. — Conférences pour le retour des prêtres constitutionnels, I, 416. — Et pour le clergé fidèle, 417.

Conférences de M. Frayssinous, leur origine, II, 5.

Conférences d'Issy sur le quiétisme. M. Emery recouvre le cabinet où elles s'étaient tenues, II, 214.

Congrégation du P. Delpuits; ses rapports avec le séminaire de Saint-Sulpice, II, 118.

Congrégagion des cardinaux (la) n'a point désapprouvé la *promesse de fidélité*, II, 16.

Consalvi (le cardinal) est envoyé à Paris pour conclure le concordat, II, 60. — Eloge qu'il fait dans ses Mémoires de la conduite de M. Emery dans la séance tenue aux Tuileries le 17 mars 1811, 306 312.

Conseil archiépiscopal de Paris pendant la Révolution. M. Emery en fait partie, I, 305. — Le conseil se prononce en faveur du serment *de liberté et d'égalité*, 308, 439. — Et en faveur de la déclaration de *soumission aux lois de la République*, prescrite le 30 mai 1795, 370, 439. — Sa conduite par rapport à la déclaration exigée par la loi du 20 septembre 1795, 384, 439. — Et par rapport au serment de *haine à la royauté*, 412, 440. — M. Emery expose au prélat Spina les principes suivis par le conseil sur les serments et sur les autres questions du temps, 438 et suiv. — Le conseil se prononce en faveur de la *promesse de fidélité à la constitution*, II, 9. — Attaques et apologies dont la conduite du conseil est l'objet à l'étranger, II, 13.

Constitution civile du clergé; ses vices, I, 240. *Voy.* Serment.

Constitutionnels, leur animosité contre M. Emery, I, 374; II, 44, 45, 58. — Zèle de M. Emery pour ramener à l'unité les prêtres constitutionnels, I, 416, 439; II, 17. — Formule de rétractation à exiger d'eux, I, 417; II, 71. — Evêques constitutionnels nommés aux nouveaux siéges après le concordat, II, 66, 71 et suiv.

Constitutions de la Compagnie de Saint-Sulpice. Idée générale de ces constitutions rédigées en 1659, I, 4 et suiv. — Nouvelle rédaction sous M. Leschassier en 1717, I, 55. — Commentaire des constitutions par M. Bertin, I, 215.

Corderant (le citoyen), chef de bureau au ministère de la police en 1801. Son rapport et ses conclusions contre M. Emery, II, 53, 54, 55.

Corrections et additions pour les Nouveaux Opuscules de Fleury, *Voy.* Ouvrages de M. Emery.

Couches, bourg du diocèse d'Autun, où quatre prêtres furent massacrés en 1792, I, 455.

Coupé, prêtre de Saint-Sulpice, périt dans un naufrage en se rendant à Baltimore, II, 384.

Courtade (l'abbé) est arrêté à Issy le 15 août 1792, et relâché aussitôt après, I, 288 et suiv. — Demeure à la Solitude avec MM. Duclaux et

Le Gallic, 295. — M. Emery l'engage à se retirer dans sa famille, 302.
— M. Emery lui écrit au sujet du serment de *haine à la royauté*, 413.
— M. Emery le charge de traduire le *Systema theologicum* de Leibnitz, II, 326, 335.

COUSTOU, grand vicaire de Montpellier; sa conversation avec M. Emery au sujet des affaires de l'Église en 1809, II, 223 et 243.

COUSTURIER (Jean), sixième supérieur de Saint-Sulpice. *Voy.* la *Table des sommaires* du tome I, du n. XLVII au n. LVI de l'*Introduction*. — *Voy.* aussi I, 112.

CRÉNIER, directeur au séminaire de Saint-Sulpice, arrêté le 15 juillet 1793, I, 340 *bis*.

CROIX D'AZOLETTE (de la), archevêque d'Auch, avait été du nombre des premiers élèves du séminaire après son rétablissement, II, 7.

CROUZEILLES (l'abbé de), vicaire général d'Aix, se rend caution pour M. Emery, détenu à la préfecture de police en 1801, II, 59. — Fait parvenir au légat des renseignements utiles par le moyen de M. Emery et de l'abbé Le Sure, 65. — Accepte l'évêché de Quimper par déférence pour M. Emery, 70.

CUSSAC (de), supérieur de la maison des philosophes, est arrêté à Issy le 15 août 1792, et enfermé aux Carmes, 1, 290. — Il se fait apporter les *Actes des Martyrs*, 298. — Il est massacré le 2 septembre, 299.

D

DALBERG (de), archevêque de Ratisbonne, se plaint à M. Emery d'une marque de familiarité que lui avait donnée l'Empereur, II, 219.

DAMPHOUX, élève du séminaire, a dessiné un portrait de M. Emery, II, 348 *à la note*. — Passe à Baltimore en 1811, 383.

DAMPIERRE (de), vicaire général de Paris, favorable au serment *de liberté et d'égalité*, I, 408. — Odieux aux constitutionnels, II, 45. — Devient évêque de Clermont et rétablit le séminaire de cette ville, 158.

DAVID, prêtre de Saint-Sulpice, s'offre à M. Emery en 1785 pour l'œuvre de Montréal, I, 217. — Est envoyé aux États-Unis en 1792, 469. — Accompagne M. Flaget à Bardstown, II, 234. — Devient son coadjuteur et meurt avant lui, 381.

DÉCLARATION DE 1682. Conduite de M. Tronson dans cette affaire, I, 42. — Sentiments de M. Emery sur les *quatre articles* de cette déclaration, II, 181 et suiv., 187 et suiv., 241, 272, 307.

DÉCLARATION DE SOUMISSION AUX LOIS DE LA RÉPUBLIQUE, exigée du clergé par la loi du 31 mai 1795, I, 369. — Nouvelle formule de déclaration; reconnaissance de la *souveraineté du peuple* (29 septembre 1795), 383. — *Voy. aussi* Promesse, Serment, etc.

Déclaration de M. Emery relativement au sens dans lequel il avait entendu prêter le serment *de liberté et d'égalité*, I, 328, 330.

Déclarations exigées de M. Emery au sujet du temporel de la Compagnie de Saint-Sulpice, I, 265.

Delavau, chanoine de Tours, s'adjoint en 1791 aux Sulpiciens envoyés à Baltimore, I, 235.

Deluc (André). Relations de M. Emery avec ce savant, II, 30.

Deluol (Louis-Régis), prêtre de Saint-Sulpice, passe en Amérique en 1817, et enseigne la théologie au séminaire de Baltimore, II, 386. — Est chargé de l'administration des sœurs de Saint-Joseph, 395. — Est nommé supérieur du séminaire en 1829, 389. — Est rappelé en France en 1849, 399.

Descartes (*Pensées de*). *Voy.* Ouvrages de M. Emery.

Desgarets, élève du séminaire de la Walsau, I, 468 — Devient supérieur du séminaire d'Angers, II, 155.

Dilhet, directeur au séminaire de Tulle, puis missionnaire en Amérique pendant la Révolution, est envoyé au séminaire de Limoges en 1807, II, 162.

Dispenses. M. Emery détourne les évêques d'en accorder au préjudice des droits du Saint-Siège, II, 225.

Dobin, supérieur du séminaire de Nantes avant la Révolution, en reprend la conduite en 1807, II, 163.

Doucin, prêtre assermenté du diocèse d'Angers, ramené par M. Emery. I, 283.

Douville, supérieur du Petit-Séminaire de Saint-Sulpice, refuse de prêter le serment *de liberté et d'égalité*, I, 308.

Droit canonique (Conférences de), données par M. Emery à Lyon et à Angers, I, 138. — A Paris, II, 4.

Dubignon, supérieur du séminaire des philosophes de Bourges, mort sur la rade de l'île d'Aix en 1794, I, 458.

Dubois (*Essai de défense du cardinal*). *Voy.* Ouvrages de M. Emery.

Dubois (le comte), préfet de police. Son rapport à Fouché au sujet de M. Emery en 1801, II, 48. — Laisse tomber une dénonciation contre les *Corrections et additions pour les Nouveaux Opuscules de Fleury*, 226.

Dubois (Jean), prêtre de la communauté de la paroisse de Saint-Sulpice, passe à Baltimore, s'agrège à la Compagnie, et fonde le petit-séminaire d'Emmitsbourg, II, 381. — Se laisse absorber par le ministère extérieur, 384. — Sa conduite pleine de modération lorsque ses confrères de Baltimore veulent supprimer son établissement, 386. — La Compagnie lui en abandonne la propriété, 388. — Il devient évêque de New-York, 388.

Dubourg (Louis-Guillaume-Valentin), supérieur de l'école préparatoire fondée à Issy par M. Nagot, I, 190. — Se réfugie à Paris après la journée du 10 août, 286. — Passe à Baltimore, s'agrége à la Compagnie, et devient président du collége de Georgetown, II, 100. — Après un essai infructueux à la Havane, fonde un collége à Baltimore, 101, 149. — Concourt avec M. Dubois à la fondation du petit-séminaire d'Emmitsbourg, 382. — Et avec madame Seton à l'établissement des sœurs de Saint-Joseph, 582. — Devient administrateur, puis évêque de la Nouvelle-Orléans, 383.

Dubourg (Marie-Jean-Philippe), évêque de Limoges, s'occupe du rétablissement de son séminaire, II, 162. — M. Emery lui écrit au sujet des catéchismes auxquels il voulait employer les séminaristes, I, 195. — Et au sujet des directeurs du séminaire qu'il voulait appliquer aux emplois extérieurs, II, 169. — Autres lettres de M. Emery au même prélat, 223; 241.

Dubrai, prêtre de la communauté de la paroisse de Saint-Sulpice, massacré aux Carmes le 2 septembre, I, 299.

Duclaux (Antoine du Pouget), passe de la supériorité du séminaire d'Angers à celle de la Solitude, I, 202. — Est arrêté à Issy le 15 août 1792, et remis de suite en liberté, 289, 292. — Son abandon à la Providence, 295. — Reste à la Solitude jusqu'à l'époque de sa détention à Saint-Lazare, 303. — Après sa sortie de prison, il se retire dans une maison de la rue Saint-Jacques, soins qu'il y prend de M. Le Gallic, 375. — M. Emery lui écrit au sujet de la déclaration exigée par la loi du 29 septembre 1795, 385. — Il dirige le séminaire à l'époque de son rétablissement, II, 2. — M. Emery ne l'exempte point de la règle commune, 117. — Il reprend la direction du séminaire après la sortie de M. Emery en 1810, 271. — Empêche M. Emery de dire la messe dans sa dernière maladie, 336. — Lui administre les derniers sacrements, 337. — Est élu supérieur général en 1814, 377.

Dugnani (le cardinal), nonce en France au moment de la Révolution ; I, 256. — Son amitié pour M. Emery, II, 256, 340, 343.

Duhamel, missionnaire français en Amérique, devient curé d'Emmitsbourg; II, 385.

Dulau d'Allemans, curé de Saint-Sulpice ; I, 83.

Duvoisin, accepte l'évêché de Nantes par le conseil de M. Emery ; II, 69. — Son *Essai sur la tolérance* défendu par M. Emery, 29. — Il rétablit le séminaire de Nantes en 1807, 163. — Fait partie des commissions ecclésiastiques de 1809 et de 1811, 237, 295. — Prend la défense des

Sulpiciens, traités de *gens minutieux* par Napoléon, 257. — Apporte à M. Emery les nouvelles relatives au concile national, 331.

E

Eccleston, prêtre de Saint-Sulpice, puis archevêque de Baltimore, 392. — Prend des mesures pour procurer l'ouverture du petit séminaire de Saint-Charles, 396.

Écoles chrétiennes (frères des). M. Emery prend leur défense au conseil de l'Université, II, 210.

Écoles cléricales. Zèle de M. Emery pour l'établissement de ces écoles en Amérique, II, 99, 380.

Économe. Avis donné par M. Emery à un économe de séminaire, I, 205. *Voy.* aussi Giraud, etc.

Écriture sainte. Respect de M. Emery pour l'Écriture sainte, I, 357, II, 125, 358.

Église. Amour de M. Emery pour l'Église, II, 223, 331, 332, etc.

Élias de Bréquigny, directeur du séminaire d'Angers, massacré dans la Vendée, I, 459.

Emery (Jacques-André), neuvième supérieur de Saint-Sulpice. *Voy.* la Table des sommaires du Ier et du IIe volume.

Emery de Saint-Martin, frère du précédent, I, 103. — Est inquiété au sujet de la correspondance de son frère, 334. — M. Emery lui écrit de sa prison, 350. — Sa mort, II, 336.

Emmitsbourg (le petit-séminaire d'). Sa fondation, II, 152, 381. — Il est transformé en collége, 384. — Il est abandonné par la Compagnie de Saint-Sulpice, 388.

Emplois. Sagesse de M. Emery dans leur distribution, I, 203. — Sa fermeté pour maintenir la règle qui interdit aux Sulpiciens les emplois extérieurs, II, 167 et suiv.

Emprisonnements de M. Emery : — à Sainte-Pélagie, I, 334 et suiv.; — aux Carmes, 341; — à la Conciergerie, 342 et suiv.; — au collége du Plessis, 347; — à la préfecture de police, II, 48, 55.

Enregistrement. *Voy.* Statuts et règlements.

Entretien, *en forme de dialogue, sur les préjugés du temps contre la religion. Voy.* Ouvrages de M. Emery.

Épiscopat. Refus de cette dignité par M. Tronson, I, 28; — par M. Le Peletier, 63, 65 et suiv.; — par M. Emery, II, 78 et suiv., 89. — Respect de M. Emery pour l'épiscopat. *Voy.* Évêques.

ÉPITAPHE.— de M. Nagot, II, 315 ; — de M. Emery, 344.

ESPRIT *de Leibnitz, de sainte Thérèse*. *Voy*. OUVRAGES DE M. EMERY.

ÉTUDES. Soins qu'y donne M. Emery au séminaire d'Angers, I, 138 ; — au séminaire de Paris, I, 185 ; II, 123.

EULER (*Défense de la Révélation* par). *Voy*. OUVRAGES DE M. EMERY.

ÉVÊQUES. Respect de M. Emery pour eux, I, 328 ; II, 232. — Sage réponse au propos indiscret d'un évêque, I, 173. — M. Emery s'emploie à obtenir la démission des anciens évêques à l'époque du concordat, II, 61 ; — et à leur faire accepter les nouveaux siéges, 67 et suiv.

ÉVÊQUES CONSTITUTIONNELS. Sacre des premiers, I, 255. — Plusieurs sont nommés aux nouveaux siéges après le concordat, II, 66, 71. — *Voy*. GOBEL, FAUCHET, GRÉGOIRE, LAMOURETTE, etc.

EXCOMMUNICATION (la bulle d'). Sentiments et conduite de M. Emery à cet égard, II, 238-240.

EXERCICES DE PIÉTÉ. Fidélité de M. Emery à s'en acquitter, II, 355. *Voy*. ORAISON, RÈGLEMENT, RETRAITE, etc.

F

FAUCHET (l'abbé), clubiste, et ensuite évêque constitutionnel du Calvados. M. Emery réclame son intervention, I, 264. — Ses rapports avec M. Emery à la prison de la Conciergerie, sa conversion et sa mort, 365 et suiv.

FAUCONNET, supérieur du séminaire des *Trente-trois*, arrêté à Vaugirard le 16 août 1792, I, 296.

FAYETTE (François de LA), évêque de Limoges, donne son séminaire à la Compagnie de Saint-Sulpice ; I, 12

FÉDÉRATION (fête civique de la), I, 226.

FÉDÉRÉS (les) : logés au séminaire, I, 226. — Conduisent les ecclésiastiques au Champ de Mars, 228. — Se rendent à Issy pour arrêter les ecclésiastiques qui s'y trouvent, 288.

FÉNELON (François de Salignac de la Mothe), archevêque de Cambrai, a été quelque temps membre de la communauté des prêtres de la paroisse de Saint-Sulpice, I, 23. — Ses rapports avec M. Tronson, 27 — Il aurait voulu donner à Saint-Sulpice la conduite du séminaire de Cambrai, 59. — Acquisition de ses manuscrits par M. Emery ; projet d'une édition de ses œuvres ; son *Histoire*, par M. de Bausset, II, 125 et suiv. — Sa *Dissertation sur l'autorité du Pape*, 183 et 184.

FESCH (le cardinal), oncle de Bonaparte. Sa vie avant l'époque du concordat, II, 72. — Sa nomination à l'archevêché de Lyon et sa retraite sous la conduite de M. Emery, 73. — Estime qu'ils conservèrent toujours l'un pour l'autre, 75 et suiv. — Il s'occupe du rétablissement du séminaire de Saint-Irénée, 153. — Son zèle pour la béatification de la mère Agnès, 166. — Veut donner à M. Emery plusieurs fonctions importantes, 172. — L'Empereur lui écrit au sujet des constitutionnels, et l'engage à se défier des Sulpiciens, 178. — Le cardinal prend la défense des pères de la Foi, 192; — et des Sulpiciens; sa lettre à l'Empereur, 196. — Conseille à M. Emery d'accepter la place de conseiller titulaire de l'Université, 207. — Envoie chercher M. Emery pour l'entrevue de Fontainebleau; le reçoit chez lui, et l'introduit chez l'Empereur, 218. — Préside la commission ecclésiastique de 1809, 237. — S'abstient de prendre part à la discussion relative au premier mariage de Napoléon, 246. — Sa lettre à M. Emery au sujet de la consultation du cardinal della Somaglia sur l'assistance au second mariage de l'Empereur, 250. — Prend de nouveau la défense des Sulpiciens, 262. — M. Emery lui présente un Mémoire en faveur de la Compagnie, 263. — Le cardinal est nommé archevêque de Paris, 285. — Préside la commission de 1811, 295. — Fait à l'Empereur des représentations énergiques, 300. — Le sollicite en faveur de M. Emery, 311. — Procure à M. Emery le manuscrit autographe du *Systema theologicum* de Leibnitz, 325. — Visite M. Emery mourant, 339. — Annonce sa mort à l'Empereur, 339. — Sa lettre à Pie VII, prisonnier à Savone, 507, *note* 3. — Lettres de M. Emery à ce prélat, II, 75, 172, 182, 253, 258, 260, 263, 500.

Fêtes propres du séminaire, I, 22, 36, 92; II, 123.

Feutrier, évêque de Beauvais, l'un des premiers élèves du séminaire après son rétablissement, II, 7.

Firmont (Henri-Essex Edgeworth de), dernier confesseur de Louis XVI; ses rapports avec Saint-Sulpice, I, 336. — Sa lettre à M. de Juigné occasionne l'arrestation de M. Emery, 334, 335 *bis*, 342 *bis*.

Flaget (Benoît-Joseph), s'offre pour l'œuvre de Montréal à la fin de sa *Solitude*, I, 217. — Est envoyé aux États-Unis, 235, 469. — Vues de M. Emery en le destinant aux missions de l'ouest des Etats-Unis, II, 99, 230, 235. — Il est rappelé à Baltimore et employé au collége de Georgetown, 100. — Son voyage à la Havane, 101. — Il est nommé à l'évêché de Bardstown, 228. — Accueil qu'il reçoit de M. Emery à son arrivée à Paris, 231. — Témoignages d'amitié et conseils que M. Emery lui donne à son départ, 233, 235.

Fleury (l'abbé). M. Tronson fait suspendre au réfectoire la lecture de son *Histoire ecclésiastique*, I, 43. — M. Emery publie ses *Nouveaux Opuscules*, II, 178, 216 et suiv. — *Corrections et additions* pour les *Nouveaux Opuscules*, II, 214, 222, 226

Fleury (le cardinal de), premier ministre de Louis XV, prend un appartement dans la maison d'Issy, I, 75. — Sa mort, 76.

Flour (Saint-). Le séminaire de cette ville est dirigé par la Compagnie de 1803 à 1820, II, 155.

Foi (Pères de la). Décret de suppression rendu contre eux en 1804 et exécuté en 1807, II, 192. — Parallèle établi entre eux et les Sulpiciens par le ministre des cultes, 194.

Fontana (le Père), supérieur des Barnabites, adjoint à la commission ecclésiastique de 1809; témoignage qu'il rend à M. Emery, II, 237, 240. — Sa correspondance avec M. Emery au sujet de la *Dissertation sur la mitigation de la peine des damnés*, II, 324.

Fontanes (de), grand maître de l'Université, annonce à M. Emery qu'il est nommé conseiller titulaire, II, 204, 206. — Estime qu'il a pour lui, 207. — Il prend sa défense auprès de l'Empereur, auquel il conseille d'avoir une explication avec lui, 216.

Fontanges (de), archevêque de Toulouse, donne sa démission après le concordat et accepte l'évêché d'Autun, II, 68. — Lettres de M. Emery à ce prélat, II, 62, 67, 153.

Forcade (de), ancien élève du séminaire, et depuis maire de Marmande. M. Emery lui écrit de sa prison, I, 352.

Fouché, duc d'Otrante, et ministre de la police, donne l'ordre d'arrêter M. Emery, II, 47. — Le fait mettre en liberté, 58. — Veut avoir une entrevue avec lui au sujet des *Nouveaux Opuscules de Fleury*, 185 et suiv. — Dénonce les Sulpiciens à l'Empereur comme ultramontains, 191. — Fait saisir les *Corrections et additions pour les Nouveaux Opuscules*, 226. — Continue à décrier les Sulpiciens, 256. — Quitte le ministère de la police, 276.

Fouquier-Tinville, substitut de l'accusateur public près du tribunal révolutionnaire, I, 336, 341, 342. — L'ascendant qu'exerce sur lui une de ses tantes est utile à plusieurs accusés, 341 *bis*, 353. — Pourquoi il différait la condamnation de M. Emery, 353.

Fourcroy, directeur de l'instruction publique, est chargé de la rédaction du décret pour l'organisation de l'Université, II, 199.

Fournier, prêtre de Saint-Sulpice, est chargé de la classe de morale à la reprise du séminaire, II, 3. — Est emprisonné à Bicêtre, 45. — Quitte la Compagnie pour se livrer à la prédication, 170. — Est nommé à l'évêché de Montpellier et fait sa retraite à Issy, 77. — Sages avis que lui donne M. Emery, 170. — Il visite M. Emery à ses derniers moments, 338. — Préside à ses obsèques, 340, 343. — Contribue à la restauration de la chapelle de Lorette, 319, 339.

François de Sales (saint). On conserve au séminaire de Saint-Sulpice une mitre qui a été à son usage, I, 271.

François de Sales (prêtres de Saint-). Arrêtés à Issy le 15 août 1792, I, 290, 293.

Frayssinous, évêque d'Hermopolis, a été chargé de la classe de dogme à la reprise du séminaire, II, 3. — Origine de ses *Conférences*, 5. — Il contribue à l'édition abrégée du *Génie du Christianisme*, 27. — Quitte la Compagnie, 170. — Est attaché à la commission ecclésiastique de 1809 en qualité de secrétaire, 237. — Témoignage qu'il rend à M. Emery, 240.

Frémont, supérieur du séminaire d'Angers, II, 155.

Frères, *Voy.* Ecoles chrétiennes.

Frisures (abus des) combattu par M. Emery, I, 161.

G

Galais, supérieur des Robertins, est chargé par M. Emery de pourvoir aux besoins des Fédérés logés au séminaire, I, 226. — Est arrêté à Vaugirard le 16 août 1792, 295. — Est massacré aux Carmes le 2 septembre, 299 et 452.

Galitzin (le prince Démétrius de), missionnaire aux États-Unis, avait été reçu membre de la Compagnie de Saint-Sulpice, II, 98.

Gallic (Pierre Le), huitième supérieur de Saint-Sulpice, I, 95. — Donne sa démission, 100 et 147. — Sa lettre circulaire, 149. — Il se retire à la Solitude, 152. — Est arrêté le 15 août 1792, et relâché presque aussitôt, 288, 292. — Revient à Paris, 303. — Est arrêté de nouveau et mis en liberté, 340 *bis*, 341 *bis*. — Embarras où il se met, ses dernières années et sa mort, 375.

Garcin, supérieur de la Solitude, vénération que M. Emery avait pour lui, I, 108.

Garnier (Antoine), directeur au séminaire de Lyon, est envoyé à Baltimore en 1791, I, 232, 235. — Est rappelé en France en 1803, II, 94. — Est institué légataire universel par M. Emery, II, 97, 336. — Entre en lutte avec le gouvernement au sujet de cette succession, 368 et suiv. — Est inquiété par la famille de M. Emery, et s'arrange avec elle, 373. — Refuse de louer, puis de vendre au cardinal Maury la maison d'Issy, 374 et suiv. — Devenu supérieur de la Compagnie, écrit à M. Tessier, supérieur du séminaire de Baltimore, au sujet de la suppression du petit séminaire d'Emmitsbourg, 387. — Envoie un visiteur à Baltimore en 1829, 389. — Est auteur d'une notice manuscrite sur M. Emery, I, 109.

Garossons (madame des). Pressentiment extraordinaire de cette dame au sujet de M. Emery, I, 403.

Gauguin, directeur au séminaire de Nantes, massacré aux Carmes le 2 septembre 1792, I, 299.

Gazaniol, ancien supérieur du séminaire de Lyon, est nommé vice-supérieur de la Compagnie pendant la Révolution, I, 339. — Envoie douze prêtres à Montréal, 470.

Génie du Christianisme (édition abrégée du). Part qu'y eut M. Emery, II, 27.

Génovéfains (les) quittent le séminaire de Reims, I, 212.

Gensonné, député de la Gironde, déclare que M. Emery a bien interprété le sens du serment *de liberté et d'égalité*, I, 331.

Georgetown (le collége de) fondé par M. Carroll, I, 100.

Gerdil (le cardinal) est en correspondance avec M. Emery, II, 31.

Gex, ville natale de M. Emery, I, 103. — M. Emery y fait un voyage en 1795, 374 à 403.

Girac (de), ancien évêque de Rennes; M. Emery avait recours à ses conseils, II, 257. — Répond au ministre des cultes, au sujet de la maison d'Issy, 373.

Giraud (Gaspard-René), son admission dans la Compagnie, I, 204. — M. Emery lui écrit au sujet du serment *de liberté et d'égalité*, 324. — Est économe du séminaire de Saint-Sulpice en 1807, II, 275. — Sa bonté pour les séminaristes, I, 204. — Stratagème dont il use pour engager M. Emery à porter une soutane de casimir, 361. — Il est nommé supérieur du petit-séminaire de Saint-Nicolas, 365.

Gobel, évêque *in partibus* de Lydda, assiste au sacre des premiers évêques constitutionnels, I, 256. — Son installation comme évêque intrus de Paris, 259. — M. Emery le réconcilie à l'Église et le prépare à la mort, 365.

Gogue, maire d'Issy, protége M. Duclaux et M. Le Gallic contre les fédérés, I, 291.

Gourgues (de), ancien intendant de Montauban, pénitent et ami de M. Emery, I, 450. — Contribue à l'acquisition de la maison d'Issy, II, 136. — Fait don de divers objets pour les saluts du Saint-Sacrement à Issy, 140. — Donne un cœur en vermeil pour renfermer le cœur de M. Emery, 340.

Grandet, directeur au séminaire d'Angers; contribue à l'union de ce séminaire à Saint-Sulpice, I, 41.

Grasse (de), évêque d'Angers, demande M. Emery pour supérieur de son séminaire, I, 128. — Le contraint à accepter des lettres de grand vicaire 129, 140. — Se détermine à faire une ordination sur les remontrances de M. Emery, 144.

Grégoire, évêque constitutionnel de Loir-et-Cher; ses relations avec M. Emery, II, 39. — Aurait voulu assister à ses funérailles, 341.

Grivel (le Père de), jésuite; son entrevue avec M. Emery en Suisse, I, 400. — Lettres que lui écrit M. Emery, II, 139, 242.

Guérin, directeur au séminaire de Nantes, massacré aux Carmes, le 2 septembre 1792, I, 299.

Guillon (l'abbé M. N. Sylvestre), publie le *Supplément aux Brefs de Pie VI*, I, 382.

Guillon (l'abbé Aimé), attaque M. Emery au sujet de son ouvrage sur la réconciliation des constitutionnels, II, 19.

H

Harent fait don au séminaire de Baltimore d'une propriété à Pigeon-hill, II, 151. — Entre dans l'état ecclésiastique et dans la Compagnie de Saint-Sulpice, 384.

Hémey d'Auberive (l'abbé); son retour à la ferveur par les soins de M. Emery, I, 417. — Contribue à la conversion de l'abbé Mercier de Saint-Léger, 419. — S'occupe d'une édition des œuvres de Bossuet, II, 128. — Ses regrets à la mort de M. Emery, 341. — Compose son épitaphe, 344.

Hickey, prêtre de Saint-Sulpice, est d'abord employé à Emmitsbourg, II, 385. — Est rappelé à Baltimore, 388. — Est chargé de l'administration des Sœurs de Saint-Joseph, 395.

Hourrier, directeur à la communauté de Laon, arrêté à Vaugirard le 16 août 1792, I, 296. — Massacré aux Carmes le 2 septembre, 299.

Hurtevent (Damien d'), prêtre de Saint-Sulpice, est nommé consulteur en 1659, I, 7. — Est envoyé à Lyon sur la demande du curé de Saint-Michel, 14. — Procure l'établissement du séminaire de Saint-Irénée, et en est nommé supérieur, 15.

I

Incrédules confondus, I, 398.

Instruction (Sœurs de l'). M. Emery achète leur maison pour y transférer le séminaire, II. 111.

Interrogatoires subis par M. Emery; en 1793, à la Commune de Paris, I, 335 *bis*. — Au comité de sûreté générale, 335 *bis*. — Au tribunal révolutionnaire, 342 et suiv. — En 1801, à la préfecture de police, II, 48.

Issy. La *Solitude* y est transférée en 1676, I, 29. — Construction de la chapelle de Lorette, 29. — Maison de campagne des philosophes, 59. — Construction de nouveaux bâtiments sous M. Le Peletier, 73, 74. — Succursale de la communauté des clercs de la paroisse, 190. — Arrestations opérées à la *Solitude* et dans les autres maisons le 15 août 1792, 286. — Vente de la propriété, 304. — Rachat de la maison et du parterre par M. Emery, II, 136. — Rachat du jardin potager et du *cabinet des Conférences*, 214. — Rachat du parc et de la chapelle de Lorette, 315. — Le ministre des cultes veut obliger M. Garnier à donner au diocèse la propriété d'Issy, 368. — M. Emery refuse de la vendre au cardinal Maury, 374.

J

Jacoupy (l'abbé), accepte l'évêché d'Agen, par le conseil de M. Emery, II, 69.

Jalabert, ancien supérieur du petit-séminaire de Toulouse, se trouvait avec M. Emery au séminaire de Saint-Sulpice en 1792, I, 300, *à la note*. — Devenu vicaire général de Paris, il est chargé par le cardinal Maury de lire à l'Empereur l'adresse du chapitre, II, 293. — Prononce à l'Archevêché l'oraison funèbre de M. Emery, 345. — Est établi supérieur du séminaire après l'expulsion des Sulpiciens, en 1811, 367. — Sa visite au ministre des cultes avec M. Garnier, 370. — Se démet de la supériorité, 368.

Jansénisme, Jansénistes. Précautions que prend M. Tronson pour en préserver le séminaire et la Compagnie, I, 43, 44. — Les jansénistes remplissent les bureaux de Fouché, II, 256. — Ils décrient les prêtres de Saint-Sulpice, 256, 265. (*Voy.* Appelants, Constitutionnels, Montazet, Tabaraud, Valla, etc.)

Janson (l'abbé de) suggère la pensée de conserver le cœur de M. Emery, II, 340. — Est chargé d'un message auprès du sénateur Grégoire, à l'occasion des funérailles de M. Emery, 341.

Jarry (l'abbé), ancien archidiacre de Liége, publie une réfutation de la *Dissertation* de M. Emery sur la *mitigation de la peine des damnés*, II, 325.

Jauffret (l'abbé) conseille à l'abbé Fesch de prendre M. Emery pour directeur, II, 73. — Est nommé à l'évêché de Metz et fait sa retraite à Issy, 77. — Vient prendre M. Emery au séminaire pour le conduire à la dernière séance de la Commission ecclésiastique de 1811, 304.

Jenkins (Olivier), prêtre de Saint-Sulpice, supérieur du petit-séminaire de Saint-Charles, près Baltimore, II, 397.

Jésuites. M. Emery avait été leur élève au collége de Mâcon, I, 105. —

Vœux qu'il formait pour leur rétablissement, 401. — Il blâme M. de Bausset du parallèle qu'il avait établi entre eux et Port-Royal. II, 129 et 132, *à la note*.

Joubert, ancien directeur au séminaire de Nantes, prépare le rétablissement de ce séminaire, II, 163.

Jouen (madame) obtient que M. Emery se charge de sa direction, I, 424. — De concert avec sa fille, l'oblige à laisser tirer son portrait, 426.

Jouen (mademoiselle) met longtemps obstacle à la conversion de l'abbé Mercier de Saint-Léger, I, 420. — Se convertit elle-même après la mort de cet abbé, 423. — Visite M. Emery dans sa prison en 1801, et s'emploie à obtenir son élargissement, II, 55, 58. — Le seconde dans l'arrangement de la maison de la rue du Pot-de-Fer, 113. — Monte le ménage de M. Emery après son expulsion du séminaire, 279. — Reconnaissance de M. Emery pour elle, 352. — Elle ne peut obtenir d'entrer au séminaire pour voir M. Emery à ses derniers instants, 362. — Elle aide M. Garnier à se tirer d'embarras vis-à-vis du cardinal Maury, 374.

Juigné (de), archevêque de Paris. Reçoit la visite de M. Emery, nouvellement élu supérieur, I, 153. — En partant pour l'émigration, nomme M. Emery membre du conseil archiépiscopal, 305. — Une lettre de l'abbé de Firmont à ce prélat occasionne l'arrestation de M. Emery, 334, 335 *bis*, 342 *bis*. — Il ne désapprouve pas la conduite de son conseil au sujet de la déclaration de *soumission aux lois de la république*, 300 ; — et au sujet du serment de *Haine à la royauté*, 412, 413, 444. — Invite les Sulpiciens émigrés à former un séminaire en Allemagne, 468. — Sa conduite à l'égard de la promesse de *fidélité à la constitution*, II, 10. — Donne sa démission après le concordat, 63.

K

Kéravenant (l'abbé de), prêtre de la communauté de la paroisse de Saint-Sulpice, se voit sur le point d'être mis à mort à Issy, le 15 août 1792 ; I, 291. — Échappe au massacre des Carmes, 298. — Accompagne à l'échafaud les victimes de la Révolution, 361.

L

Labrunie, directeur au séminaire de Paris, essaye de fonder un séminaire en Irlande, I, 469. — Est chargé du cours d'Écriture sainte à la reprise du séminaire, II, 5.

La Chétardye (Joachim Trotti de), curé de Saint-Sulpice, I, 37 et suiv.

Lacoste-Beaufort (l'abbé de), chanoine théologal de Cahors. Une lettre que lui écrivait M. Emery est interceptée par la police, II, 266. — Avait donné l'argent qui fut employé à l'acquisition de la statue de Notre-Dame du Mont-Carmel, 276.

Lafosse (Simon-Pierre de), directeur des études au séminaire de Saint-Sulpice ; son traité *De Deo*, I, 79.

Laharpe (de), littérateur ; ses rapports avec M. Emery, I, 430.

Lalande (le père), Oratorien. Sa controverse avec M. Emery au sujet de la constitution civile du clergé, I, 273. — Devient évêque constitutionnel de la Meurthe, 281. — S'emploie à obtenir l'élargissement de M. Emery en 1801, II, 58. — M. Emery l'assiste à la mort, I, 282.

Lalande (Lefrançais de), célèbre astronome ; ses relations avec M. Emery, II, 34. — Ne se faisait passer pour athée que par vanité, 35. — Sa mort, 58.

Lally-Tolendal (le comte de), fait l'éloge du conseil archiépiscopal de Paris, II, 13.

Lambert (le père), Dominicain, attaque l'*Essai sur la tolérance*, de M. Duvoisin, II, 29.

Lambruschini (le cardinal), nonce en France, rend un beau témoignage à M. Emery, II, 363.

Lamourette, évêque intrus de Lyon, abjure le schisme entre les mains de M. Emery, I, 367.

Laneau, séminariste de Saint-Sulpice, du temps de M. Bourachot ; sa conférence spirituelle, I, 158.

Langeac (couvent des religieuses de Saint-Dominique de). M. Emery y fait un pèlerinage en 1784, I, 207.

Languet de Gergy, curé de Saint-Sulpice, I, 79 et suiv.

Laon (communauté de). La Compagnie de Saint-Sulpice en prend la conduite, I, 85. — Arrestation des directeurs et des élèves à Vaugirard, le 16 août 1792, 296.

Larcher, littérateur. Ses rapports avec M. Emery, I, 428, 429.

Lasausse, prêtre de Saint-Sulpice, n'a point prêté le serment schismatique, I, 253, *à la note*. — M. Emery lui adresse M. Larcher, 429.

La Tour-du-Pin. *Voy.* Tour-du-Pin.

Lazare (la maison de Saint-) est livrée au pillage, I, 223.

Lebrun, troisième consul, invite M. Emery, après sa nomination à l'évêché d'Arras, II, 81.

LECTURE SPIRITUELLE. Modification apportée au règlement à cet égard, I, 77. — Intérêt des gloses de M. Emery, 134.

LEFLO, ancien supérieur du séminaire du Puy, est mis par l'évêque d'Orense à la tête de la communauté des prêtres émigrés, I, 461.

LE GALLIC (Pierre). *Voy.* GALLIC.

LEGENDRE, boucher, membre de la section du Luxembourg. Son éloquence naturelle, I, 255.

LEGRAND (Louis), directeur des études au séminaire de Saint-Sulpice; ses ouvrages, I, 79. — Opinion qu'il avait de M. Emery, 107. — Il est consulté par M. Emery, 111, 113. — Conseille à M. Cousturier d'envoyer M. Emery à Lyon, 112.

LEIBNITZ (l'*Esprit de*). Première édition en 1772, I, 121. — Seconde édition en 1803, sous le titre de *Pensées de Leibnitz*, II, 320. — *Supplément* aux pensées de Leibnitz préparé par M. Emery et publié après sa mort, avec la traduction du *Systema theologicum*, 321, 325 et suiv. — Importance que M. Emery attachait à cette traduction, 326, 335. *Voy.* OUVRAGES DE M. EMERY.

LEJEUNE (Victor), directeur au séminaire d'Avignon, massacré aux Vans, le 14 juillet 1792, I, 453.

LEJEUNE (Joseph), directeur au séminaire d'Angers, submergé dans la Loire en 1792, I, 458.

LEMERCIER, directeur au séminaire de Bourges, massacré à Couches le 8 septembre 1792, I, 455.

LE PELETIER. *Voy.* PELETIER.

LE SAGE. *Voy.* SAGE.

LESAULNIER, ancien économe du séminaire de Reims, est envoyé à Montréal et chargé de la cure, I, 470.

LESCHASSIER (François), quatrième supérieur de Saint-Sulpice. *Voy.* la *Table des Sommaires* du tome I, du n. XXXIV au n. XLII de l'*Introduction*.

LE SURE. *Voy.* SURE.

LETELLIER (l'abbé) est arrêté à la communauté des Clercs le 10 août 1792, I, 286. — Échappe au massacre des Carmes, 298.

LE TOURNEUR. *Voy.* TOURNEUR.

LETTRES AU P. LALANDE. *Voy.* OUVRAGES DE M. EMERY.

LETTRES A UN ÉVÊQUE, par M. de Pompignan, publiées par M. Emery. *Voy.* OUVRAGES DE M. EMERY.

LETTRE CIRCULAIRE de M. Emery du 1er septembre 1790, I, 236. — Du mois de janvier 1791, 248.

Lettres interceptées par la police en 1793, I, 354; — en 1810, II, 266 et suiv.

Lettres de M. Emery. *Voy.* Bausset, Fesch, Fontanges, Romeuf, Tournély, Vernet, Villèle, etc.

Levadoux, directeur au séminaire de Limoges, passe aux États-Unis, en 1791, I, 232, 235. — Revient en France prendre la direction du séminaire de Saint-Flour en 1803, II, 156.

Lever fixé à cinq heures du matin, I, 77. — Vigilance de M. Emery sur ce point, 136.

Lézardière (de), diacre du diocèse de Luçon, arrêté à Issy le 15 août 1792, et massacré aux Carmes le 2 septembre, I, 299.

Liautard (l'abbé), fondateur du collège Stanislas, était du nombre des premiers élèves du séminaire après son rétablissement, II, 7.

Limoges (le séminaire). Sa fondation et son union à Saint-Sulpice, I, 12. — Sa dispersion en 1791, 252. — Son rétablissement après la Révolution, II, 162. — M. Emery s'oppose à ce qu'on y introduise l'usage d'employer les séminaristes à faire le catéchisme, I, 195.

Lisieux (communauté de). *Voy.* Laon.

Liturgie. *Voy.* Rit.

Lorette (la chapelle de), à Issy; la construction, I, 29. — Dévotion de M. Emery pour cette chapelle, II, 137, 316. — Il la rachète en 1810, 315 et suiv.

Louis (séminaire de Saint-). La Compagnie s'en charge temporairement vers 1760, I, 86.

Louis XVI protège les sulpiciens de Lyon contre les vexations de M. de Montazet, I, 211.

Lowendal (le maréchal de). M. Emery a composé une pièce de vers en son honneur, I, 105.

Lubersac (de), évêque de Chartres, veut attirer M. Emery dans son diocèse, I, 145.

Luzeau de la Mulonnière, directeur au séminaire d'Angers, est arrêté à Issy le 15 août 1792, I, 291. — Est massacré aux Carmes le 2 septembre, 299.

Lyon (Séminaire de Saint-Irénée de). Sa fondation, I, 14 et suiv. — Situation difficile des directeurs sous l'épiscopat de M. de Montazet; nouveau concordat en 1774, 93.— M. Emery y fait sa philosophie, 106. — Y professe la Morale, 111. — Nouvelles vexations de M. de Montazet; théologie du P. Valla, 208. — Dispersion du séminaire en 1791, 252. — Son rétablissement après le concordat, II, 153. — La Compagnie, supprimée en 1811, ne reprend la conduite du séminaire de Saint-Irénée qu'en 1824, 377. — *Voy.* Fesch, Marbeuf, Rully, Verdolin.

M

Magistrats des parlements de Paris et de Toulouse préparés à la mort par M. Emery, I, 361.

Mahieu, curé constitutionnel de Saint-Sulpice, se retire en 1802, II, 5.

Maillé de la Tour-Landry, ancien évêque de Saint-Papoul, fait les ordinations à la reprise du séminaire en 1800, II, 4. — Accepte le siège de Rennes après le concordat, 68, 69.

Maistre (le comte Joseph de). Sa partialité à l'égard de Bacon, I, 437, 438.—Fait l'éloge des *Nouveaux Opuscules de Fleury*, II, 183, *note* 2.

Marbeuf (de), évêque d'Autun, fait nommer M. de Pancemont à la cure de Saint-Sulpice et M. de Verclos à l'évêché de Mariana, I, 191. — Devenu archevêque de Lyon, rétablit la pureté de l'enseignement dans les écoles de théologie. 212.

Maréchal (Ambroise), prêtre de Saint-Sulpice, est envoyé aux États-Unis, I, 469. — Rappelé en 1803, retourne à Baltimore en 1811, II, 383. — Devient archevêque de cette ville en 1817, 385. — Ses relations avec M. Carroll de Carrollton, 390.

Marie-Antoinette (la reine) reçoit dans sa prison les secours spirituels de M. Emery, I, 362.

Marie (le collége de Sainte-). *Voy.* Baltimore.

Martyrologe (lecture du). Avis de M. Emery à la communauté, I, 135.

Massin, prêtre de la communauté de la paroisse de Saint-Sulpice, massacré aux Carmes, I, 299.

Mathflon (de), directeur du séminaire de Saint-Sulpice, sous M. Cousturier, I, 78.

Maury (l'abbé, puis cardinal). Ses relations avec M. Emery quand il était membre de l'Assemblée constituante, I, 283. — Sa correspondance avec M. Bégougne et avec M. Emery au sujet du serment *de liberté et d'égalité*, 309-322. — Publication de cette correspondance, 323. — Ses assertions hasardées au sujet de la promesse de *fidélité à la Constitution*, II, 15. — Sa lettre au sujet du projet de concordat, 50. — Il est accueilli par M. Emery à sa rentrée en France, 290. — Devient membre de la commission ecclésiastique de 1809, 237. — Est nommé archevêque de Paris, 287. — Conseille à l'Empereur de faire donner l'administration capitulaire aux évêques nommés, 287. — Reçoit un bref de Pie VII, 291. — Rédige l'adresse présentée à l'Empereur au nom du chapitre de Paris, et la fait lire sans les corrections convenues, 292, 293. — Est encore membre de la commission ecclésiastique de 1811, 295. — M. Emery lui donne une leçon de respect pour le lieu saint, 355. — Il assiste au service célébré pour M. Emery à la métrotropole, 345. — Refuse d'exécuter l'arrêt porté contre Saint-Sulpice en 1811, 366. — Veut supprimer la seconde demi-heure d'oraison, 367. — Veut louer, puis acheter à M. Garnier la maison d'Issy et la bibliothèque du séminaire, 374.

MAZENOD (l'abbé de), depuis évêque de Marseille; répond aux adieux de M. Emery au nom de ses confrères, II, 274. — Donne à M. Emery les soins les plus touchants dans sa dernière maladie, 333 et suiv. — Suggère l'idée de conserver son cœur, 340.

MÉDECINS. M. Emery ne les aimait pas, II, 337.

MEILLOC, supérieur du séminaire d'Angers au moment de la Révolution, rétablit ce séminaire en 1803, II, 94, 154.

MÉMOIRE AU PAPE, rédigé par M. Emery au nom des évêques restés en France, II, 23.

MENNAIS (l'abbé Jean de la) est chargé par M. Emery de porter en Bretagne une copie de la bulle d'excommunication, II, 241.

MERCIER DE SAINT-LÉGER (l'abbé). Sa conversion due aux soins de M. Emery, I, 418.

MERCY (de), ancien évêque de Luçon, devenu archevêque de Bourges, presse M. Emery d'accepter l'évêché d'Arras, II, 87.

MIGNE (l'abbé) a publié en 1857 un volume des œuvres de M. Emery, I, 273, à la note. — Passage du dix-huitième volume des *Démonstrations évangéliques* au sujet du *Christianisme de Bacon*, 437.

MISSIONS. M. Tronson en envoie une dans le Vivarais en 1685; ses principes sur l'incompatibilité des missions avec la fin de la Compagnie, I, 45.

MITIGATION DE LA PEINE DES DAMNÉS (Dissertation de M. Emery sur la), II, 322 et suiv.

MOLÉ (le comte), fait l'éloge de M. Emery dans son discours de réception à l'Académie, II, 176.

MONTAIGNE (Claude-Louis de), directeur des études au séminaire de Saint-Sulpice; ses ouvrages, I, 79.

MONTAIGNE (Jean), professeur de morale au séminaire de Saint-Sulpice, et depuis supérieur de la Solitude. Est arrêté au séminaire le 15 juillet 1792, mais bientôt relâché, I, 340 *bis*, 341 *bis*. — M. Emery lui écrit dans la prévision de sa condamnation prochaine, 347. — Porte à M. Emery la sainte Eucharistie dans la prison, et lui rend plusieurs autres services, 356, 358. — Le reçoit dans son logement à sa sortie de prison, 369. — Est chargé de la classe de Morale à la reprise du séminaire, II, 5.

Mons (de), évêque de Mende, apporte quelques obstacles au rétablissement du séminaire de Viviers, II, 159.

Montault, évêque constitutionnel de Poitiers; ses rapports avec M. Emery dans sa prison, I, 368. — Accepte le siége d'Angers par le conseil de M. Emery, II, 71. — Rétablit le séminaire d'Angers, 154.

Montazet (de), archevêque de Lyon, favorable aux Jansénistes, veut ôter aux sulpiciens la direction du séminaire de Saint-Irénée, I, 93. — Habileté de M. Emery dans ses rapports avec ce prélat, 112, 115. — Il indique M. Emery à l'évêque d'Angers, 128. — Fait éprouver aux Sulpiciens de nouvelles vexations, et veut leur imposer la théologie du P. Valla, 208 et suiv. — Sa mort, 212.

Mont-Carmel (Statue de N. D. du) achetée par M. Emery, II, 267, 275, 276.

Montevis, directeur au séminaire de Paris, est arrêté le 15 juillet 1793, et bientôt remis en liberté, I, 340 *bis*, 341 *bis*.

Montfleury (l'abbé de) échappe au massacre des Carmes, I, 298, 300 et 453.

Montgolfier, supérieur du séminaire de Montréal, fait un voyage à Paris en 1764, I, 87. — Écrit au supérieur général pour demander des sujets, 216. — Cède la supériorité à M. Brassier, 469.

Montréal (Le séminaire de) est séparé de Saint-Sulpice quant au temporel depuis la conquête, I, 87. — Situation du séminaire depuis la même époque; tentatives inutiles pour y envoyer des sujets de 1783 à 1789. — Envois de nombreux sujets pendant la Révolution, 469.

Morel, directeur au séminaire de Toulouse avant la Révolution, mort supérieur du séminaire de Nantes; dirige pendant quelques années le séminaire de la Walsau en Allemagne, I, 468.

N

Nagot, supérieur du Petit-Séminaire de Saint-Sulpice, fonde la communauté des *Clercs de la paroisse* et l'école préparatoire, I, 189. — Est chargé par M. Emery d'écrire la vie de M. Olier, 193. — Se rend à Londres pour y conférer avec M. Carroll au sujet de l'établissement du séminaire de Baltimore, 232. — Est nommé supérieur de ce séminaire et part pour l'Amérique, 232, 235. — Un dépôt d'argent fait par lui avant son départ fournit, en 1793, un des chefs d'accusation contre M. Emery, 342 *ter*, 344. — M. Emery lui écrit dans la prévision de sa condamnation prochaine, 343 *bis*. — Il engage M. Emery à rétracter le serment *de liberté et d'égalité*, 409. — Établit un petit séminaire à Pigeon-Hill, II, 150. — M. Emery lui écrit au sujet de la nomination de M. Flaget à l'évêché de Bardstown, 232; au sujet de la commission ecclésiastique de 1809, 242; enfin au sujet de la commission de 1811, et du projet qu'il a de le nommer son vice-supérieur pour l'Amérique, 312, 313, 314. — Sa démission, sa mort et son épitaphe, 315.

Nantes (le séminaire de). Son union à Saint-Sulpice, I, 73. — Sa dispersion en 1791, 252. — Son rétablissement, II, 163.

Napoléon. *Voy.* Bonaparte.

Neale, archevêque de Baltimore, II, 385.

Newton. M. Emery projetait un recueil des pensées de ce philosophe sur la religion, II, 327.

Nézel, clerc tonsuré, massacré aux Carmes, I, 299.

Nicée (l'archevêque de). *Voy.* Maury.

Noailles (le cardinal de), archevêque de Paris, oblige le séminaire de Saint-Sulpice à prendre le rit parisien, I, 36. — Exige que les neveux des évêques de Luçon et de la Rochelle soient renvoyés du séminaire, 54. — Approuve les statuts de la Compagnie, 55.

Noailles-Mouchy (le duc et la duchesse de) sont consolés dans la prison par M. Emery, I, 362.

Notre-Dame de Lorette, de Toutes-Grâces, du Mont-Carmel, etc. *Voy.* Lorette, Toutes-Graces, Mont-Carmel, etc.

Nouveaux Opuscules de Fleury. Leur publication, II, 178. — Explications demandées à ce sujet à M. Emery par le ministre de la police, 185. — Et par l'Empereur lui-même, 216. — *Corrections et additions pour les Nouveaux Opuscules* imprimées en 1809, 214. — Publiées et saisies en 1810, 226. *Voy.* Ouvrages de M. Emery.

O

Offices. Usages pour l'assistance aux offices de la paroisse; offices propres du séminaire, I, 22, 36, 92; II, 123.

Officialité (l') de Paris est appelée à prononcer sur la validité du premier mariage de Napoléon, II, 245, 247.

Olier (Jean-Jacques), fondateur du séminaire et de la Compagnie de Saint-Sulpice. Vénération qu'avait pour lui M. Emery, I, 193. — Sa vie écrite par M. Nagot sur l'invitation de M. Emery, I, 193, et II, 167. — Son corps, malgré les précautions que M. Emery avait prises, n'est pas retrouvé après la Révolution, 108. — La maison qu'il avait habitée à Vaugirard rachetée par M. Emery, 213.—Dévotion de M. Emery pour la chambre de M. Olier transformée en chapelle, 280, 334.

Oraison (l') réduite à une demi-heure au séminaire de Saint-Sulpice, I, 77. — Recommandée aux prêtres de la Compagnie, 196. — Exactitude de M. Emery à cet exercice, II, 115, 355. — Sa vigilance sur les séminaristes à cet égard, I, 136; II, 141. — Il rétablit l'heure entière d'oraison, 119. — Le cardinal Maury tente inutilement de la réduire de nouveau à une demi-heure, 367.

Oratoriens. M. de Montazet veut leur confier l'éducation ecclésiastique dans le diocèse de Lyon, I, 93. — Prudence de M. Emery dans ses rapports avec eux, 117. — Ces rapports lui deviennent utiles pendant la Révolution, 261.

Ordinations pendant la Révolution, I, 258. — Après le 18 brumaire, II, 4.

Ordonnance royale du 3 avril 1816 pour la reconnaissance légale de la Compagnie de Saint-Sulpice, II, 377.

Orense (l'évêque d') accueille dans son diocèse les prêtres français émigrés, I, 460. — Ses préventions contre M. Emery, 463. — Son projet d'établir un séminaire échoue, 464.

Orléans (le séminaire d'). Sa fondation et son union à Saint-Sulpice, I, 57. — M. Emery y est envoyé comme professeur, 110. — Sa dispersion en 1791, 252.

Ouvrages et publications de M. Emery :

1. *Esprit de Leibnitz*, 2 vol. in-12 (1772), I, 121, réimprimé en 1803 sous le titre de *Pensées de Leibnitz sur la religion et la morale*, 2 vol. in-8, II, 320.

2. *Esprit de sainte Thérèse*, 1 vol. in-8 (1775 et 1779), I, 125.

3. *Lettres au P. Lalande de l'Oratoire*, 52 pages et 27 pages in-8 (1791), I, 273.

4. *Principes de Bossuet et de Fénelon sur la souveraineté*, 1 vol. in-8 (1791), I, 282.

5. *Observations sur une lettre d'un vicaire général de Toulouse, relative au serment de liberté et d'égalité*, 20 pages in-8 (1795), I, 406.

6. *Entretien en forme de dialogue sur les préjugés du temps contre la religion*, 83 pages in-8 (1796), I, 396.

7. *Mémoire sur cette question : Les religieuses peuvent-elles aujourd'hui, sans blesser leur conscience, recueillir des successions et disposer par testament? Leurs supérieurs peuvent-ils, doivent-ils même leur en accorder la permission?* 27 pages in-8 (1797), I, 432.

8. *Préface* de l'*Histoire physique de la terre*, par André Deluc (1798), II, 30.
9. *Christianisme de Bacon*, 2 vol. in-12 (1799), I, 435.
10. Articles insérés dans les *Annales catholiques, littéraires, philosophiques*, etc., de 1800 à 1810, II, 28.
11. *Conduite de l'Église dans la réception des ministres qui reviennent de l'hérésie ou du schisme*, 1 vol. in-8 (1800), et in-12 (1801), II, 17.
12. *Lettres à un évêque*, par M. de Pompignan, avec un *Discours préliminaire*, 2 vol. in-8 (1802), II, 26.
13. *Défense de la Révélation*, par Euler, 72 pages in-8 (1805), II, 327.
14. *Défense de l'Essai sur la tolérance*, de M. Duvoisin, 71 pages in-8 (1805), II, 29.
15. *Nouveaux Opuscules de Fleury*, 1 vol. in-12 (1807), II, 178.
16. *Corrections et Additions pour les Nouveaux Opuscules de Fleury*, 72 pages in-12 (1809), II, 214, 226.
17. Nouvelle édition de la *Vie de la mère Agnès*, par M. de Lantages, 1 vol. in-12 (1808), II, 167.
18. *Essai de défense du cardinal Dubois*, 27 pages in-8 (1810, II, 29.)
19. *Pensées de Descartes sur la Religion et la Morale*, 1 vol. in-8 (1811), II, 320, 326, 328.
20. *Supplément* aux *Pensées de Leibnitz*. — *Dissertation sur la mitigation de la peine des damnés, Système théologique* de Leibnitz (non publiés du vivant de M. Emery), II, 321, 322, 325.

OUVRAGES FAUSSEMENT ATTRIBUÉS A M. EMERY, I, 273, *à la note*.

P

PACCA (le cardinal). Jugement qu'il porte dans ses *Mémoires* sur la conduite de M. Emery, II, 312.

PANCEMONT (de) est nommé curé de Saint-Sulpice, I, 192. — Est contraint d'aller au Champ de Mars pour la fête de la Fédération, 228. — Prête le serment de la Fédération, 229. — Refuse le serment de la Constitution civile du clergé, 244. — Quitte la paroisse à l'arrivée de l'intrus, 261. — Rassemble ses paroissiens à l'église des Carmes après le 18 brumaire, II, 4. — Se rend caution pour M. Emery, prisonnier à la préfecture de police, 59. — Se rend à Augsbourg pour solliciter la démission des évêques émigrés, 63. — Se laisse tromper par l'abbé Bernier, au sujet de la rétractation des évêques constitutionnels, 66, 67 *à la note*. — Est nommé à l'évêché de Vannes, 5, 87. — Presse M. Emery d'accepter l'évêché d'Arras, 87.

Parage, économe à la reprise du séminaire jusqu'en 1807, puis bibliothécaire, II, 125. — Accompagne M. Emery à Issy lors de sa dernière maladie, 334.

Parlement. *Voy.* Magistrats, statuts et règlements, Chauvelin, etc.

Pape. *Voy.* Siége (Saint-), Pie VI, Pie VII.

Papoul (l'évêque de Saint-). *Voy.* Maillé.

Pauvres (charité de M. Emery pour les), II, 55 et suiv.

Pélagie (prison de Sainte-); M. Emery y est enfermé, I, 336.

Peletier (Maurice Le), cinquième supérieur de Saint-Sulpice. *Voy.* la *Table des sommaires* du tome I, du n. XLIII au n. XLVI de l'*Introduction*.

Peletier (Michel Le), évêque d'Angers, I, 63.

Peletier (Claude Le) de Sousi, I, 63.

Pensées *de Leibnitz, de Descartes. Voy.* Ouvrages de M. Emery.

Périer, évêque d'Avignon, montre peu d'empressement à rétablir le séminaire de cette ville, II, 156.

Permissions et dispenses. Règle que M. Emery suit en cette matière, II, 142 et suiv.

Philosophes (la communauté des) à Paris. Sa fondation, I, 31. — Sa maison de campagne à Issy, 59. — M. Emery la visite après son élection, 154. — L'usage du théâtre y est conservé jusqu'à la Révolution, 188.

Philosophes (maisons de) dirigées en province par la Compagnie de Saint-Sulpice, I, 60.

Picot rédige une notice sur M. Emery, qui est supprimée par la police, I, 104, *à la note;* II, 345. — Apologie de la conduite de M. Emery pendant la Révolution, extraite de cette notice, I, 446 et suiv.

Pie VI n'a point prononcé de jugement sur le serment *de liberté et d'égalité*, I, 322. — M. Emery lui écrit plusieurs fois en 1795, 376. — Il répond par l'organe du prélat Caleppi, 380. — Son bref du 5 juillet 1796 en faveur de la Déclaration de *soumission aux lois de la République*, 373. — Son sentiment touchant le serment de *haine à la royauté*, 413. — Il approuvait la conduite de M. Emery et des autres membres du conseil archiépiscopal de Paris, 438, 445.

Pie VII ne s'est point prononcé contre la Promesse de *fidélité à la Constitution*, II, 16. — M. Emery lui adresse un *Mémoire* au nom des évêques restés en France, 23. — Le Pape donne audience à M. Emery lors de son voyage à Paris en 1804, 145. — Le dissuade d'abandonner Baltimore, 148. — Reçoit avec bonté les *Nouveaux Opuscules de*

Fleury et la *Dissertation de Fénelon sur l'autorité du Pape*, que lui envoie M. Emery, 183 et suiv. — M. Emery lui écrit le 11 mai 1809, 185. — Le Pape est détenu prisonnier à Savone, 217. — Nomme M. Flaget à l'évêché de Bardstown, 228, 232. — Son bref au cardinal Maury, du 5 novembre 1810, 291. — *Voy. aussi*, Excommunication (bulle d').

Pierre (de), curé de Saint-Sulpice. Sa prise de possession en 1802, II, 5.

Pietro (le cardinal di) ne trouve rien de répréhensible dans la *Dissertation* de M. Emery *sur la mitigation de la peine des damnés* II, 324.

Pigeon-hill (le petit séminaire de) fondé par M. Nagot, II, 150. — Est transféré à Emmitsbourg, 382.

Plessis (le collége du). M. Emery y est détenu en 1793, I, 347 et 368.

Ploquin, économe au petit séminaire de Paris, est enfermé à la Conciergerie et guillotiné en 1794, I, 359, 458.

Poiré (le Père), Oratorien, curé intrus de Saint-Sulpice, I, 260.

Pompignan (de), archevêque de Vienne; confiance de M. Emery dans ses lumières, I, 210. — Ses *Lettres à un évêque*, II, 26.

Ponthus, prêtre de la communauté de la paroisse de Saint-Sulpice, massacré aux Carmes, I, 299.

Portalis, ministre des cultes, notifie à M. Emery sa nomination à l'évêché d'Arras, II, 79. — Sa mort, 192.

Portrait de M. Emery, I, 426, et II, 348, *à la note*.

Poussé (Raguier de), curé de Saint-Sulpice, I, 23.

Prédication, avis de M. Emery aux Solitaires, I, 203. — Ses conférences aux séminaristes sur cette matière, I, 139, et II, 139.

Préfecture de police. M. Emery y est détenu en 1801, II, 48, 55.

Prêt de commerce. Enseignement de M. Emery sur cette matière, I, 113.

Prez-Crassier (le général de) obtient la mise en liberté de M. Emery en 1801, II, 58 et suiv.

Primat, archevêque de Toulouse, rétablit le séminaire de cette ville, II, 157.

Promesse de fidélité a la Constitution, substituée en 1799 aux serments antérieurs; contestations à ce sujet, II, 7 et suiv. — M. Emery fait cette promesse, 59.

Psalmon, supérieur de la communauté de Laon, arrêté à Vaugirard le 16 août 1792, I, 296. — Massacré aux Carmes le 2 septembre, 299.

Puy (le séminaire du). Son union à Saint-Sulpice, I, 12. — Sa dispersion en 1791, 252. — Son rétablissement, II, 164.

Q

Quélen (de), archevêque de Paris, l'un des premiers élèves du séminaire après son rétablissement; pressentiment de M. Emery à son sujet, II, 7.

Quiétisme. Conduite de M. Tronson dans cette controverse, I, 45.

R

Randanne, prêtre de Saint-Sulpice, arrivé à Baltimore en 1817, est envoyé à Emmitsbourg, II, 386. — Est rappelé à Baltimore, 388.

Ravinel (de), sous-diacre, arrêté à Issy le 15 août 1792, I, 290. — Est massacré aux Carmes le 2 septembre, 299.

Raymond, prêtre de Saint-Sulpice, envoyé à Baltimore en 1841, est nommé président du collège, et s'emploie avec zèle à procurer l'ouverture du petit-séminaire de Saint-Charles, II, 397.

Règlements de la Compagnie de Saint-Sulpice. *Voy.* Statuts.

Règlement des supérieurs et directeurs des séminaires de province, rédigé par M. Tronson, I, 47.

Règlement du séminaire. Ce qu'il était sous M. Tronson, I, 29. — Changement de quelques points en 1743 et 1759, 77. — Nouveaux changements sous M. Bourachot, 92. — M. Emery en fait l'explication à Angers, 135. — Et à Paris, 160. — Son zèle pour en procurer l'observation par son exemple et celui des autres directeurs, II, 115 et 117. — Par sa vigilance et sa fermeté à l'égard des séminaristes, I, 136, 167, 187; II, 119, 140 et suiv.

Règles et usages, zèle de M. Emery pour en maintenir l'observation, I, 195; II, 114, 139, 167 et suiv.

Régnier, professeur de morale au séminaire de Lyon, I, 112.

Reims. M. Emery accepte la direction du séminaire de cette ville, I, 212.

Religieuses. *Mémoire de M. Emery sur cette question : Les religieuses peuvent-elles*, etc... *Voy.* Ouvrages de M. Emery.

Reliques conservées par M. Emery pendant la Révolution, I, 271. — Dévotion de M. Emery pour elles, II, 281, 358.

Rest (de), clerc de la paroisse de Saint-Sulpice, arrêté le 10 août 1792, I, 286. — Échappe au massacre des Carmes, 298.

Retraites. Circulaire de M. Emery pour recommander la pratique de la retraite annuelle, I, 196. — Retraites de M. Emery, 197 et suiv. — Sa dernière retraite. II, 329, 330.

Retz (Antoine-Louis-Augustin de), séminariste de Saint-Sulpice. Sa conduite peu régulière, I, 174. — Sa conversion, 177. — Sa ferveur, 178. — Son départ pour les missions étrangères, 180.

Richard (Jean-Simon), prêtre de Saint-Sulpice, enseigne la morale à la Solitude, I, 109. — M. Emery le rappelle à Paris pour enseigner au Grand-Séminaire, 186.

Richard (Gabriel), prêtre de Saint-Sulpice, envoyé aux États-Unis en 1792, I, 235. — Sa mort en 1832, II, 381.

Rit parisien. Son introduction à la paroisse de Saint-Sulpice et au séminaire, I, 36.

Robertins (communauté des), son origine, I, 58. — Sa maison de campagne à Vaugirard, 59. — N'est point atteinte par le relâchement du Grand-Séminaire, 78. — M. Emery est admis dans cette maison, 106. — Arrestation des directeurs et des élèves à Vaugirard le 16 août 1792, 295.

Rochebrune (de), directeur au séminaire de Clermont. Trait édifiant de simplicité et d'obéissance, I, 206.

Romeuf (de), chanoine de Saint-Flour. M. Emery lui écrit au sujet de la Déclaration de *fidélité aux lois de la République*, I, 371. — Et au sujet de la Promesse de *fidélité à la Constitution*, II, 9, 10, 12.

Rosalie (la sœur). M. Emery la fait venir à Paris et prend soin d'elle pendant son noviciat, II, 24. — Elle le seconde dans l'arrangement de la maison de la rue du Pot-de-Fer, 113. — Monte son ménage après son expulsion du séminaire, 279. — Ne peut obtenir d'entrer dans l'intérieur du séminaire pour voir M. Emery à ses derniers moments, 362.

Rousseau (Claude), directeur à la communauté de Laon, arrêté à Vaugirard le 16 août 1792, I, 296. — Massacré aux Carmes le 2 septembre, 299.

Rousseau (Claude-Louis), évêque de Coutances, puis d'Orléans, presse M. Emery d'accepter l'évêché d'Arras, II, 79. — M. Emery lui écrit pour le dissuader d'accorder les dispenses réservées au Saint-Siège, 225.

Roux (Jean-Baptiste), ancien supérieur du séminaire d'Avignon, publie à Rome un mémoire contre le serment de liberté et d'égalité, I, 309. — Reproche à l'archevêque de Nicée la publication de la correspondance de M. Emery, 323. — Est nommé administrateur du diocèse d'Avignon, 381. — Est envoyé à Aix en 1804 comme supérieur du nouveau séminaire, II, 157.

Roux (J. H. Auguste), supérieur du séminaire de Montréal, I, 471.

Royer (Bruno) est envoyé à Toulouse comme supérieur des philosophes au sortir de la Solitude, I, 204.

Rully (le comte de), chanoine de Lyon, chef de l'administration capitulaire en 1799, II, 22.

S

Sacerdoce (la fête du) est fixée au 16 juillet, I, 92.

Sacré-Cœur (l'association du). Relations de M. Emery avec ses fondateurs, I, 400.

Sage (Louis le), savant; ses relations avec M. Emery, I, 120.

Sainte-Croix (le baron de), savant critique. Ses relations avec M. Emery, II, 32.

Saint-Félix (de), ancien supérieur du séminaire de Saint-Charles à Toulouse, est nommé par M. Emery vice-supérieur pour l'Espagne, I, 339. — Reprend la conduite du séminaire de Toulouse après son rétablissement, II, 157.

Saint-Léger (l'abbé de), élève du Petit-Séminaire de Saint-Sulpice, I, 154.

Saint-Léger (l'abbé Mercier de). *Voy.* Mercier.

Saint-Siége, *Voy.* Siége.

Saint-Sulpice, Saint-Lazare, Saint-Flour, etc. *Voy.* Sulpice, Lazare, Flour, etc.

Sambucy (l'abbé Gaston de), l'aîné des trois frères de ce nom, accompagne à l'échafaud les victimes de la Révolution, I, 361.

Sambucy (l'abbé de), le second des trois frères, est envoyé par M. Emery au sacre des premiers évêques constitutionnels, I, 256.

Sambucy-Saint-Estève (l'abbé Louis de), communique des renseignements précieux pour la vie de M. Emery, I, 256, à la note.

Saulnier, supérieur du séminaire d'Autun avant la Révolution, rétablit ce séminaire en 1803, II, 154.

Savary, duc de Rovigo, ministre de la police après Fouché, II, 276.

Savine (l'abbé de), supérieur de la communauté des Clercs de la paroisse, I, 190. — Conduit ses élèves au Champ de Mars, 228. — Est arrêté le 10 août 1792, 285, 286. — Est massacré aux Carmes, 299.

Savines (de), évêque de Viviers; ses rapports avec M. Emery à la Conciergerie, I, 378.

Section du Luxembourg (la) tient ses séances au séminaire, I, 238, 255. —

Soins de M. Emery pour gagner la bienveillance des membres de la section, 238, 343. — Délibération de la section en faveur de M. Emery, 338. — *Voy.* Comité révolutionnaire.

Segrettier (Claude), directeur du séminaire des philosophes de Clermont, massacré à Couches en 1792, I, 455.

Séminaire. M. Emery s'attache à le faire aimer, II, 144.

Séminaires de la Compagnie, leur dispersion en 1791, I, 252. — Leur rétablissement après la Révolution, II, 153. — *Voy.* Sulpice (Saint-), Aix, Angers, Autun, Avignon, Baltimore, Bourges, Clermont, Limoges, Lyon, Montréal, Nantes, Orléans, Le Puy, Reims, Toulouse, Tulle et Viviers.

Séminaires (Petits-), dirigés par la Compagnie de Saint-Sulpice, I, 60, 139. — Zèle de M. Emery pour leur établissement aux États-Unis, II, 99, 380.

Serment de la Fédération, I, 229.

Serment de la Constitution civile du clergé, I, 240. — M. de Pancemont le refuse ainsi que tous les prêtres de la communauté de la paroisse, 244. — Aucun membre de la Compagnie ne l'a prêté, 253.

Serment de liberté et d'égalité, I, 305. Divisions du clergé à ce sujet, 307, 405, 439. — M. Emery prête ce serment, 308. — Réponse de Rome au sujet de ce serment, 323. — Déclaration de M. Emery sur le sens qu'il avait attribué à ce serment, 330.

Serment de haine a la royauté, I, 410. — Explications de Chollet, 410. — Dissentiments dans le clergé, 412. — Conduite de M. Emery, 412 et suiv., 440. — *Voy.* Déclarations, Promesse.

Seton (madame), fondatrice des Sœurs de Saint-Joseph aux États-Unis, II, 382. — Son institut réuni à celui des Sœurs de la Charité de France, 399.

Siége (Saint-). Dévouement de M. Emery à son égard, I, 307, 325, 376, 439, 444; II, 23, 61, 63, 178 et suiv., 185, 186 et suiv., 194 et suiv., 214, 218, 220, 223, 225, 239 et suiv., 256, 273, 300, 306 et suiv., 321, 363. *Voy.* Pie VI, Pie VII.

Sigorgne (l'abbé), grand vicaire de Mâcon; ses relations avec M. Emery, I, 120, 139.

Simony (l'abbé de), depuis évêque de Soissons. Est chargé d'enseigner à *l'École préparatoire des clercs de Saint-Sulpice*, I, 190.

Sœurs de la Charité. *Voy.* Charité.

Sœurs de Saint-Joseph. *Voy.* Seton.

Solitude (la), son état sous M. de Bretonvilliers, I, 8, 9. — Est transférée d'Avron à Issy, I, 29. — Conserve le rit romain jusqu'à la Révolution, 36. — Sollicitude de M. Emery pour cette maison, 202 et suiv.

Comment M. Emery supplée au défaut d'une Solitude après la Révolution, II, 165.

Somaglia (le cardinal della) consulte M. Emery sur l'assistance au second mariage de Napoléon, II, 250 et suiv.

Somnambule (un) tente d'assassiner M. Emery, I, 172.

Soutane. L'usage en est rétabli au séminaire après la Révolution, II, 120. — La Compagnie n'usait point autrefois de soutanes de drap, 360.

Souveraineté (*Principes de Bossuet et de Fénelon sur la*). *Voy.* Ouvrages de M. Emery.

Souveraineté du peuple. Déclaration exigée à cet égard le 29 septembre 1795; sentiment de M. Emery tant sur cette déclaration que sur le fond de la question, I, de 183 à 395.

Soyecourt (madame de) rachète le couvent des Carmes de la rue de Vaugirard, I, 434.

Spina, archevêque de Corinthe. Sa correspondance avec M. Emery, I, 438 et suiv. — Sa réserve à l'égard de M. Emery lors des négociations pour le concordat, II, 41. — Il a recours à lui pour obtenir la démission de quelques anciens évêques, 61.

Statuts et règlements de la Compagnie de Saint-Sulpice, originairement rédigés par M. Olier, et complétés par M. Tronson, sont approuvés par M. de Harlay en 1680, I, 46. — Et par le cardinal de Noailles en 1708, 55. — Leur enregistrement au Parlement et au grand Conseil, 55.

Sulpice (Compagnie de Saint-). Son état à la mort de M. Olier, I, 1. — Rédaction de ses constitutions, 3. — Nomination des Assistants et des Consulteurs, 4, 7. — Première assemblée générale, 7. — Les statuts de la Compagnie approuvés et enregistrés. *Voy.* Statuts. — Elle est menacée de suppression sous M. Cousturier, 88. — Mémoire sur son objet et son régime, demandé à M. Emery en 1791, 265. — Sa situation à cette époque, 451, 452. — M. Emery rend compte à Pie VI de l'état de la Compagnie en 1795, 378. — Dix-huit de ses membres victimes de la Révolution, 379, 452 et suiv. — Prêtres de la Compagnie demeurés en France, 459; — émigrés, 460; — envoyés en Amérique, 469. — Rétablissement de la Compagnie après la Révolution, II, 90, 93. — Premiers symptômes d'un orage contre elle en 1807, 191 et suiv. — Nouvel orage en 1810, 255 et suiv. — Le gouvernement paraît déterminé à la supprimer, 259 et suiv. — Il la supprime en effet quelques mois après la mort de M. Emery, 366. — Elle est rétablie en 1814, ordonnance du 3 avril 1816; 577.

Sulpice grand séminaire de Saint-). Sa ferveur et sa régularité sous M. de Bretonvilliers, I, 9 et suiv. — Son règlement au temps de M. Tronson, 29. — Sa maison de campagne à Issy, 29. — Ses usages pour les offices, 36. — Relâchement de la discipline sous M. Le Peletier, puis sous M. Cousturier, 76. — Changement de quelques points du règlement, 77. — Projet de démolition des bâtiments sous M. Cousturier, 84. — Nouvelles modifications dans le règlement sous M. Bourachot, 92. — Mauvais accueil que les élèves font à M. Emery, nommé supérieur général, 155. — Décadence de la discipline, 156 et suiv. — Mesures prises par M. Emery pour la réforme de l'abus des frisures, 161. — Plaintes et murmures à ce sujet, 166. — Mécontentement causé par la vigilance de M. Emery, 167. — Complot des pétards, 168. — Expulsions qui en sont la suite, 170. — Conversions remarquables, 173. — Heureuse influence de la conversion de l'abbé de Retz, 180. — Association de séminaristes fervents, 182. — Conférences de droit canonique et de théologie morale, 184, 186. — Usages des vacances, chansons; suppression des pièces de théâtre, 186. — Dangers que court le séminaire au mois de juillet 1789, 222. — Les élèves prennent part aux travaux du Champ de Mars pour la fête de la Fédération, 228. — La section du Luxembourg y tient ses séances, 238. — Les exercices continuent encore quelque temps après la dispersion des séminaires de province, 253. — Fermeture de la chapelle, 259. — Cessation des rapports avec la paroisse après l'installation du curé intrus, 260. — Une partie des séminaristes est envoyée à Issy, 264. — Situation du séminaire pendant la journée du 10 août 1792, 284. — Massacre imminent le 3 septembre, et entière dispersion de la communauté, 300, 302. — Rétablissement du séminaire, dans la rue Saint-Jacques, en 1800, II, 1. — Démolition de l'ancienne maison en 1803, 106 et suiv. — Translation à la maison de la rue Notre-Dame-des-Champs, 109; — puis à la maison de l'Instruction chrétienne, rue du Pot-de-Fer, 111, 114. — Excellent esprit des séminaristes, 118. — Rétablissement des anciens usages, 119 et suiv., 139 et suiv. — Le gouvernement ne reconnaît le séminaire que comme séminaire *diocésain*, 198. — Il veut le transférer hors de la paroisse de Saint-Sulpice, 198, 258. — Décret du 14 février 1810, 259. — Ordre de l'Empereur du 13 juin 1810, pour l'exclusion des Sulpiciens et en particulier de M. Emery, 269. — Adieux de M. Emery à la communauté, 271 et suiv. — État du séminaire après la retraite de M. Emery, 277. — Le gouvernement achète la maison, 282 et suiv. — M. Emery meurt au séminaire, 331 et suiv. — La communauté continue ses exercices sous la conduite de M. Duclaux, 365; — et sous celle de M. Jalabert, après l'expulsion des Sulpiciens, 367. — Les élèves résistent aux innovations du cardinal Maury, 367. — La Compagnie reprend la conduite du séminaire en 1814, 377.

Sulpice (Petit-Séminaire de Saint-). Sa fondation et sa ferveur, I, 31, 32. — Sa maison de campagne à Vaugirard, 59. — Il ne participe point au relâchement du Grand-Séminaire sous M. Le Peletier et ses successeurs, 78. — M. Emery le visite après son élection, 154. — Renouvellement de la ferveur à cette époque, 185. — Suppression de l'usage du théâtre, 188. — Les élèves prennent part aux travaux du Champ de Mars pour la fête de la Fédération, 228. — Après la cessation des cours publics de la Sorbonne, les élèves suivent les cours du Grand-Séminaire, 254.

Sulpice (Paroisse de Saint-). Moyen employé pour maintenir l'union de la cure au séminaire, I, 21. — Assistance des séminaristes aux offices de la paroisse, 22, 36. — La cure échappe à Saint-Sulpice, 191. — Les rapports du séminaire avec la paroisse sont suspendus après l'installation du curé intrus, 261. — Ces rapports sont rétablis après la Révolution, II, 4, 123. — *Voy.* Catéchismes.

Sulpice (Communauté des prêtres de la paroisse de Saint-). *Voy.* Communauté.

Sulpice (Église de Saint-). La construction, commencée par M. Olier, est continuée par M. de Poussé, I, 24, 35. — M. Languet continue les travaux et fait consacrer l'église, 81. — Continuation des travaux sous M. Dulau, 83. — Embellissements sous M. de Tersac, 100. — La position du portail devait amener la démolition du séminaire, I, 84; II, 107.

Sure (l'abbé le) est placé comme secrétaire auprès du cardinal Caprara, II, 64.

Système théologique. *Voy.* Ouvrages et publications de M. Emery.

T

Tabaraud (le Père), de l'Oratoire. Son mépris pour l'autorité du concile de Trente, I, 117.

Talleyrand-Périgord (Alexandre-Angélique de), archevêque de Reims, donne son séminaire à la Compagnie de Saint-Sulpice, I, 212.

Talleyrand-Périgord (Charles-Maurice de), évêque d'Autun, est sacré à Issy après y avoir fait sa retraite, I, 257. — Consacre les premiers évêques constitutionnels, 255. — Invite à dîner M. Emery, à l'occasion de sa nomination à l'évêché d'Arras, II, 80. — Est présent à la séance solennelle de la commission ecclésiastique de 1811, 304, 311.

Tartonne (Gassendi de), prêtre de Saint-Sulpice, obtient de Pie VI les premières indulgences pour la Compagnie, I, 467.

Tassin de Villemin, directeur au séminaire de Paris, I, 465. — Meurt prieur de la Trappe de N. D. de la Valsainte en Suisse, 466.

Terrasse, directeur au séminaire d'Autun avant la Révolution et supérieur du séminaire du Puy en 1810, II, 164.

Tersac (Faydit de), curé de Saint-Sulpice, I, 97. — Sa conduite à l'occasion de la mort de Voltaire, 97. — Il multiplie les catéchismes sur la paroisse, 188. — Coopère à la fondation des *Clercs de la paroisse*, 189. — Meurt avant que la résignation de sa cure ait été acceptée, 191.

Tessier, prêtre de la communauté de la paroisse, massacré aux Carmes, I, 299.

Tessier (Jean), prêtre de Saint-Sulpice, envoyé à Baltimore en 1791, I, 232, 235. — Succède à M. Nagot comme supérieur du séminaire, II, 314. — Sa conduite dans l'affaire du petit séminaire d'Emmitsbourg, 387. — Sa démission, 389. — Sa mort, 396.

Teysseyrre (Ant.-Jér.-Paul-Émile), professe l'Écriture sainte au séminaire de Paris après l'expulsion des Sulpiciens en 1811, et entre dans la Compagnie après son rétablissement, II, 367, *à la note*.

Tharin (l'abbé), depuis évêque de Strasbourg. Accompagne M. Emery à la chapelle de Vaugirard, II, 281. — Devient professeur, puis supérieur du séminaire de Paris après l'expulsion des Sulpiciens en 1811, 367, 368.

Théophilantropes. Leur culte ne fait pas de droit tomber une église en état de violation, I, 440.

Thérèse (*L'esprit de sainte*). *Voy.* Ouvrages de M. Emery.

Tiphaigne, prêtre de Saint-Sulpice, périt en mer en allant à Baltimore, II, 384.

Toulouse. La Compagnie de Saint-Sulpice y prend la direction du séminaire de Saint-Charles et du séminaire diocésain, I, 86. — Dispersion de ces séminaires en 1791, 252. — Rétablissement du séminaire après la Révolution, II, 157.

Tour d'Auvergne (l'abbé de la) accepte le siége d'Arras d'après le conseil de M. Emery, II, 89.

Tour-du-Pin (de la), ancien archevêque d'Auch. Une de ses lettres à M. Emery est saisie par la police, II, 51. — Il accepte le siége de Troyes d'après le conseil de M. Emery, 69.

Tournély (l'abbé de), fondateur de la société du Sacré-Cœur. M. Emery lui écrit au sujet du serment *de liberté et d'égalité*, I, 352. — Son entrevue avec M. Emery en Suisse, 400. — Idée que M. Emery avait de sa sainteté, 401.

Tourneur (l'abbé le), depuis évêque de Verdun, est témoin d'une consultation de M. Emery au sujet du serment de *haine à la royauté*, I, 414. — Est du nombre des premiers élèves du séminaire après la Révolution, II, 7.

Toutes-Graces (la chapelle de Notre-Dame de). Sa construction, II, 157.

Tribunal révolutionnaire. M. Emery y comparait, I, 342.

TRONSON (Louis), troisième supérieur de Saint-Sulpice. Voy. la *Table des sommaires* du tome I, du n° XVI au n° XXXII de l'*Introduction*. — Soins de M. Emery pour conserver après la Révolution quelque partie de ses restes, II, 109.

TROYES (l'évêché de) est refusé par M. Emery, II, 89.

TULLE (le séminaire de). Sa fondation et son union à Saint-Sulpice, I, 41. — Sa dispersion en 1791, 252.

U

UNIVERSITÉ. Observations de M. Emery sur le projet d'organisation, II, 199. — M. Emery est nommé conseiller titulaire, 203. — Messe du Saint-Esprit célébrée à Saint-Sulpice pour l'inauguration de l'Université, 212.

UNIVERSITÉ DE VALENCE. M. Emery y avait été reçu docteur, I, 113.

V

VACANCES. L'ouverture en est fixée au 16 août, I, 92. — Usages des vacances, I, 107, 186; II, 139.

VACHE-NOIRE (maison de la). Le séminaire y est établi en 1800, II, 2. — M. Emery ne regarde cet établissement que comme provisoire, 106.

VALLA (le père), de l'Oratoire. Répond à une politesse de M. Emery, I, 118. — Compose, par ordre de M. de Montazet, la théologie dite de Lyon, I, 208.

VARICOURT (de), garde du corps de Louis XVI, sa famille alliée à celle de M. Emery, I, 104. — Est massacré à Versailles le 5 octobre 1789, 225.

VARICOURT (l'abbé de), curé de Gex, puis évêque d'Orléans, I, 104. — M. Emery lui envoie sa *Dissertation sur la mitigation de la peine des damnés*, II, 323.

VARIN (le père), jésuite. M. Emery lui fait lire les lettres qu'il avait reçues de Pie VI, I, 383.

VAUGIRARD. La maison de M. Olier sert pendant quelque temps de maison de campagne aux prêtres de la paroisse de Saint-Sulpice, I, 23. — Maisons de campagne du Petit-Séminaire, des Robertins, et de la Communauté des prêtres de la paroisse, 59. — Arrestations d'ecclésiastiques au mois d'août 1792, 295. — M. Emery rachète la maison de M. Olier en 1809, II, 213, 214. — Sa dévotion pour la chambre de M. Olier transformée en chapelle, 280, 334.

Verclos (de), directeur du séminaire de Paris, répond à M. Le Gallic qui venait d'annoncer sa démission, I, 149. — M. de Tersac veut lui résigner la cure de Saint-Sulpice, 191. — Il devient évêque de Mariana en Corse. 193.

Verdolin (l'abbé), administrateur apostolique du diocèse de Lyon après la mort de M. de Marbeuf, II, 21.

Vernet (Louis-Régis), ancien directeur au séminaire de Toulouse, administre le diocèse de Viviers pendant la Révolution, I, 460. — M. Emery lui écrit en 1802 pour l'engager à reprendre les emplois de la Compagnie, II, 93. — Il rétablit le séminaire de Viviers en 1807, 158. — M. Emery lui écrit au sujet de la direction des Sœurs de la Présentation du Bourg-Saint-Andéol, 168.

Vicaires (grands). Introduction de l'usage de donner des lettres de grands vicaires aux supérieurs de séminaires, I, 131. — M. Emery, grand vicaire de l'évêque d'Angers, 140. — Il est du nombre des grands vicaires de l'archevêque de Paris pendant la Révolution, 305.

Vicaires capitulaires. *Voy.* Administrations capitulaires.

Vice-Supérieurs de la Compagnie pendant la Révolution, I, 339. — M. Emery veut nommer M. Nagot, vice-supérieur pour l'Amérique, II, 313.

Vierge (la sainte). Dévotion de M. de Bretonvilliers pour elle, I, 17. — Dévotion de M. Bourbon, 30. — Dévotion de M. Emery, I, 225; II, 137, 204, 213, 305, 316, 336 et 359.

Villaret (de), évêque de Casal et chancelier de l'Université, annonce à M. Emery sa nomination à la place de conseiller titulaire de l'Université, II, 204.

Villegonan (l'abbé de la) imite l'abbé de Retz dans sa conversion, et part comme lui pour les missions, I, 180.

Villèle (l'abbé de), depuis archevêque de Bourges. Bonté de M. Emery pour lui à son entrée au séminaire, I, 184. — Il visite M. de Cussac, son parent, prisonnier aux Carmes, 298. — Lettres de M. Emery à l'abbé de Villèle, I, 337, 395, 402; II, 188.

Villeroy (Camille de Neufville de), archevêque de Lyon, appelle les Sulpiciens et fonde le séminaire de Saint-Irénée, I, 14.

Villers (Huot de), séminariste de Saint-Sulpice, porte des excuses à M. Emery au nom de ses confrères, I, 155. — Sa conversion à une vie plus fervente, 174. — Il donne de sages conseils à l'abbé de Retz, 176.

Villette (la marquise de), parente de M. Emery, I, 104. — Reçoit en dépôt les objets précieux que M. Emery lui confie pendant la Révolution, 268. — Fait sortir M. Emery de la prison de Sainte-Pélagie, 333 *bis*. — Assiste à ses obsèques, II, 341. — Reconnaissance de M. Emery pour les services qu'il en avait reçus, 352.

VILLOISON (D'ANSSE DE), savant helléniste. Ses relations avec M. Emery, II, 33.

VISITE DES SÉMINAIRES, I, 7. — Sous M. Tronson, 47. — Par M. Emery en 1784, 206. — Par M. Bertin en 1787, 208. — Visite du séminaire de Baltimore en 1829, II, 389.

VIVIERS (le séminaire de). Sa fondation, I, 12. — Sa dispersion en 1791, 252. — Son rétablissement après la Révolution, II, 158.

VŒU DE PAUVRETÉ. M. Emery publie un Mémoire sur les obligations résultant de ce vœu, I, 432. — Réponse de la Pénitencerie conforme au sentiment de M. Emery, 434.

VOISINS (l'abbé de) accompagne à l'échafaud les victimes de la Révolution, I, 361.

VOLTAIRE. Ses derniers moments; conduite du curé de Saint-Sulpice, I, 97.

W

WALSAU (le séminaire de la), en Allemagne, est établi en 1796 et subsiste jusqu'en 1814, I, 468.

WHITFIELD, archevêque de Baltimore, bénit la première pierre du petit-séminaire de Saint-Charles, II, 393.

Z

ZELADA (le cardinal), ministre de Pie VI. Sa lettre au sujet du serment *de liberté et d'égalité*, et des assertions de l'archevêque de Nicée, I. 322.

FIN DE LA TABLE GÉNÉRALE DES MATIÈRES

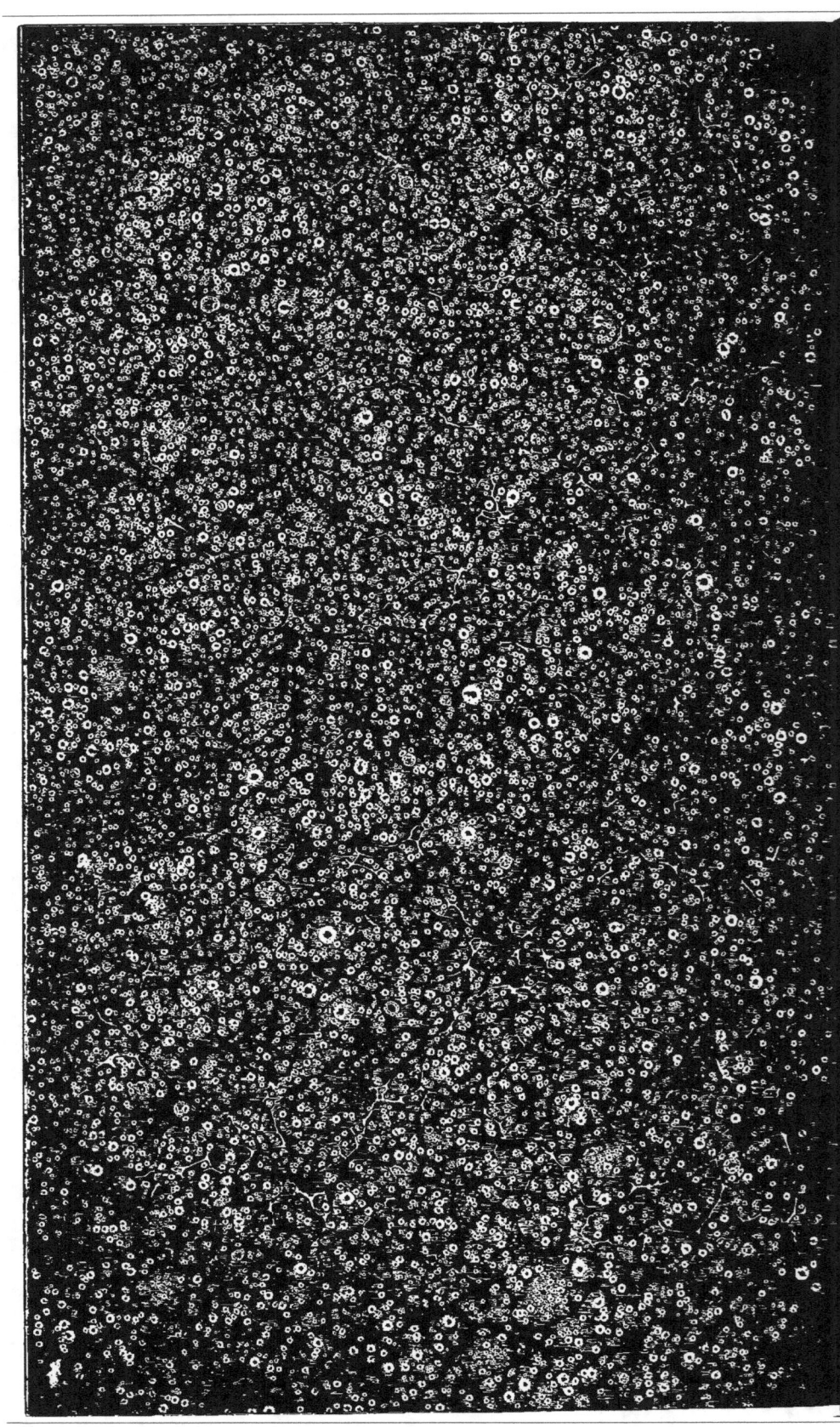

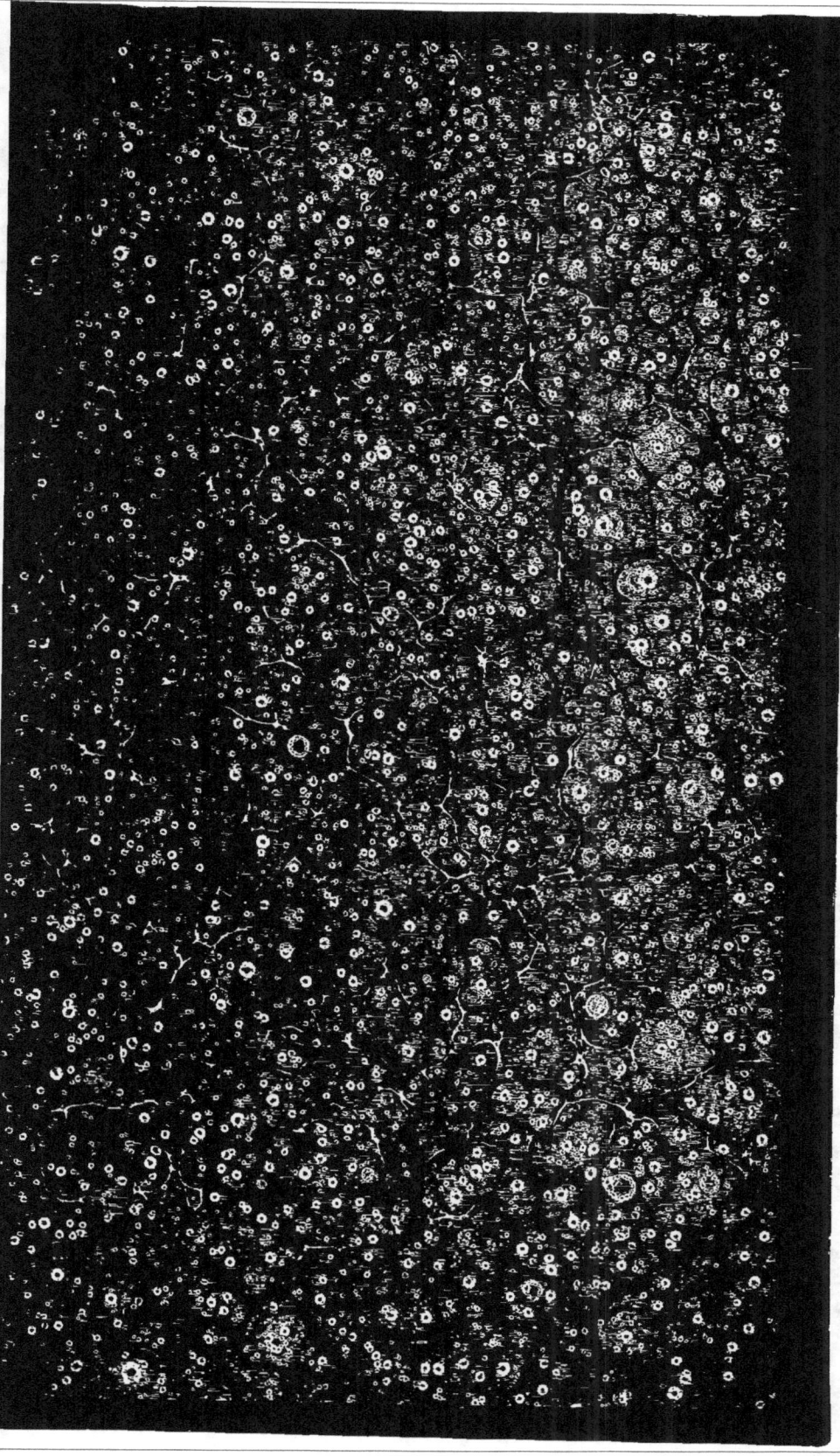